JAPAN

日本型マーケティングの進化と未来

ビジネスパラダイムの変革と
マーケティングの戦略的変革

新津重幸 著
Shigeyuki Niitsu

東京 白桃書房 神田

marketing

はじめに

マーケティングは、戦後初期にアメリカから市場調査（マーケット・リサーチ：Market Research）の概念で日本に導入されたものである。そして、その後第一期のアメリカ・マーケティング協会の定義が日本に導入され、それは市場において「製品の需給間の円滑な授受を成さしめる諸活動」とされた。

まさに、モノを消費者にスムーズに移行させる為に、様々なマーケティング手段を組み合わせる戦略的活動であるとされた。それは、メーカー起点に立った流通戦略とコミュニケーション戦略によって消費市場を創造する、といった概念であり、サービスの概念に関する深い言及は無かったと言えよう。経済学との違いは、単に貨幣による交換で成された財（商品・サービス）のボリュームを指すものではなく、消費者を起点とした消費創造の様々な商品化アプローチで消費生活が成立するとした概念の違いであったのだろう。つまり、消費者主導主義にあったと言える。しかしながら、戦後混乱期を経てメーカーの生産標準化や品質管理技術の向上による大量生産が可能となると、大量消費の為の仕組みが求められた。

朝鮮動乱後、急速に発展した大量生産システムによる大量製品を販売する仕組みが、日本的流通構造の中で独自の進化を遂げた。この大量販売の仕組みの構築こそが「日本型マーケティング」の起源と言える。そして、この事実は第一次高度経済成長から第二次高度経済成長の発展の基盤となり、一九八〇年代の成熟社会、一九九〇年～二〇〇〇年初頭の低成長社会、そして今日の並行成長社会へと変遷していった。もちろん、アメリカのマーケティング概念や流通構造概念の導入による影響も大きいが、日本的市場構造の中で独自の進化と変革を遂げていったと言えよう。二〇〇〇年初頭までは、欧米モデルを工夫、加工したビジネス化を推進していたが、これらも日本的ビジネス風土の中で独自の進化を遂げたと言える。そして、今日の並行成長社会は「もはやモデル無き時代」をどう前向きに捉えるか、まさに未来のマーケティングは日本型マーケティングの独自性と創造性の中で進化せざるを得なくなっている。しかし、こうした一連のマーケティングの新たに求められる方向性も、戦後生活創造に寄与してきた「日本型マーケティングの独自性」の中から継承され、将来に向けて新たな企業構造パラダイムとビジネスパラダイムを創造させていくことになろう。

著者は丁度戦後すぐの生まれで、その成長過程では日本型マーケティングの果実を実感しながら、生活変革を体験する中で過ごしてきた。そして、実社会に入った一九七〇年代は第二次高度経済成長の中で、新たなマーケティングの先進取組みを体験し、一九八〇年代の成熟社会では若手実務家と研究者として新たなコト創造型マーケティングモデルに関与してきた。さらに、一九九〇年以降、低成長時代のリエンジニアリングモデルと日本型構造改革システムによる「日本型マネジリアル・マーケティング」の構築に関与してきた。二〇〇〇年以降、ＩＣＴ・ＳＮＳ社会とマーケティング実務の取組みを行い、そして二〇二〇年以降のＩｏＴ・ＡＩ技術の進化の中で新たなビジネス・モデルの構築に関与してきている。

こうしたマーケティングの進化の過程を生活者として、実務者として、研究者として、実感・体感してきた経緯に基づいて、これまでの「日本型マーケティングの過程と成果」、そしてこれからの「日本型マーケティングの命題とビジネス体系への予見」を論述する資格を有する有識者として本書をまとめた。

本書は、第Ⅰ部として戦後の高度経済成長期から成熟社会、低成長社会、並行成長社会の一連の産業構造変革、市場構造変革、そしてマーケティングの基幹となる生活構造変革を明らかにしながら「日本型マーケティング構築とその独自性とモデル」を論じている。また、第Ⅱ部では並行成長経済社会の中で、モデル無き時代の企業構造、市場戦略構造を予見し、取り組むべきビジネスチャレンジの命題を論じ、「日本型マーケティング概念とビジネス取組み」の在り方を予見している。

一連のこうした流れを「はじめに」として、本書の主要な流れと概要を以下に列記しておく。

1 戦後経済の発展とマーケティング

一九四五年敗戦後の生活苦境と経済混乱期を経て、朝鮮動乱（一九五〇年～一九五二年）は在韓米軍・在日米軍による物資産業の特需を生む好景気をもたらした。生産基盤が貧弱な中でも大量生産と品質管理による標準化技術が米国から導入され、繊維・石炭・鉄鋼を始めとする基幹産業以外に生活必需品や家電産業の基盤が築かれたのは、この時代である。そして、第一次高度経済成長が始まる一九五五年以降、伝統的日本家屋の中に多くの家電製品が普及、人々の暮らしを変容させた。ここから日本の消費は、「家の為」にモノを購入する「充足の時代」が一九八〇年まで続く。モノの充足は、隣の家にあるモノが我が家にはない「不満の認識」と捉えられ、消費モードを拡大させた。そして、家電製品が生活の近代化として認識されていた。当然、メーカー側も膨大な消費ニーズに対応する製造業レベルでの大量生産体制と品質管理体制と、大量消費に向けた流通レベルでの大量販売体制を確立していった。一九七〇年までの第一次高度経済成長のマーケティングは、この大量販売の体制と標準製品化の体系づくりの競争であったと言える。その中で、戦前からの財閥系企業を凌駕し、グローバル企業として巨大化した代表的な企業が「トヨタ自動車」「ＨＯＮＤＡ」「松下電器産業（現：パナソニック）」「資生堂」等々である。つまり、これら新興企業はモノの大量生産のみに傾注するのではなく、大量販売の仕組み化を確立し、生活者ニーズに即応した市場を構築できたからである。

マーケティングの本質は、ターゲットとする「生活者」へのサービス的付加価値による競争差異化にある。もちろん技術革新に伴う製品差異性の競争次元を含むが、マーケティングの基本は製品差異性の追求だけにある訳ではない。ターゲットとする消費者が、スピーディに、便利に、欲しいと思った時に製品を購入できることや、製品購入や購入後の正確な対応、そして、その製品を購入したことによる満足マインドの醸成に、その基本がある。つまり、マーケティングは単に製品差異性の追求と販売結果のみの消費経済的成果を追求するものではない。

この時代の生産主導型・販売主導型マーケティングの中でも、購入者に対する購入後の満足サポートの完結が戦前の中小製造企業であったこれら自動車・家電・化粧品の大手企業化を可能にしたと言える。マーケティングは、戦後アメリカから「市場調査」の概念で導入されたものであり、市場の構造と製品の「顕在ニーズ」の把握をデモグラフィック（人口統計的）特性で明らかにすることから始まっている。いかに円滑に生産製品を消費者に授受させるかに、その主眼があったと言える。そして、流通過程は旧来型零細小売構造のまま進化し、一九七〇年までメーカー・卸による主導社会が続くことになる。今一つこの時代のマーケティングで特筆すべきは、ラジオ・新聞・雑誌・テレビの普及による広告優先時代の開花である。マス・コミュニケーションによる大量メッセージの信頼性は、これまでモノの消費に疎かった消費者の生活に最も影響を与えた販促手段となり、広告産業とメディア産業は拡大成長していった。これは、一九五五年から一九八〇年の戦後二十五年間にわたる高度経済成長の終焉まで続く。

つまり、販売主導による競争優位は、メーカー主導の零細系列小売店の数にあったと言えよう。「トヨタ自動車」のディーラー制度、「松下電器産業（パナソニック）」の系列店制度、「資生堂」の化粧品の契約制度（化粧品系列店）等の取組みは、企業成長基盤構築の代表的事例である。

要は、系列店が購入者の近くにあり、迅速なアフターフォローを可能とするか、しないか、商品活用サポートのサービス力の構築にあったと言える。それ程この時代の製品は使用時に壊れやすく、そのサポート体制の適宜性と利便性が求められたからである。このことは、SNS社会による流通革命が生じている今日でも基本ニーズとして変わらない。つまり、マーケティングは、購入・使用者へのアフターフォローを前提とした生活ソリューションそのものであることを、この時代から証明していたと言えよう。

さらにこの時代、生産を支えた「金の卵」と称された集団就職者や地方からの出稼ぎ労働者の生活近代化消費が、高度経済成長を牽引したことも忘れてはならない。都市部での成長過程で一九七〇年代を契機に彼らが住居を購入、都市生活者として市場を構成したことも、第二次高度経済成長を支えた要因として挙げられる。

そして、一九七〇年代のスーパーマーケットの成長による流通革命と田中角栄氏による「日本列島改造論」から派生した高速道路整備や鉄道インフラの高度化、新幹線整備等の事業が、住宅の郊外化と生活の近代化需要を招来したとも言える。

また、生産拠点の地方化が地方都市の生活成長をもたらし、流通業やサービス業の発展による膨大な雇用ニーズが複合され、経済成長が促進された。さらに、東京オリンピックに向けてのインフラ技術や冷凍食品技術、機械製品・電気製品の軽薄短小化と高機能化は家庭内耐久財の膨大な買い替え需要を招来し、第二次高度経済成長を促進した。

一九七〇年代中期のニクソン・ショックやオイル・ショックによる不況の影響は、大手企業の新卒採用の抑制・中止などが起こり社会問題となったが、一方、流通や外食などの新興のサービス産業は大量に大卒者を採用するようになり、就職先は多様化していった。結果、給与所得の上昇は続き、新家電商品への買い替え需要や自動車購入、住宅購入増を招来し、大量生産・大量販売を推進した。「家の為」の膨大な必需ニーズ需要が存在し続けた結果である。

マーケティングは一九七〇年代から大規模小売チェーンの成長に伴う流通の近代化と、チェーンストア理論に基づくチェーンストアオペレーションと小売販売システムの構築が成され、流通革命に伴う販売システムの構築にその成果を発揮した。また、大量生産システムは大量販売システムの近代化もあり、より効率的に販売促進を図る為のターゲット・マーケティングを求めた。そして、それは市場調査システムの近代化を促進させた。時代はホストコンピュータの進化に伴い迅速なデータ解析を可能とし、市場調査分析の数量化理論による様々な分析アプリケーションが登場したことにより、これまでの単にターゲットのデモグラフィック（人口統計的）特性からの分析だけでなく、個々人の価値観の違いを加味したライフスタイル分析によるライフスタイル・ターゲット論が台頭した。そしてこれらは、製品開発や製品差異性の構築、広告コミュニケーション戦略のメディアミックスや表現戦略のターゲットセグメンテーションにも大きく貢献していった。こうしたライフスタイル分析は、一九八〇年の成熟社会の到来で個々人の価値観の多様化に対するヒト・ターゲット区分に活用され、ターゲットセグメンテーション理論の進化にも貢献することとなる。

また、一九七〇年代の第二次高度経済成長は、団塊世代の人口増の中で住宅の郊外化や地方都市の近代化と民力度を向上させたが、コミュニケーション戦略や販売促進戦略、商品に地域偏差を加味する等の地域ごとの特性別マーケティング・アプローチが求められ、エリアセグメンテーションの為のエリア・マーケティング理論やデータベースが確立された。この頃から、製品のテストマーケティング・アプローチによる市場戦略理論が確立し、一九八〇年代の成熟社会におけるマーケティング戦略の展開に貢献している。ただ、消費はまだ「家の為」のニーズ型消費が主流であり、一律標準のマス型マーケティングが推進されていた。

ところで、一九七〇年代にそれまで様々に社会問題とされてきた公害問題が社会的解決課題として具現化し、企業の環境に対する社会的責任が問われた。そして、このことは大きな政治課題ともなり、強力な公害規制法が制定された。企業から排出される空気・水質への汚染物質に対する生産整備変革を求めた。時代は高度経済成長を支えた大量消費と新機能製品製造の設備投資を求めていたため、公害を規制する新たな生産設備革命が展開された。

日本の環境改善はこうした高度経済成長によって可能となり、その成果の進化の基は今日の日本の環境改善の原点となったと言えよう。例えば、深刻な大気汚染による環境問題改善が遅れている中国は、二〇〇〇年の高度経済成長時にその命題として取り組んでいなかったことと、中国国内の環境改善をグローバルな命題と捉えられている現在、国内経済は安定・減速状態となり環境改善への投資ができにくい現実となっている為であろう。

2　一九八〇年代成熟社会の到来とマーケティング・プロセス

成熟社会の到来は、これまでの「家の為」の一律標準ニーズ型消費の時代を終焉させた。つまり、「私の為」の多様な価値観の違いを前提とした個々人の生活満足を追求するウォンツ型消費の時代となった。これまでの大量標準生産・販売が通用しなくなり、「私の為」の価値需要を伴う製品の多様化を求めた。その為、同一カテゴリー製品でも多様な価値製品が求められ、一律標準の大量生産から、多様な価値観に対応できる生産体制への変革が促進された。これが、生産ラインのフレキシブル化であり、ヒトが専業するヒトの生産関与に限界が生じ、ロボット化の推進と生産システムの改革が行われた。多品種少量生産体制の確立である。この生産システムは、ＦＭＳ（Flexible Manufacturing System）と言われ、製品の多様化や情報システムの変革に対し柔軟に対応する生産システムが構築された。この生産の近代化は製品開発の新しい次元を求め、ターゲット・セグメンテーションのライフスタイル・セグメントによる製品開発を求めた。広告コミュニケーションや小売流通現場の販売オペレーションもこの多様性を求め、日本の販売システムと販売オペレーションの近代化が推進された。

一律標準ニーズに対処する販売システムの時代は、広告が購買促進の最大コミュニケーション戦略と考えられたが、この頃の広告は「買おうと思い込ませる」効果であり、現実の購買促進は購買時点の現場（多くは店頭）にあるとする考え方が表出した。これがフィールド・マーケティング理論である。

さらに、ヒトの価値観の多様化が進むと、ヒトは多次元なコトで一つの製品を活用すると考えられ、ヒトのライフスタイルはより細分化して多様化しないと通用しなくなった。加えて、成熟社会は新しい時間消費（レジャーや趣味）の生活次元を創造し、こうしたターゲットの超細分化はヒトで区分する非効率性を生じさせた為、ヒトの「コトとモノ」との関係性、すなわち製品ターゲットは「コト×モノ＝生活シーン論」にあるとし、コト・ターゲット論（著者提唱）を開花させた。

そして、コミュニケーション戦略ゴールの市場構築の為には「マスコミ（広告・広報）」×「POSコミ（購買時点コミュニケーション・フィールド・マーケティング戦略）」×「ヒトコミ（コミュニケーター・マーケティング理論）」×「モノコミ（品質価値×使用価値の商品構造論）」の四コミの連鎖複合モデルを生んだ（新津・座間理論）。その他、流通の情報システム化や物流システム化（センターシステム×物流情報システム）を推進した。

さらに、POSシステムの販売現場導入により、販売情報システムと販売システムの近代化を可能とした。生産システムの近代化（FMS）やコミュニケーション戦略の近代化（四コミ連鎖モデル）や情報システムモデル、流通近代化モデル等々は、今日のマーケティング戦略の進化の原点と言えるものであり、一九八〇年代の日本のマーケティングの進化とビジネス・システムの進化は、もちろん欧米の影響はあったものの日本が最も進化継続したと言える。

ブルーカラーとホワイトカラーの給与格差も無くなり、休日時間の増加は生活の新しい時間消費の次元を生み出し、一億総中流と言われる夢のような安定成長の時代を構築したと言える。当然、この時代のマーケティング原理は今日のマーケティングの原点を構築したと言え、日本型マーケティングを確立した時代とも言える。多くの生活を変革する技術革新により製品や新素材の開発が数多く市場化され、生活の近代化を促進した。また、サービス経済化の時代となり、サービス・マーケティングの原点もこの頃確立された。

この頃、明確に製品（Product）は作られたモノや素材として定義され、そして購入して使われるモノが商品（Commodity）と定義され、マーケティングは「製品を商品化」するアプローチとして捉えられた。さらにこの頃、顧客化と市場形成の為にアフターフォローによるサービス・マーケティングの重要性が確立された。

しかし、一九八五年のバブル経済の到来は、日本の先進的産業活動・市場戦略活動を激変させ、土地が金を生む錯覚が企業構造そのものを弱体化させた。筆者はこのバブルが無かったら、一九九〇年代の低成長は回避され安定的企業構造の近代化が継続できたのではないかと推察する。

3　低成長時代のマーケティング・プロセス

一九九〇年のバブル崩壊は、日本の企業構造・産業構造そのものを変革させた。つまり、これまでの企業成長の基盤として評価されてきた日本型社会・産業、企業構造を崩壊させたと言えよう。日本の成長基盤として考えられてきた年功序列・終身雇用は否定され、業績評価主義や能力評価主義が採用され、企業構造の重点事業への転換（リ・エンジニアリング）が促進されたことにより、重点事業を中核とした構造改革の推進と事業改善が求められた。企業は成長を望めない社会の到来の中で、これまでの資金を借入れ運用する資金フロー化から、不良資産や資金の清算の為に資金ストック型に経営を転換させた。

企業構造そのものの転換は、これまでのビジネスパラダイムが通用しなくなってきた時代の到来と言え、これまで市場戦略を中核とした「マーケティング・マネジメント論」を前提にマーケティングは推進されてきたが、新たなビジネスパラダイムの構築は企業経営そのものにマーケティング思考を導入せねばならないとする「日本型マネジリアル・マーケティング論」の確立の時代となった。

その第一の命題は、企業理念に基づく「企業が社会に活かされている」とする社会的責任論に立脚することを求めるもので、企業の様々な社会的不祥事が企業の直接目的である「永続的活動」を不可能にすることが証明される時代となった。それもこれも、土地が金を生むバブルの概念が企業の適正な中核事業を「逸脱」させ、バブル崩壊によって不良資産を抱えた企業の財務・人材適正の変革が求められた。人材適正についても、新しいビジネスパラダイムのノウハウと能力が求められ、社会的使命を全うできる企業統治（コーポレート・ガバナンス）が求められた。

企業理念は永久不変の原則であるが、度重なる不祥事に対してコンプライアンス（社会規範に基づくビジネス行動）が問われ、単に事業収益構造の良さだけでなく企業の評価は社会的な貢献（CSR活動）が重要な要素となってきた。そして、事業経営も事業領域の重点化と同時にそのパラダイムを変革しないと生き残れない時代となってきた。当然、企業実務の情報化は進展し、情報システムの活用が企業人の命題となったし、市場の把握の仕方もこれまでとは全く異なるパラダイムを求める生活構造変革が招来したと言える。つまり、市場はこれまでのアプローチの仕方では成果を期待できなくなり、全く新しい次元のビジネス・アプローチが求められてきた。そして、技術革新による製品構造の変革を予見できないとビジネスが成り立たなくなり、グローバル産業化が命題とされた。

成長が望めない中で、雇用も減退、給与も上がらず、物価が低迷するデフレ経済の時代となり、二〇〇〇年以降も継続している。そうした中でも、製品価値やサービス価値の変化スピードは増大し、情報システムの進化は製品・サービスのライフサイクルを短縮化した。

例えば、フィルムを原点とするカメラは、素人でも失敗しない「コンパクトカメラ（一九七〇年、八〇年代）」からカメラを持っていなくても撮れる「使い捨てカメラ（一九八七年）」へと進化していくが、一九九〇年以降デジタルカメラの登場でフィルム産業は衰退へと追い込まれる。また、カセットテープも一九九三年頃からCD化が進み、その変化のスピードは異常な速さで変革していった。こうした低成長化とビジネスパラダイムの変革は、企業に顧客重点主義を生じさせ、自社の生涯顧客化こそが企業の生き残りの命題と捉えられた。

そうした中で、ＣＳ（Customer Satisfaction：顧客満足）のシステム化が促進され、重点顧客主義を取るＦＳＰ（Frequent Shoppers Program）や顧客囲い込みの為のＣＲＭ（Customer Relationship Management）システムの構築が求められた。さらに、ＣＳを推進する為には、従業員が真に自社ビジネスへの「働きがい」を醸成できるかのＥＳ（Employee Satisfaction：従業員満足）システムの構築が、「ＣＳ＝ＥＳ」として取り組むことが求められた。

弱者優先の弱者市場の開拓に取り組むことこそが、社会最適事業であるとする認識の高まりから、これまでの重複活動行為を排除することがニュービジネスパラダイムを生むと考えられるようになり、このビジネス・スキームの代表的成功例が「アスクル（一九九五年プラスより独立）」ビジネス・システムと言える。

また、高齢化社会の到来と少子化によるマーケットボリュームの転換が、これまでのビジネスパラダイムが通用しなくなることを示し、この社会に向けての新しいビジネス・スタイルの構築が求められるようになってきた。企業の事業構造そのものの転換とニュービジネスパラダイムの構築がマーケティングに求められ、企業活動そのものへのマーケティング・パラダイムの変革を求める「日本型マネジリアル・マーケティング」の構築が求められ続けた。

その中で、中国を代表とする新興国経済の成長は、企業のグローバル戦略の転換を求めた。技術進化は、国内の価格競争力を高めるだけでなく、進出先の海外現地市場構築による企業構造の転換も促した。しかし、これまでと異なり、既に新興国市場では旧来のグローバル戦略パラダイムは通用せず、全く新しいグローバル・マネジリアル・マーケティングの構築を求めた。一九九〇年代のグローバル進出は、それなりの成果を生み出していた。しかし、二〇〇〇年に入ると新興国の政治的・市場的・生活的特性に合致した成長戦略を取らねばならなくなっているのに、その構築と事業パラダイム変革を成し遂げた成功企業は大手自動車メーカーを除くと数少ない。

さらに、情報技術の進化と変革は急速に進展した。それは、生活や企業内活動のコミュニケーションパラダイムを変革させた。携帯電話の普及によるICT（Information and Communication Technology）の進化である。特に、二〇〇〇年代に入ると、このデジタルネットワークは生活を変革し、モバイル（携帯電話通信）の普及は生活構造の必需品となり、このアプリケーションの進化はSNS社会を招来し、旧来のマーケティング・コミュニケーション戦略（広告・広報、営業、販促）にSNS手段が新たに大きく関わるようになってきた。SNS社会は携帯端末を「生活者個人が媒体を持った」事態として機能させるようになり、企業が市場を統御できるとしたマーケティング・パラダイムを変革した。

これまで、様々なマーケティング戦略活動により市場（生活）を創造統御できるとしてきたPush・Pull戦略は見直すことが求められ、マーケティング・パラダイムの原理・原則を変革せねばならなくなった。生活者が媒体を持つ時代のマーケティングは「生活者と共に」が求められ、4P理論による促進のマーケティングから4C理論の生活者との共生（実感・体感・共感）型マーケティングが求められるようになった。企業の戦略的命題は、利益（Profit）から信頼性（Confidence）の構築に置かれ始め、ますます旧来の日本型マーケティング戦略原理の転換が求められた。

一九九〇年代、低成長時代ではあっても日本企業は資金ストック化とコスト抑制により、企業体質を再生することができた。また、新興国の富裕層の高い日本品質評価と日本製品希求により、高い日本企業技術の果実がグローバル市場で通用し、二〇〇八年のリーマン・ショックまではデフレ経済であっても、超少子高齢化の中でのマーケットボリュームが縮小する中であっても、高品質・高価格のグローバル戦略によるメリットは享受できてきた。しかし、リーマン・ショックと東日本大震災は日本市場を激変させ、製品の耐久性のみを追求したグローバル製品戦略を展開した韓国・台湾企業がグローバル市場を席巻していった。日本企業は現地ニーズに合致した「適正品質」への概念が希薄だったためで、一九九〇年以降求められた日本企業のグローバル事業パラダイムの変革が立ち遅れていたことは否めない。

「シャープ」に代表される多くの家電メーカーの衰退要因は、上記の事によろう。こうしたデフレ経済とグローバルな市場戦略の結果的不振、さらに超少子高齢化による社会構造の変革は、これまでのマーケティング思想が通用しない新しい日本型マーケティング戦略原理とマネジリアル・マーケティング・パラダイムを求めるようになった。一九九〇年から二〇一〇年までが失われた二十年と言えよう。ただし、ICTや情報技術革新や新素材進化の中で、成功・成長を収めた企業や顧客創造主義に徹した成功企業も多くあったことも間違いない。これら企業は、社会生活構造変革の中で、これまでとは全く異なるビジネスパラダイムを追求した企業と言える。

4 並行成長時代とマーケティング戦略の予見

二〇一一年の大震災以降、日本のマーケティングを左右する様々な変革が求められてきている。IoT・

ＡＩによる第四次産業革命に関与する様々な事実がこれまでと全く異なる生活や産業構造を招来しようとしているからである。

本書では、第Ⅱ部としてこれらを論述している。

①新たなマーケティング戦略原理の提言とビジネスパラダイム
②日本に生じているメガトレンドの変化とこれからのマーケティング・パラダイム
③ビッグデータマーケティングの開花
④オムニチャネル・ビジネス化
⑤ＩｏＴとＡＩによるビジネスパラダイム
⑥マーケティング３・０、４・０の命題
⑦自創・共創者へのマーケティング・アプローチ
⑧これからの人材適正と就業構造変革への取組み

等々で、これからの日本型マーケティングの課題と命題を予見している。

以上、本書は日本型マーケティングの進化とその工程、さらにそこから生じたマーケティング・パラダイム、さらに二十一世紀型のこれからの日本型マーケティング・パラダイムと日本企業のビジネス命題の予見を論述している。そして、これらの論述により、戦後日本の発展からマーケティングの進化、さらに日本型マーケティングのこれからの命題を明らかにしようとしたものである。

これまで、様々なマーケティング論を紹介する書物はあるが、日本型マーケティングの進化とプロセス、そして、そこから予見できる将来の日本型マーケティングと企業のビジネスチャレンジの方向性を予見しているのは、本書が初めてであると認識している。

本書の意図と意義をご理解いただき、何かのお役に立てれば幸甚である。

高千穂大学　理事　大学院教授
新津　重幸

目次

第Ⅱ部　二十一世紀日本型マーケティングの命題と予見

第Ⅰ部

マーケティングの本質と日本型マーケティングの形成と進化

第1章 マーケティングの本質と原則

マーケティングとは、生活及び生活者第一主義を前提とするビジネス実務体系を明らかにしようとするものである。しかし、時代の変革がもたらす技術革新や素材革新、生活革新、情報革新、取引革新や物流革新、等々の変革が生活者の生活そのものに影響を与え、生活者のライフスタイルを変革させていく。これらを社会・経済・経営・環境の変革とそれに伴う生活構造変革と呼んでいる。従って、ビジネスの実務体系は絶えずこれらの変化と変革の影響を受け、パラダイム（これまでの概念）の変革を迫られる。こうした変革の流れを予見するビジネス・アプローチそのものがマーケティングと言える。当然、マーケティング概念そのものも変革を求められる。一方で、マーケティングの本質とその与件には永久不変の原則が存在する。グローバル化が著しい今日、当然企業や団体のマーケティングとビジネス・アプローチは日々変革を迫られているが、その基幹となるマーケティングの本質そのものには永久不変の原則が存在する。

第一章では、こうした永久不変の原理・原則を前提にマーケティングの本質を述べてみたい。それは取りも直さず、日本のマーケティングの進化を予見するに当たって、マーケティングの不変の原則を明確にし、ビジネス・アプローチの前提としたいからである。

1 ターゲット論と生活者論

マーケティングの本質は、広義の意味でのターゲット論を前提としていることにある。そのターゲットとは、生活者そのものの生活にある。

生活者の生活の変革を見極め、生活者の生活創造を可能とすることを前提として商品・サービス、あるいは情報体系そのものが存在する。そこには、メーカーが製品を開発し、素材を調達し、生産した「モノ」を様々な流通過程（ダイレクト流通を含む）を経て、円滑に生活者に授受せしめるメーカー独自のコンセプトとアプローチを行う一方で、サービス業によるサービスのコンセプトや付加価値化の促進を図る。そして、様々な拠点や情報システムによって、サービス利用を促進するコンセプトやアプローチ、また今日では公共機関や行政が行う生活サポート及び生活創造に向けたアプローチ等が、マーケティング活動による生活者をターゲットとして展開される。

この最終生活者への製品・サービス、公的支援等のコンセプトとそれによるアプローチを一般的に「事業（Business）」と称している。

ところで、「生活者（Consumer Citizen）」のターゲット呼称は、一九八〇年に早稲田大学名誉教授でありマーケティング学者の故宇野政雄教授が提唱した日本独自の表現である。もちろんマーケティング概念は、戦後アメリカから日本へ紹介されたものであるが（導入当初はマーケット・リサーチ―市場調査―として紹介された）、一九八〇年代以降の成熟社会の到来による生活者の価値観の多様化と生活領域の多次元化（後述する）が、単にモノを購入し消費する「消費者」の概念ではターゲット論が説明できなくなってきたからである。

そして、一九八〇年代以降のサービス経済社会の進展によって、ターゲット論は生活者の行う「コト」にあるとする概念が生じ、〝モノ×コト〟や〝サービス×コト〟の関係を「生活シーン」と規定するコンセプトとアプローチ論が生じた。ここにおいてマーケティングは経済学で規定される貨幣で交換されるモノ・サービスを単に消費する「消費者（Consumer）」の概念から、モノ・サービスを活用して生活創造を行う生活シーン論に立脚する「生活者（Consumer Citizen）」の概念が生まれた。

従って、ターゲットはそれまでヒトを前提としてきたが、生活者が行う多様な、あるいは多次元な「コト」に置かれるようになった。この生活者の行う「コト」こそがモノ・サービスとの関わりによって営まれる「生活シーン」であると考え、この「生活シーン」を創造するモノ・サービスこそがマーケティングの中核にあるとされた。もちろん一九五〇年代、一九六〇年代は「モノ」中心の販売・販促コンセプトとアプローチが事業の中心として考えられ、マーケティングはそれを前提とした需要創造に向けてのコンセプトやアプローチであるとしてきた時代であった。しかし、一九八〇年代の成熟社会、一九九〇年以降の低成長社会、そして二〇〇〇年以降のＩＣＴ（Information and Communication Technology）やＳＮＳ（Social Networking Service）社会によるコミュニケーション革新の並行成長社会（成長を期待できない社会）の到来は、モノやサービスの主導から生活者の「コト」創造主導のマーケティングに変革してきた。

また、マーケティングは、経営学の本質とする経営体を中心とした経営組織論や経営強化を前提とする人的資源開発の概念とは異なり、生活者の構成する社会構造に向けて、企業のみではなく公共事業体を含む法人活動の生活者を中核とする社会的信頼性構築に向けた企業マインドの醸成にあるとされ、「マーケティング・マネジメント（Marketing Management）やマネジリアル・マーケティング（Managerial Marketing）の概念※」も構築されてきた。また、企業人も生活者であるとする概念を前提とした企業人マインドとビヘイビアの構築もマーケティングの戦略的構造として考えられてきている。

※「マーケティング・マネジメント（Marketing Management）」とは、企業のマーケティング目標を効果的・効率的に達成する為に、様々なマーケティング手段を運用していく戦略的・計画的諸活動である。「マネジリアル・マーケティング（Managerial Marketing）」とは、企業のマーケティング活動は企業経営総体の中核として位置づけられ、マーケティングは経営全体の広い視野で企業組織全体に機能するという考え方である。単に、企業のみでなく非営利組織のマーケティング活動にまで応用されるものとしている。

つまり、マーケティングにおいては、「企業や公共的法人の事業の〝直接的目的〟は『永続的活動』にあり、その為に『適正利潤や法人運営予算の確保』が事業の〝間接的目的〟としてある[1]」といったマーケティング概念が明確にされてきている。

さらに、「製品（Product）」と「商品（Commodity）」[2]の概念を明確に差異規定しているのもマーケティングである。つまり「製品」は作られたモノや製品を作る「素材」を指し、「商品」は生活者に購入・使用されているモノやサービスである、と規定している。従って、小売店頭で陳列されているモノやサービスは「製品」であり、店頭で生活者がお金を払って手に入れ使用して初めて「商品」と呼ばれる。こうした概念もマーケティングが生活者の生活そのものをターゲットとしているからである。

2　4P理論から4C理論への変革

第一節でも述べたように今日、マーケティングでは製品（Product）と商品（Commodity）の概念を明確に差異化している。しかしながら、マーケティングの戦略要素として、4P理論は今日でも製造メーカーを中心に論じられている不変の原則とも言える。特に、消費財メーカーの市場創造の為には、4Pの構造は重要視されている。

顧客志向を論じる中でも、顧客は創造できるものとしてのPush・Pull型マーケティングでは、市場戦

図表1-2-1　ブランド価値を構成する4Pと4C

	高度経済成長時代の Pro-marketing（促進マーケティング）		低成長時代の Com- marketing（共生マーケティング）	
（原義）	Producer 前へ導く人	〈メーカー〉	Company 共にパンを食べる	〈企業・団体〉 Corporation
	Purchaser	〈購買者〉	Consumer	〈消費者・生活者〉
4P	Product 前へ導きだされたもの	〈製品〉	Commodity 共に便利なもの	〈商品〉
4P	Price	〈価格〉	Cost 共に立つ	〈費用・価格〉
4P	Promotion 前へ動かす（*Persuasion＝説得）	〈促進〉	Communication 共に（意味を）もつ（*Consent）	〈コミュニケーション〉
4P	Place	〈場所〉	Channel	〈流通経路〉
+）	Profile 前方からの様子	〈環境〉	Circumstances	〈外部環境〉
	Profit 前へ向かう	《利益》	7Cs=Confidence	《信頼》

（4C：Company以下ではCommodity, Cost, Communication, Channel）

出所：清水公一氏。

略を促進する上で4P理論は重要であり、市場は促進のマーケティングで統制できるものとして考えるならば、この4P理論はまさしく重要視される概念である。

しかし、今日の企業はマネジリアル・マーケティングの最終ゴールを、信頼性（Confidence）の構築に置かれるようになっている。それは、市場創造が生活者と「共」に行い生活創造を命題とすると同時に、そこから社会創造までをも可能とするマーケティング3・0の命題を企業に求めている。そして、その先に生活者の自己実現を前提とする自創・共創を支援するマーケティング4・0の命題も求められるようになってきている。

そこにおいて、生活者と共生するマーケティング、すなわちコ・マーケティング（Com-Marketing）の時代へと進化していることを示唆している。

従って、図表1-2-1に示すように、その原理は4Pから4Cへと変革してきていると言えよう。

4P理論は、プロ・マーケティング（Pro-Marketing）として市場創造に向けての促進のマーケティングと言えるが、その最終ゴールは利益（Profit）の確保にある。しかし、4C理論は、社会的・産業的・生活的な環境の変革を前提とした企業及び製品トータルの市場戦略における信頼性をゴールとしている。以下に4Pと4Cの各要素に対する変革の理由を述べてみよう。

① 製品（Product）から商品（Commodity）概念へ

商品（Commodity）は、購入・使用されて初めて商品として確立される。従って、マーケティングは、製品（Product）を商品化（Merchandising）する活動とも言える。モノが生活者のコトとの関係で生活シーンを創造するとするならば、メーカーが製造したモノは製品であり、店頭で陳列されているモノも製品と言える。また、モノを製造する為の素材もサプライ・チェーン上は製品である。チャネル構造の中でセルイン（納入されたモノ）されたモノは製品であり、生活者の手にセルアウト（購入・使用されたモノ）されて初めて商品となる。消費財を形成する様々な部材（素材）も、消費財メーカーにより生産・流通され、生活者が購入・使用した商品のボリュームが大きければ、生産素材としてのボリュームも巨大化する。従って、素材ボリュームも商品化された商品ボリュームに左右される。素材メーカーは、素材が末端製品に活用され、商品化された市場果実の大きさで市場ポジションが確立される。

こう考えると市場の形成は、生活者のコトとモノとの関係から成立する生活シーンを生活者と共に担保するモノとして「商品Commodity」の意味と意義があると言えよう。

② コストプラス価格(Price)から費用(Cost)工夫へ

「製品」概念においては、「コスト＋利益＝売価」のコストプラス法の原価計算概念で売価が算出される。つまり「コストに利益を加算して売価となる」といった発想であり、多くのメーカーはこのコストプラス法で売価を算出する。しかし、「商品」概念においては、「売価－利益＝コスト」の売価マイナス方式により売価は決定される。つまり、売価は購入して頂く値段の適正さで商品化される訳で、売価は生活者が決定する概念となる。その為の弛《たゆ》まざるコスト工夫が求められる。この売価マイナス方式を最初に提言したのが、一九七〇年当時、スーパー流通業№1オーナーであった中内功氏である。彼は「売価は小売業が決める」を信念として、メーカー希望小売価格の破壊と生活者のバリュー主義を提起している。その後、一九九〇年には、売価は商品購入価格の適正度や割安の心理価格を指すとされ、売価は商品化する為には生活者に主導権があるとされた。

このことは重要で、コストプラス法では当初の売価は高くても、市場が形成され生産量が増大すれば売価は下がるとする考え方であり、市場形成に時間差があるとされた。しかし、売価マイナス方式では、当初は市場形成目標と時間軸の中で利益マイナスであっても、市場形成に従ってコスト回収ができるとする考え方である。一方で、コストの工夫次第では、購入しやすい価格設計を追求する、市場戦略を図る考え方がある。売価設定の新しい考え方であり、今日、商品ライフサイクルの短縮化傾向の中でこの方式を採用するメーカーも出てきている。

③ プロモーション(Promotion)からコミュニケーション(Communication)へ

4P概念では、購買を促進する為には、市場導入を促進するプロモーション（Promotion）概念で「購入させる」市場を形成することができる、と考えられてきた。つまり、配荷納入によるセルインの市場シェア獲得を図ることが重要と考えられてきた。流通過程における市場在庫の発生概念は、正しいとされてきた。それは、納入イコール売上としてきた発想にある。その為には、リベートや取引促進を図る為の様々なプロモーション手法や購買促進の為の促進コストがかけられてきた。マーケティングが大量生産・大量消費の生産販売主導型である時代は、プロモーションは最も重要であるとされた訳である。広告を含め、営業販促・購買促進販促は売上確保のコミュニケーション戦略コストとして売上を保障するものと考えられており、今日でもこの考え方は市場戦略の重要要素として展開されている。しかし、SNS社会の到来で生活者が自己発信型のメディアを保有する現代において、生活者の実感・体感→共感→共有→信頼性の確立→結果売上とするステップを重視した生活者と共にコミュニケーションを共有する発想が重要となり、その為には相互信頼関係の構築に目標が置かれた。それ故今日、企業・製品そのものの信頼性の構築ができなければゴール売上確保には至らないとされてきている。コミュニティとは、目的を共に共有化できる集団を指すもので、コミュニケーションはその為に存在する。従って、顧客とは企業及び商品の共有関係を保持する集団と解釈され、これを企業・商品の顧客コミュニティと呼ぶ。買わせるプロモーション概念から、共生するコミュニティ形成と生活創造を共に果たす役割とするコミュニケーション概念の時代となっている。そして、コトとモノの関係の中で、モノは品群で消費され、自社製品はその一部として活用されるポジションにある。品群コーディネートの中での実感・体感のアプローチもコミュニケーション活動によって可能となる。

④ 場所(Place)から流通経路(Channel)へ

買い場・購入場所を確保することは、市場形成概念の中で重要である。その意味で製品の買い場の確保を第一命題とするのが4P理論である。この場合、自社の単品ポジションが買い場の中でどのように確立できるかが求められる。そして、それは多分に最も重要な買い場を限定したがる。多くの消費財で食品はスーパーマーケット、生活雑貨や化粧品はドラッグストアとチャネルが限定され、戦略コストの大部分の投下を決定することにつながっている。商品化の主導権が限定される場合には、この場所（Place）概念で良かった。しかし、価値観の多様化や生活領域の多次元化により、買い場も多様化する。ましてや今日のSNS社会の進化により、買い場も多様化している。オムニチャネルの進化が求められる今日では当然ながら、買い場と購入方式は多次元化する。

買い場が多様化すれば、チャネルも多様化する。つまり、場所よりもどのようなチャネル経路を通じて市場形成のチャンスを拡大するかが重要となる。ましてやＥＣサイト購入が進展する今日、生活者に対する多次元な買い場対応が求められる。そうした意味で、場所を規定する４Ｐ概念からチャネル経路の多次元化を図る４Ｃ概念を前提とすることが求められる。

以上のように、４Ｐから４Ｃへの次元転換が求められる理由を述べたが、もちろん企業活動における４Ｐ概念を否定するものではない。しかし、持続的成長が求められる今日、さらに産業構造の革新が叫ばれる今日、企業活動の命題は生活者と共にであり、あるいは社会創造と生活者の自創・共創支援を求められているとするならば、マーケティングの究極のゴールが信頼性（Confidence）の確立にあることは言うまでもない。利益（Profit）の追求のみに限定される時代では無くなっている。

その意味で、４Ｐから４Ｃ概念への変革が求められていると言えよう。

3　二つのマーケティング戦略体系

マーケティングは、生活創造へのコンセプトとアプローチの結果による市場創造を確立するに当たって、そのコンセプトとアプローチをマーケティング「戦略」として規定している。マーケティング戦略は、経営と事業の目的と目標を達成する為に様々な戦略手段を統合的に複合して展開する。そうした手段は様々あるが、中核を成すのは「商品・サービス戦略」、「マーケティング・コミュニケーション戦略」と「チャネル・流通戦略」である。この三大戦略手段は、様々に細分化された狭義の戦略手段によって構成される。これらも時代の進化と変遷によって、企業・公的法人の生活創造とその結果による市場創造の目的・目標は変化する。特に、様々な戦略領域の技術革新は、生活の変革や生産・流通・情報環境変化が生ずる為、各々の戦略手段は変遷と共に変革・進化してくる。

つまり、マーケティングはこれらの環境要因変化によって、その目的・目標も変革する。これを企業経営・事業経営の「パラダイム（それまでの概念）の変革」と呼んでいる。特に、一九八〇年以後、急速に進化した生産・素材・流通・情報の技術革新やグローバル化の進展と生活や地球を取り巻く環境問題は、「生活構造（生活行動×生活価値観×生活体系）」[3]を変革させてきたし、企業・公的法人の生活・市場の変革を生じさせ、企業・法人の社会的存在意味と意義を変革させてきた。

マーケティングにおいて、企業・公的法人は「生活者に活かされている」ことが前提であり、広く言えばその存在を「社会に活かされている」と解釈している。その為には、今日、企業の「信頼性の確立」を前提とすることは当然と解釈され、マーケティング戦略の命題はそこに存在する。つまり、各事業戦略における個別手段も信頼性の確立に向けてコンセプト構築され、アプローチされるようになっている。この事実は将来に向けても変化せず、ますますそのコンセプトとアプローチの進化と変革を求めている。

さらにもう一つの概念が、企業から生活者へモノ・サービスが流れていく為の生産・流通・小売の流れや、生活者間のコミュニケーションの流れによるモノ・サービスの普及（ＳＮＳ社会の特徴）やＳＮＳ社会の進化に伴うダイレクト・マーケティングの流れ、等々「トータル・サプライ・チェーン」の概念によるマーケティング戦略体系がある。そして、この流れは生活者ニーズ・ウオンツを起点とする「トータル・デマンド・チェーン」の逆流を前提とする概念と言える[4]。

こうした観点から二つのマーケティング戦略体系を以下に解説してみよう。

4　マーケティング戦略におけるマネジメント体系

1　企業・公的機関・法人のマーケティングとマネジメントの複合原理

事業経営におけるマネジメントの体系とマーケティング戦略体系の概念を図示すると図表1-4-1のようになる。

ところで、この図表の最重要な命題は、「企業理念」と「経営理念」の概念を分離[5]していることと、具体的な企業トータルの生活創造・市場創造の展開を「トータル・マーケティング戦略」により展開される戦略計画の確立として明示していることである。さらに、個々の事業の戦略展開ごとに各戦略手段の展開が図られる、としていることである。

マーケティングは時代と環境の変化に対応して、その基本テーゼは変わらないが、進化する。一九七〇年代に入ってから、それまで顧客志向と利益志向といった伝統的概念からマーケティング戦略総体の統合

図表1-4-1　マーケティングとマネジメントの体系

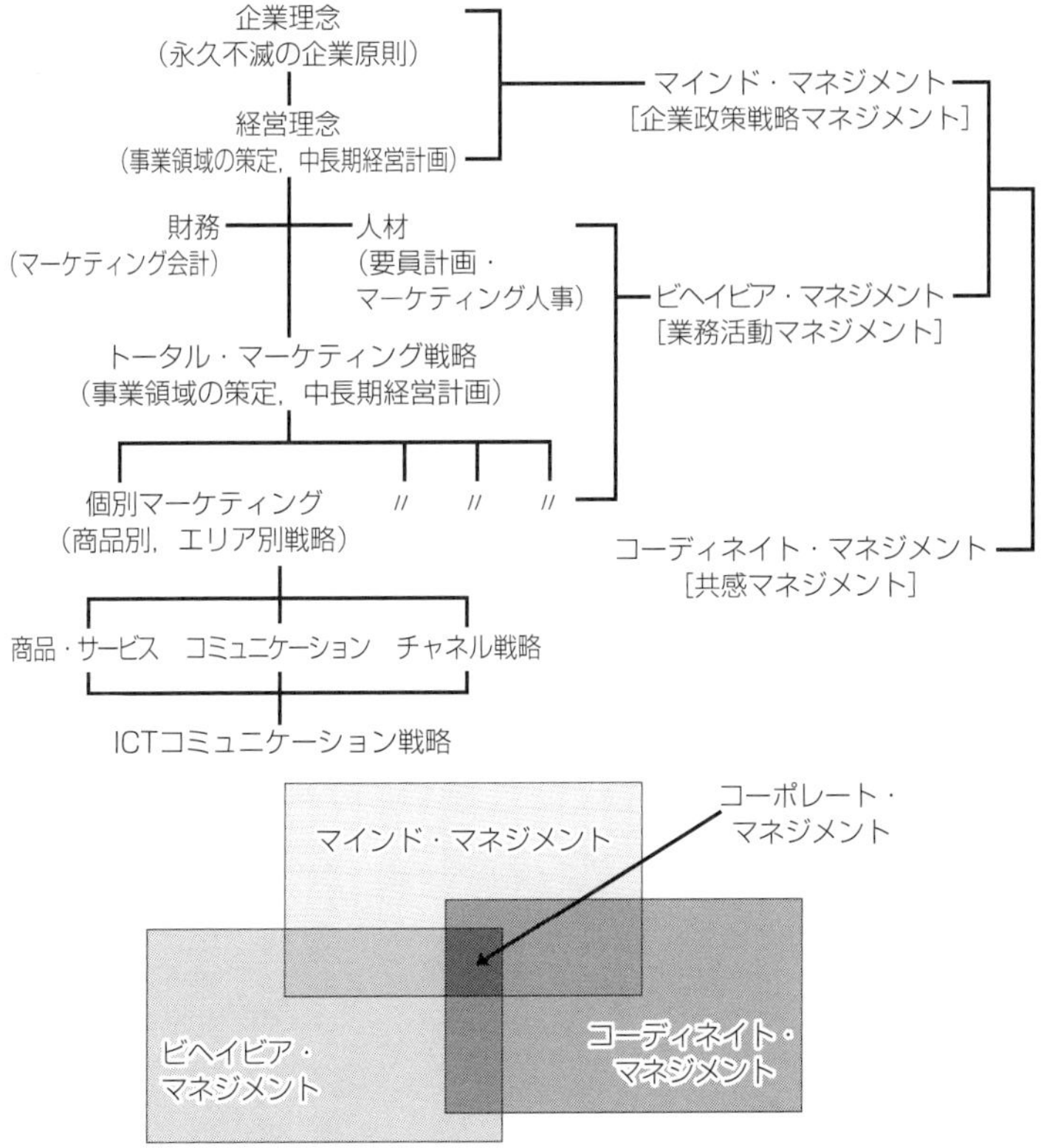

注1：上図は，企業に特化して体系づけられているが，公的機関・法人についても同様である。
注2：William Lager“The Distribution Mix－A System Approach in－”を参照。
出所：著者作成，2015年。

性（商品・コミュニケーション・チャネルの個別戦略手段をトータルに連鎖させる）を求める「トータル・マーケティング」と、企業が社会に存続し得る為の社会性を前提としてマーケティング・フィロソフィーの確立を求めた。また、それに基づく企業の事業や生活者そのものの安全性や快適性を前提とするマーケティング・アプローチ「エコロジカル・マーケティング」等々、生活者の生活と環境の保障と創造を前提とした企業の関わり方までマーケティングの概念を拡充した。

そして、さらに一九八〇年代、一九九〇年代以降より、中長期の企業の全社的事業戦略の明確化とそれに伴う個別事業のマーケティング戦略を競争環境の異質化・多重化も含めて戦略的に展開させねばならないことが求められ始め、その為に現場主義に立った戦術システムの構築が具体的に展開されるようになってきて、今日に至っている。また、二十一世紀に入ってからのＩＣＴ技術とＳＮＳ社会の進化は、マーケティングそのものを「生活者主導型社会」へと変革をもたらしている。

個別の商品をいかに売るか、また流通・サービス経営を単体で捉えるマーケティングから、生活環境や社会環境の高度化を踏まえたマーケティング、さらに企業の事業領域拡大と競争視点の変革に伴う企業同士の革新へと、マーケティングは変革してきている。そして、生活者との共同・共生の時代へと進展してきている。

それは、公益法人や公共機関についても同様で、生活者の生活変革に伴って、その事業展開の命題と具体的取組みは変化してきており、特に、その基本テーゼはマーケティング的視点にあると言える。

こうした変化をマーケティングに取り入れ、企業のマーケティング展開そのものを変革させねばならないことは当然であるが、マーケティングそのものの基本原理に変化はない。この基本原理を忘れたマーケティングの在り方は短期的戦術を戦略と誤解したに過ぎず、企業の永続的な存続を危うくするものとなろう。そこで、同上の構成要素を個別に解説してみよう。

2　永久不変の原則としての「企業理念」

先にも述べた通り、企業はグローバルを含む「社会に活かされている」。古くは、多くの成功企業は創業時の「社訓」と称する命題を明確に規定している。それは、社会に対して「してはならないコト、やってはいけないコト」「社会に貢献すべき命題を社会及び社員、あるいは社外の様々な関係者（ステークホルダー）に表明」し、それによって「自社の社会に対してあるべき企業姿勢」としている。

時代によってその表明は文言としては変化するが、その真意は変化していない。従って、企業理念は企業活動における「永久不変の原則」として規定されている。

ところで、一九九〇年代に低成長時代を迎え、企業は経営面で大きな変革を求められた。バブル崩壊後、それまでの多角化事業投資と〝資金フロー〟の在り方が不可能となり、特に生き残りの為の経営体質強化を求められた。その為、それまでの経営概念は大幅な修正を迫られ、過去の経営テーゼであった「年功序列制度の見直し―その結果、勤続年数や年齢で賃金は上昇するとは限らない。また、成果主義の導入」や「終身雇用制度の見直し―その結果、労働者派遣法改正により企業側の雇用価値観が変化、派遣雇用者数の増加を招いた」といった日本型経営システムへの考え方は、大きな変革と打破を余儀なくされた。

また、「土地を含む資産価値の下落に対する利潤と資金の〝ストック化〟」、「事業の多角化から中核事業への重点化（コア・コンピタンス主義やリエンジニアリングシステムの導入）」等々の、構造改革（リストラクション）を推進した。そして、日本の大手企業による数々の不祥事が表出し、社会問題化する事例が相次いだ。例えば、一九九〇年代初頭の不良債権問題を含む金融不祥事、二〇〇〇年には三菱自動車のリコール隠し（顧客から持ち込まれ不具合を社内で隠蔽）や雪印集団食中毒事件（初期対応のまずさから、結果、グループ全体の解体・再編を余儀なくされた）、十合《そごう》百貨店の経営破綻（不動産価値のみを追求した積極的な出店や不動産事業の拡大により、多額の負債総額を抱えた。いわゆる百貨店としての本業の逸脱の結果である）がある。その他にも、数々の商品欠陥事件や生活者への虚偽取引や品質虚偽表示、等々、企業不祥事は今日でも数限りなく表出している。

　これらの事象は、企業理念の徹底と社員を含む事業活動への取組みを再考させるきっかけにもなった。文字通り「してはいけないこと」「やってはいけないこと」を明確に認識させる企業活動が求められた。これらの企業の全体統治を「コーポレート・ガバナンス（Corporate Governance）戦略」として明確にするようになった。

　さらに、社会的規範とそれを規定する法令の厳守は当たり前の事だが、再度、企業理念を命題とすることが求められた。そして、今日でも企業としての「コンプライアンス（Compliance）—法令遵守—」の徹底を、企業責任とする考え方への風潮が強まっている。

　これらは企業の直接目的である永続的活動を保障する為の取組みであるが、さらにマーケティングの命題である生活者主体の概念をシステム化する為の「顧客満足システム（Customer Satisfaction System）」と「従業員満足システム（Employer Satisfaction System）」が構築され、今日に至っている。このCS（顧客満足）への取組みはES（従業員満足）無しでは成り立たないとして、「CS＝ES」[6]の図式で推進された。

ＥＳ問題は今日でも大きな命題として、各企業人は事業政策を含めて取り組んでいるが、ＥＳは従業員の「働きがいの醸成」であり、元々企業理念として存在していたものを具現化することに他ならない。しかし、今日でもブラック企業と称する「働きがい」や「従業員満足」不在の企業が多数存在することは、企業理念の具現化そのものが不在の企業と言え残念なことである。そして、企業理念の具現化は、企業のマーケティング活動の最終目標である「社会的信頼性の構築」に通ずるものである。

そして、さらにその目標達成の為には、今日、企業理念の下で単にモノ・サービスを「うまく作って、うまく売る」ことで生活創造・市場創造を目指すのみではなく、自社のモノ・サービスを中核とする事業全体の構造と企業資源（ヒト・モノ・カネ・情報・顧客と簡略化されている）をもって、いかに「社会に貢献」するかの概念も企業理念の具現化に含まれていることを忘れてはならない。その事象をＣＳＲ（Corporate Social Responsibility）、つまり社会貢献活動と呼んでいる。そして、これはあくまで自社の経営資源を中核として取り組まねばならないことであり、決してＣＯ$_2$削減などの時代のブームやモードへの取組みを指すものではない。そして、このＣＳＲへの取組みは、新しい事業創造に寄与することも忘れてはならない。

3　事業領域の変革と「経営理念（事業理念）」

企業理念は永久不変の原則として、社会との共生の実現を図る行動体系を示す原則であるが、社会、特に生活構造は生活者を取り巻く環境変化によって進化・変革し、事業の在り方もそれを「予見」して進化・

変革せねばならない。

企業の直接目的は「永続的活動」であり、その為の間接目的として「適正利潤の確保」が求められる。永続的活動を保障する為には、生活構造の変革要素を絶えず見極め、「予見」しつつ事業構造を変革せねばならない。一般的には、中長期事業計画と称するものである。今日、各企業や他の公益法人も五か年中期計画を立案、その進化を総括する活動を行っているが、これはまさしく経営理念（事業理念）の具現化とも言える。例えば「我が社は中期五か年で、どのような事業創造と企業構造に変革すべきか」を示すもので、これは企業の永続的活動を保障する「政策」「戦略命題」を明らかにするものである。従って、単に五年後の企業成長を示す各事業単位を統合した売上目標を示すだけのものではない。

この経営の方向性を示す経営理念を予見する為には、技術革新による社会的進化と変革、また、それによってもたらされる生活構造（ライフスタイル）の変革や、産業構造の変革、グローバル経済や社会構造変革の中での企業を取り巻く環境変化を前提とせねばならない。

その命題に従って、具体的事業命題に関わる様々なデータ分析や市場調査による分析、さらには定性的（予見能力とノウハウ）分析を前提にし、一般的には経営計画や経営企画部門が担当し、これらの部門は経営部門、経営者と一体化している。経営陣はこれらの分析による予見を自ら判断し、意思決定せねばならない。また、これらは企業理念（永久不変の原則）で示された具体的企業の在り方と一体化せねばならない。

この事業の方向性を予見する永久不変のマーケティングテーゼが「マーケティング・マイオピア論」である。

4 永続的活動を保障する「マーケティング・マイオピア（Marketing Myopia）論」

この概念と理論は、環境によって進化・変革する企業の経営理念（事業領域の変革）を示す、永久のマーケティングテーゼと言える。

マーケティング・マイオピア論とは、「近視眼的経営の打破」を示す理念であり、創業当時の企業は、自社のモノ・サービスが社会的・産業的・生活的に評価され生活創造・市場創造を可能とし、成長を続ける。しかし、先にも述べたように技術革新や産業革新等々の変革により、創業時の事業が社会的意味を成さなくなる危険性を絶えず経営として予見せねばならない。

この理念は、一九六〇年刊行の『ハーバード・ビジネス・レビュー』誌において、マーケティング学者セオドア・レビット（Theodore Levitt）博士が論文の中で用いた言葉である。企業は「近視眼的経営に陥ると社会的使命を失い、永続的活動が保障されなくなる」とする概念で、今日でも多くの企業が倒産・再生に見舞われるのはマーケティング・マイオピア化したからだと言える。

T・レビット博士は、マーケティング・マイオピア論を解説する際、いくつかの事例を述べている。最も有名な一つが米国における鉄道会社の衰退の事例である。衰退の要因を、自らの事業を「鉄道事業」と定義し、「輸送事業」と定義していなかったことと指摘している。米国の鉄道会社は、西部開拓時代からヒト・モノ・カネの輸送の中核であった。また、沿線の電線による情報伝達や駅を拠点とする情報伝達の使命を長く果たしてきた。そして、それは「線路と貨車」によって成り立ってきた。しかし、第二次大戦後の輸送産業は、航空会社や自動車会社など他の事業者によって輸送手段そのものが変革し、取って代わられてしまった。また、情報の伝達も電話からＦＡＸへ、そして今ではＩＣＴへと進化している。

こうした技術革新は当然生活構造を変革し、米国では鉄道利用自体が価値を低下させてきた。国土の狭い日本では、鉄道輸送は長きに渡り保障されてきたが、日本の鉄道会社も企業の近代化を目指すことが求められた。

また、モノ輸送は宅配事業の進化もあり、危機感が無かった訳ではない。そこで、企業近代化を図る組織構造の変革の為に、国営で行われてきた事業が民営化へと改編された。例えば、国鉄の民営化と新幹線による移動への時短ニーズは、空港が中心市街地から離れていた為、航空輸送への対抗手段と成り得た。そして、ヒトの集まる駅舎そのものをサービス業の空間として改革を行い、また、ゆっくり時間を掛けた豪華寝台列車による地域産業と共創する高齢化時代の生活変革に対応した事業変革も線路を起点とするが、地方都市の土地・産業改革や支援を線路から離れた取組みで展開し、成長を続けられている。しかし、今日では民営化が図られた地域各社でその経営の健全性に大きな格差が生じている。

ここで言えることは、総合移送産業への事業変革と自社の資源を活用した地域開発や産業創造を怠ってきたのが、一九六〇年代の米国の鉄道産業であると、Ｔ・レビット博士は指摘したのである。

また、Ｔ・レビット博士はこの論文の中で、もう一つの代表的な事例としてハリウッドの映画産業の危機を挙げている。自らの高い映像ノウハウをエンタテイメント産業と定義せず、映写する場所を映画館に限定したからだ、と指摘している。だから、後発のテレビの普及により家庭内に映像の娯楽が奪われ、急速に衰退していった。これは、ハリウッドの映像版権の保守と米国映画のグローバル配給能力に頼りすぎた結果と言えよう。映像社会全般に言えることだが、CATVを経て、SNS時代を迎え、あらゆるものに通信アプリケーションが内蔵されたユビキタス化はいつでもどこでも情報や画像を得られ、その時代の変化は著しい。日本の映画産業も戦後は娯楽の中核を成していたが、テレビの普及により長いこと衰退期にあった。しかし一九九〇年中期以降、シネマコンプレックスの誕生や生活者の映画に対する価値の再生もあって、明るい兆しが見え始めているものの〝時間消費〟の生活スタイルの変革をしっかり見つめ直さねばならない。また、テレビに関しても衰退産業化は顕著であり、これはメディア変革とICT・SNS社会の到来による変革と言える。

5　一産業三十年周期説

マーケティング・マイオピア論を応用して「一産業三十年周期説」を提唱した企業経営者がいた。実業家であり「ミサワホーム」創業者の三澤千代治社長である。三澤氏は「企業は成長し始め産業社会の牽引者として進化できても、産業牽引者であり続けるのは成長期から三十年が限界である」と述べている。日本の産業構造の進化の中で、この事象に該当する産業は数多くある。例えば、流通産業では、一九五〇年代以降の経済成長は百貨店が牽引してきたが、一九七〇年代に入ると「ダイエー」を代表とする大手総合スーパー（GMS）にその座を取って代わられ、この時から百貨店の低迷期は継続することになる。

しかし、この総合スーパーも三十年後の二〇〇〇年には、長引く消費不況の中、「ダイエー」の営業不振、「マイカル」の民事再生法申請など経営再建を余儀なくされる。競合の過熱競争で営業不振に拍車がかかる総合スーパーも、郊外への大型ショッピングセンターを積極的に展開した「イオン」や首都圏を中心とした出店攻勢の「セブン&アイ」のGMS大手二社は生き残りを掛けた戦略に出ているが、もはやこれまでのような成長は見込めない。

また、一九八〇年代よりコンビニエンス・ストア（CVS）が成長を始め流通産業の牽引者となったが、三十年後の二〇一〇年よりフランチャイズ制度の中で加盟店拠点店舗の平均的成長は止まっている。

そうした流通産業の中で新たな牽引者となったのが、一九九〇年代よりチェーン企業化したドラッグストアチェーン及びショッピングセンターやアウトレットモールである。しかし、これも二〇二〇年には三十年を迎えるが、今日、流通産業の牽引者としての構造変革が求められている。

こうした流通産業における業態三十年の歴史を見ても、成長段階から低迷産業化する過程は十年単位で構造変革が要求され、おおよそ二十年目で産業としてのマイオピアの趨勢が見えてくる。このマイオピアを打破する事業変革の予見が求められていることを、認識すべきである。

三澤千代治氏の「ミサワホーム」も、一九七〇年にはプレハブ産業として住宅建設と販売を産業化、日本の住宅産業を牽引してきた企業である。しかし、リゾート開発への投資やバブル崩壊後の不況に伴い経営が悪化、二〇〇三年に経営から退いたが「ミサワホーム」独自の事業策として、工務店の世界から部材生産・組立工程を産業として確立、また販売システムにおいても住宅を売り切るのではなく、CS（顧客満足）運動を前提とした独自のシステムを確立してきた企業である。しかし、三十年程で三澤の個別企業としての使命は終焉している。

これは産業牽引者としてのライフサイクルを示すものと、おおよそ二十年目にマイオピアからの脱却を図る事業転換期を迎えることを示すものであろう。

以上のように、企業は創業事業のまま成長を持続することは期待できないことを如実に語るもので、経営理念（事業理念）は産業・市場・生活・グローバル化、等々によって変革を求められること示す理念が、マーケティング・マイオピア論と言える。

写真フィルムの世界№1企業「Kodak」は、二〇一〇年代に米連邦破産法を適用し、経営破綻している。その理由は、デジタルカメラへの急速な進展やスマートフォンへの対応に遅れたことにある。一方、日本の「富士フィルム」では、複写機やデジタルカメラ、電子部品・電子材料などで蓄積された技術を応用し、医療・化粧品分野、化学産業へと事業・商品化の広範な企業事業変革によって生き残りを図り、世界的成長企業へと変革を遂げている。これは、経営理念（事業理念）の変革の成功例の代表と言える。

また、自動車産業においても、日本の「トヨタ自動車」「Honda」両社共に、一九九〇年代初期より低燃費ハイブリット車（HV：Hybrid Vehicle）の研究開発に着手している。地球環境への意識の高まりからCO_2の排出量を抑えたプリウスを代表とする産業構造の革新を進め、さらに「トヨタ自動車」「マツダ」による水素で走る燃料電池車（FCV：Fuel Cell Vehicle）、また、「日産自動車」「三菱自動車」の開発努力による電気自動車（EV：Electric Vehicle）など、次世代に向けた技術革新は日進月歩である。

そして、人工知能技術の研究開発は、自動運転の技術革新へとグローバルな成長を遂げてきている。しかしながら、電気自動車や自動運転の開発には、米国「Microsoft」社が協業を申し出るなど、情報産業がその成長を牽引する時代に変革されようとしている。これらもマーケティング・マイオピア論の事例として取り上げられる将来の予見と言えよう。

6 トータル・マーケティング戦略による事業戦略計画の具現化

企業理念と経営理念（事業理念）の企業経営マネジメントに関わる二大要素を述べてきたが、時代の変革とともに企業を取り巻く環境は変化する。それを予見した上で、事業の在り方と持続的成長に向けて事業そのものを変革させねば、永続的企業活動を保障する市場ポジションと生活ポジションの確立はできない。その為に、企業構造を「変革（事業パラダイムの変革）」させ、変革させた事業の為の「構造改革（リストラクション）」を行い、取組み事業の「改善」に取り組む。企業は、この「事業パラダイムの変革」→「事業構造改革」→「事業改善」サイクル[7]への取組みを絶えず求められる。特に、今日のように非常に速いスピードで環境が変革する時代には、このサイクルを絶えず配慮し、それまでの事業展開システムとしての事業パラダイムの変革に取り組まねば企業の永続的活動は保証されず、持続的成長も可能とはならない。

従って、絶えず経営理念（事業理念）の変革を求められるのが、今日的企業の姿である。企業組織構造はこの事業パラダイムの変革に取り組む人材育成とその姿勢が求められると同時に、新たなパラダイム変革に向けての財務体質と資金ストック・調達能力が求められる。

経営理念（事業理念）は、中長期事業変革と取組みに向けての方向と方針を決定するものだが、これはどう変革するか、どの事業に重点化し新たな事業取組みと事業構造変革を行うのかの「リエンジニアリング（事業の重点化と事業変革）」を政策的に明らかにするものである。

そして、この事業政策を具体的な「戦略計画」として具現化するのが「トータル・マーケティング戦略」である。従って、この具現化の為には「事業取組み人材と組織化能力」及び「事業取組みの為の財務能力とノウハウ」の制約を受ける。人材と資金の双方が調達できなければ、事業パラダイムの変革としての事業の重点化と新たな事業取組みや事業変革の取組みはできない。

ところでトータル・マーケティング戦略として取り組むべき事業の具現化は図表1－4－2の概念で行われる。

以上のように、経営理念（事業理念）の政策的ミッションの具体的取組み戦略を計画として具現化するのが、トータル・マーケティング戦略である。

図表1-4-2　トータル・マーケティング戦略具現化の5W3H

1. Why	動機	何故この事業に取り組むのか 市場・生活の変革と事業の定着性と可能性をどう判断するのか
2. What	課題	どんな事業を，どんな製品・サービスを商品化するか，どんな事業を重点化するか，どんな新規事業に取り組むのか
3. Who	対象	誰のどんなコトをターゲットとするか 誰がこの事業に取り組むのか
4. Where	場所	どんな流通構造を構築するのか どこのエリア・国を重点市場とするのか
5. When	時期	いつまでにこの事業を具現化し，いつまでにこの事業の成果を上げるのかの事業タイム・スケジュール
6. How	手段	どんな方法で，どのようなノウハウが求められ，どのような戦略手段を取るのか，その取組みステップは
7. How Many	規模	どれくらいの人材・組織構成で取り組むのか どれくらいの生産・販売目標を期待するのか，ステップごとの量的目標は
8. How Much	費用	組織運営コストは，目標達成予算は，生産コスト，販売・流通コストは 売上・利益目標は

出所：著者作成，2016年。

7　個別事業単位のマーケティング戦略

企業経営が一つの事業単位で構成されるのは、創業期の一時期である。

企業を取り巻く環境変化にしたがって、企業は複数の個別事業に取組み、経営構造を拡大していく。これら個別事業単位のマーケティング戦略が、過去に言われてきたマーケティング戦略手段である。

個別事業単位のマーケティング戦略手段（Marketing Tool）は、「商品・サービス戦略」、「マーケティング・コミュニケーション戦略」、「流通戦略」の三大手段で構成される。

①「商品・サービス戦略」は、その開発、素材（サービス要素）の調達、生産（サービスの具現化）の取組みで構成される。

②「マーケティング・コミュニケーション戦略」は、これまでは〝広告・広報〟〝人的販売（営業）〟〝販促〟の三つの手段で構成されてきたが、一九九〇年以降のＩＣＴ（Information and Communication Technology）の進化と、二〇〇〇年以降の携帯電話（モバイル—Mobile—）の発展普及による情報革新（ユビキタス社会の定着化）によるＳＮＳ（Social Networking Service）社会の確立と進化によって、これらがモノ・サービスの授受に大きなコミュニケーション影響を与えることになり、マーケティング・コミュニケーション戦略の一大要素となってきている。

③「流通戦略」は、モノ・サービスを市場・生活者に円滑に授受させる為の「物流（Distribution—移送）」と「商流（Chanel—どんな流通ルートの構成か）」の二つの大きな要素と、この二つを統制する「情

報流通（Chanel Information System）」で構成される。

これら「商品・サービス」、「マーケティング・コミュニケーション」、「流通」の三大戦略手段を簡単に述べたが、マーケティング戦略手段それぞれが細分化され、より深耕化する為の変革は時代環境と共に進化し、それだけで個別事業として具現化され、予見されている。

8 市場調査（Marketing Research）の原理と今日的意義

企業理念から経営理念、トータル・マーケティング戦略、個別事業のマーケティング戦略を具現化し、市場ポジション、生活ポジションを確立する為には、様々な市場データや生活データが求められ、分析されコンセプト化される。

ＩＣＴ技術が進化する以前は、観察調査や市場・企業ヒアリング、生活者ヒアリングによる定性調査、調査質問票による定量調査（取得したデータを数値化）が中心に取り組まれてきた。しかし、ＩＣＴ技術の進化は、これまでの「ＰＯＳシステム」や「ＱＲコードシステム」「ＩＣタグシステム」による購買情報のデータ整備に加え、これらデータを検索するアプリケーション（体系）の進化と膨大な「ビッグデータ（Big Data）」が整備されるに至って、情報もより簡潔に入手することを可能とした。また、ＩＣＴやＳＮＳのシステム活用では、ネット調査やＩＤカード・ポイントカード情報の蓄積によるネットリサーチ（Net Research）が普及し、短時間で品質の高いサービスの提供を可能としている。

ただし、こうしたネット情報でも市場・生活者全体は捉えられず、正確な経営市場情報の入手には、旧来型の質問票を活用した統計的市場調査手法は現在でも多く活用されている。また、直接ヒアリングによる調査を主体とした経営情報入手の為の手法も多く活用されている。

こうしたＳＮＳの進化やＩＣＴの進化によるビッグデータや個々の生活者のＩＤデータの活用は、今や常態化してきている。情報活用とシステムの進化により、ますますスピーディに、簡潔に、情報の入手が可能となった。同時に、経営戦略的活用や個々の事業意思決定に活用されるようになっている。将来、この傾向はますます進化し、情報入手だけでなく多くの販促手段としても活用されるようになってきている。

９ マーケティング戦略と経営マネジメント論の複合

図表1‐4‐1の「マーケティングとマネジメントの体系」の複合は、企業全体のマネジメントにマーケティングが深く関与することを示すものである。以下にマネジメントの三大要素を述べてみよう[8]。

⑴ マネジメント論から言及すれば、企業の政策戦略マネジメントはマインド・マネジメントと言及される。これは、経営陣が全社的活動、市場ニーズと環境を事実（Fact）として捉え、自社のオペレーションの方向を明示することを意味している。マインド・マネジメントは企業活動と行動の前提になるもので、この点が明示されて全社員に共有されていれば様々な企業不祥事は生じない。よしんば生じたとしても、全ての従業員が正しい企業への帰属意識を持って対処することが可能となる。

⑵ ビヘイビア・マネジメントは、マインド・マネジメントの具体的取組みと取り決め事項であり、多くはシステムとして確立されている。しかしながら、ビヘイビア・マネジメントの進行はあくまで、課題

化と修正を常時前提としているもので、変革スピードを要求されている。そうでないと陳腐化現象が生じ、マンネリの打破にはつながらない。最も重要なのは個別マーケティング戦略の遂行が顧客や市場事実に基づいているので、川下からの課題化を前提とした取組みが求められる。

(3) コーディネイト・マネジメント

マインド・マネジメントとビヘイビア・マネジメントを完結する為には、両者の融合を図る為の様々な活動や書式・マニュアル・その他ビジュアルを必要とする。こうしたツールとその実行の体系が無いと、全社員の帰属意識と業務取り組みにおける働きがいは醸成されない。研修や教育もこのコーディネイト・マネジメントの一つのツールと捉えるべきであり、この点が不明瞭であるとマインド・マネジメントもビヘイビア・マネジメントも完結しない。

マーケティングとマネジメントの融合は上記の概念で成されているもので、この点を曖昧にしてきたのが今日までの姿と言えよう。結論づければ、市場の事実に立脚した5W3Hで表明される具体的指針に基づいて、マーケティング戦略の枠組みが確立され、それに応じたマネジメント戦略システムが作動すると捉えるべき時代となっている。

また、これらの具現化の為の取組みが、コーポレート・アイデンティティ（Corporate Identity＝CI）戦略である。一九八〇年代、各企業に導入されたCI戦略の展開の第一歩は、自社の経営資源を再考し、自企業の企業理念の再確認と中長期の企業経営理念の策定と事業領域の明確化にある。これをマインド・

アイデンティティ（Mind Identity＝MＩ）と言う。そして、こうして決定された事業それぞれにどのようなマーケティング戦略の在り方と投資コスト、人材・組織運用が求められるかを決定することをビヘイビア・アイデンティティ（Behavior Identity＝BＩ）と言う。こうした企業の方向性を具体的な指標として明示する為のマークや社名の変更、またロゴの変更、各種マニュアルの作成、広告表現の統一、等々をビジュアル・アイデンティティ（Visual Identity＝VＩ）と言う。

CＩ戦略は、図表1-4-3に示した「MＩ×BＩ×VＩの三つの要素の複合体[9]」にあり、その重要性は事業のマーケティング戦略の根幹となる経営理念と事業領域の明確化、そして事業展開の指針を明らかにすることにある。

このCＩ戦略は、今日ではあまり言及されなくなっているが、経営・事業パラダイムの変革と経

図表1-4-3　CI戦略の構造

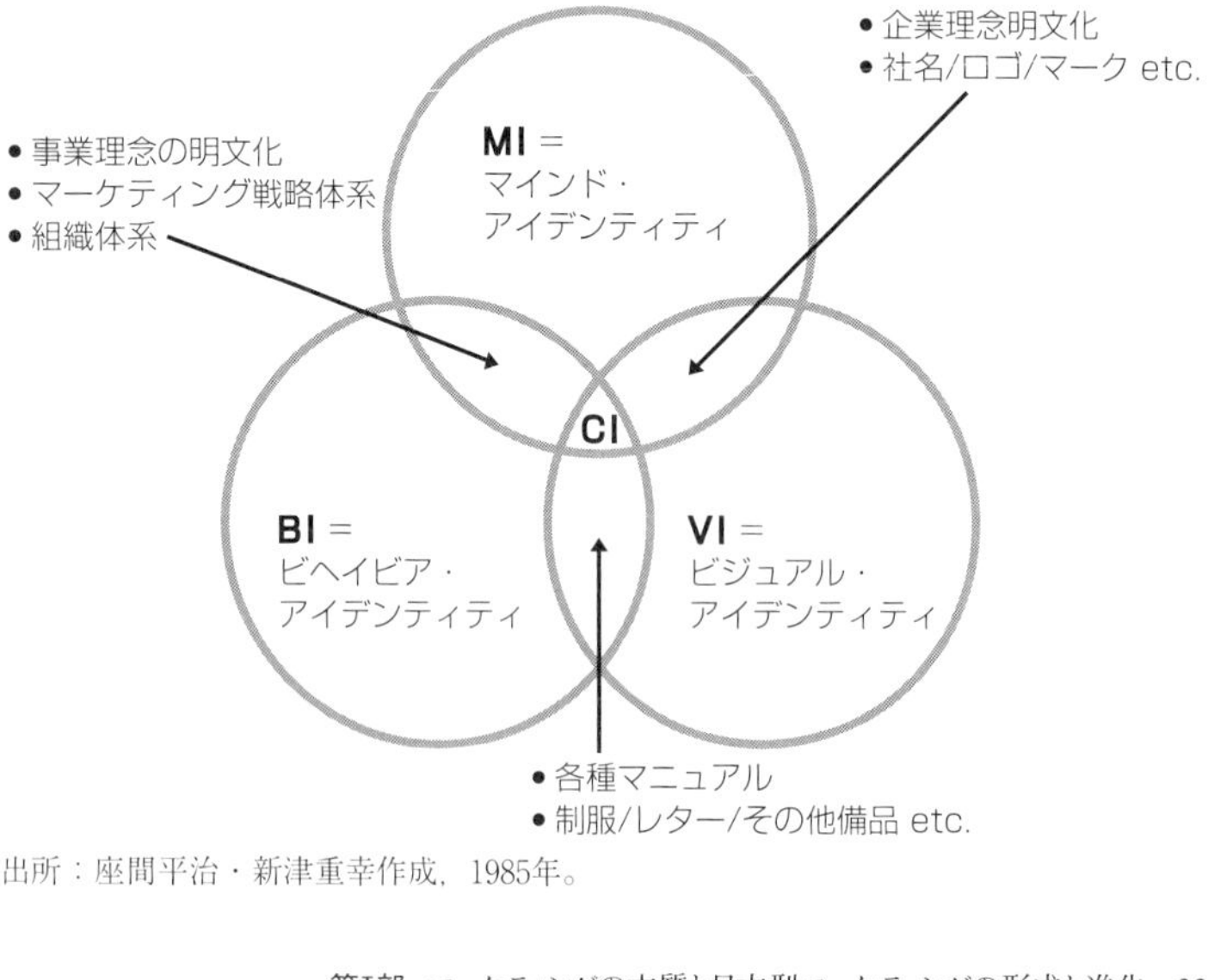

出所：座間平治・新津重幸作成，1985年。

営戦略の根幹を規定する為には、この概念に再度注目せねばならない。とかく企業名等を変える道具として解釈されがちだが、重要なのは、ＭＩとＢＩのパラダイム変革だけで充分であり、ＶＩは必要とあれば取り組めば良いことである。そして、これらを外部のコンサルタント企業に一任し発注するケースが多く見受けられるが、社内プロジェクトとして社内の専任スタッフが関わることが重要と考える。外部コンサルタントは、あくまで広い環境視点の中での相談者の一人として活用するにとどめるべきである。

5　トータル・サプライ・チェーン（SCM）戦略とマーケティング戦略

マーケティングは、サプライ・チェーン／デマンド・チェーン（モノ・サービスの供給と市場生活ニーズ発想の複合）の視点から見た概念も重要である。消費財マーケティングのみの「狭義のサプライ・チェーン」と「広義のトータル・サプライ・チェーン」の概念の二つがある。

1　マーケティングの「ABC+C'D」理論

消費財メーカーが商品・サービスを「開発・素材調達・生産」する為には、生活者のニーズとウォンツ（Needs：Wants）を事前に把握しておくことが重要である。ビフォーフォロー（Before Follow）戦略と言われるが、これは多くの市場調査やデータ分析によって行われる。

これら生産された「製品」を「商品化」する為に、コミュニケーション（Communication）戦略がある。また、生活者や市場にモノ・サービスを円滑に移送する物流（Distribution）戦略と、取引や購買を円滑にする商流（Channel）戦略が存在する。また、購入・使用された商品・サービスの新しい活用や使用を促進する、あるいはクレームに対処する為のアフターフォロー（After Follow）戦略により構成される。

これらの頭文字から、「マーケティングのABC＋C'D」と規定している。

2 SCMにかかわる戦略的チャネル体系

①SCM（サプライ・チェーン・マネジメント）を理解する為には、川上から川下に至るサプライ・チェーンの構造と川下

図表1-5-1　製品から商品化へのアプローチ
マーケティングの「ABC+C'D」

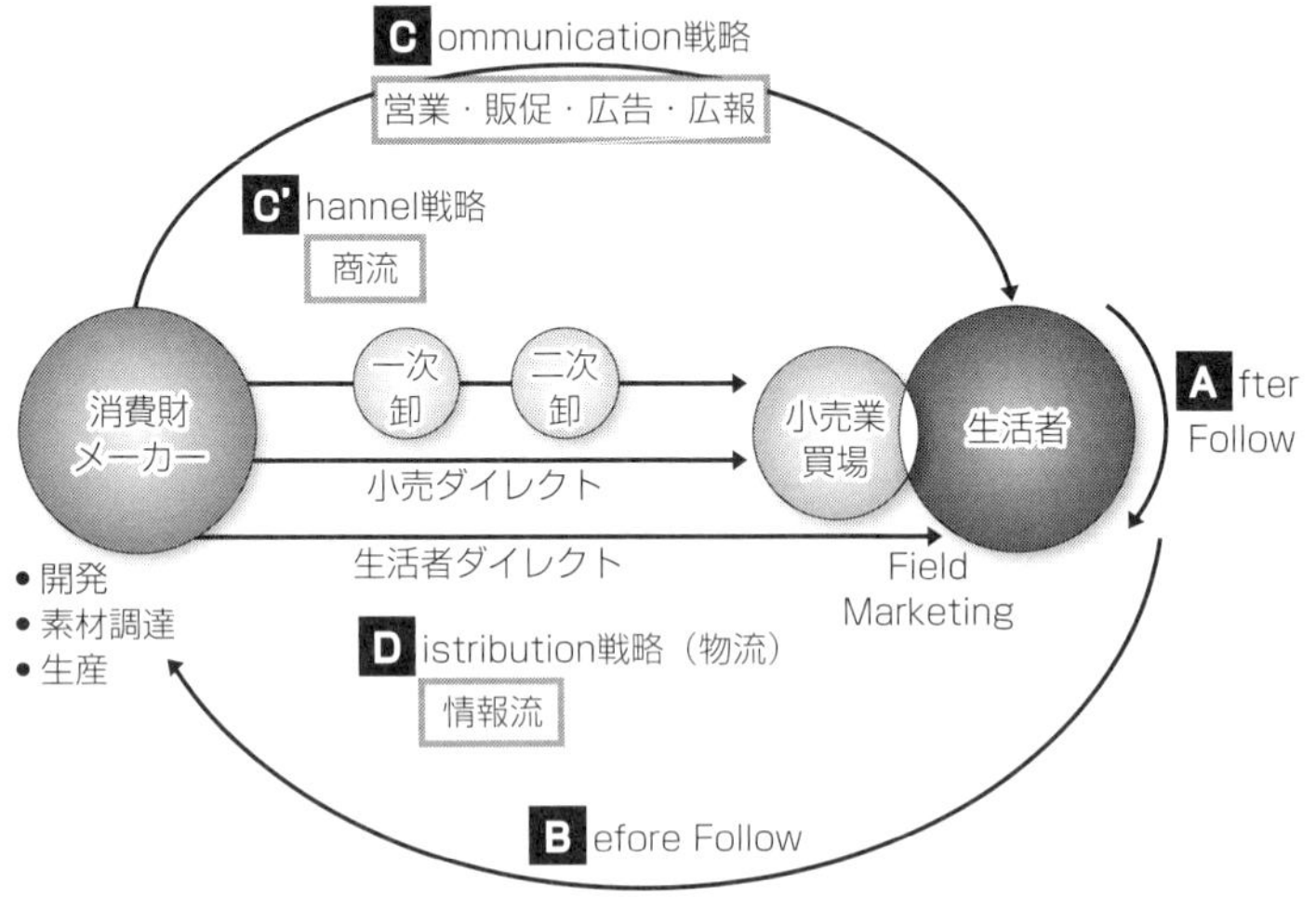

出所：著者作成，2015年（早稲田大学名誉教授宇野政雄「マーケティングABC+D理論」参照，1970年）。

から川上に至るデマンド・チェーンの構造から俯瞰する二つの概念が存在する。

②川上からは調達から販売に至る素材購買及び加工による製品化、また、それら製品群を複合して商品化し、生産する。生産された商品を流通させ、店舗に納入し陳列販売を行う。さらに、生活者間での商品（システム販売等）等の工程をどのように確立し、システム化し、運用するかを形成する概念である。この形成概念で特に重要なのは、トータル・チャネル工程の短縮化、コスト削減、共同化、高品質化、Just in Time化、欠品0化、小ロット化等々の命題である。

③川下からは生活者ニーズに対応した販売・販促提案の在り方、売り方技法、流通の付加価値化（スピード・安心・安全・便利・正確さ）、商品付加価値化（商品の品質に関わる基本機能、商品の使用価値に関わる付加機能、価格等）、生産のJust in Time（鮮度・品質・欠品0体制）と、付加価値向上を目指す高品質素材の製品化、さらに元素材のトレーサビリティの明確化、等、特に生活者ニーズに対処する様々な取組み概念である。

コスト工夫による低価格化、商品の使用情報や用途情報コンテンツ化、プロモーションやコミュニケーション戦略の効率・効果向上、チャネル短縮やダイレクト・システム化による低価格化やスピード化、欲しいと思ったらすぐ手に入るJust in Timeシステム化、顧客との関係強化や優良顧客化への仕組みづくり等の命題が挙げられる。

①SCMを考える場合、サプライ・チェーンとデマンド・チェーンの双方から生ずる命題を併せて解決

図表1-5-2　トータル・マーケティング・チャネル体制とSCM
（サプライ・チェーン・マネジメントーSupply Chain Management）

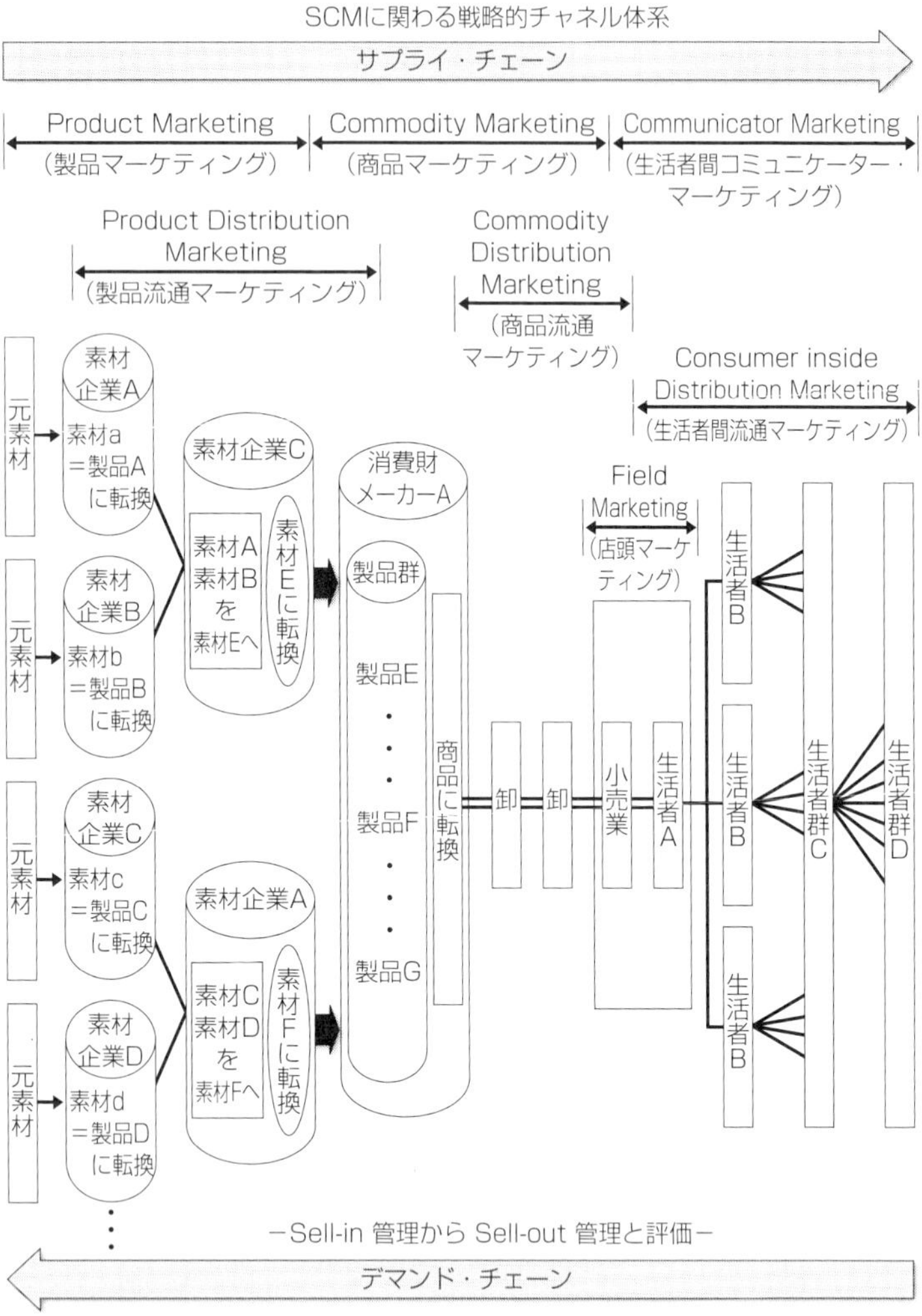

出所：著者作成，2005年。

せねばならず、一連のトータル・マーケティング・チャネルを理解し、把握できないとコスト削減や商品の高付加価値化、さらにはシステム化による事業経営の高度化・高質化は可能とはならない。

②製品マーケティングと商品マーケティングは理解できても、生活者間の中にもコミュニケーター・マーケティングが存在することは存外理解できていない。ダイレクト・マーケティングを展開する企業の商品は、生活者間のコミュニケーター能力によるところが大きい。さらに、「ノエビア」「アムウェイ」に代表されるシステム販売は、ユーザーを生活者間の販売チャネルとして確立する手法をとっている。このコミュニケーター・マーケティングも広義の意味で、SCMのデマンド・チェーン活性化には求められる。

図表1-5-3　SCMにかかわるマーケティング構成の概説 (10)

トータル・チャネル戦略体系から見たマーケティング戦略チャネル

①Product Marketing（製品マーケティング／生産財マーケティング）

元素材を確保し，製品化してそれを製品素材あるいは商品素材として，供給・流通させるマーケティング

②Commodity Marketing（商品マーケティング／消費財マーケティング）

Product Marketing上，開発・生産された製品を素材として商品化し，供給・流通させるマーケティング

③Communicator Marketing（生活者間コミュニケーター・マーケティング）

Commodity Marketingで商品化された商品を，生活者間のコミュニケーションで流通させる，生活者間マーケティング

（一般的にはシステム販売や生活者間ネット販売，プロシューマー的生産者と一般生活者間の商品流通マーケティング等が該当する）

3　トータル・チャネル戦略体系から見たマーケティング戦略チャネル

①サプライ・チェーンをトータルに俯瞰すると、生産財と消費財及び生活者間のコミュニケーション・システムの構築による活動と、三つのマーケティングに大別される。

②生産財（Product—製品）と消費財（Commodity—商品）の違いを明確に理解しなければならない。Productはあくまで生産された財であり、Product（製品）の状態では生活は成り立たない。Commodity（商品）は生活者に購入・使用されて初めて商品たりうる。商品とは生活者がそれを活用して行う「コト」＝生活シーン（モノ×コト＝生活シーン）を創造する、ないしは、日常の生活を営む行動を生じさせるモノを言う。しかしながら、Productの優位機能はCommodityの価値と品質を決定するものであり、以下に示す商品構造上の決め手となる新素材・新技術開発の努力はProductの競争力を向上させるものであり、これらの調達が今日グローバル化することによって、コスト削減・高品質化、チャネル短縮等々、ＳＣＭ上の効率化と効果性向上に寄与している。

③ＳＣＭのデマンド・チェーンの側面から見ると市場戦略の為には、重点得意先に向けての課題解決を前提としたソリューション型経営とそれに向けての支援システムが求められる。また、ＳＣＭのサプライ・チェーンの側面から見ると、重点得意先の製品・商品情報に基づいた製品開発・商品開発システムの確立が求められる。また、それに向けての素材調達のシステムの確立が求められる。

④コミュニケーター・マーケティングは、八〇年代に「ノエビア」「アムウェイ」等がシステム販売の仕組みとして確立してきた。また、生協のグループ購入やダイレクト・マーケティング・システムも

これに該当する。システム販売では、ユーザーが他のユーザーを開拓するとシステムに応じた報酬を受けられる仕組みで、今日でも広範囲に展開する企業も多い。

二〇〇〇年以降ICTの進展から、生活者のIDが特定できるようになるとWeb・Mobile双方向ネット販売のみならず、双方向コミュニケーションが可能となり、さらにコラボレイティブな生活者間関係が確立できるようになった。こうした動きは様々なSNSアプリケーションで自由なコンテンツをITネットで開示することができ、生活者間のコミュニケーション影響度と効果はますます進展した。

さらに、ネット販売におけるコンテンツの展開は、今までにないデマンド・チェーンを確立している。また、農産物生産者がダイレクトに

図表1-5-4　商品（Commodity）構造図

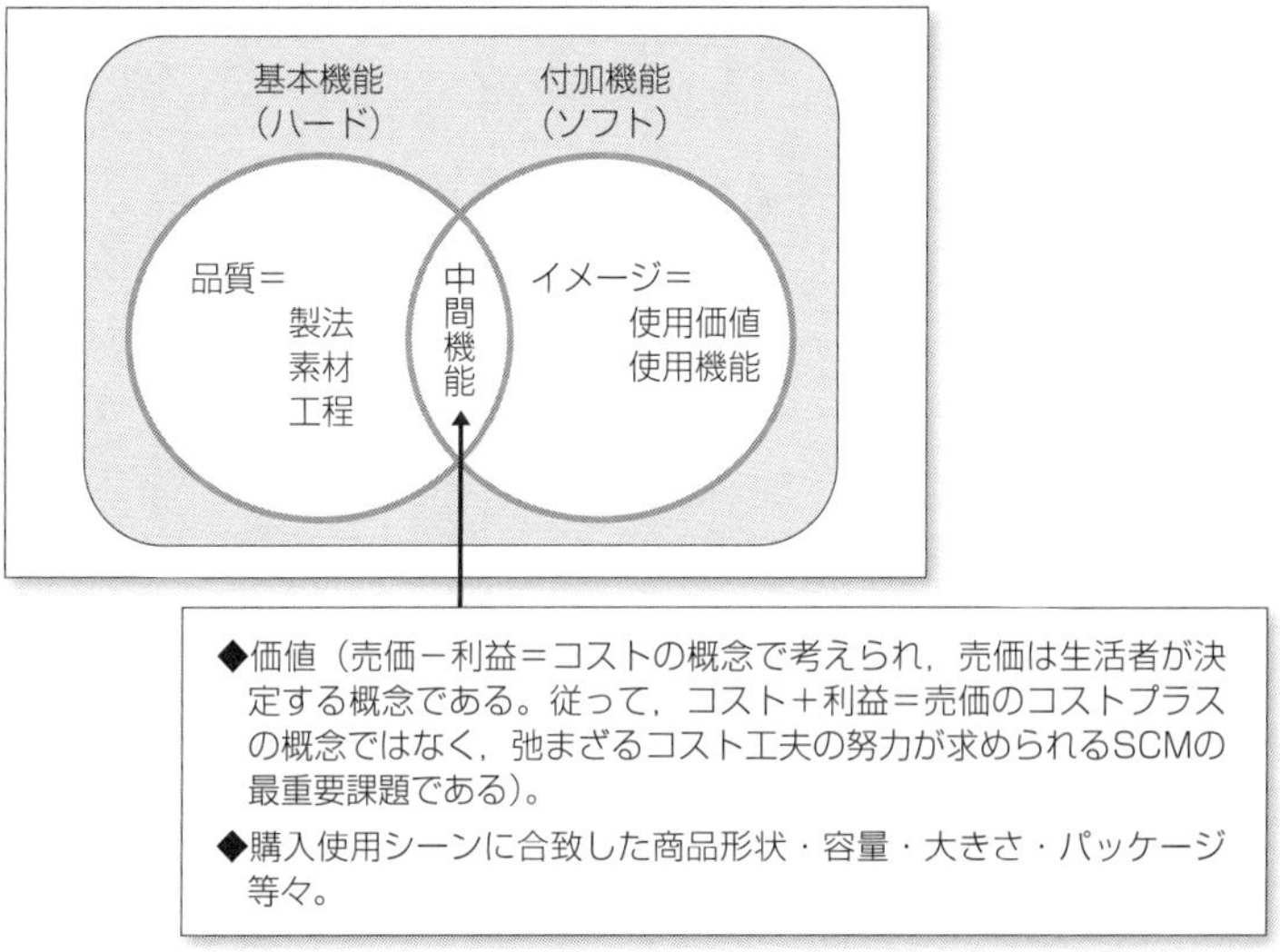

出所：著者作成，1991年。

消費者に販売・提案する動きも近年急成長しているが、これらも過去の農協系統出荷ではなく、独自に農産物素材を商品化し、生活者グループ及び生活者間のコミュニケーション影響による需要拡大が生じている。とにかくユーザーを特定し、マネジメントし、プロモートするデマンド・チェーンの確立と、商品をJust in Timeに供給するサプライ・チェーンは宅配物流システムの進展と物流情報管理システムの進展により加速度的に進展している。

4 大別された3つのチャネル戦略体系に対して、4つのサブ的流通マーケティング戦略体系の存在

①サブ的流通マーケティング戦略体系は、素材・製品間の商流・物流、ストック、情報流と商品の商流・物流、ストック、情報流、店頭への商流・物流、ストック、情報流に加え、店頭での棚割り・陳列・プロモーション提案・拡売消化プラン等の管理とオペレーション、また、生活者間の商流・物流、ストック、情報流のシステム化等々で構成される。

②SCMにおけるサプライ・チェーンで極めて重要なことは、物流システム・在庫管理運用に関わる高度化と効率化システムの在り方と、限りなくJust in Timeに対応しうる物流・情報システムの確立にある。そしてこれらの流れによる一連の情報は商品トレーサビリティに深く関係し、サプライ・チェーンとデマンド・チェーン双方の精度化と効果性を向上させることにつながる。

③フィールド・マーケティングにおけるCRM（Customer Relationship Management）やFSP（Frequent Shoppers Program）等においてもSCMのデマンド・チェーンの確立は重要な概念である。個々の

素材履歴や生産履歴、生活者や製造者表示、工程表示、鮮度履歴表示等々は、ＳＣＭ全体の情報管理に関わる重要な命題であり、商品トレーサビリティは商品の付加価値化を推進する上で必須の条件となる。

さらに、カテゴリーマネジメント（関連陳列・関連販売・商品カテゴリーにおける最適アイテム配置等々）による商品管理の上で、受発注を伴うJust in Time化（欠品0、売れた分だけ発注、指定時入荷、共配しステムの確立等々）はＳＣＭ上重要なポイントとなる。

④コンシューマー・インサイド・チャネルにおける物流・ストック・情報流は、個々の生活者Needsに合致した商品供給のJust in Time化が求められる。従って、顧客Needsの需要予測による生産システムの確立と、生産商品のNeeds発掘を行うコミュニケーション・アプローチは表裏一体の関係にある。

図表1-5-5　大別された3つのチャネル戦略体系に対して4つのサブ的流通マーケティング戦略体系の存在[11]

①Product Distribution Marketing（製品流通マーケティング）
　加工製品間の商流・物流・情報流

②Commodity Distribution Marketing（商品－消費財－流通マーケティング）
　商品間の商流・物流・情報流

③Field Marketing
　店頭におけるマーチャンダイジング及び販売促進提案を含む活動

④Communicator inside Distribution Marketing
　生活者にかかわる商流・物流・情報流

5 トータル・マーケティング・ミックス

①戦略的マーケティング・チャネル体系で示した、サプライ・チェーンとデマンド・チェーンの流れは、市場における川上→川下、川下→川上への一連の商流・物流、情報流の双方向の工程と言える。

②これらの各ステップは複合して運用される。例えば、素材・製品メーカーが消費財商品メーカーに商品化企画を行い、直接生活者にダイレクトに流通させる場合も考えられる。この場合、工程上「Product Marketing」⇔「Commodity Marketing」→「生活コミュニケーター（Communicator Marketing）」といった図式で、Commodity Distribution MarketingとField Marketingは中抜きとなり工程は短縮される。

③よく言われる「ダイレクト販売」及び「ダイレクトネット販売」等で、消費財メーカーが商品をコミュニケーター・システムにダイレクトに乗せる場合も工程は短縮される。さらに、卸や小売が店頭を経由しないで、ダイレクトに

図表1-5-6　トータル・マーケティング・ミックス[12)]

①戦略的マーケティングチャネル体系は，流通工程とも解釈でき，複合的に運用される

②複合的運用とは，個々それぞれが分離した独立体系で運用されるのではなく，
例えば，『Product Marketing』－『Communicator Marketing』
『Commodity Marketing』－『Product Marketing』－『Field Marketing』
『Commodity Marketing』から『Field Marketing』を通さず，
『Communicator Marketing』に直結する等々
また，『Product Marketing』と『Commodity Marketing』が複合すること等もあり得る。

産直等を行う場合も工程は短縮され、この場合は「卸・小売・流通企業」→「素材製品者ないしはメーカー」→「生活者間チャネル」へといった図式になる。今日、「Amazon」や「アスクル」といったダイレクトネット流通業の事例や小売流通業による宅配商品の事例等がこれに該当する。
④いずれにせよSCM展開は、工程の精度向上・効率向上と同時にトータル・マーケティング工程の短縮化も大きな命題となる。

6 ジャストインタイムマーケティング（Just in Time Marketing）

①図表1-5-7のフローは、SCMのデマンド・チェーンの付加価値化を推進する為の概念である。
②Just in Timeとは「必要な時にすぐシステム的に対応できる」の意味である。
③生活者は欲しいモノは検討する期間が長くても、購入の意思決定をすればすぐ手に入れたいと思うのは当然である。
このJust in Time Needsに対応する為には、
▼Just in Time Salesのシステム化ができていなければならない。この体制は欠品0を目指すと同時に売れた分だけ指定時に供給できる体制がなくてはならない。さらに、デマンド推進の為に単品提供ではなく品群で生活シーンを満足させる関連商品供給のシステムが確立されていなければならない。
▼このJust in Time Salesを可能とし、特に欠品0に対応する為には、小エリアマーケットストックが求められ、大型デポではなく小型のエリアスルーストックの体制が確立されていなければならない。

この点は、いまだ未整備である。惣菜や和日配消費商品等においてこのJust in Time Stockとは、製造拠点の適時生産と受発注体制が確立されていなければならない。サプライ・チェーン上これら素材の調達はその鮮度・保管を含めてJust in Time調達ルートを確保せねばならず、小分け物流と共配物流が求められる為、SCM上コスト削減を含め難しい工程と言える。

▼Just in Time Distribution

はJust in Time Salesに準拠して、小分け・共配、受

図表1-5-7　ジャストインタイムマーケティングソリューション[13]
（Just in Time Marketing Solutionの概念）

Just in Time Needs　（生活者は欲しいモノは今すぐ手に入れたい）

↓ その為に

Just in Time Sales　（欠品0・指定時納品・品群コーディネイト提案）

↓ その為に

Just in Time Stock　（欠品0・指定時・品群コーディネイトを可能とする為のエリアマーケットストック体制の確立→現状では未整備）

↓ その為に

Just in Time Distribution（欠品0・指定時・小ロット物流→一般的には共配）

↓ その為に

Just in Time Production（川上の求める商品を小ロットで適時，高品質・高鮮度で製造）

↓ その為に

Just in Time Product Solution
（Just in Time Productionに対処する素材（製品）供給体制）
－製品素材サプライチェーン体制の確立（Product Supply Chain Solution）－

発注の適時化に伴い小口宅配物流が市場にも浸透し始めている今日、かなり精度が向上しており、また、コスト削減も成されてきている。ただし、トレーサビリティや自動検品、自動出荷を可能とする為には、ＩＣタグ（電子タグ）の活用が実験段階ではあるが、二〇二〇年頃までには普及すると思われていたが、コストの面で未だに消費財に適用されているとは言い難い。これに代わるものとして「ＱＲコード」が普及、一般化している。そして、これは今日のＳＮＳ社会の進化により、販促・購入手段としても活用されている。そして、二〇一七年「セブン‐イレブン」を始めとするコンビニ大手五社が取り扱う全ての商品にＩＣタグを貼り付け、消費者自身で会計するセルフレジを二〇二五年までに国内全店舗に導入する考えを発表した。商品の情報を一括して読み取ることで、販売状況や物流情報の共有化による生産性の向上、さらにトレーサビリティと品質管理の具現化はより一層進化すると思われる。

▼Just in Time Productionは、一連の流れから生ずる商品を適時生産する工程である。この工程は、発注の平準化が最大の命題であるが、リードタイムを含めて中々実現しにくい。需要予測、発注管理の精度向上、生産のフレキシブル化等々を含め、今日ではかなり進展している。

▼Just in Time Product Solutionは、上記Just in Time Productionに対応する為の素材製品調達・生産の在り方を示すもので、狭義の意味でのＳＣＭはこの調達システムと供給システムの精度向上とコスト削減、サイクルタイムの短縮等々であり、その命題は大きい。しかもグローバル化した今日、これら素材製品の調達タイミングとロット・保管・鮮度管理・適時小ロット供給のシステム化とオペレー

ション能力向上等々、その検討課題は多々ある。元来、素材や元製品のソーシング能力向上がこの命題の解決のキーファクターと言える。そして、このことはコンビニエンス・ストア（ＣＶＳ）が最も進化しており、各素材供給メーカーとＣＶＳサイドがチームを組み推進する手法を確立している。

これを「チームＭＤ[14]」と呼ぶ。

小括

本書の冒頭にマーケティングの本質と基本的テーゼを述べた。このマーケティングの本質は時代が変革し、市場原則や市場環境が変化しても変革するものではない。技術革新の進化に伴う企業構造は変革しても、生活主導主義を取るのがマーケティングであって、素材・生産財企業であろうとも素材が製品化され商品化される過程は、生活者及び生活市場の消費ボリュームに左右され、その主体はマーケティング概念で成り立っている。

しかしながら、技術革新を含めた様々な生活環境の変化と進化の中で、そのテーゼを変革させてきている。日本のマーケティングは、米国のマーケティングの影響を強く受けながらも日本独自のマーケティング進化を遂げてきている。

これら永久不変の原則であるマーケティングの本質が、どのような時代環境の変化と共に進化してきたのか、また企業構造の変革をもたらしてきたかを、私達は知らねばならない。

グローバル社会の進化の中で、日本型マーケティングの変遷と変革は新興国の今後のマーケティングと市場戦略の指針となるべき事項と言える。一九九〇年代からの中国・東南アジアを代表とする新興国経済の発展と今後の進化は、生活第一主義に立ち、あるいは生活構造の変革を予見しつつ進化せねばならないだろう。日本のマーケティングの進化の歴史は、こうした変わらざるマーケティングの本質をどのように理解し、そして時代と共に発展進化を遂げたかを知ることにあり、こうした新興国へのマーケティングの発展を予見する上で重要である。

第二章では、日本のマーケティングの今日までの進化の過程を述べてみよう。

第2章 日本の生活構造革新とマーケティングの進化

本章では、本書の一つの命題である日本型マーケティングの進化の過程を、一九四五年敗戦の混乱期から朝鮮動乱を経て、日本経済再生期となった生産構造の整備活動に至る一九五五年から、企業経営パラダイムの構造的改革を求められた二〇一〇年まで遡って検証していきたい。

そこで、生活構造の革新をもたらした産業構造変革の母体となった生産革新、技術革新、流通革新、販売革新、情報革新、等々を前提にどのような変革が生じてきたかを述べてみたい。マーケティングはまさしく生活者の生活構造の革新と生活創造を命題とするものであり、今日では生活者から社会の構成員として生活者自らが自己実現を目指した自創・共創者となるべく、社会創造に寄与するとされてきている。それをマーケティング3・0、4・0と称し、企業の社会的役割の変革を示している。

しかし、一国の経済成長の過程と生活構造の変革は、密接に関わりを持っている。その意味で世界的には産業革命による技術革新が生活構造の変革をもたらしてきたとも言えよう。今日、産業革命もモノ作りの近代化を促進した第二次産業革命からサービス経済化と情報産業化を促進した第三次産業革命、そしてＩｏＴ（Internet of Things：モノのインターネット）やＡＩ（Artificial Intelligence：人工知能）による第四次産業革命の時代を迎えている。単にモノを効率・効果的に生産することから、生産そのものもＩｏＴやＡＩによる制御の時代となり、情報革新の進化が社会構造そのものも変革させようとしている。当然、人材構造の変革や生活構造自体が激変してこよう。しかし、日本型マーケティングの進化の過程には、この世界的産業革命の流れをベースとしながらも、日本独自の生活構造を基盤とした日本型マーケティングとして開花してきている。こうした流れを「もはや戦後ではない」と言われた一九五五年からのマーケティングの生活主導主義を前提とするならば、その時代ごとの企業構造の進化の過程とも読み取れる。

企業が社会に活かされているとするならば、こうした日本型マーケティングの進化の過程は、近年目覚ましい経済発展を続ける新興国における成熟社会や高齢化社会への対処策を予見する上で検討されるべき事項と言えよう。

そうした意味で一九五五年以降から二〇一〇年までの日本型マーケティングの進化の過程と生活構造の変革、さらには企業が求められる社会的役割と機能の変革及び企業構造そのもののビジネス・アプローチ変革を集約して理解することは重要である。

本章では、直近までの日本型マーケティングの進化の過程を明らかにし、五十五年間の生活構造革新と企業構造革新を体系的に述べたものである。そして、時代ごとにマーケティングテーゼが生まれ、特に一九八〇年代の成熟社会以降に取り組まれた市場・生活創造型マーケティングは、今日でも活用される不変のマーケティングテーゼとなっている。また、本章では今後のマーケティングテーゼについても解説している。

1 第一次高度経済成長とマーケティング
―一九五五年〜一九七〇年―

日本のマーケティングの進化を考えた場合、戦後一九五〇年代からの経済発展と公共インフラの整備をベースとして、消費構造の変革と生活意識の革新、さらに生産技術及び製品開発の革新、情報コミュニケーション技術の進化とツールの革新等々、生活者との関わりの変遷を見極めておく必要がある。戦前も配給論や中間卸流通を中核とした商業経済・商業経営の理論的概念が構築されつつあったものの、生活商品の製造業が手工業中心であり、近代工業も鉄鋼・自動車・化学等による重工業の進化が一九二〇年代からようやく企業整備された状況であった。さらに、これらの製品化についても中小町工場の熟練職人による手仕事に任されていた。官営大企業ですら手工業による熟練工中心の時代であり、当然、出来栄えにバラつきのある手工業製品は、部品・製品の品質標準化からは程遠いものであった。戦時軍事経済化の中でも開発進化を目指したものの、経済統制下ではこれらの解決は成されぬまま敗戦を迎えた。一九四五年の大戦の終結から一九五〇年に勃発した朝鮮戦争までの戦後混乱期には、米軍による特需景気を生み出し生産設備の整備が行われたが、その生産標準化が達成されていくのは一九五五年以降と言える。

つまり、日本のマーケティングの第一歩は、これら製品の大量生産と部品品質の標準化を可能とする大企業経営改革をベースとした中小企業下請け構造の改革から始まり、生活近代化に見合う生活製品の開発と大量生産設備の整備、さらに、これら製品を大量に販売する仕組みの構築から始まったと言える。

また、当時の情報コミュニケーションは、ラジオからテレビに、あるいは新聞・雑誌へとマス媒体が生活に浸透し、広告・販促コミュニケーション手段として、その活用が活発化したことにより製品告知が可能となった。そして、大手企業の生活製品の販売拠点の整備による大量販売システムを、いかに構築するかにあったと言えよう。当時のラジオ広告や一九五〇年代に訪れたテレビの普及によるテレビ広告は、新たに開発された製品認知力をより向上させ、大量販売を後押しした。

加えて、メーカーとしての企業規模の拡大は、流通販売拠点の整備と販売店の系列化を主体として行われた。これを発展させたのが、一九五〇年代後半に新生活の必需品として宣伝された三種の神器〝掃除機・洗濯機・白黒テレビ〟である。そして一九六〇年代半ばの高度経済成長時代には、食生活の洋風化に伴う〝トースター・電子レンジ〟等々の所有欲求が増大したことによる。また、戦後、洋風化された生活スタイルでは、化粧品や合成洗剤等の化学製品の使用欲求も高まり、これら製品の大量販売の為には自社製品を専門に拡売する販売拠点（小売店）の系列化が求められた。つまり、大量販売を可能とする系列店の数こそが企業の成長に寄与する時代であった。これら生活の近代化に向けての家庭生活の革新は生活スタイルも変革させると同時に、電気・ガス（プロパン化と都市ガス化の進展）・水道といったインフラ整備によって、家庭生活そのものを便利にしていった。

しかしながら、小売流通業は零細単独店であり、生活者は日々の食品・日用品に関わる最寄品の購入には、商店街の零細業種店に頼らざるを得なかった。従って、最寄品流通の主導は、中間流通業者である卸売業であった。また、メーカー系列店も零細小売業に過ぎず、価格もメーカー主導型で維持されることが多かった。

以上のように、戦後のマーケティングは、家庭内の近代化を促進する家電を中心とした新たな文化製品の開発・市場化と、その為の標準大量生産システムと大量販売体制の整備であり、さらに、ラジオ・テレビ・新聞・雑誌といったマス媒体による製品認知促進の広告の時代であったと言える。

この一九五五年（昭和三十年）から一九七〇年（昭和四十五年）までが、設備投資を中心に拡大を遂げた「第一次高度経済成長」と云われている時代である。

以下、この時代のマーケティング進化に関わる特記的事項を述べてみよう。

1　所得倍増政策の成功と便利生活への構造革新―一九五五年～一九七〇年のマーケティングの本質―

「第一次高度経済成長」として規定される時代は、先にも述べたように、生活必需品の大量生産とそれを支える製品素材の標準化・生産の近代化及び中小企業による製品素材加工の設備の近代化と標準化の時代であった。大量に生産された均一品質の製品部材は、大量消費を支える大量販売の仕組みづくりを求めた。つまり、マス・プロダクション（大量生産：Mass Production）とマス・コンサプション（大量消費：Mass Consumption）による循環経済体制が所得向上をもたらした結果、経済成長を支えて高度経済成長をもたらしたと言える。事実、一九五五年当時の平均月収は約一万五千円であったものが、一九六五年には約三万七千円へとわずか十年で二倍以上の高成長をもたらしている。この時代の消費の中心は家電製品であり、トランジスタ量産技術によるラジオの普及に代表されるように、洗濯機・冷蔵庫・白黒テレビ・掃除機が各家庭生活の必需品（Needs Goods）として浸透したことである。ただし、こうした所得向上の恩恵はごく一部企業の従業員に限られ、個人で営む飲食店や小売業、中小製造業の従業員の月収は平均を大きく下回り、所得格差は拡大している。

しかし、ここで注目すべきは、第一次産業の一つ農林水産業者の所得の高さである。一九五五年当時で平均月収一万七千円と給与所得者より約二千円高く、当時の第一次産業就業者の高い構成比率から見ても、家電消費は全国民格差無く浸透していったことを窺わせる。加えて、農業の近代化が進んだ一九五五年以降、農閑期に現金収入を求め、大都市圏の建設・インフラ整備事業で働く出稼ぎ労働者が急増した。こうして都市部での家電品生活の利便性を体感した多くの労働者によって、〝我が家にも〟といった消費マインドが地方農村部にも促進されたとも言える。

2　第一次高度経済成長を支えた「金の卵」

ところで、一九六四年東京オリンピック開催に向けて続く好景気の時代の産業成長を支えた要因の一つに、地方から都市部への集団就職による労働人口の移動が挙げられる。生産システムが大量生産の時代に入り、製造業界では単純労働力を必要とし、また、家族経営が多かった小売業や飲食業も家族以外の補助的な労働力を求めていた。そうした中、十五歳の義務教育を終えたばかりの「金の卵」と呼ばれた若年（中卒）労働者の賃金は低く抑えられ、大量販売に伴う市場成長は多大な利益構造を生み出し、これらの収益が生産設備投資による近代化と販売システムを構築する系列販売小売店の流通近代化をもたらしたと言える。

さらに、こうした労働者家庭にも家電品は必需品（Needs商品）として膨大な需要を創造したことも、第一次高度経済成長を支え続けたと言えよう。

ところで、一九六六年（昭和四十一年）〜一九七二年（昭和四十七年）の第二次経済成長初期までは、輸出の拡大や財政投融資によって高い経済成長を支えたが、集団就職で都市部に送り出された「金の卵」による世代成長もあったと言える。

例えば、都市部で就職した「金の卵」は、やがてその生活基盤を整え都市生活者へと成長し、独立した賃貸住宅の主となり、ここで派生する家賃収入によって、旧来都市生活者の所得を向上させる役割を果たしている。こうして生じた専用賃貸住宅の拡大は、住宅需要の深耕化の役目も果たす結果をもたらした。

高度経済成長を支えた「金の卵」と呼ばれた若者たちの中にも、自らの地位向上への欲求が強く、働きながら定時制高校から夜間大学へと進学する若者もいた。一部の悪辣な経営者を除き、多くの企業経営者は従業員の能力向上を期待し、これを支援している。こうした若者たちが、自社技術を習得すると同時に企業への定着率が高まり、高度な役割を果たす人材へと成長した。

こうした一九七〇年までの一連の動きは、単なる消費の循環経済に留まらず、消費構造の前近代的な地方の農村や漁村にまで、近代生活の革新の基盤を築いたと言え、都市生活者としての生活近代化を支援した主役とも言える。

いわゆる消費マインドの高まりは、自らの生活近代化が生活構造を豊かにすると実感したからであり、懸命に働き貯蓄することで生活近代化に関わる製品を購入する需要構造を全国に示したと言える。

集団就職した彼らを元気づける歌謡曲として「ああ上野駅」が有名だが、東京・上野駅は東北や上越から来る夜行列車の終着駅であり、都市部に地方出身者を輩出する特別な駅と言われていた。

加えて、政治・経済の分野でも、この十年の第一次高度経済成長を牽引する動きは多々ある。一九五六年の国内総生産（GDP：Gross Domestic Product）は年率一〇％を超え、まさしく二〇〇〇年代の中国経済の動きに類似している。日本の高度経済成長は一九五四年の「神武景気」、一九五八年の「岩戸景気」に始まり、東京オリンピックの翌年一九六五年の「いざなぎ景気」と好景気が続いて訪れている。家電消費財の価格は、当時の所得からすれば高価ではあったが、「割賦」による販売方式の導入で生活者にはもはや手の届かない商品では無くなった。

こうした中で、一九六〇年当時の池田隼人内閣は「国民所得倍増計画」を策定し、十年間で国民所得を二倍にする目標を掲げた。しかし、これは単に国民所得を倍にするといった取組みだけではなく、国民の貯蓄率を高めることで金融機関の産業融資を促進することを呼びかけた。この試みは、産業界を活性化させ、新しい技術の導入と設備投資の拡大を促進し、さらに一九六四年東京オリンピック開催に向けた大規模なインフラ整備事業に寄与している。

また、一九五八年には、TV・ラジオの送信設備を備えた電波塔「東京タワー」が完成しTV普及の一大需要を生み出したが、これら日本の建設技術の高度化は東京オリンピックのインフラ整備に多大な影響を与え、高層ビル建設の礎となった。さらに、鉄道・道路へのインフラ整備事業においても、これを支える中小企業を中心とした職人の高い技術力によって、設備工業の近代化の整備や世界に誇る東海道新幹線の開業へと続き、この所得倍増政策は日本の産業技術の近代化を促進したと言える。さらに、これら設備投資は、新技術の開発や新技術による製品・素材の研究開発を促進し、一九七〇年代からの情報技術やICチップ産業化への礎となった。

事実、所得倍増計画が閣議決定された一九六〇年当時の平均月収は二万一千円だが、十年後の一九七〇年には六万八千円とおよそ三倍まで上昇している。現実の日本経済は計画以上の成長を遂げ、実際には目標より早い一九六七年に国民一人当たりの実質国民所得の倍増は約七か年で達成された。

国民の所得が増えた一九六〇年代半ばには、新・三種の神器として『3C:「カラーテレビ（Color Television）・クーラー（Cooler）・自動車（Car）」』の三種類の耐久消費財が消費ブームを巻き起こし、生活の高度化を促進していった。

3 第一次高度経済成長を支えたマーケティング戦略手段

この時代のマーケティングは、商業経済・商業経営の時代から生活者（当時は消費者）の大量消費を促す販売主導のノウハウを、いかに構築するかに注がれている。もちろん、大量生産を促進する生産設備への投資と生産技術の革新は飛躍的に進化したが、大量消費を支える販売システムの構築はマーケティングの第一命題となっている。それは以下のように整理できる。

① 第一に、零細小売業の系列販売店化の組織化

この系列店化の先駆けとなった代表企業が、家電の「パナソニック（旧社名：松下電器産業）」、化粧品の「資生堂」、自動車（ディーラー）の「トヨタ自動車」等々の系列小売店である。現在、この三社とも紆余曲折はあるもののグローバル企業として成長を遂げている。

ところで、これらの零細系列店数が何故大量消費にとって重要であったのかである。こうした系列店は、〝住宅街〟の電気屋さんであり化粧品店であり、また〝地域〟の自動車ディーラーであった為だ。いわゆる地域生活密着型のポジションを確立したことが、成長への鍵となった。〝単なるモノ売りの販売拠点機能〟だけを果たすものではない。例えば、修理を必要とする家電品には、系列店が保有する技術をもって迅速な対応を可能とした。また、当時の化粧品は店主や販売員による対面販売が主流であり、アドバイスやフェイスメイク／マッサージサービスなどのカウセンリングを求める主婦層を取り込んでいた。

この当時、既にサービス・マーケティングの基本が開花したと言える。しかし、マーケティングはこのことに注目せず、販売システムの構築のみに傾倒し、卸流通やメーカー販社主体の川下管理の流通戦略に注目していたと言えよう。本来、モノの需要創造には、単にモノの販売系列店のみでなく、末端サービス

機能の近代化に注目すべきであり、今日のモノに対する付加価値サービス機能に注目すべきであったと言えよう。サービスを単に効用（Utility）としてのみ捉えるのではなく、サービスはモノに付加する価値の進化と変革の継続であると理解すべきであった。

サービスが進化することは、その後の系列店の動静で証明できよう。一九七〇年代に入ると、家電製品に張り付けられたＩＣチップにより、製品の製造情報から販売後の保守・修理までが一元管理されるようになった。これまでの系列店の店主によるサービス機能をより効率化した流通革命に注目が集まり、家電系列店のサービス機能は終焉を迎えた。また、化粧品販売についても、生活者の化粧に対する情報収集力や美に対する意識の変革から、カウンセリング機能の価値が低下してきた。

唯一現在でも地域に根付いているのが自動車のディーラーであり、こうした系列店のサービス付加機能は販売からメンテナンスに至るまで、その利便性や安全性が保証されている為、継続的に系列店としての価値を維持している。ただし、優位的な立場にある系列店だが、メンテナンスなどのサービス機能がカー用品専門店やガソリンスタンドまで拡大され、その付加価値化が促進されている現状に鑑みると、将来的には変革を求められていると言えよう。

要は、サービスとは日々進化し続けるものであり、〝今日より明日が良い、明日より明後日がさらに良い〟といった付加価値の進化と変革を求めている。当時、このマーケティング戦略の革新を認識していたならば、家電・化粧品に代表される系列店の機能もそのポジションを変革しながら存続は可能であったであろう。当時のメーカーは、川上からの儲けの仕組みとして、川下の系列店を単なる拡売手段という位置づけとして見ていた感は否めない。

② 第二に、広告コミュニケーション戦略を万能と考えた販売主導マーケティング

一九六〇年代、アメリカにおけるマーケティングの購買プロセス理論が、日本に導入された。それが、「ＡＩＤＭＡの理論」の広告効果測定へのシステム化努力である。当時、これまで広告屋と揶揄された広告代理業がマス媒体（メディア）の進化と同時に、飛躍的成長産業となった。つまり、マスメディアの生活娯楽と情報取得の中核化である。生活構造の中で、マスメディアへの接触が生活の一部として大きなポジションを占めるに至り、マスメディアが発する番組や記事の中で投下される広告の注目度は、生活必需品を購入する上で大きな影響力を持つこととなった。広告投下＝売上の時代の到来である。メディアは同じ広告メッセージを大量に、かつ長期間繰り返し投下することによって、購買に多大な影響を与えた。媒体企業の収入源である広告スポンサー（Account）を開拓する営業努力が媒体側にはできにくく、これを代行したのが広告代理店（Advertising Agency）である。

マス媒体の発展と生活の一部に至った広告の効果は、広告主（スポンサー：Account）にとっても最大のコミュニケーション戦略の手段となった。従って、広告媒体複合（Media Mix）と広告表現戦略（Creative Concept Making & Product Technology）は重要な販促手段として認識され、広告効果測定モデルが媒体社・広告代理業の理論的命題として求められた。

「ＡＩＤＭＡの理論」は、広告効果測定システムを構築する上で、大変重要なマーケティング・コンセ

プトとして位置づけられた。「認知段階」：Awareness（認知）→「感情段階」：Interest（興味）→Desire（願望・欲求）→Memory（記憶・確信）→「行動段階」：Action（行動）の各購買プロセスにおける広告媒体の選定と広告表現コンセプト、及び表現製作（Product）とその投下頻度・期間こそが、メーカー・流通の売上構築の原点であり、さらに必需型耐久財の購買を促進したと言えよう。広告万能のマーケティングと同時に、購買促進を図る販促プレミアム戦略万能のマーケティングの時代とも言える。

世の中が必需品購入で沸き返っている時代のマーケティングの象徴が広告であり、加えて新製品開発と製品差異化マーケティングが主張される時代であったと捉えられ、この差異化要素も広告表現を活用して行われていたと言える。

購入消費者の近くて便利な販売店サービス、広告による製品認知と購入刺激で市場は拡大し、マーケティングは円滑な需給間の製品授受を成さしめる機能として位置づけられていた。もちろん、マーケティング手段の中の市場調査も消費者の「顕在ニーズ」を満たす上で、その結果分析は製品差異化要素として活用された。一般生活の最寄品である加工食品は、メーカーの技術開発力で市場化されたとはいえ、これらを販売する個々の業種小売店での購入が主流であり、小売業の近代化はまだまだ先の時代であったと言える。

2 第二次高度経済成長の時代（日本列島改造論の果実）
―一九七〇年～一九八〇年―

一九七〇年前後から日本の産業界にも大きな変革が生じた。製品開発・生産技術の革新による新たな製品革新と、流通革命と称する販売業態と販売促進への革新、さらに初期ホストコンピュータ管理による情報革新の三つに集約される。

一九六〇年代の技術研究開発の成果が一気に実用化され、それが生活商品に多大な影響を及ぼし、それまでのニーズ（必需型）製品を買い替える巨大な需要が創造された。そして、一九七〇年代に入るとマス・コミュニケーションが成熟の時代を迎え、それらによる絶大な広告効果により、生活者は日々の生活の近代化を均一ニーズのマス購入に求めた。また、顕在化した公害問題は、企業にとってその対処対応は必須の要件となり、経済成長をベースとした日本の環境技術開発は、環境対応に配慮した設備投資へと進展を遂げている。

第一次高度経済成長を果たして著しい経済発展を遂げた日本だが、国も国民一人ひとりの環境問題への関心は低かったが、工場排水による水質汚染や都市型の大気汚染が問題視されるようになった。こうした問題への対策の道のりは長きに渡ったが、その後、環境庁（現在の環境省）が設置されたことを契機に、一九八〇年代以前のような極端な大気汚染や水質汚染は見られなくなった。

また、次第に産業、人口の大都市集中と地方の過疎化、公害といった弊害が顕在化する中で、一九七二年当時の通商産業相 田中角栄による「日本列島改造論」が打ち出された。都市と地方を結ぶ鉄道や高速道路を整え、積極的に地方に工場を誘致し、地方で豊かに暮らせる国づくりを唱えた。都市部のビルやマンションの開発、さらに鉄道インフラの改革は郊外型住宅を促進し、一気に耐久財及び住宅需要を加速させた。また、地方の中核都市に移転した大企業の工場は、高速道路網の整備による輸送の高度化が図られると同時に雇用を創出し、地方都市の発展を加速させた。

こうした第二次高度経済成長を支えたのは、都市部のサラリーマンや工場・サービス業の就業者のライフスタイルの変革である。一九七〇年代、第一次の成長時代に地方から集団就職した「金の卵」と言われた労働者が結婚適齢期を迎え、家族としての定住が始まった時期と重なる。そして、日本の最大の人口を構成する「団塊世代」が就業人口に加わり、核家族化のライフスタイルが誕生する。核家族こそが近代的で理想的な家族形態として、生活の洋風化から家族各々の個室文化を訴求したことが潤沢な住宅の購買力を後押しした。

しかし、一九七三年の原油価格の高騰から引き起こされた石油危機による経済混乱は一九七六年まで続き、その間、大手企業の雇用数減少を招くも成長を続ける中小企業や新たなサービス業・流通業態へと余剰就業者は吸収され、その後の成長の鈍化も解消されている。ちなみに、一九七〇年の平均月収は約六万八千円から、一九七五年には約十五万六千円と二・五倍まで上昇、さらに一九八〇年には約二十二万円（同三・五倍）に達している。国民所得水準の上昇は、それまで企業向け融資が中心だった銀行が住宅ローンに参入し始めたことも国民消費の購買力を高めたと言える。

こうした第二次高度経済成長によって、日本のマーケティングもマスプロダクション（大量生産）とマスコンサプション（大量消費）を推進する販売主導型アプローチを中心に論じられた。ただし、市場調査は分析アプリケーションが導入され、ライフスタイル分析を含むターゲット・マーケティングが開花した時期でもある。また、全国的にスーパーマーケットの出店攻勢が加速し、エリア特性を把握する必然性から狙うべき地域と市場を明確化することで、地域間の差異を戦略的に捉えたエリア・マーケティング・プロセスが導入された。

時を同じくして、広告代理店を中心に広告効果測定についてもシステム化が図られ、これによってAIDMAによる購買プロセスを前提とした広告効果測定モデルの確立が深化していった。

いずれにせよ、販売促進アプローチと新技術製品開発が進展し、生活の近代化・洋風化の為の商品力訴求のマーケティングが推進された。

1 流通革命とマーケティング

一九六〇年代、アメリカよりセルフサービス方式を取り入れたスーパーマーケットが日本各地に出店された。そして、一九七〇年代には急速な都市化の進行の下、大型化したスーパーマーケットが、百貨店規制法で出遅れた百貨店に代わりに駅前商業地を中心に大量出店時代を迎え、成長を遂げる。それまでの小型スーパー（SM）とは一線を画したこれら大型スーパーマーケットはGMS（General Merchandise Store）と称され、チェーンストアシステム理論に則って生活者購買力を吸収し、大企業化していった。チェーンストア定着化の背景には、これまで食料や日用品の購入には商店街の個人商店を買いまわっていた生活者に、一か所での購入（ワンストップ・ショッピング：One Stop Shopping）を可能としたこと、そして、生活者が現金で商品を購入し持ち帰る（キャッシュ&キャリー：Cash and Carry）ことで、大量販売とセルフサービスによる低価格を可能としたことが挙げられる。これまでの小売店では、メーカー希望小売価格（定価）での販売しか認められていなかったが、スーパー価格と称するストア独自の売価政策が展開された。

つまり、本部一括の集中仕入れによる大量仕入れ、大量販売が、メーカー希望小売価格の定価主義を破壊したと言える。第一次高度経済成長期における流通経路は、メーカー（川上）が大量に生産し、卸（川中）が集荷し、小売業（川下）に分散配荷する、川上から川下に向けた流通の主導権はメーカー・卸であった。しかし、一九七〇年以降、チェーンストアが本部を設置し、全店舗への集中一括仕入れ制度を確立することによりメーカー起点のマーケティング戦略、すなわち川上から川下までの商品の流通経路の原則が崩壊していった。

こうした現象は、物流を取巻く環境にも変化を及ぼしている。〝つくれば売れる〟という大量生産・大量消費を前提としたビジネス・モデルは変容し、〝消費者に買ってもらう〟消費者起点のモデルへと切り替わった。それに伴い、小売業界では、売れ筋商品の発注形態が小ロット・多頻度化したため、効率的な物流体制を可能とする物流センターの基盤が築かれた。

物流の役割であった大量一括輸送から小ロット・多頻度化へのシフトにより、小売業の存在感が増したことでメーカーから小売業が直に仕入れるバイイングパワーの開花につながったと言える。一九六〇年代、東京大学の林周二教授による「流通革命論」に合わせ、「問屋無用論」が唱えられ、当時、急成長を遂げた「ダイエー」の中内功氏は「売価－利益＝コスト」の売価マイナス方式を主張、〝売価は小売業が決める〟といった論旨で大手メーカーと対立するも、安売りの構造を定着させた。この売価マイナス方式は、〝売価は生活者が決める〟（マーケティングにおいては、生活者に購入・使用されるモノが「商品（Commodity）」であり、製造・店頭陳列されたモノは「製品（Product）」である）、といった「商品・製品区分論」）の論理が前提となっている。

確かに、「ダイエー」の中内功氏の唱えた「問屋無用論」は、商的流通取引の概念としては正しかったが、問屋の果たす集荷分散機能の売場開拓とモノを運ぶ物的流通機能に期待するメーカーの為の小売物流機能を無視していたと考えられる。何故なら、それ以降、スーパーも物流センターの開発や運用システムを卸売業のノウハウに頼ることになったからである。そしてスーパー以外の中小小売の売場開拓を求めるメーカーの市場シェア論に卸売業の存在が求められたからである。逆に、今日、成熟化した市場は多様化が進み、多種多様な製品を多くの小売店に適切に供給できるのは卸売業であり、一兆円を超える規模の企業（国分・三菱食品・日本アクセス・加藤産業、等々）に成長している。

しかし、スーパー業界の保有する一括集中購買の吸引力は、後の流通業態成長の大きな役割を担った。百五十～四百坪規模のSMは、生鮮三品を中心に多くの食品や家庭雑貨を扱う業態として成長を遂げているが、一方、GMSは衣食住に関わる商品群を低価格で、かつフルラインの品揃えが求められた。その結果、老舗百貨店の購買力を凌駕する地位にまで上り詰めた。これらの業界は、製品を本部一括集中仕入することによって低価格での販売を可能とし、こうした価格革命は、一九七〇年代には時計・メガネ・カメラ・宝飾等を扱う「ヨドバシカメラ」や「ビックカメラ」の専門量販店、一九八〇年代にはカー用品店の「オートバックス」や家電量販店「ヤマダ電機」といった専門製品を扱う量販店業態の登場に貢献している。

また、こうした「家電大型専門店」を始めとする専門量販店の成長は、一九九〇年代の「ドラッグストア」「ホームセンター」の登場につながり、近年著しい発展を遂げている。

つまり、これら専門業態の登場は、これまでGMSの上層階で展開されていた様々な製品を、特定の分野に絞り込み専門大型店化を図ったもので、低価格を前提に全国規模でチェーン展開していったと言える。

こうした業態のチェーン展開は、もちろんアメリカの小売業態論（価格低減）を前提として業態の進展を説明したマルコム・P・マクネア（Malcolm P. McNair）が提唱した「小売の輪の理論」を参考としていることが多いが、日本独自の発展を遂げてきていると言える。そして、SMのチェーンストア理論は、車社会の到来と同時にファミリーレストラン業態の登場にもつながっている。

このスーパー業態の進化は、仕入れ先から発想する「業種論」と生活者の求める製品を品揃えする「生活対応業態論」をマーケティングの世界に定着させ、小売業マーケティングのチェーンストア・マネジメント及び店舗オペレーション・マネジメント、仕入れ先販促・陳列・棚割りのマーチャンダイジング理論、さらに商的流通・物的流通・情報流通の各理論、そして、店頭人材育成とマネジメント理論の構築に寄与した。

これまでメーカー主導のマーケティングの世界に、新たに小売・流通マーケティングを開花させたと言える。そして、小売流通マーケティングは、一九七五年前後に登場し始めたコンビニエンス・ストア（CVS）のフランチャイズチェーン理論へとつながり、一九八〇年代には一大流通業として今日的成長のベースとなっている。また、このフランチャイズチェーン理論は、その後の居酒屋等の飲食業態やアパレル業態のチェーン業態化にも貢献している。

つまり、一九七〇年代の流通革命は、小売業と流通のマーケティング理論確立の礎であったと言える。

2 一九七〇年代 第二次経済成長を支えたICチップの登場と軽薄短小製品のマーケティング

大量のデータを記憶するICチップ（集積回路：Integrated Circuit）の登場は製品品質の高度化に多大な影響を及ぼし、コンピュータ社会と情報システムの確立につながっている。現在ではコンピュータのみならず、携帯電話に代表される情報機器・通信機器・家電製品・自動車といった機器やシステムに応用され、例えば、ICチップ登場当時は、保存する食材に適した温度に設定された「温度帯別冷蔵庫」や洗濯物の乾燥機能を制御する「全自動洗濯機」などの技術開発製品を生み出し、これら製品を日本家庭に合わせた「軽薄短小」製品に進化させた。重厚さが尊重された第一次高度経済成長時代とは異なり、第二次高度経済成長時代には〝より軽く〟、〝より薄く〟、〝より短く〟、〝より小さく〟といった要素が求められるようになった。例えば、電卓やカメラなど情報機器の小型化や、石油化学の発展に伴い洗剤や合成衣類に進化をもたらし、スーパーマーケットがこれらの販売促進に貢献している。

また、これらの技術革新は、新たな生産設備への投資と技術開発をもたらし、製品開発も便利さと品質の高度化を追求した結果、これまでの生活を高度化する新製品が続々登場するに至り、家庭生活に受け入れられた。

高機能・高品質の製品差異化の時代であり、新製品の登場と同時に最寄品はテレビ広告、住宅・不動産は新聞掲載への広告が購買を促進する有効な手段として機能してきた。広告表現も複数の異なるメディアを組み合わせた「メディアミックス理論」戦略による広告接触頻度を拡大した。そうして、広告ターゲットセグメンテーション理論や製品差異化理論等々、今日のマーケティングテーゼが確立されていった。さらに、エリア・マーケティング論と複合することによって、テスト・マーケティング理論も構築された。

しかし、これまで大量生産・大量消費を支えた均一な価値観の上に成り立ったニーズ型（必需型）商品も、耐久財を中心とする購買促進マーケティングの進化の為には、先に述べた購買時点小売業マーケティングの販売促進の追求と、ターゲット論の進化を生活者の価値観と、生活体系（直ぐには変えられないデモグラフィック特性）及び生活行動の三つを複合したヒトを区分するライフスタイル別ターゲット論が叫ばれるようになった。このライフスタイル理論は、小売と広告コミュニケーションツールや、ターゲットセグメンテーションのヒトを区分する理論として応用された。

ただし、第一次成長期同様に第二次高度経済成長期の需要は、〝家庭の為に商品を購入〟するといったあくまで〝家の為〟の所有欲求が前提の消費であり、〝私の為に買う〟個人欲求による消費には至っていない。欲求の多様化は家庭の多様化で区分できた。それゆえ、購買の主導権を握り始めた〝主婦のヒトとしてのライフスタイル・ターゲット・セグメンテーション〟で充分コト足りた時代であったと言える。

そして、団塊世代が就業人口の中核を成し、購買消費の主流となったことも経済成長を促進させる要因となった。彼らの新しいライフスタイルを解明し、消費を促進する為のプロモーション型マーケティングの時代と言える。

また、長期保存を目的とした冷凍食品や賞味期限の短い日配食品についても、生産技術や物流技術の進化と、温度帯別の冷凍・冷蔵ショーケースの開発により、そうした商品を開発する中小の企業が販売主導型マーケティングを導入し、大手へと成長していった。

いわゆる4P理論「Product（製品）、Price（価格）、Place（流通）、Promotion（販売促進）」がマーケティングの命題であり、製品開発・流通・コミュニケーションの各マーケティング手法の展開をこの四つの概念で追求し、充分成果を上げることができた。大量生産がコストを削減し低価格を可能として需要促進が図られる、とした時代とも言える。

3 成熟社会の到来とマーケティング構造の戦略的改革
―一九八〇年～一九九〇年―

1 成熟社会への変革要因と企業パラダイム変革

一九八〇年代は、これまでのマーケティング戦略概念が全く通用しなくなった時代とも言える。もちろん、川上のメーカーにとっての4P理論は、市場戦略（製品開発戦略、コミュニケーション戦略、流通戦略）を構成するマーケティング手段の複合による市場創造には有効な基本概念と言えよう。しかし、一九七〇年代から成長し続けたスーパーマーケット（SM）や、一九八〇年代に登場したフランチャイズチェーン店を構成するコンビニエンス・ストア（CVS）や専門量販店・ファミリーレストラン・居酒屋などの業態構造の革新と小売流通の巨大化による市場優位性の逆転が、生活者の価値観や生活体系・生活行動を統合する生活構造（ライフスタイル）を中核と見据え、生活者主導主義を芽生えさせた。従って、単にモノを購入して消費する経済活動に寄与した「消費者」の概念から、モノを購入・使用することによって自らの生活を創造する「生活者」の概念がマーケティングの基幹と捉えられるようになった、と言える。

そして、アメリカを発祥とするマーケティング概念も同様の革新と進化を始め、特に、末端流通業の業態革新と進化は、日本の流通業態にも大きな影響を及ぼし、消費革命と消費革新をもたらす時代となっている。もはや〝家庭の為に購入〟する耐久消費財を中心としたニーズ（Needs）─必需─型製品は家庭の中で満たされ、生活者は個々人の生活満足と生活課題を解決する為のウォンツ（Wants）─個人別欲求─型需要へと移行した。こうした消費の個人化社会の到来が、一九八〇年以降のマーケティングの基幹となったと言える。旧来型の同品質、同質価値を目指した大量生産型製品では満足せず、個々の生活価値観（感性）と生活体系（個々に異なる生活基盤）、また生活課題を解決する消費へと向かい始めた。このことは、日本のみならず先進国を中心とした世界的潮流であり、生活創造の為に求める「モノ」は「個々人」の様々な欲求に基づく「コト」の満足に基幹が置かれるようになった。

いわゆる「個人化社会」あるいは「個人価値観主導型社会」の開花である。これを一般的に「成熟社会」と言う。

つまり、この「成熟社会」の到来はモノ余りを意味しており、旧来の生産主導型マーケティングが通用しなくなってきたと言え、その前提が生活創造主導型のマーケティングに変革したことを意味している。

加えて、生活者は旧来の家庭の為の生活から、個人の様々な価値観を創造する新しい生活領域を求める「新しい生活領域創造型モノ消費」へと変革したことを示している。単に、モノを消費するのではなく、新しい生活創造に合致した「コト」を満たす需要の時代となったのである。

また、「成熟社会」となった意味を補完するものとして、一九八〇年までの工場・サービス業に携わる労働者（ブルーカラー）と、企業体の中のキャリア職務に従事する労働者（ホワイトカラー）との給与格差が是正されたことが挙げられる。一九六〇～一九七〇年代に活発化した賃金闘争や労働環境改善闘争、地位保全闘争等の労働組合活動によって格差は縮小され、経営者と労働者との労使協同の概念を持ち始めた。結果として、経済成長と共に所得配分の平等化が進み給与格差は是正され、一九八〇年代には週休二日制の普及など労働環境は大きく改善された。

経済成長に伴った労働環境の改善は、生活者の住宅購入や家庭内に揃った耐久財、そして一家に一台の車保有まで生活の基本的改善が進んだ。週休二日制の導入により、これまでの企業への単なる所属意識の中での仕事中心生活による「生活時間短縮欲求」から、余った時間の「生活時間消費欲求」への感性と価値観が強まり、個々人の趣味や地域活動、さらに自然と関わるレジャー活動等が活発化していった。このように「コト」の欲求を満足させる「サービス経済化」が進展し、顧客主義に立脚した「サービス・マーケティング」の時代へと突入している。さらに、個人の自己実現欲求の高まりは、これまでの男性優位なビジネス社会や女性は家庭内といった形式主義は通用しない社会へと変革している。だから、マーケティングもその満足に向けた「製品・サービス開発、提案型のコミュニケーション戦略、新しいJust in Time

欲求を満たす流通戦略」の高度化が促進されることに命題が置かれるようになった。

加えて、製品・サービスへの付加価値化と多様化への対処の為、生産・素材の技術革新も進展し、改革は促進された。こうした新しい付加価値型製品の開発による生産・素材の技術革新の果実は、グローバル競争力として花開き、「Japan as No.1」の世界的評価を受け、確立できた時代と言える。

日本の人口約一億人にかけて「一億総中流社会」と言われた時代であり、自らの生活程度を中流とした生活者が七割を超えた。毎日の食べる物に困ることはなく贅沢でなくとも、「豊かでゆとりあるマインド」で暮らしていくことができた、夢のような十年間と言える。高度経済成長から「安定成長」へと移り変わり、順調な生活満足安定化の時代である。

しかし、一九八六年の不動産や株式の投機による高騰から引き起こされた「バブル経済」がなければ、一九九〇年代の日本企業の苦境は避けられたのではないか、と筆者は考えている。つまり、日本の「バブル経済」は不動産資本主義を前提に発生し、不動産がビジネスの中核となってしまったことにある。それまで各企業は、自社の優位性ある中核事業（Core Competence）を中心に、生活の近代化や企業の近代化をビジネス化し企業成長の前提とした。開発・生産・素材調達の変革と購買時点の活性化を中心とした「フィールド・マーケティング戦略」、そして、情報システムをベースとした物的流通システムや商的流通システムの変革と構造改革、また、小売・流通マーケティングの進化と変革等々、「モノ×コト＝生活シーン論」に立脚した人材改革を含む企業構造改革が推進され、コスト効率に見合う価格政策の実現を目指した「企業成長＝新たな革新と変革＝従業員満足」の図式で企業努力に取り組んできた経緯がある。

しかし、不動産バブルの到来は、企業が保有する土地・建物に事業の中核があるとビジネスを錯覚させた。それをビジネスとすることが、企業の社会的地位を高めるとの錯覚を生み、企業内では、土地・建物を扱う総務・管理・財務の各部署が利益付加価値を生むセクションだとする大きな勘違いがまかり通った。残念だが、時代のブーム的事業（例えば、リゾート開発）や企業シーズ（Seeds）が事業のノウハウとして無いにもかかわらず、新規事業と称する「多角化事業」への参入や金融機関からの多額な資金フロー等を、ビジネスの中核と考えたビジネスパーソンが存在したのである。

こうした本業から逸脱した行為は、当然、企業ビジネスの本来の健全な取組みと、正しい自社の新たな市場創造への努力を台無しにする。結果、一九八〇年代の企業努力がグローバルに評価された日本の企業戦略とマーケティング努力は足踏みを余儀なくされ、グローバル競争力の低下を招いた。結果、一九九〇年代初頭のバブル崩壊後、長きに渡って経済の停滞が続き、低成長時代と混乱を招いたと筆者は解釈している。

いずれにせよ成熟社会の到来は、企業のマーケティング戦略革新を生み出し、市場戦略そのものを変革させ、ターゲット論の改革、商品コンセプト創造の改革、流通戦略の改革、コミュニケーション戦略の改革等々、生活者主導型マーケティング戦略へと転換させ、今日のマーケティング概念の基礎を確立した時代と言える。

以下、その変革要因を細分化して述べてみよう。

2　一九八〇年代に求められた企業構造革新とマーケティング戦略アプローチの変革

一九八〇年代は、先にも述べたように、生活者志向を前提とした企業の新たな経営構造革新の時代と捉えられる。

もちろん一九五〇年代から一九八〇年代においても、生産技術革新に伴う様々な構造革新が展開されてきた。しかし、需給間のバランスにおいて、供給過多のモノ余りの現象が顕著になり、成熟社会と言われる生活価値観の多様化と生活者の生活行動領域の多次元化が生じたのは一九八〇年代からである。これまでの生産効率を前提とした少品種大量生産による大量消費を吸引するマーケティング戦略手法が通じなくなり、多品種少量生産、多様な価値観に合わせた商品開発と生産技術革新、また、消費動向を科学的に把握する為の情報革新や、物流システムの開発と物流の適時化（Just in Time）による効率化、流通業態の多様化による効率・効果的オペレーションの確立、等々が求められる、新しい企業構造革新の時代になったと言えるからである。

それは、多品種少量生産に向けて、多くの企業は生産ラインの構造革新を行い、一生産ラインの中で多様な商品生産を可能とするＦＭＳ（Flexible Manufacturing System）の導入や生産工程内のロボット化推進等、新しい生産管理体系を確立し、今日のトータル・サプライ・チェーン・マネジメント（ＴＳＣＭ：Total Supply Chain Management）のシステム開発とシステム構築の時代へと繋げている。

また、これまでの商品構造では、消費需要を喚起できないことに気づき、多様な価値観に対応する品質の高度化を推進し、商品の基本的機能（Product Hard）の差異化に向けて様々な素材・製法の革新を行

図表2-3-1　需給バランスの逆転と市場革新

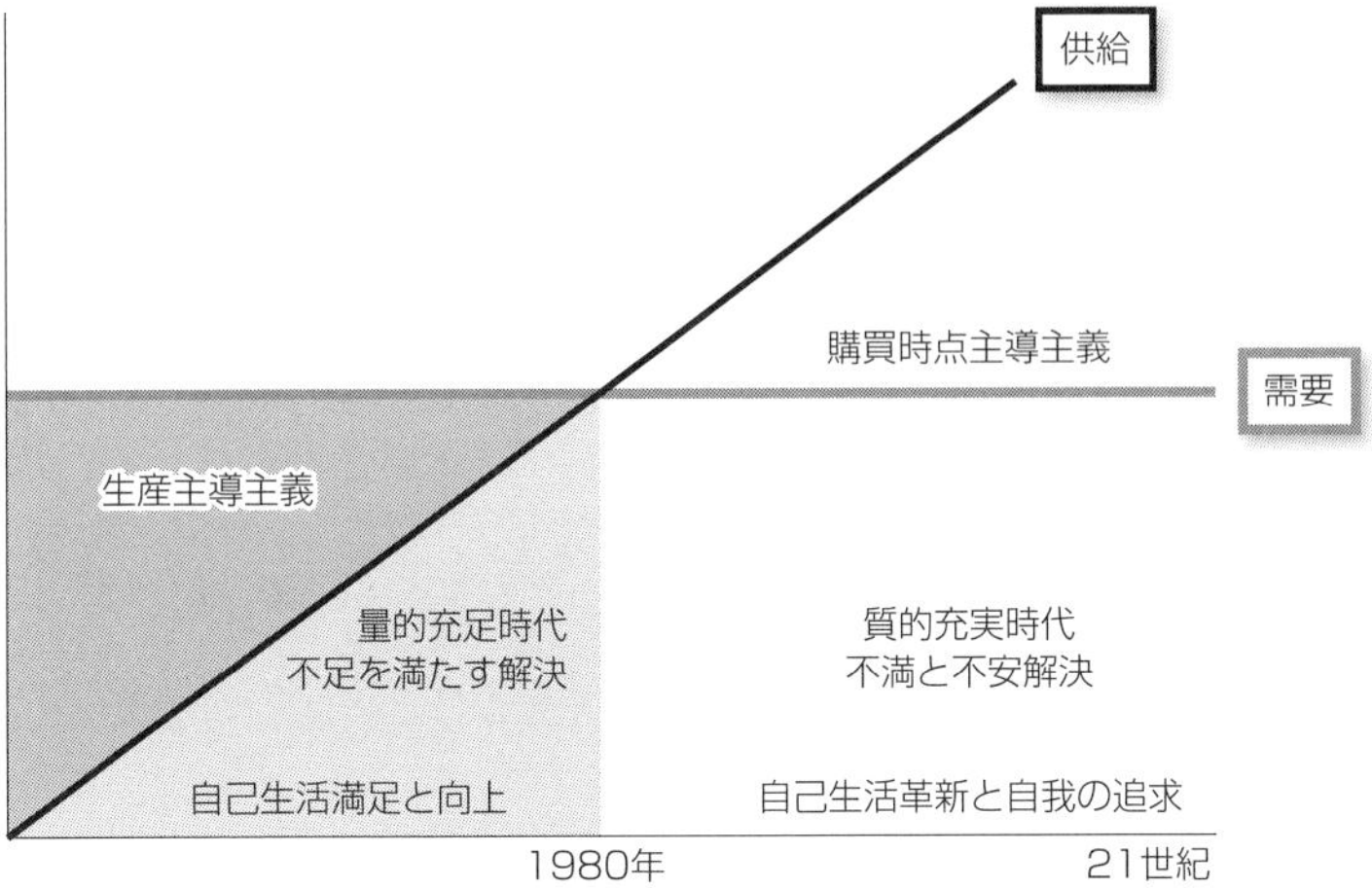

出所：2000年，新津重幸作成。

ってきた。今日の新素材の原点はほとんど一九八〇年代に生み出されたと言っても過言ではない。

加えて、多様な価値観に対応する為には、商品の付加的機能（Product Soft）追求も行い、商品構造そのものの変革と革新を追求したと言える。

このことは、マーケティング戦略におけるターゲット論の変革を生んだ。これまでターゲット論は〝ヒト〟そのものを指し、ターゲット・ボリュームは〝ヒト〟の数量的ボリュームを指していた。そして、〝ヒト〟を細分化してマーケティング・ターゲットを明らかにする手法として、デモグラフィック特性（年齢・性別・職業・所得・耐久財保有ｅｔｃ．）やライフスタイル特性（生活行動・生活意識・生活体系による特性）等によってターゲットを〝ヒト〟として区分してきた。

しかし、価値観の多様化は、市場におけるヒトのライフスタイルが十人十色、百人百様と捉えられるようになり、百人のヒトが様々な生活場面に対して百通りのモノを欲しがると規定されるようになった。ヒトの区分では、モノとの整合性がとれなくなる時代となり〝どんなヒトでもこんなコトにはこのモノを使う〟といった解釈でないと、モノのターゲットを規定できないと言われるようになった。

つまり、ターゲットは「そのヒトのどんなコト」なのかを追求する「コト・ターゲット論」の時代となった。ヒトとモノとの関係を「生活シーン」と規定し、ヒト・ターゲット論からコト・ターゲット論への変革を生み出し、今日でもこの考えが市場戦略コンセプト策定の上で最大の要件となっている[15]。

流通業も一九七〇年代にその成長が開花したスーパーマーケットにコンビニエンス・ストア、専門品量販店（ヨドバシカメラやシマムラ、その他専門品の量販チェーン）、ファミリーレストランや居酒屋、ブランド専門ショップ等々の多様な小売業態チェーンが登場し、その競争も多様化した。メーカーもこれまでの系列的流通支配権を獲得できなくなり、様々な業態に向けてのチャネル戦略への革新や、自らが売り場での商品購買に向けた努力と販売システムが求められ、フィールド・マーケティング（モノの売り買いの場（フィールド）への購買促進システムとアプローチ手法[16]）に向けての市場戦略革新を求められた。

また、多様な業態間競争と同業態間競争に打ち勝つ為に、小売流通業チェーンも消費の実像と事実を把握する為にPOSシステムを導入すると同時に、販売効率化の為に受発注のシステム化と物流効率化を推進し、POS—EOS—VANの統合情報システムを構築し、競争力強化を推し進めた。

さらに、効率的に顧客吸引を促進する為に、チェーン組織の中に標準店舗オペレーション・システムを構築した。それが「鮮度・品質管理」「POP・値札の統一」「欠品防止とロス防止」「クリンリネス・

システム」「フレンドリー顧客対応システム」「五十二週販売計画と販促管理システム」「三か月先行販売計画管理システム」と言われる〝流通七原則システム〟[17]を構築した。今日、この店舗オペレーション七原則は日本が最も進化しており、一九八〇年代には店舗オペレーションに向けた構造革新が取り組まれ、一九九〇年代初頭に確立された事項である。

一方、情報革新も生産・流通・販売・消費に至る、統合情報システム管理体系が求められ、その為の様々なアプリケーションモデルが開発され、情報システム管理の時代として開花し、企業の内と外を連鎖する情報ネットワークが推進された。データベース・情報管理システムによる企業活動オペレーション時代として、組織管理や業績管理、人事評価システムが構築されたことで、企業内における組織行動管理体系の構造革新が推進された。

もちろん、これらの企業構造革新を可能としたのは、情報インフラの整備、道路交通網の整備、住宅郊外化による地域都市の住宅増と成長に伴う所得と生活の質の向上、地方都市へのインフラ整備による生産工場の移転、さらに生活高度化に伴う様々なサービスインフラの整備等が挙げられる。つまり、企業構造革新は、末端の生活構造革新に始まった、流通業、物流、販売、生産、素材調達の革新によるもので、川下の生活構造革新をその基点に置かざるを得なくなったことを示している。

生活基点のマーケティング戦略革新もこの時代から始まっており、「川下から川上へ」「消費者から生活者へ」「ヒト・ターゲットからコト・ターゲットへ」「プロダクト・マーケティング（生産）重視からフィールド・マーケティング（購買時点）重視へ」「モノ消費から生活創造へ」等々といったキーワードに代表されるマーケティング戦略革新の時代の開花と言えよう。

3　生活領域の多次元化と生活市場領域の拡大

一九八〇年代の生活変革の特徴は、生活領域の拡大にある。個人化社会の到来が、価値観の多様化を招来したと同時に、生活領域の拡大も価値観の多様化の要因とも言え、価値観の多様化と生活領域の多次元化を招いた。このことは、一九八〇年以降今日まで続いており、成熟化した社会構造とそれによって生ずる産業構造の変革、さらには消費構造をも変革している。今日のマーケティングの基本原理を構築した時代とも言え、生活者の行うコトとモノの構図を製品コンセプトに活かし、商品化するアプローチでなければ市場は創造できなくなってきている。当然、コミュニケーション戦略も広告を中心としたマス・アプローチだけでは購買には結びつかず、店頭を中心とする購買もPOSシステムの導入により、購買時点情報が把握でき、陳列・棚割り・商品導入・品質管理・欠品防止等、様々な対策のシステム化を推進した。製品の購買促進の事実は、店頭の購買時点にあるとするPOPやデモンストレーションセールス等々の新しい店頭購買促進を目指す「フィールド・マーケティング」全盛の時代となった。これに伴って、物的・商的双方の流通システムに変革が生じ、Just in Time（適時取引流通と欠品ゼロ）を目指す物流システムのセンター構想と協同物流配送のシステムが、情報化の進展に伴い実現した。この背景には、拡大するSMの出店激化とCVSの成長、アパレル業界の製品多様化への対処・対応があると言えよう。

さらに、一九八〇年代後半に新たに参入した「ヤマト運輸」を起点とする宅配物流と小口配送物流のシステム化が、物的流通・商的物流のシステムを進化させ、今日のJust in Time取引構造の進化につながっている。

これらのマーケティング戦略構造の革新に今日まで大きく影響を与えているのが、生活領域の多次元化である。そして、安定成長を支えた日本特有の雇用制度に基づいた、年功序列型賃金制度による「定期的昇給」や終身雇用制度の「企業帰属意識」にあったと言える。事実、一九八〇年当時の平均月収二十二万円が、十年後の一九九〇年には三十一万円まで上昇していることからも理解できよう。こうした賃金の上昇は一九九〇年中頃までは細々と続いたが、一九九〇年のバブル崩壊による影響から企業の成長は抑制され、従って、この頃から終身雇用や年功序列は廃止傾向に進み、日本型成果主義が取り入れられていくこととなる。そして、一九九七年の消費税増税（三%から五%へ）や公共事業費の削減から次第にデフレ基調に陥り、実質賃金は現在まで下落を続けてきている。そして、それは一億総中流社会の終焉を意味するもので、日本型格差社会（社会制度的不均衡による）の始まりとも言える。

しかし、生活領域の多次元化と新しい生活領域が生ずるサイクルは今日まで続いており、マーケティングはまさに新しい生活領域の創造とそこに向けた戦略マネジメント論で推移している。

⑴　生活領域多次元化の原則

生活領域は、生活者がどのような「コトの生ずる生活次元」の価値観で、商品・サービス・購買業態を求めているかを示すものである。

一九八〇年まで、生活者は二次元の生活領域をベースとして、コトの生活価値を生じさせていたと言える。つまり、一家の所得は世帯主である夫一人に限られ、その大半は「家庭」と「職場」を中心とした「二次元生活領域」に費やされていた。そうした使い道は専業主婦（家庭生活を中心とした女性）に委ねられ、世帯主は「家庭」と「職場」を往復する二次元生活領域でその行動が成立していた。一方、専業主婦は、家庭生活領域と家族を中心とした生活価値観で占められていた。当然、消費は「家の為」を中心としたモノ消費が成されており、家庭と家族への「モノを充足する」ため消費は、同質のモノを求める「同質二次元生活領域」と言えた。

しかし、一九七〇年代、人口増加に伴う郊外化の進行によって居住地域や地域生活環境の差異が顕著となっていった。さらに、団地や分譲マンションの建築増による住宅開発は、地域住民の生活形態による差異を生じさせた。それによって、生活領域は二次元生活と同質であってもそれぞれの求めるモノは異なってきた為、「異質二次元生活領域社会」が到来してきた。そして、そこに見られるマーケティング差異化の特徴は、「量・大きさ・機能・価格」等々の「ハード的・物的な側面」にあり、その効果性が最も高かったと言える。それは、全ての生活者が「家庭での不足物を購入する」といった「充足」の時代であったからだ。

成熟社会の到来は、このモノの「充足」の時代を終焉させ、「モノの質的充実」の時代に変革させた。(18)
生活の質的充実への消費は、それぞれの価値観によって消費する社会を実現し、モノには各々個人の行うコトの満足を求めた。個々人の満足は「家庭」と「職場」がモノで満たされる場合、異なる生活領域に向かうようになる。それは、「職場」の休日・休暇の増加により「時間消費」の生活領域に向けられると同時に、「自己実現欲求」の増大から「自らの自己向上を目指す」新しい生活領域を希求することにつながった。所得の安定的上昇がこれを助長し、モノと新しいコトとの関係を表す「新しい生活シーン」に消費は向けられるようになった。それぞれが求める生活領域は、個々人によってもその傾注度合は異なり、モノへの価値の多様化を増幅させ、新しい生活領域を求める「異質多次元生活領域社会」を招来した。

こうした中でも時代のブームや流行といった生活領域は存在し、その新しい生活領域を求める人々のボリュームが新しい市場として創造されたとも言える。この新しい生活領域で行われるコトに向けての新製品群を「品態」と呼ぶ。それぞれが行うコトは単品で消費される訳ではなく、様々な価値観で選択された品群によってコーディネートされて「コト」は成立する。この個々人の価値観でコーディネートされた品群アプローチは「コーディネート・マーケティング（品態マーケティング）」と呼ばれる[19]。食生活におけるメニューは、まさしくこの品群コーディネートで構成され、このメニュー品群（品態）を店頭で購入させる手法を「クロス・マーチャンダイジング」と呼んでいる。

そして、それは単に家族揃った食シーンだけではなく、女性の社会進出によって生じた普段の生活の中での食パターンへの品群コーディネートに通ずるものとなり、今日では小売業を中心にクロス・マーチャンダイジング戦略は進化し続けている。これら品群コーディネート（品態マーケティング）戦略は、住宅空間やオフィス空間ファシリティ、さらにはファッションコーディネートやアウトドア、あるいは個人の趣味領域に至るまでコーディネート・マーケティングは進化しており、今日、新しい生活領域を創造する

図表2-3-2　「コト」の生ずる多次元な生活領域カテゴリー

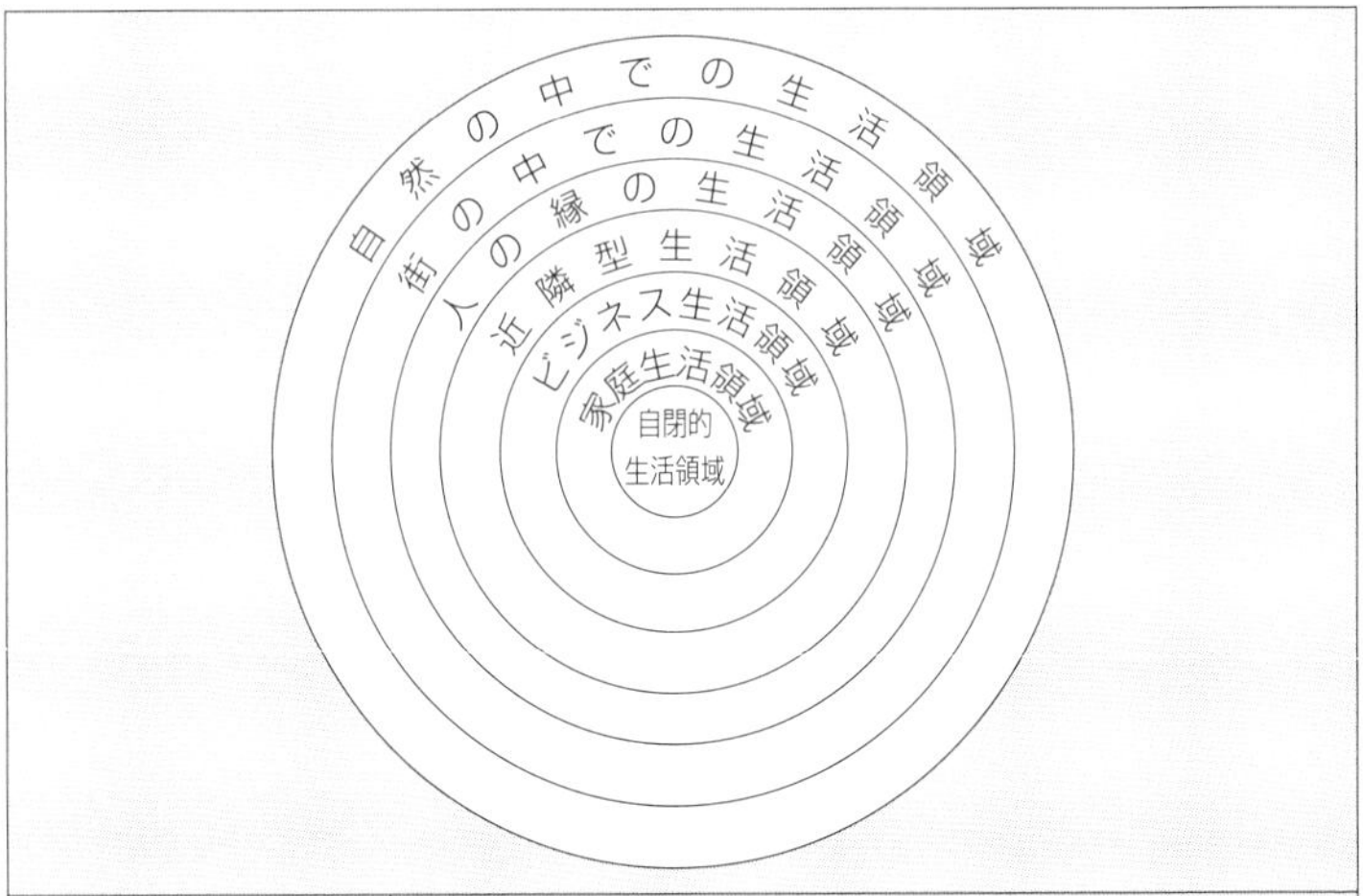

●自閉的生活領域	一人だけの生活領域
●家庭生活領域	家族との生活領域
●ビジネス生活領域	職場・学校での生活領域
●近隣型生活領域	隣人・子供会・自治会・ボーイスカウトの世話，習い事，等々の生活領域
●人の縁の生活領域	友人・愛人・その他他人とのふれあいを求める生活領域
●街の中での生活領域	店・飲み屋・その他コミュニケーションスペースからの生活領域
●自然の中での生活領域	自然への回帰的な生活領域（アウトドア・スタイル）

出所：1990年，新津重幸作成。

上でもこうした品群コーディネート（品態マーケティング）戦略によるアプローチはさらなる進化を遂げている。

一九八〇年以降の生活領域の多次元化をカテゴライズすると、様々な個々人の価値観は多様化し、それに基づく多様なコトが生じてくる。モノの多様化は促進されたが、コトとモノとの関係を示す生活シーンはおおよそ図表2-3-2のような生活領域のカテゴリーから生じてきていると言えよう。

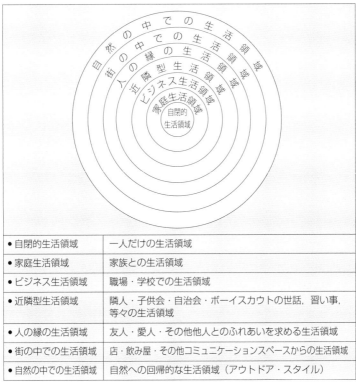

⑵　一九八〇年代 成熟社会で生じた今日的マーケティング・コンセプト

成熟社会の到来は、これまでのマス概念で生じたモノの飽和を意味している。従って、ＰＯＳ端末システム導入により商品固有情報がリアルタイムに収集されると、売れ筋商品のコンセプト構築も当たり前のように論議され、具現化してきた。物流・商流のシステム近代化もこれを後押しし、さらに石油化学に代表される高分子素材が多くの商品に流用されるようになり、商品価値そのものが変革されてきた。しかし、価値観の多様化によるヒトとしてのターゲットの細分化と、それによる製品市場の細分化は進行し、ヒトで区分するモノの市場飽和は極めて短期間に到来することとなった。

従って、市場飽和による製品ライフサイクルの短縮化は市場の定常化を招き、それ以上その製品価値とコンセプトでは成長が見込めないことに悩むことが多発した。そこで、商品構造の価値転換（新しい価値の創造）を、生活者の行うコトの創造に向けるべきであるとする論理が出てきた。また、消費構造についても、幾つかの消費パターンを見据えて市場戦略を組まねばならないとする商品構造に立脚した消費パターン論が登場することになる。

さらに、製品コンセプトと消費パフォーマンス（満足度）のバランスから、製品開発や製品コンセプトの修正を考える理論が登場、これらは今日でもマーケティング・コンセプトの基本となるものとして活用されている。これらの幾つかを述べてみよう。

① 商品構造論と製品価値次元の変換

製品コンセプトを決定する上で、三つの製品構造が商品化の方向性を明確化する要素として提唱された。商品構造は、「品質」に代表される『基本機能』と、「使用価値」に代表される『付加機能』と、さらに使用シーンに合致した『中間機能』で構成される、とする概念である。この考え方は、製品を商品化するに当たって市場にどのような製品であるかのコンセプトを明示する手法として活用され、開発された製品がどのような商品であるかをターゲットに認識させるものである。

もちろん製品は開発する上で、企業シーズ（Seeds）として品質に関わる要素が重要であることは間違いない。しかし、市場は生活者の行うコトの価値観にその製品が合致しているかどうかで形成される、と言っても過言ではない。

従って、生活者の行うコトの使用価値観を満足させることができるか、あるいはこれまでに無い生活シーンを創造できるかどうか、が重要となってくる。それは、付加機能に示される使用用途・場面や使用価値で新たな価値を創造できるかにかかっている。そしてその為には、適正な価格なのか、使いやすい容量・形状・パッケージか等々までが重要となる。つまり、使用価値とは、生活者の行うコトの価値観に合致しているか、あるいは未知覚だったニーズに新しい生活価値が顕在ニーズとして認識されるかどうかにかかっている。ともすれば、製品開発担当者は、品質価値の追求と差異化は徹底して行うが、それが生活価値観に合致したものであるか、新しい価値製品として認識されるかについての検討は曖昧である。そして、製造ラインを前提とする容量や形状・パッケージはその制約の中で考えてしまい、購入シーンや使用シー

図表2-3-3　商品構造論（商品コンセプト論）

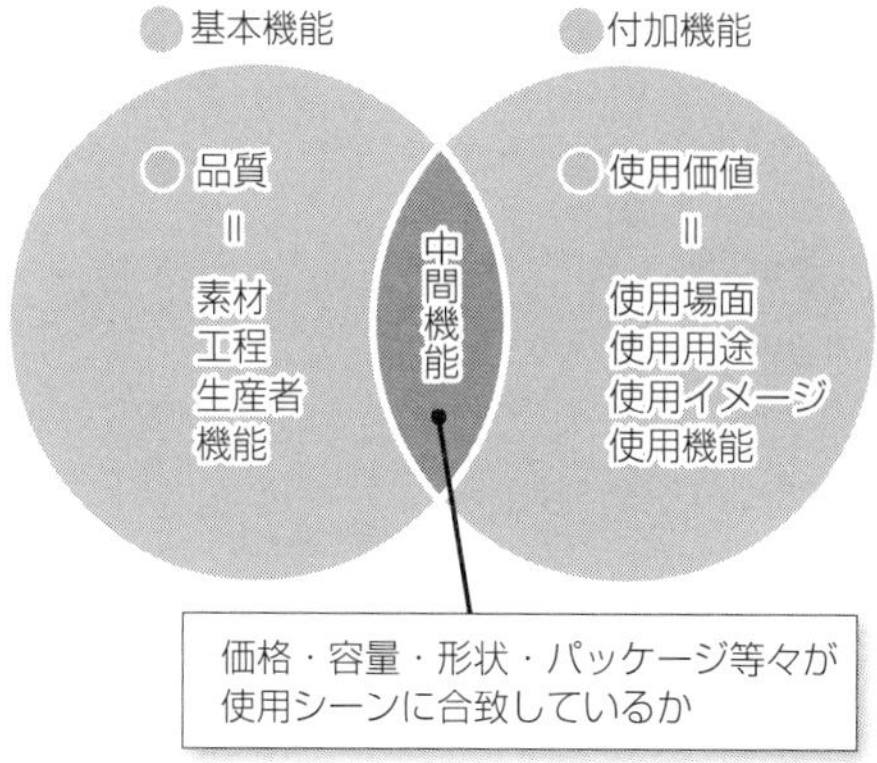

出所：1990年，新津重幸作成。

ン、チャネルの妥当性等の検討は不得意である。結果として、市場化した製品が使用シーンに合致しないといった場合が多々生ずる。これを「コンセプト倒れ」と言う。仮にコンセプトを気に入り購入しても、使用パフォーマンス（満足度）に合致していなければ、欠陥品と同じように認識される。このハード（基本コンセプト）とソフト（付加機能）のバランスが、市場に適応される製品コンセプトであり、市場構築の妥当性を決定づける。この概念は、今日でも活用されるマーケティング・コンセプトである。

そしてこのことは、製品の価値飽和を打開する手法にも活用され、製品ライフサイクルが成熟化し定常化市場（成長が期待できない市場）に、全く異なる製品価値次元の商品として、新たに甦らせるマーケティング・コンセプトとしても活用されている。「旧来製品価値の転換」（マーケティング・トランジション：Marketing Transition—遷移のマーケティング）とも呼ばれているが、多くの旧来製品価値市場を再生してきている。[20]

例えば、かつて労働者のイメージが強い甲類焼酎は、一九八〇年代、居酒屋文化の中で「サワー」や「酎ハイ」として安く提供できる酒の定番となって普及し、その価値を再生した。このことが、乙類焼酎である本格焼酎市場の再生につながっている。また、特別な時にしか飲まれなかったブランデーに水割りの使用価値を再生し、料飲業態で飲まれるブランデーブームを再来させ、市場を創造した。さらにそのことが、今日の低迷するウイスキー市場の品質価値の再生と、ソーダ割りによるハイボールブームがその飲用価値を再創造した。

つまり、これまでの使用価値の次元を全く異なる使用次元として設定し、新しい使用価値を創造することを「マーケティング・トランジション：Marketing Transition—遷移のマーケティング」と呼んでいる。成熟化した定常化市場の打破の為のマーケティングと言われているが、このベースなっているのが「生物学のシャーレの原理」である。

「細菌を培養する為に私たちは実験でシャーレを活用する。細菌は培養する為に栄養素を与えねばならないが、ある一定量細菌の数が増殖すると、その後いくら栄養素を与えても細菌の数は増えなくなる。これを「定常状態」と呼ぶ。これ以上、細菌数を増やす為には、シャーレの大きさを変えるか、異なるシャーレを用意して培養をやり直すことだ」。

このシャーレの飽和が旧来価値製品市場の定常状態を指すものであり、シャーレの大きさを変える、あるいは異なる新しいシャーレが新しい価値次元のコト市場であり、使用価値の転換と品質の付加価値化や品質の高度化と言われるものである。単なる品質の高度化ではなく、その高度化によって新しい使用シーンが創造されなければならない。

このマーケティング・トランジション（遷移）による製品価値の使用価値次元の転換は、製品のライフサイクル上最も重要な事項として、開発時から計画的に行うことが提唱されている（計画的製品コンセプト変換と商品コンセプト生活価値次元の変革）。

②　C／Pバランス理論と計画的製品コンセプトの変換

製品ライフサイクル（Product Lifecycle）理論は、製品の市場導入から成長、成熟の市場飽和までの成長過程を売上ないし市場シェアと、どのくらいの期間で成熟状態に到達し、市場衰退の趨勢に陥るかを示すものとして一般的である。この製品ライフサイクルのカーブが、製品のコンセプト（Product Concept）の受容性と製品使用時の満足度（パフォーマンス：Performance）の関係によって異なる、とした理論が「C／Pバランス理論」である。もちろんプロダクトライフサイクルの順調な成長カーブを描けるのは、コンセプトとパフォーマンスのバランスがとれている製品であると限定できる。そして、この製品コンセプトの受容性とパフォーマンスの関係をC／Pバランステストで把握することによって、コンセプトとパフォーマンス（使用満足度）のバランスが取れ、開発段階で市場化する為の製品に修正・改良することを可能とする。

※C／Pテストとは――一般的に会場実験で行う。
（ア）参加者に試作品とコンセプトを説明し、その評価を得る（これがコンセプトの受容性である）

（イ）この試作品を実際の使用環境で試してもらう
（ウ）再度、会場にてコンセプトとパフォーマンスのギャップを把握する
（エ）ギャップを修正し、再度コンセプトとパフォーマンスの整合性を把握する

この実験を繰り返し、コンセプトとパフォーマンスを高いレベルに合致させる。

このC（製品コンセプト―商品構造―）とP（パフォーマンス―使用満足度―）とのバランスによって開発製品が市場商品として成長する確信を得ることが、C／Pバランス理論の命題であるが、この理論は中心ターゲットと使用用途が限定される製品には、絶対の効用結果を示すものである。従って今日でも、C／Pバランス理論によるC／Pテストは多くの製品開発テストで活用されている（製品開発理論の永遠の命題を提示したものと言える）。

図表2-3-4　C/Pバランス理論とC'/P'の意味する事項

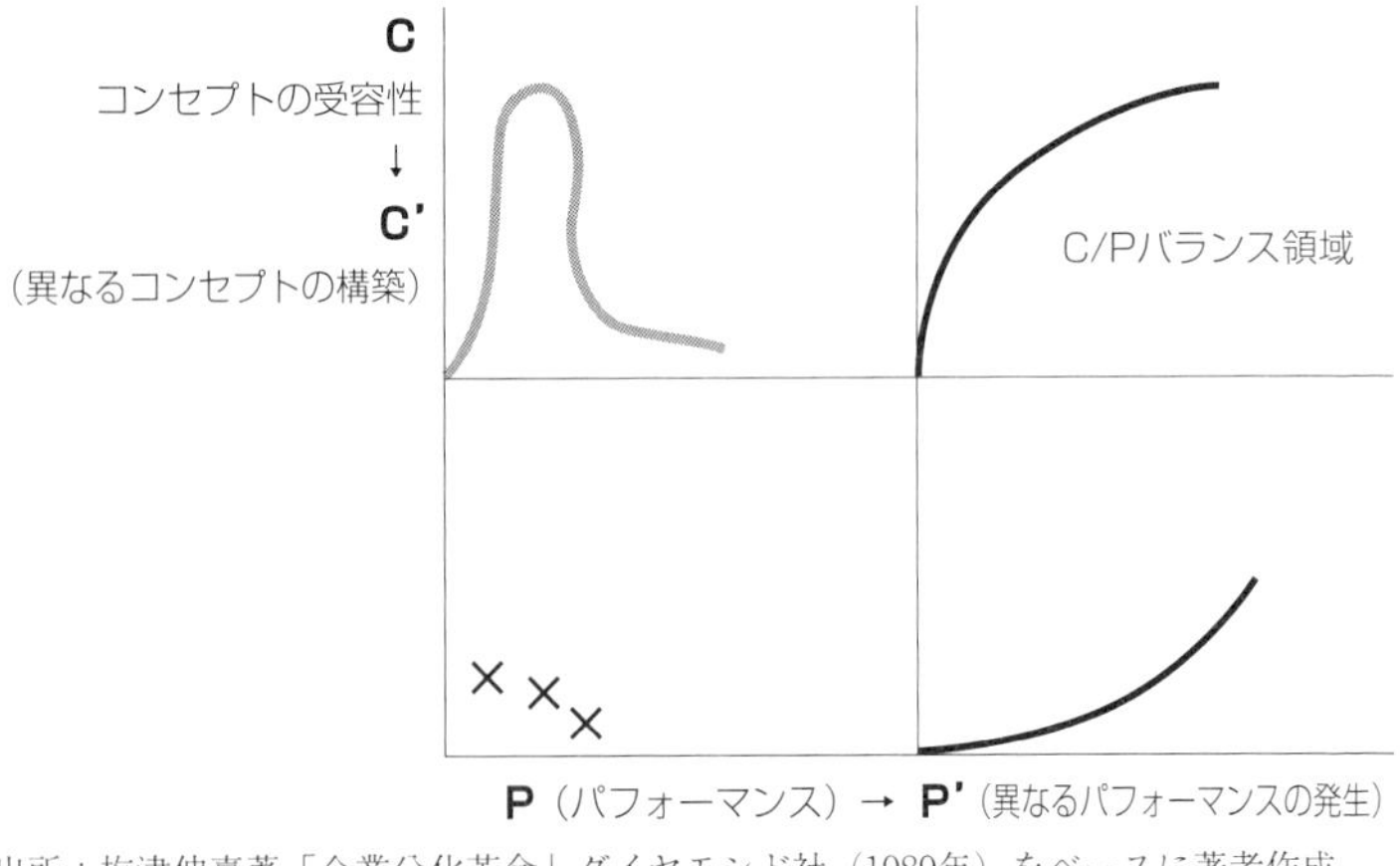

出所：梅津伸嘉著「企業分化革命」ダイヤモンド社（1989年）をベースに著者作成。

⇩この理論は、一九八〇年代当時、家庭雑貨メーカー「ジョンソン㈱」に在籍していた梅澤伸嘉氏が提唱した。この理論を裏づける代表的な商品がカビ取り・カビ除去剤「カビキラー」であり、風呂釜の洗浄・除菌「ジャバ」である。どちらもヒット商品として挙げられるが、今日でも製品リニューアルが繰り返され、広く活用されている家庭用製品の代表と言える。一九八四年に退任した梅澤氏はコンサルタントとして独立し、C／Pバランス理論による製品開発の市場調査テストを実務の中で応用してきた。このC／Pテストは、今日でも「㈱行動科学研究所」等で応用され、多くの企業の新製品開発に寄与している。

ところで、C／Pバランス理論は使用用途が限定され、かつターゲットが限定される場合において、この製品開発実務を超える実証理論は無いと言っても過言でない。しかし、製品ライフサイクル理論から見ると、使用用途とターゲットがズレたことによって新しい生活市場が形成されている場合がある。それこそマーケティング・トランジション―遷移のマーケティング―（新しい商品生活次元の創造）である。これを「パフォーマンス（商品使用満足）」の『ズレ』と言う。この事例としては、一九八〇年代後半、ヘルスケア関連製品を取り扱う「ジョンソン・エンド・ジョンソン」のベビーローションがある。元々、赤ちゃんの弱い肌用ローションとしてヒットした商品であり、購入者は乳幼児を持つ母親がベビーミルクやフード、肌着売場で一緒に購入されていたものである。しかし、一九九〇年代初頭、この売り場に女子中高生が肌にやさしいベビーローションを求めに来た。つまり、ここにターゲットのズレが生じ、ユーザーパフォーマンスに新しい製品パフォーマンスが生み出され、市場は乳幼児の母親から若い中高生、そして若い女性へと拡大したことになる。

当然、ベビー専用売場は、これら購入者の製品コンセプトとのズレが生じてくる。これは、これまでの製品ライフサイクル上の流れと異なる新しい製品コンセプトによるライフサイクルが生じたことであり、新しい生活市場が創造されたことを意味する。これら製品の売り場は、ベビー売場から女性が利用する売り場でも展開されようになり、まさしくマーケティング・トランジション（遷移のマーケティング）が成立したことになる。

つまり、市場の中でこれまでのC（コンセプト）とP（パフォーマンス）の双方にズレが生じたことにより、新たにC'（異なるコンセプトの構築）とP'（異なるパフォーマンスの発生）が生み出される。ベビーローションの事例は、偶然若い女性の弱い肌にベビー用のローションが合致したパフォーマンスのズレが生じ、結果として売り場が変わり、この事実に気づいたメーカーによる広告・販売戦略の次元変更でコンセプトにズレが生じたことになる。

この事実からC／Pバランス理論を実務実行する場合は、市場導入時のC（コンセプト）とP（パフォーマンス）のライフサイクルが、導入・成長していく過程において計画的に次元の異なる（トランジット―遷移）、つまり、C'（異なるコンセプト）を設計すべきであり、新しい使用用途や新しい商品コンセプトの製品導入を図らなければならず、そして、新しい生活次元のP'（異なるパフォーマンス）を創造するアプローチを図ることが求められてこよう。何故ならば多くの商品は、使用ターゲットは多様で、使用用途もヒトそれぞれの価値観で使用される。製品ライフサイクル理論上、導入→成長→成熟に至る過程で市場拡大と新たな市場創造をもたらすが、新しい製品使用のコトとモノの生活シーンの創造を、当初のコンセプトとパフォーマンスのC／Pバランスと異なる生活次元のC'／P'バランスを創造することを計画的に市場戦略として組み立てておかねばならないことを示すものである。これは製品コンセプトとパフォーマンスの関係を市場導入する以前から「計画的製品コンセプト変更」のタイミングと、新しいパフォーマンス創造のアプローチとして立案しておくことが求められることを示すものである。

C／Pバランス→新しいコト創造の為のC'／P'→C''／P''をどのタイミングで導入し、市場創造を図るかを計画的に立案しておくことが、製品開発上求められることを意味している。これは、プロダクトライフサイクル上、導入・成長と同時に製品コンセプトを変換し、新しい成長カーブを付加していくことと同義となる。

つまり、このことは多くの企業において実行されており、新しい生活次元の創造の為のコト×モノ＝生活シーンの創造を行う、あるいは新しいコトの価値を創造する為の製品ラインナップや製品改良や関連する新しい商品コンセプトを付加することとして、今日でもC／Pバランス理論からC'、P'理論の進化として実務的に実施されている[21]。

今日、製品ライフサイクルはどんどん短縮化しており、市場投下コストの回収ができにくい時代となっている。それ故、C'／P'への進化理論は、新しい市場創造までのマーケティング・アプローチ論（マーケティング・トランジション―遷移のマーケティング―）として認識されている。

③　消費構造パターン理論

消費構造には、三つの行動パターンがあるとする考え方で、私達は製品導入する場合、どの消費パターンをターゲットとして市場創造を図るのかを示すものである。

マーケティング戦略を展開するに当たって、生活構造とそこから生ずる消費パターンの認識と、生活の志向の認識は重要である。消費のパターンの認識は開発した製品が生活者のどの消費パターンに対するモノなのかによって、マーケティング戦略展開の在り方が異なるからである。また、同様に生活志向の認識も生活者がどのような生活志向に向けて自社商品を購入しているのか、また開発商品やサービスやシステムがどのような生活志向に対応しているかによって、マーケティング戦略展開の在り方は異なる。

こうした消費パターンと商品・サービス・システムの購入・使用に向けての生活志向の構造の明確化は、これからの企業の中長期事業展開の方向を明示するものである。

生活構造は図表2-3-5に示す三つから成り立っている。

一つ目は、生活者が様々な生活領域で行う「生活シーン（行動）」である。

二つ目は、生活者が自己の価値観やイメージを決定する「生活意識」である。生活意識の基本は、生活者の好き嫌いによって判別される感覚的嗜好とも言えよう。

そして三つ目は、自己実現の生活を形成している「生活体系」である。生活体系は、現実の生活者の実態を示すもので、所得や地位・住居・家族構成等々、直ぐには変えられない現状の生活与件を表すものである。

図表2-3-5　生活構造

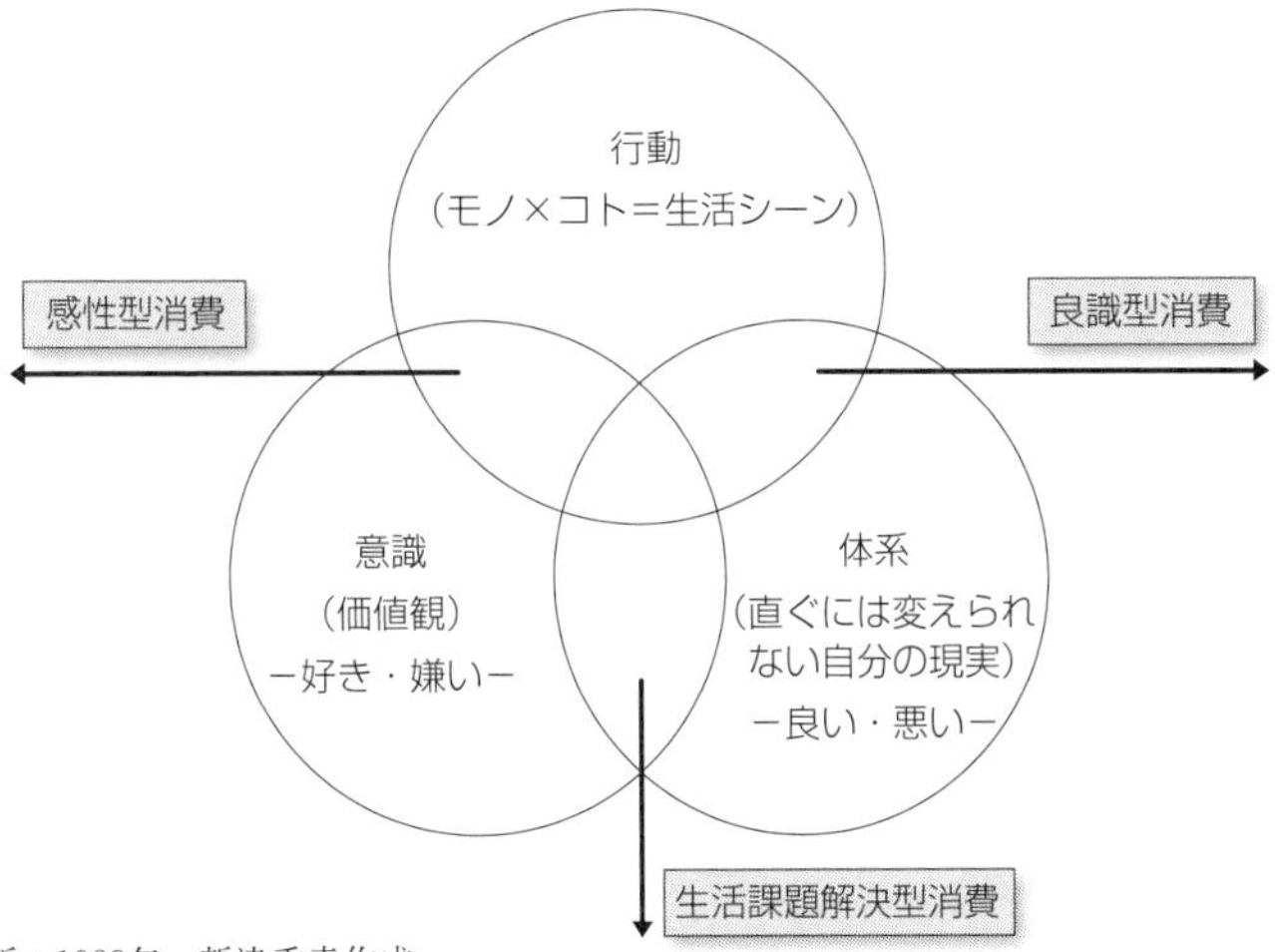

出所：1988年，新津重幸作成。

この三つの生活構造を構成する要素の様々な複合から消費の価値観や現実の消費パターンが生ずる。消費パターンは生活構造の中の行動領域であるが、生活意識寄りなのか生活体系寄りなのかによって、その消費パターンは大別される。

生活意識は、自己の夢や願望を中核として成り立っている。こうした生活意識がすぐ行動（購買・消費）に結びつく場合がある。それが「感性型消費」と言われるもので、表層的な流行現象による消費価値観や生活シーンがこれに該当する。

現実の生活体系（所得条件や住居条件や時間・空間条件…）を重視した消費が生じたり、消費価値観が形成される場合、これを「良識型消費」と言う。

さらに生活者は自己の生活意識に基づく価値観で、現実の生活体系をより経済的で快適に高度化しようとする。こうした自己の生活体系を高度化し、現実の生活を質的に充実・充足しようとする消費や消費価値観を「上位志向型消費」あるいは「生活課題解決型消費」と言う。

今日、生活者が様々な生活シーンでモノを購買・使用する消費パターンには、この三つのタイプが存在する。

この三つの消費パターンの変化の波長とそれに関わる生活シーンの関わり方を開示すると、図表2-3-6のように示すことができる。

短期流行とは、感性型消費パターンを指し、中期トレンド変化は上位志向・生活課題解決型消費パターンを指している。不変だが、構造的な変化は良識型消費パターンを指す。そして、これらの波長それぞれに生活者の個別の生活シーンが関わる。生活シーンは生活者の商品を購入・使用する場面、状況・空間・ライフステージ・時間・人的ネットワーク等々の包括的に生活者が行うコトと商品・サービスとの関わりを指すものである。

この生活シーン（モノやコトのバランス）には、生活者の意識と体系が関与している。それに従って、モノ主導型でシーンが生じているのか、コト主導型でシーンが生じているのかに分類できる。さらにこの二つは、主体的に生活者が「このモノにはこのコトでなくてはならない」といったモノ×コトのバランス型と、「このモノに

図表2-3-6　生活シーンと消費パターン

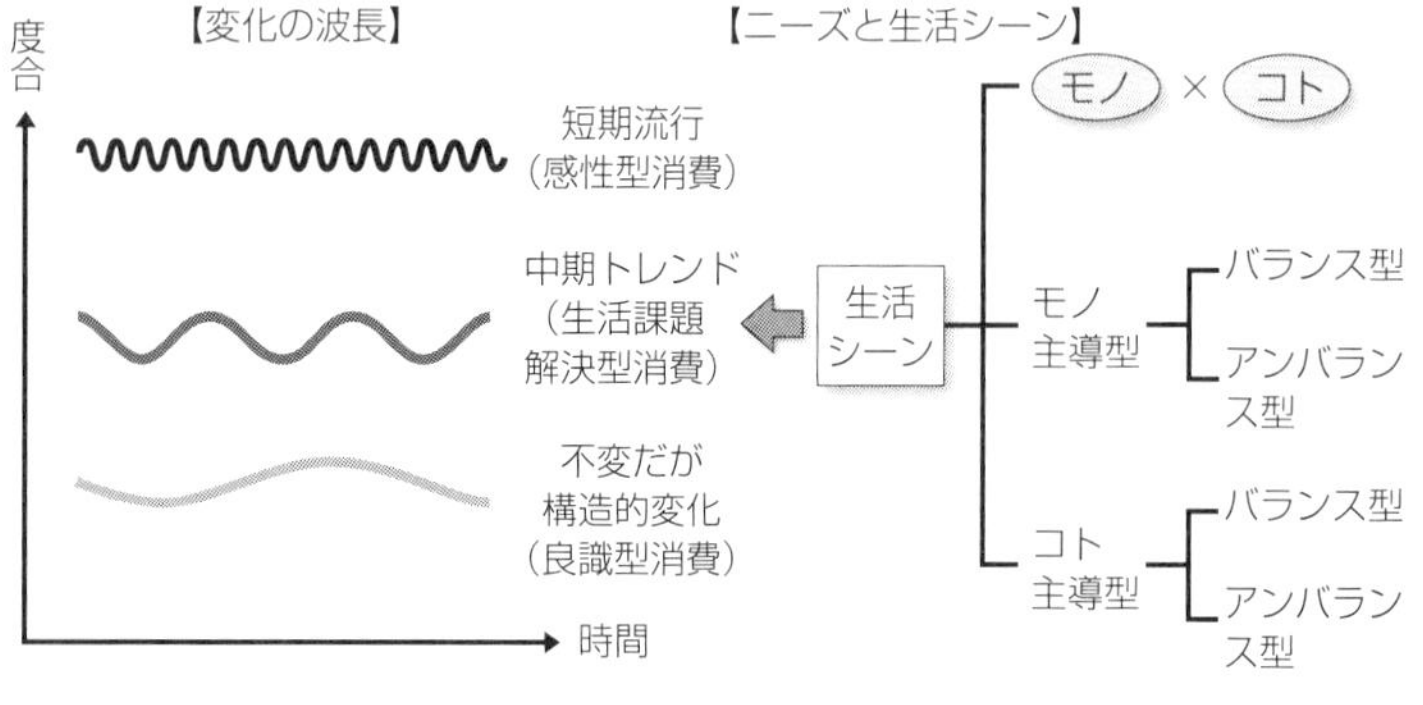

はこのコトでなくても良い」というたまたまその生活シーンでそのモノとコトとの連鎖が生ずる（アンバランス型）、といった二通りに分類できる。

感性型消費には、モノ主導型でアンバランスな生活シーンの場合と、コト主導型でアンバランスな生活シーンの場合が多い。例えば、海外旅行先で、有名ブランドのバッグに列をなして購入するシーンなどは、これに該当する。生活者は有名ブランドの商品を買うだけで満足し、使用の生活シーンは考えずに消費が生ずることを表している。ブランドに対するモノとコトとの連鎖が成されていないが、そのブランドのモノでなければ生活は完結しないからである。有名ブランドストリートに来店する生活者は、モノよりその街に行くコトに主たる生活シーンがあり、その店のモノよりそこに行くコトが主導している。これも感性型消費の典型例と言える。

良識型消費は、通常「買物に行ったらこの商品でなくてもいいが、いつもこの商品を買う＝モノ主導で良識的バランス」、「この商品を使う時は別にこのコトに使う必要はないが、いつもこのコトに使う＝コト主導で良識的バランス」といった常習的な消費価値観であり、これが維持されている限りはマス市場を形成し続ける。しかし、これを覆すトレンド商品が出現すると、その市場は急速に縮小する。ラガービールや生ビール市場がドライビールの出現によって縮小し、さらに第三のビール市場へと変化したことが、この現象である。また、良識型消費のアンバランスには「このコトをするにはA商品が良いが、高いので我慢した」、「このA商品はこのコトに良いが、よくわからないのでいつも通りにした」などの事実も挙げられる。

良識型消費は、その商品が絶対的品質や価格で優位性を保っている時は、マス効率で安定して売上と利益を確保できるが、一度他の競合商品の優位性を生活者が新しいトレンドや商品価値として認識すると、急速に自己の市場を侵食され始める。

例えば、「ユニクロ」のヒートテックが旧来肌着市場を侵食し、主力商品となった。また、ドライビールや第三のビール市場の形成、焼酎市場の形成によるウイスキーへの侵食はこれに当たる。

こうしたことを防ぐ為には、絶えず購買時点（フィールド）へのアプローチの工夫が求められ、他の競合品の動きが品質・素材・価格の面で現れたら、これに対する対抗策と商品改良・改善の即応体制が求められる。

上位志向・課題解決型消費は、モノ主導・コト主導双方ともバランスが取れている。例えば、洗濯には「抗菌・芳香のバイオ洗剤」、街で気軽に写真を撮るなら「スマートフォン」、どうせ飲むなら高くても身体に良い「特定保健用食品」や「機能性飲料」等々が好例である。この消費パターンには、必ず商品を使用・消費する価値観と行動の中に明確な品質機能的理由や使用する状況と他の比較商品との絶対的差異意識、また自己の生活体系に沿った価格や値ごろ感、そして、その時々の生活シーンやライフステージに合致した商品容量・形状・パッケージや使用・購入のしやすさやシステムが存在する。

従って、生活の高度化や新しい生活創造を自己の良識と感性双方もバランス良く感受されることによって、初めて購買行動や消費行動となって表われる。

こうした消費を誘引した商品は短期流行ヒットではなく、中期トレンド型のヒット商品と成り得る（「明治」のＬＧ21、Ｒ-1、ＰＡ-3等の機能性ヨーグルトがその好例である）。そして、市場の中に新しい生活商品価値と生活価値を創造することができる（チョコレートに含まれるポリフェノール効果やカカオプロテインによる便通改善効果は、嗜好品を習慣的な常用商品に価値を変革した）。さらに、単一の世代利用だけでなくマルチ世代に消費拡大が見込め、マルチな生活シーンに消費拡大することが可能となる。

ところでこれらの消費を誘引する商品は、生活者の「未知覚なニーズ」に対応して成功するケースがほとんどである。例えば、生保・金融商品についても近年生活創造・生活設計型や高齢者型の商品が多数商品化され、単に死亡や事故、貯蓄といった単純生活保障型商品から、生活上のメリットや付加価値を機能的に明らかにし、ライフステージごとの中期保障や老齢化生活での人生設計に寄与する商品が多数出てきている。また、保険といったサービス要素に、介護生活サポートといったコトを複合させた商品が始まっている。しかしながら、これら商品は生活者が常日頃から「これが欲しい」とする知覚ニーズ型商品ではない。生活者の意識の中には、おぼろげながらもその必要性の兆しはあっても、○○商品が欲しいと明言できる商品ではなかったはずである。しかし、商品化された商品が市場に表出し、生活者が認知するところとなると、生活者はその商品価値を具体的に認識し、未知覚であいまいなニーズを生活課題解決型商品として知覚し、ニーズは具体的購買欲求として顕在化したことになる（自動車の低燃費型ハイブリッド、自動安全・安心型自動車がこれに該当する）。今日求められる商品構造はこの部分にあり、新しい社会創造・環境創造・生活創造を目指すマーケティング3・0、4・0へとつながっている。

以上の消費パターンは、商品の市場ポジションを考える上で重要である。また、商品のマーケティング戦略展開を考える上で、どの消費パターンを表出させるのかを明確にでき、戦略手段を投下するコンセプトとオペレーションが具体化できる。

さらに、感性型商品から良識型消費へ、あるいは生活課題解決型消費から良識型消費へ、等々、計画的に戦略コンセプトとその展開を市場の趨勢を見ながら変換できる。

以上の図式を市場における生活シーンやその変革要因を見ながら、計画的に行うことは商品のライフサイクルの延命にもつながるし、市場での安定した商品ポジションを確立する上でも重要である。また、フィールド・アプローチや広告・SP、SNS戦略、チャネル戦略、エリア戦略等にもこの消費パターン分析と商品との関わりの中で決定することができる。

いずれにせよ、この三つの消費パターンは全ての生活者に見られるパターンであるが、個々人の商品への認識の仕方によって同一商品であってもパターンが異なる場合が多いことも、予め念頭におかねばならない。

④ 複合コミュニケーション戦略理論㉒

一九八〇年代に入り、小売流通業の中でも特にスーパーマーケットチェーン、コンビニエンスチェーンの発展は、メーカー主導・卸主導の川上型マーケティングを通用しなくさせた。しかも、生活者個々人の価値観の多様化に対応する為の生活者主導型マーケティン

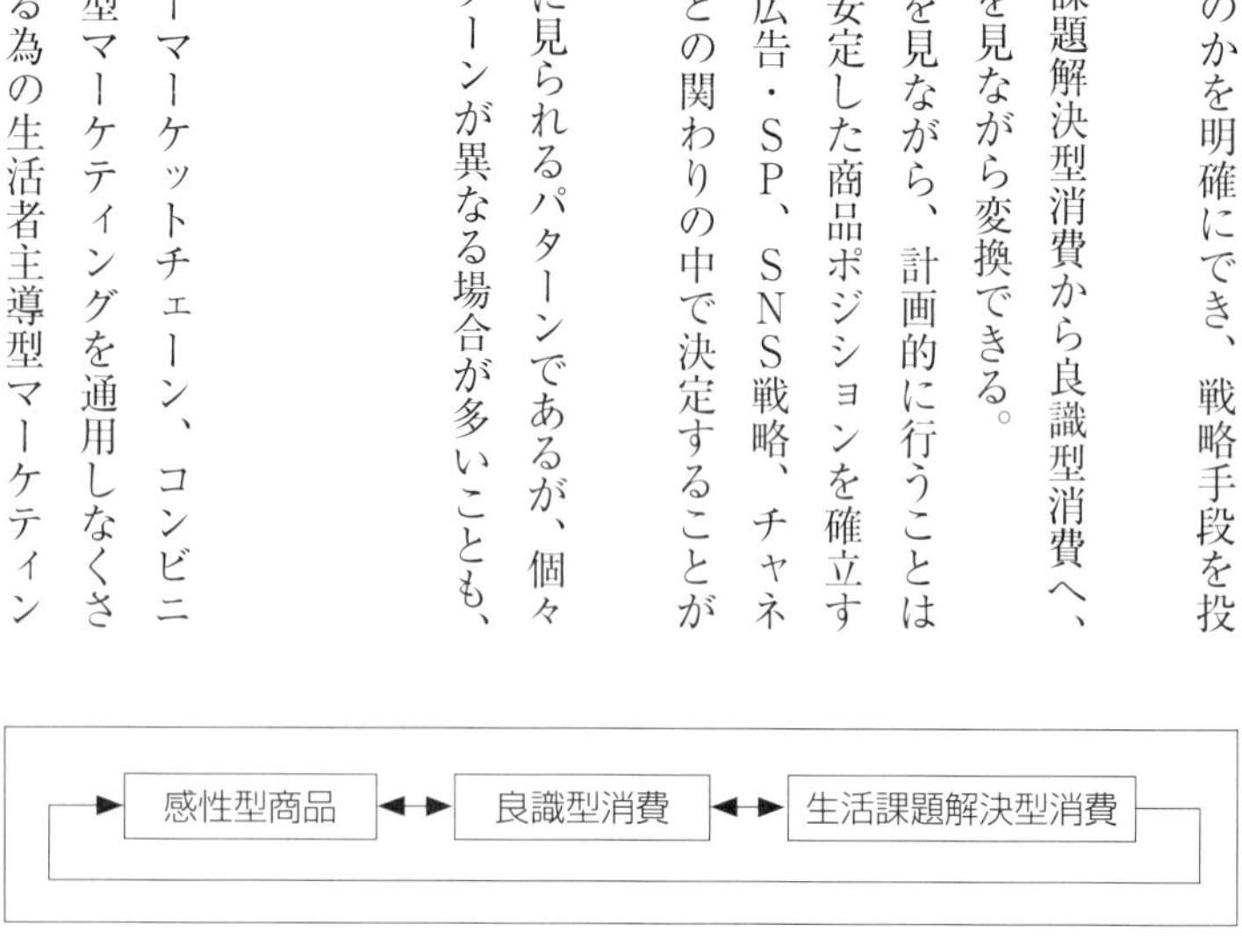

グの開花は、多品種・少量生産を求めた。そして、これまでのマス広告による大量メッセージの投下だけでは購買を確保することができないとする発想が生まれ、店頭購買時点へのメーカー・アプローチを重視するフィールド・マーケティング概念を生んだ。大規模小売業も店頭販売技術と購買促進技術を高度化させ、生活シーンを五十二週／一年の区切りで三か月先行販売計画と販促計画、特に陳列商品棚割りのシステム化、欠品防止システムと発注システム、そして物流システムを確立、鮮度・品質管理技術の向上、快適な購買空間の創造を目指したクリンネス・アプローチ・システムを構築させた。

さらに、来店顧客対応のフレンドリーアプローチの確立等々、ストアオペレーションの標準システムを確立した。また、単なる値引き大量陳列に頼ることのない適正販促の店頭告知方法や実感・体感型のイベント型セールスによる製品説明の強化、さらに店頭におけるメニュー提案による品群購買アプローチ（クロスマーチャンダイジング）を展開することが常識となった。また、この売場支援アプローチをメーカーに求め、メーカーがこの機能の提案とサポート（人的・取引条件等の販促支援による購買拡大の為の提案等）を実施しないと、五十二週／一年販促の取扱いアイテムとして販売計画に採用されなくなってきた。まさしく、流通業のバイイングパワーの時代となり、ＰＯＳデータをベースとしたこれらのフィールド・マーケティング提案と展開が、実質的な購買促進の為には必須のコミュニケーション戦略手段としてアプローチされ始めた。

そして、これまで広告効果の最終ゴールは売上とした考え方に疑問が呈され、その為には購買時点コミュニケーション戦略（ＰＯＳコミ）の重要性を指摘してきたのが、フィールド・マーケティング戦略である。

さらに、購買影響要因として重要視されたのが、ヒトからヒトへの口コミ効果であるとする考え方が注目され、ヒトコミュニケーション・アプローチの為の仕組みも確立され始め、多くのグループインタビューをツールとした市場調査技法の発展型ビジネス・アプローチとして展開されるようになった。そして、ヒトコミは今日SNS社会の進化によって最も重要な手段となっている。

もちろん、生産技術革新や素材革新による商品力が最も重要であり、これをモノに対するコミュニケーション力（モノコミ）とする概念が商品構造（商品コンセプト）論として定着化した。つまり、モノの購買結果とするゴール売上は、マス媒体による広告の力（マスコミ力）だけではなく、購買時点コミュニケーション力（POSコミ力）、またヒトからヒトへの影響力（ヒトコミ力）、そして最も重要な商品コミュニケーション力（モノコミ力）の四つの複合とするモデルが確立された。

図表2-3-7　4コミの連鎖フロー

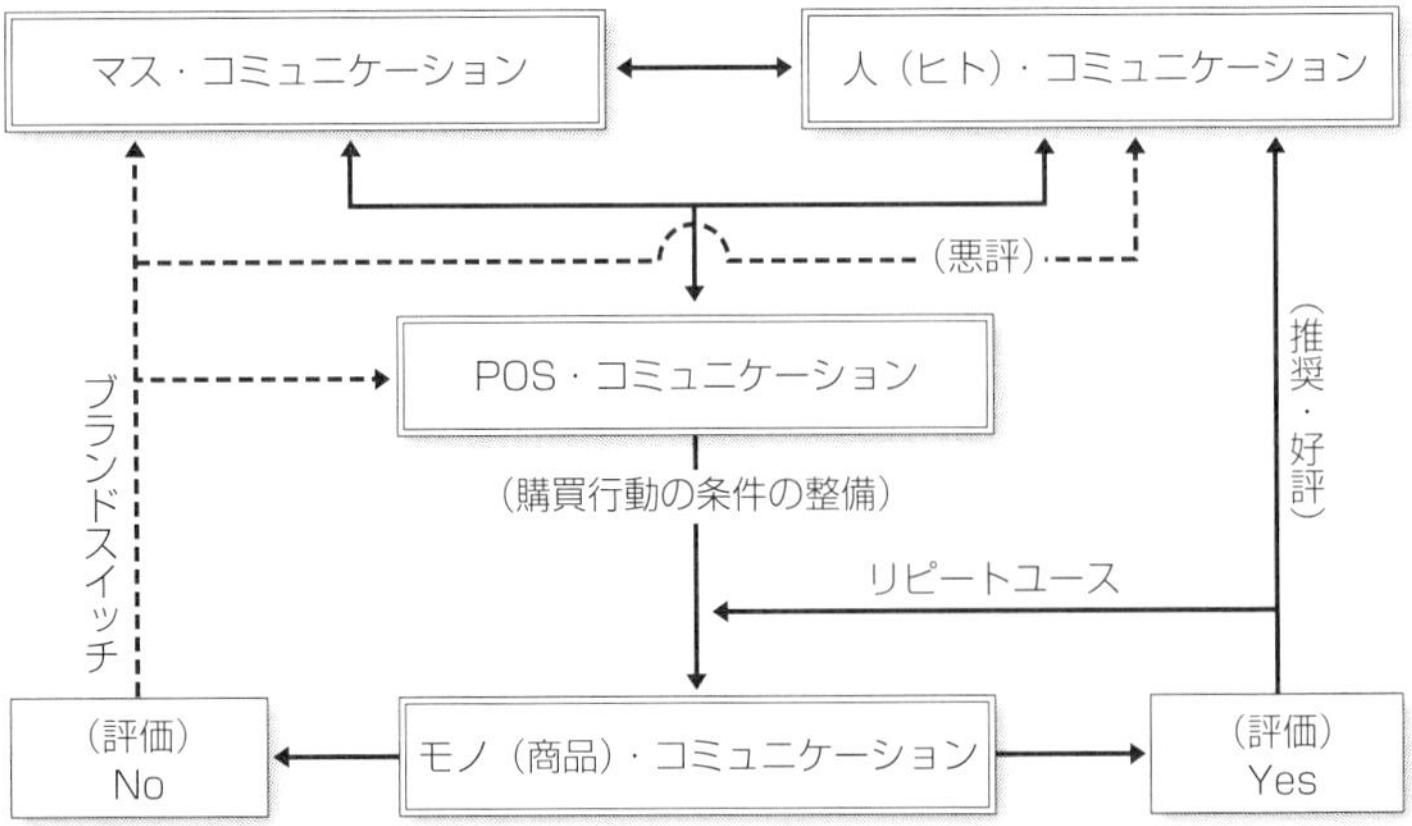

出所：1983年，座間平治著「市場戦略の基本」産業能率大学出版局，p.98。

図表2-3-8 「メーカー」を核としたコミュニケーション・パターン

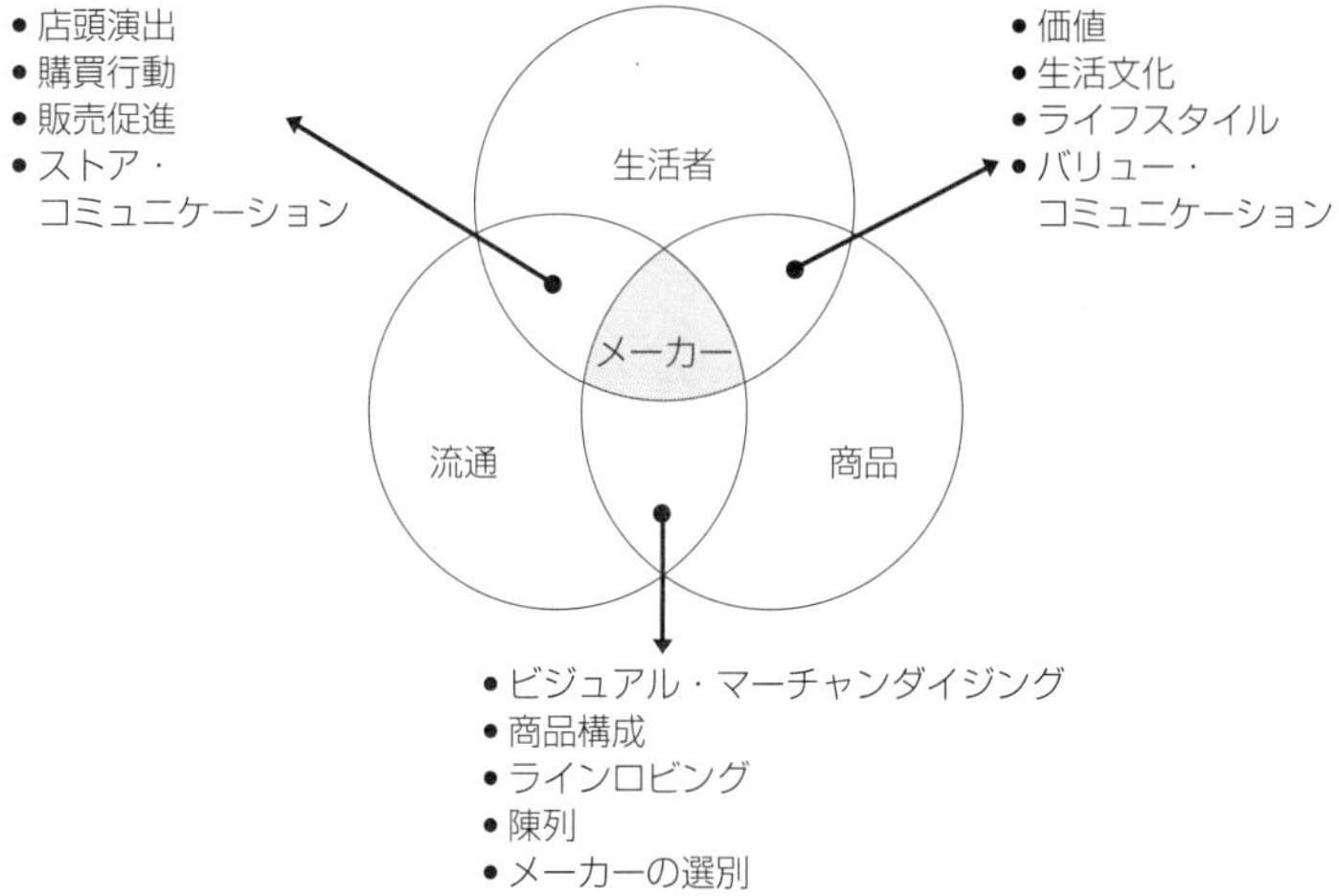

出所：1983年，座間平治著「市場戦略の基本」産業能率大学出版局，p.24。

図表2-3-9 「商品」を核としたコミュニケーション・パターン

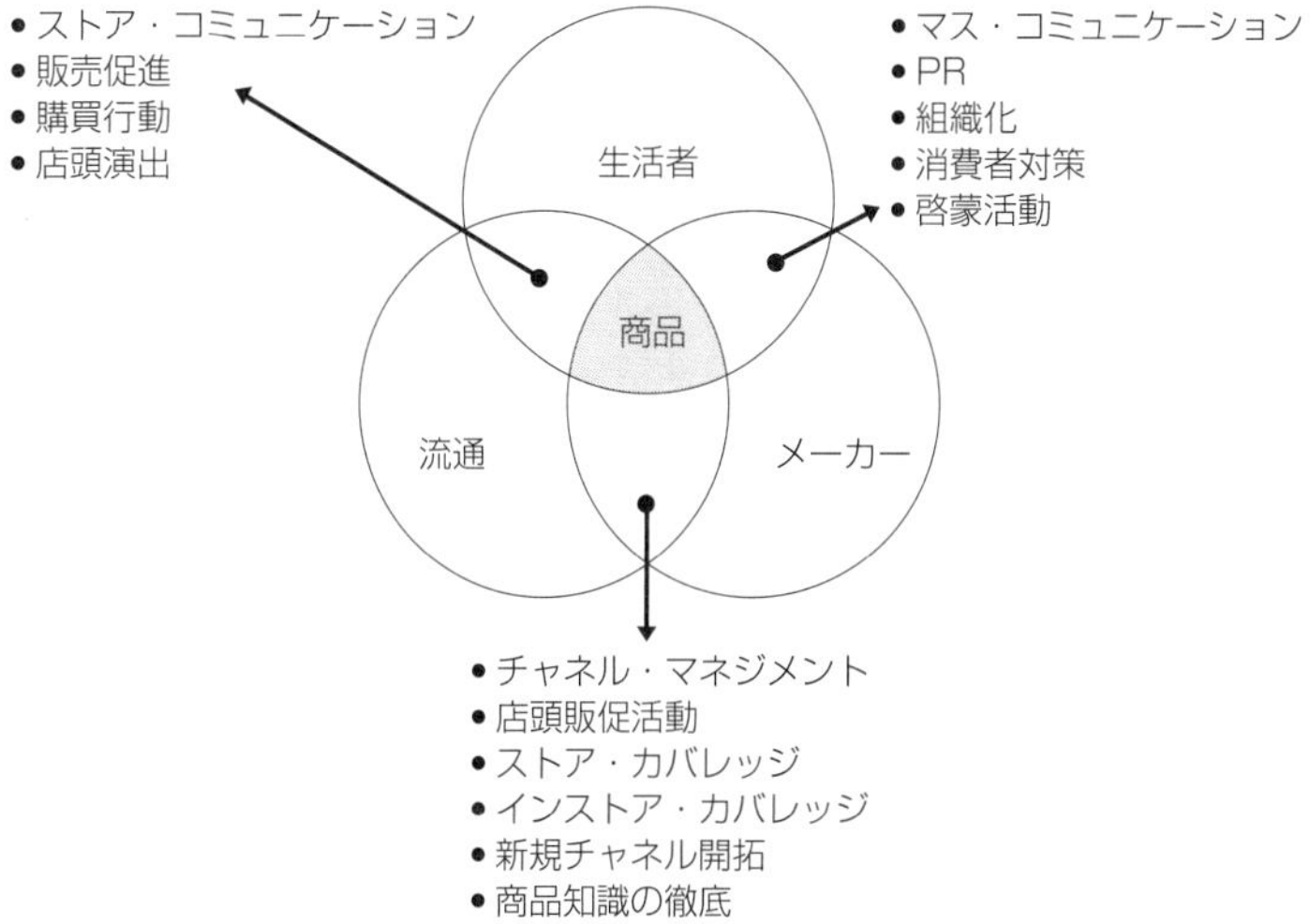

出所：1983年，座間平治著「市場戦略の基本」産業能率大学出版局，p.24。

この四コミ理論は、これまで世界共通の購買プロセス理論「ＡＩＤＭＡ理論」を修正することにつながり、マスコミ力は購買を志向する「買おうと思う力」（マインドシェア）までの効果であるとし、モノコミ力を中核として実際に購買効果を実現するのは、購買時点コミュニケーション力（ＰＯＳコミ力）とし、さらに市場形成はヒトからヒトへの影響力（ヒトコミ力）とする複合コミュニケーション戦略（Complex Communication Strategy）理論が確立された。

今日、この複合コミュニケーション理論は進化し、ＳＮＳ効果までを前提としたモデル確立の時代を迎え、さらに進化し続けているが、このモデルについては後述する。

小括　一九八〇年代コト・ターゲット型マーケティング体系の開花と今日的意義

成熟社会は需要・供給のバランスが逆転し、これまでのマス型一律標準大量生産製品の終焉を意味している。その意味でも、モノ余り社会の到来とも言えよう。そして、モノ×コトの生活シーン論の開花とも言え、個々人の価値観と生活体系に合致したモノ訴求型マーケティングの時代と言える。これまでの「我が家の為」の必需品購入の世界観からは一変し、住居も核家族化の進展と個室文化の進化もあって、家庭内必需品は大量標準生産製品で満たされ、そうした意味からもモノ余り社会と言えよう。個々人の生活高度化と嗜好満足を図ろうとする時代の到来であり、個々人の多様な価値観で製品が選択されるようになると、まさしくNeeds（必需型）からWants（多様な価値観で生ずる欲求型）市場に変革したとも言える。

従って、多様な価値観で求められるモノは、多様な生活者の価値観で生ずるコトへの適合が追求され、モノは個々人のコトに合致したモノのみ選択されるようになる。一律標準生産によるマス型製品ではなく「私ならではのモノ」の希求の時代であり、企業も少品種大量生産から多品種少量生産を求められＦＭＳ（Flexible Manufacturing System）生産体系を確立していく。この為に生産現場はロボット化・自動化され、ヒトの関与が著しく減少していった。多様な品揃えを求められる小売店頭においても、欠品・ロスを排除する販売システムとオペレーションを確立し、購買時点情報システム（ＰＯＳシステム）による売れ筋販売タイミング・価格設定等の情報分析が進展した。そして、小ロット多品種発注に対応する物流システムや物流センターの構築も進展していくこととなる。

その意味で消費者満足の原点となる川下欲求をベースとしたマーケティング・システムが定着化したことから、〝川下から川上へ〟が一般用語として行き渡った。当然、この新たな経営概念であるマーケティング・コンセプト構築の時代となり、今日までこの体系は継続されている。

さらに、川下発想に基づく店頭オペレーションや物流システム・生産システムが求められ、システム化されてきている。今日の発想であるJust in Timeソリューション（適宜対応マーケティング）を開花させ、そして元素材から加工生産体系と物流・商流システムと適宜販売システムの確立を目指す今日のトータル・サプライ・チェーン・システムの確立へとつながっていく。

また、標準的な製品が売れなくなり、個々人の生活課題を解決するモノの変革を求め、技術革新が求められる中、モノの価値を進化させる素材・生産革新が推進される。今日の高技術素材の確立は、一九八〇年代に開花したと言える。石油化学の高分子繊維や超機能鋼材、等々、高分子化学による新素材革新のべースはこの時代であり、今日でも継続される地球環境保全の為の新素材の進化へとつながっている。

こうした面でアメリカは先行国であったが、国内市場化と輸出を前提とする市場化は日本が先行し、情報システム分野の進化もこの時代に企業構造改革とビジネス改革のニーズに合致して進化を続ける。まさしく、日本企業が世界を牽引する「Japan as No.1」を構築する原動力となっていたとも言える。安定成長の中、中小企業の生産システム・情報システム・物流システムの整備も図られ、日本の企業構造全体が活性化していった。

コミュニケーション戦略も一律標準メッセージをマス媒体によって拡散すれば購買刺激ができるとした考え方が見直され、購買時点情報（ＰＯＳシステム）をベースとした購買時点対応がより購買に直結すると考えられるようになった。マス広告＋フィールド（店頭購買促進）アプローチを当然としたメーカーから店頭購買促進をアプローチする「フィールド・マーケティング」全盛の時代となり、今日に至っている。メーカーも末端流通業態の大企業化と多店舗化の進化に合わせ、流通販売システムに取り込まれていき、それは今日でも変わっていない。ただし、今日の超少子高齢化社会の到来による購買形態の多様化にＳＮＳやＩｏＴ情報システムが付加されオムニチャネル化すると、店頭販売は成熟・衰退期を迎え、新たなフィールド・マーケティング・システムが求められている。一九八〇年代の小売業は、自らのマーチャンダイジング（購買促進）システムを確立し、メーカーもこれに追随せざるを得なくした。これもまだ今日でも続いている。

メーカーも営業改革を行い、フィールド提案力を営業マンに求め始め、営業支援情報・営業提案支援システムの構築基盤を築いた時代でもある。食品スーパーによる新商品導入システムは、メーカーの新製品開発のタイミングが春夏は十一月まで（十二・一月商談、三月導入）、秋冬は六月まで（七・八月商談、九月導入）に開示することを求められ、そのことにより毎年の定例化を招き、開発のシステム化が促進された。これは、棚割り陳列提案の科学的データに基づく取組みや、製品のモノとしての価値の訴求と生活シーンへの共感性を促進する販売促進コンセプトとアイデアの具現化を、メーカーから小売店側に提案することを求めた。まさしくバイイングパワーは小売店側にあることを示し、今日でも店頭販売に対するこの体系は変わっていない。商流は卸売業を通しても、小売業への商談はメーカー営業マンが定期的に行うといった商習慣が根強く、これに対応できる最寄製品メーカーが優位性を保持する時代となり、中小メーカーは生きにくい時代を招来している。

ただし、今日生活者の価値観の多様化と生活独自化欲求の進化は、逆に地産地消製品や中小企業の独自製品の時代へと変化している。ましてネット購入社会に入るとマス広告コストが投入できない企業であっても、全国のダイレクト市場を構築できる時代となっており（その代表的なメーカーが化粧品の「再春館製薬」―九州の中小メーカーが全国ユーザーを開拓している。これも一九九〇年代初頭のテレマーケティングの導入から始まっている）、その市場構造は店頭購買成熟化とオムニチャネル化ビジネスによって変革してきている。

ただ、一九八〇年代のコト型マーケティングの開花は、まだモノ主導型生活シーン論であった。つまり、今使用しているモノを「もっと良く、もっと便利に」のモノの質的充実の為の技術革新型マーケティングであったと言える。

しかし、一九八〇年後半になると、新たなコト創造（生活創造─これまでできなかったコト、これまで無かった新しい生活創造）を前提としたヒット商品も数多く開発され、市場化してきた。この流れは継続し、マーケティング3・0、4・0として今日開花している。

例えば、使い捨てカメラ「写るんです」、「デジタルカメラ（一九九〇年代）」「手振れ補正機能付ビデオカメラ」「自動製パン機、精米機」「ラップトップ型PC」「高性能な小型ブルドーザー（狭い路地でも掘削できる）」「テレホンカード」「ゲーム機」「ドライビール」「多くの業務用冷凍素材」ｅｔｃ．がその代表であり、その進化型が今日の新生活創造型製品として進化してきている。

生活者主導型社会の到来であり、さらに末端流通業の成長の中で購買時点主導マーケティングの確立の時代となり、安定的生活が保証された社会の中で生活領域も価値観の多様化と同時に拡大多次元化し、生活者の時間消費欲求に向けての旅行レジャーや飲食・居酒屋といったサービス業態による経済社会の到来とも言え、様々な消費アプローチとコンセプト構築に向けてのマーケティングテーゼが生じた。そして、これらの多くは今日でもマーケティング戦略ビジネスコンセプトの基本概念として活用されている。

さらに、生活者主導主義は、製品に対する安全・安心の追求や生活者や市場を裏切らないことの認識を芽吹かせ始めている。しかし、こうしたエコロジカル・マーケティングやソーシャル・マーケテイングの本格的開花は二十一世紀に入ってからと言えよう。生活技術革新や新素材開発に対する製品価値構造の質的強化へのアプローチは、水質汚染や空気・環境汚染防止の設備投資を促進させた。高度経済成長時のような企業成長のみを考え、環境への配慮を怠った企業活動は社会的に抑制される時代となり、これらの取組みは企業理念として当たり前のものとする認識が根付いた。この面での技術進化も今日の日本型環境技術として、グローバルに評価されるベースともなっている。

しかし、一九八〇年代中期のバブル経済の到来は、サービス経済の進化を促進したものの企業ビジネスのマーケティング体系は停滞し、企業は不動産投資による土地転がしから得る利潤に傾注していった。結果、正常なビジネス進化が阻害され、生産・流通・コミュニケーション戦略による顧客創造の進化を妨げた。企業構造革新も一九八〇年代前期のように市場創造を前提とした体系からは離れた、と言っても過言でない。そして、一九九〇年バブル崩壊後の低成長時代を迎えたと言える。

4 バブル崩壊と低成長時代の到来と求められた企業構造変革
―一九九〇年～二〇〇〇年―

一九九〇年、バブル崩壊は唐突にやってきた。安定成長で多様な個々人の生活価値観の中で、時間消費の為のコトの発見とその生活を享受し、尚且つ一九八五年から始まったバブル経済では、概ね不動産と株式の資産価格が実体経済からかけ離れた資本主義が台頭した。その結果、企業内の財務・総務セクションによる不動産投機が〝カネがカネを生む〟展開を主導したが、企業の中核ビジネスが不動産ビジネスにあるとした妄想は一瞬で吹き飛ばされた。

つまり、高度経済成長時の、設備投資や開発投資、そして成長果実を生む経営原則の正常な事業拡大の努力が、バブルによる不動産投資への膨大なキャッシュフローに取って代わられた。金融界も投機的な資金への積極的な不動産融資を煽り、高付加価値製品やサービスの消費を当然のごとく振る舞う生活者に対しても、資金が不足すればいとも簡単に融資した。それくらいバブル的マインドは高揚し、経済の在り様にもこのままバブル景気が継続すると錯覚していたのかもしれない。こうした意識は、企業も生活者も同様であった。

今考えれば、崩壊の予兆とその原因は解明されているが、これは崩壊後の分析であり、崩壊当時に予見できたかは疑わしい。

バブル経済は、当時の経済指標によると一九八六年十二月から一九九一年二月までの四年三か月（五十一か月）を指すが、一九八五年当時の消費者物価指数は年利五％以下であり、卸売物価や消費者物価は安定していた。その一因としては、円高による輸入品、特に海外ブランド品・宝飾・アパレルが値下がりし、こうした付加価値は旺盛な消費意欲を喚起し、モノ消費もコトの満足の向上に合わせ、活発化していた。一九八五年のプラザ合意による円高不況も低金利政策で金融が緩和され、資金導入をしやすくさせていた。結果、この資金が不動産や株式への投資に向かったのである。その他にも、高級輸入車・ゴルフ会員権・絵画・リゾートマンション等、恩恵を受けた富裕層や企業が買い漁る一大消費ブームが湧き起った。当然、個人・企業の保有資産が旧来価値以上に高騰し（資産インフレ）、これが崩壊するなど考えていなかった。バブル崩壊の引き金となったのは、後手に回った日銀の金融政策による「不動産融資総量規制」と、そこに湾岸戦争による「原油高」が追い討ちを掛け、インフレを懸念した日銀の「公定歩合引き上げ」とであると言われている。

一九八九年十二月から一九九二年八月までの株価は、低下率六三・三%に達した。当然、資産高騰を前提として金融機関から融資を継続していた企業及び投資家の資産価値低下を招き、転売赤字をもたらす損失に耐え切れない企業及び投資家が続出した。また、景気回復を大きく遅らせた要因の一つとして、金融機関による不良債権問題がある。バブル期に将来的な地価上昇を見越し、担保価値以上に融資した「過剰融資」により巨額の不良債権を生み出し、それが一九九〇年代の金融不況へと続いていく。

企業も生き残りを掛けて海外進出・生産などによる市場戦略と人件費削減を行った。これが、日本語で言うところのリストラ（人員整理）の流行語を生んだ。バブル景気の最中は人手不足だった人材も、一九八六年の労働者派遣法の成立よってその雇用形態も一気に変わり、正規雇用の求人は急速に冷え込んでいった。

つまり、企業経営の在り方が戦後継続していた組織マネジメントと多角化事業経営拡大が通用しなくなり、マーケティング戦略手段の複合と工夫による市場拡大のマーケティング・マネジメントの志向から企業経営戦略パラダイムの変革が求められ、経営戦略再生の為のリエンジニアリングを前提とする企業構造改革（真の経営構造改革―リストラクション：Restruction―）が求められた。市場戦略パラダイムの変革は、事業構造そのものを見直す新たなマーケティング・パラダイムの構築を求められ、まさにマーケティングはマネジリアル・マーケティング（Managerial Marketing）を上位概念とする経営構造の構築と新しい市場戦略を求めるようになってきた。

こうした現象は、これまでの企業経営戦略の在り方が過去のパラダイムが通用しないことを気づかせ、企業経営パラダイムの変革は過去の日本型経営構造を変革させることにつながっていった。

モノ消費志向は大幅に減退、そうした国内消費の低迷から企業は海外生産・海外進出を命題とし、いわゆるグローバル市場進出化の時代の始まりと言える。政府は「景気テコ入れ政策」として積極的な公共投資を図り、一九九五年の実質経済成長は二・八%、翌一九九六年は三・二%と回復傾向を見せるものの、一九九七年「山一證券」、一九九八年「日本長期信用銀行」と「日本債券信用銀行」といった大手金融機関が連鎖的に経営破綻し、事態の深刻さが増した。この金融危機を、政府は公的資金投入で乗り切りを図るが、金融機関は不良債権回収を名目に企業に対し貸し渋りや貸し剥がしと呼ばれる行為を行い、社会問題となった。当然、低迷する消費に対して小売業は、低価格競争を繰り広げデフレスパイラルに陥っていく。企業成長が見込めない「失われた十年」と呼ばれる時代である。

こうした中でも大手上場企業は、コスト削減や蓄積していた技術革新と開発研究を推進し、グローバル競争力の強化が図られた。グローバル進出が促進されたことから、一九九〇年代後半には資金ストック戦略により大企業の膨大な不良債権は処理され、経営回復の兆しが見えてきた。そして、二〇〇〇年中期までのグローバル競争力強化による再成長の時代を迎えることを可能とした。

しかし、デフレスパイラルに陥った日本の経済は一般就業者の所得減少を招き、この現象は二〇一二年十二月の第二次安倍政権発足まで続くことになる。一九九八年の金融不況以降、サラリーマンの平均月収は三十四万八千七百五十円（九八年）から三十三万六千円（九九年）と一年で三・七％減少している。それ以降も下がり続け、二〇一三年には二十九万三千四百十七円まで減少した。この平均月収は一九八九年当時とほぼ同水準であり、約四半世紀前に逆戻りしたことになる。アベノミクスで賃上げが期待された中、二〇一四年には三十万一千百六十七円まで回復、二十年続いてきた賃金減少に歯止めがかかる可能性が見えてきているが、未だバブル崩壊直後の三十一万三千四百十七円（九〇年）の水準には至っていない。

日本企業は、生産性の向上よりも雇用の維持を優先させてきた。だが、経済の拡大が見込めない中、従来の環境では雇用を維持できず非正規社員という就労形態に切り替え、雇用を維持してきた。しかし、バブル崩壊による景気後退の中、企業は新規採用の抑制を始め就職氷河期を迎えることになるが、二〇〇〇年代半ばの景気好転により雇用環境が回復、二〇〇五年の有効求人倍率は一・〇倍を上回ったが、それまでに十三年を費やしている。ただ、景気の実態は地域ごとに違いがあり、地方都市の平均有効求人倍率は平均〇・五倍と地方格差を生じさせている。

景気低迷が長期化する中、雇用・所得環境の悪化による生活者の「節約志向」や「生活防衛」への意識は、今日まで継続していると言えよう。

以上に述べたように、一九九〇年代から二〇〇〇年の経済・市場趨勢の低迷と、企業の成熟社会と少子高齢化の進展の中で新たなマネジリアル・マーケティング・パラダイムの変革とマーケティング・マネジメントパラダイムの変革が生じている。そして、これらが企業再生と生活再生と新たな生活創造社会を生んできている。

以下にその代表的事項を述べてみよう。

1 日本の企業経営パラダイムの変革と日本型マネジリアル・マーケティング（Managerial Marketing）の開花―資金フローからストックへとリエンジニアリング経営思想の開花―

経営パラダイムとは、現状の経営システムや市場戦略システムそのものを指す。「変革」とは、こうした現行システムによる経営の在り方を過去の次元と全く異なるシステム化を目指すものと言える。つまり、日本型経営パラダイムそのものが否定され、拡大事業戦略次元を転換することが求められたバブル崩壊後である。

成長経済は企業の事業領域の拡大を前提とし、新しい生活創造や成長市場への多面的事業を推進する。しかし、低成長経済下では資金・財務の健全化を目指す為に収益を負債返済に向け、企業の体質強化の為の資金ストック化の経営認識を生む。成長経済下の事業拡大は、金融機関からの融資で事業投資を継続し、事業の成功の果実を継続的に生み出すことを指す。

しかし、成長経済による市場拡大が望めない場合、しかもこれまでの膨大な借入金がある場合はそれを縮小し、経営の健全化を確立せねばならなくなる。この為には、事業の「リエンジニアリング（事業の重点化）」が図られる。この頃言われた用語に「自社のコア・コンピタンス（中核事業）は何か」があるが、まさしく自社の成長ではなく「生き残り」を掛ける為の事業戦略のパラダイム変革を示す用語が「リエンジニアリング」である。

中核事業への経営パラダイムの転換は、既存事業の撤退や売却を意味する。また、成長すべき中核事業への投資強化やM&Aを示唆する。こうした動きは、経営構造の改革を求めるが、それが経営構造改革（リストラクション）である。

この構造改革（リストラクション）は、重点事業強化と効率化、コスト削減の「改善」を要求する。これまでは、既存事業の「改善運動（代表的なのはTQC運動）」から事業の構造改革が生まれるとしてきており、「改善運動」は一九八〇年代に企業の命題として取り組まれてきた。しかし、一九九〇年バブル崩壊後は「事業パラダイムの変革」→「リエンジニアリング」→「企業構造改革（リストラクション）」→「事業改善」といった経営事業戦略の逆転のベクトルを生んでいる。今日でもこの経営パラダイム変革思想は継続され、推進されている。

この事業重点化による「構造改革（リストラクション）」は、重点事業の経営資源（ヒト・モノ・カネ・情報システム）の変革を生み、非重点事業の経営資源の活用転換を生じさせる。当然、非重点事業の人材の再配置と重点事業のシステム強化が図られるが、日本企業の場合、人材縮小の為の解雇は簡単ではなく、現有コスト削減を優先する為には、いかに人材雇用体系を改革するか、あるいは配置転換や早期退職勧告等々による人件費削減を優先させるかにあった。

一九九〇年代初頭は、職務としての情報システム化が推進され、PCによる業務改革が行われている時期であり、この情報改革についていけない社員、特に情報教育の必然性を感じてこなかった当時の中高年社員は、閑職に追いやられたり、配置転換による退職勧奨社員として整理対象人員と称されるようになった。バブル崩壊後の平成不況の時代には、成果主義の台頭によって終身雇用制が崩れ、「窓際族」や「リストラ要員」と揶揄された中高年社員の絞り込みが盛んに行われるようになった。企業の人事部は、そうした彼らの退職後のライフデザイン構築の為の教育の役割まで担っていた。当然、残るべき社員の人件費コストの削減も図られた。

これまで、日本型経営パラダイムと日本企業の体質強化は、「終身雇用制度（企業への帰属意識の欲求と会社が生活の中核であるマインドの確立）」と「定期昇給制度（毎年一定の時期に基本給が引き上げられること）」、またそれを前提とした「年功序列制度（勤続年数や年齢に応じて賃金や役職が上昇する人事制度）」にあるとされてきた。

しかし、この三つの日本型経営パラダイムは崩壊せざるを得なくなり、「給与は下がることがある」「昇格するとは限らない」「離職することもやむを得ない」「転職も当然」といった意識が醸成され始めた。実際、企業はこれまでの制度の維持が困難なことと、若手社員のモチベーション維持を図る為に積極的にこれらの人材評価制度の導入を推進した。つまり、企業の生き残りを掛けた企業構造改革が当然のように推進され、生活者も所得の不安定の中で消費を抑制し始め、いわゆる低成長時代を招来したと言える。

そして、企業は中核事業（コア・コンピタンス）の競争力強化の為の重点投資と事業開発を促進した。生活必需型消費はモノ拡大消費型からデフレ縮小消費型に移行し、新たなコトの創造をもたらすモノの購入に向けられた。従って、企業も製品開発と市場戦略を新たなコト創造型製品を中心とした技術革新と新たな市場創造に向けた。人件費は抑制され、付加価値型市場創造により得られた利益はストックされ、さらにグローバル市場進出を命題とした生産・流通構造の改革を促進するサプライ・チェーン・マネジメントが事業システム改革として取り組まれていった。

市場戦略の最大命題は顧客化を図ることに向けられ、顧客は企業資産として認識されるようになり、顧客サポートとアプローチが新しい市場戦略システムとして取り組まれるようになった。そしてサプライ・チェーン・マネジメントの追求は、これまでの慣習的取引先に対して素材調達の仕組みをグローバル調達を含めた独自調達手法の構築を推進し、製造工程の効率化の推進と物流の効率化を見据えた生産工程管理が追求された。つまり、コスト削減と物流から末端納入に至るまでの効果性の向上が求められた。

丁度この頃、物流はセンターストック型のＤＣ（Distribution Center）から、適宜在庫・適宜物流を推進する通過型のＴＣ（Transfer Center―欠品ゼロを目指した適正在庫とストック滞留を打破する即時配送）化に変革され、さらに、末端流通店舗や得意先に複合配送を可能とするＰＣ（Picking Center―出荷指示に対して、その製品を一括して在庫から選び出すシステム）が、物流センター機能として強化された。また、これを可能としたのが、一九八〇年代後半にビジネス開花した「ヤマト運輸」による宅急便システムである。指定時・個配・共配を目指したこの宅配物流システムは、宅配のみではなくビジネス配送にも対応を可能として、物流システムは大きく変革された。その結果、「ＡＳＫＵＬ―B to B指定用個配システムによるオフィスへのライフスタイル用品個配ビジネス―」に代表される新しいビジネス・モデルを構築した。

これまで不可能とされてきたコトを可能とする革新ビジネスも市場化されていった。当然、消費財も「これまでできなかったコトをできるようにする」生活創造型製品が生まれた。企業構造はリエンジニアリング（事業の重点化）によって、新しい市場創造型ビジネスを創造する企業構造改革が求められ、様々な経営戦略構造を模索する「日本型マネジリアル・マーケティング戦略[23]」へと進み、グローバル戦略を含めたビジネス次元変革と市場創造の為のマーケティングに特化されていった。

低成長時代、企業の生き残りの為のマーケティング戦略変革とビジネスパラダイムの変革が求められ、人材開発と雇用体系の変革と顧客創造と定着化の為の市場戦略の新しいパラダイムの変革が生じている。もはや、戦後の高度経済成長を前提とした企業戦略の時代は終焉し、低成長時代の全く新しい企業戦略を構築し始めたと言えよう。

さらに、一九八〇年代、自民党中曽根内閣によって進められた「日本国有鉄道（ＪＲ／八七年）」「日本電信電話公社（ＮＴＴ／八五年）」「日本専売公社（ＪＴ／八五年）」の三公社民営化で民間経営活力の導入が図られ、苦しみながらも企業再生と企業構造改革が行われた。こうした民営化の流れは、小泉内閣によって二〇〇五年「道路公団民営化」、二〇〇七年「郵政民営化」へと引き継がれ、企業組織改革と人材マインドの変革が促進されていった。多くの規制緩和による民間事業活力の強化も新しい経営・事業パラダイムと日本型マネジリアル・マーケティングを生む礎となったとも言えよう。

そして、規制緩和と市場原理の重視は政府主導で行われた。

①為替自由化による資金調達・出資のグローバル化が図られた。

②食管法が廃止され、新食管法による米の自由化が実現。スーパーでも米の販売が可能となり、今日の

産直米の基盤が構築された。

③日本への直接投資の障壁が取り除かれ、多くの外資系企業の参入が可能となった。また「ルノー」の「日産」への出資は国内企業構造を変革させた。

④大店法の廃止による立地法で大規模小売業の出店がブームとなり、ショッピングセンター、アウトレット、ドラッグストアのチェーン化、等、これまでのスーパー、CVSチェーンに新たな大規模小売業態による業態変革と業態間競争が激化した。

⑤新会社法により資本金一円で株式会社の設立が可能となり、法人の自由化が促進された。

⑥日本型企業システムの転換が促進され、旧来の系列・株式の相互持合いが崩れ、外国人保有割合が増加。M&Aの危険性が増すもコーポレート・ガバナンスを求める株主優位社会が到来した。

⑦市場原理重視の政策は非正規雇用の増大を促進し、ますます企業マインドの醸成を低下させ、所得格差を生む前提となった。

これらの規制緩和は、旧来型日本型経営の抜本的経営改革を求めることになり、企業構造の改革を促進した。

2 求められた顧客満足システムと従業員満足システムの追求

一九八〇年代後半に、これまでのモノ開発及びモノの利便性と付加価値向上に向けた技術革新の果実として、生活者にとって「行うコトをこれまで以上に良くする」生活向上型製品が数多く市場化された。特に、情報機器（ワープロからディスクトップ型ＰＣ及びラップトップ型ＰＣの市場化、情報ネットワーク・アプリケーション・システム、ｅｔｃ.）、建設機械（小型ブルドーザー）、セラミック、アパレル、高機能家庭用品、高分子繊維、ＵＶ・美白化粧品、自動製パン機・精米機、バイオ洗剤、等々の生活者のこれまでの生活を高度化する製品が続々と市場化された。

そして、店頭購買時点のフィールド・マーケティングの進化と共に、顧客化を促進する為の様々なコミュニケーション・アプローチが進化してきた。ところが、こうした果実が多くの製品の買い替えが膨大な廃棄物を生むと同時に、グローバルな環境問題が注目されるようになってきた。この時期、日本及び先進国では、厳しい環境法や下水道の整備普及によって海洋や河川、空気の汚染は徐々に改善されてきていた。

しかし、高度技術革新は、実は地球環境を破壊してきたことに世界的注目が集まるようになった。一九八〇年代後半、注目された事象に冷却剤として開発されたフロンガスによるオゾン層の破壊が挙げられる。オゾン層破壊は人体への悪影響や地球温暖化を招き、危機的な状況に陥ったと結論づけられた。このフロンガスは、エアコンや冷蔵庫の冷媒、スプレーの噴射剤として利用され、無造作に大気中に放出され続けた。人体に影響を及ぼさない安定した化合物として、一九五〇年頃米国の化学メーカー「デュポン」社によって開発されたフロンは、その性質を買われてあらゆる先進国の生活品に活用された。しかし、一九八〇年代後半、このフロンがオゾンと反応してこれを壊す可能性を指摘された為、世界的に排出規制が強化され、その効果によりオゾン層の破壊は一九九七年を境に低下傾向にある。ただし、一九九二年の地球サミット（国連環境開発会議）で採択された温室効果ガス排出削減策等を協議する会議ＣＯＰ（Conference of Parties）により、先進国のみならず途上国を含む全ての国が参加する地球環境会議が継続的に開催され、各国による温室効果ガスの排出量削減を目指している。

つまり、この時期から企業は「うまく作って、うまく売る」ことに傾注するのではなく、「地球環境を含めた生活者の生活環境や弱者への対応や貢献―フィランソロピー―」を旨とする社会的貢献への取組みが、企業評価と企業の信頼性の確立命題として自社製品購入に影響を与え始めた。フロンガスは一九八〇年代後半、米国政府が使用廃止を表明したことから「代替フロン」の開発が促進されたが、この面では日本企業が最も早期に解決し、身近な電化製品はほぼノンフロンに切り替わっている。

こうした社会貢献への取組みは、企業の信頼性構築が企業活動の最終命題とする動きにつながり、今日でもさらに将来に渡って企業活動の命題となっている。いわゆるＣＳＲ（Corporate Social Responsbility―企業の社会的貢献―）活動の開花と言える。

そして、多くの企業にとって自社の市場構築には、自社製品を使用する「顧客満足（Customer Satisfaction、ＣＳ）をいかに確立するかの命題が求められるようになった。これは、顧客満足の中に自社製品使用者の満足と同時に、使用者の周辺のみならず、広くは地球環境にも配慮することとされてきている。特に、顧客を特定することと、顧客の不安・不満・悩みを解決するアプローチが真の意味での顧客化であるといった思考が芽生え始めた。

一九八〇年代、ターゲット論が「コト・ターゲット論」に進化したのと同時に、単なる購入者を創造するのではなく、習慣的に使用するあるいは将来的顧客化を促進する為には、生活者NeedsとWantsを把握するだけでなく、生活者の商品使用場面を拡大するなり、商品使用上の知恵や知識、さらには新しいコトとモノとの関わりをサポートするアフターフォロー活動の重要性が認識され始めた。

その結果、各企業は「顧客相談室」と称する顧客サポート・システムを開発、それが顧客満足運動として、クレーム対応のみではなく顧客の製品使用に関する提言まで含めて対処を可能とした。こうした企業の顧客満足システム対応は、顧客データベース構築を基に顧客の企業への信頼性マインドの向上につながり、顧客サイドも積極的に企業のこれらシステムを活用するようになった。さらに、これらのシステムは市場開発・製品開発・営業サポート・システムにも機能し、今日、ＳＮＳ社会の到来による顧客ファンの醸成につながってきている。

ところで、顧客満足システムは、購買時点のサポートや顧客に対する企業人のマインド醸成にもつながり、顧客満足システムを完成させる為に、従業員の働きがいの醸成活動が求められると同時に、従業員満足システムが必要とされると認識されるようになった。

従業員満足（Employee Satisfaction、ＥＳ）とは単に待遇の改善ではなく、企業人として「働きがい」の醸成が最大の命題であると考えられ、従業員人材養成や人材教育システムの在り方を変革させた。従って、これまでの生産主導や開発主導、ビジネス・システム主導に関わる一部のマネジメント人材やキャリア人材優位の企業マネジメントの在り方を顧客満足主導に変革させ、生産主導主義から顧客主導主義に変革させた。企業経営トップやキャリアが構築した事業システム主導による「インサイドアウト（単に企業戦略を実行すれば良い）」とする思想から、「アウトサイドイン（現場や顧客接点の人材からの現場事実―

Fact―重視の提言・提案システム）」マネジメントの在り方として考えられ始めた。これは、日本語で言うところの「マネジメント」を「管理」と訳した概念から、「マネジメント」を「従業員の信頼関係で成り立つ権限移譲」とした概念に変革させた。

つまり、「顧客満足システム」の構築は、「従業員満足システム」の構築が無いと成立しない「CS＝ES」構築の概念が優位として推進されことになり、今日に至っている。これは当然のことで、顧客対応による顧客満足は自社に「働きがい」を感受している従業員満足がなければ成り立つ訳が無い。従業員が自社製品や自社のビジネス活動を信頼しなければ、本音で自社の優位性を基にした顧客対応はできない。ここにおいて企業組織マネジメントは生産主導主義に立脚した一部キャリア主義から、生産現場のパートや従業員、管理部門の得意先満足や顧客満足に対応する一般従業員、そして顧客に購買時点で提言・提案活動する営業マン、これを支援する企画部門の従業員、物流に携わる運転手や配送従業員、等々、非正規雇用者を含めた現場事実を把握し対応する一般従業員による購買時点主導主義に組織マネジメントの変革が求められる時代が到来していると言えよう。このCS＝ESの変革は、日本型マネジリアル・マーケティングの特徴と言える。

3 営業を中核とした組織構造改革

一九八〇年代の企業構造革新は、「うまく作って、うまく売る」ことだけを前提に推し進めてきたと言える。その為に企業組織構造上、過去の生産・研究開発を中核とした組織運用を展開しても成功した。いかにフイールド（購買時点）が重要だからと言っても、「生産→流通→営業・販売」の川上からの思考と体制でプッシュすれば市場は創造できた。自社組織の一部のテクノクラートが自己中心的に商品・販売コンセプトをシステム化し展開しても市場は創造できたし、またそれをすることが当然とした企業本位のあるいは経営者自己本位の企業構造改革であったと言える。

従って、一九八〇年代の企業構造革新を目的とした技術革新は、企業の従業員総体の問題ではなく、企業機能を変化する市場に対処できるようにすれば良かった。その結果、これらの技術革新には、企業のごく一部のキャリア人材が関与するだけで、その他の従業員はこれらの技術革新の果実に有無を言わさず踊ることを強要されてきた。また、その果実で踊れない従業員は無駄な人員として排除された。

ところで、バブル崩壊後の企業構造革新を前提とした技術革新は、一九八〇年代とは逆の思考を求められた。それは「うまく作って、うまく売る」技術革新を、市場の事実および生活者の購買使用の事実からの確立に変革することを要求され、この「事実からしか市場戦略コンセプトは生じない」とする戦略・戦術システムの構築にCS（顧客満足）の一つの意味があったと言える。

いま一つは、市場の生活事実からアプローチするとすれば、フィールドの接点にいる営業マンやサービスマンの働きがい（ES）の醸成を評価・支援するシステムづくりが企業構造革新の第一命題となる。さらに、商品開発部で言えばPL（製造物責任）や環境、地域問題に対する与件の解決は商品付加価値づくりに直結し、「うまく作って、うまく売る」与件の中にCSのもう一つの意味を付加することを求められてきた。

図表2-4-1　営業を中核とした組織構造改革体制の確立
−働きがい醸成のためのES発想−[24)]

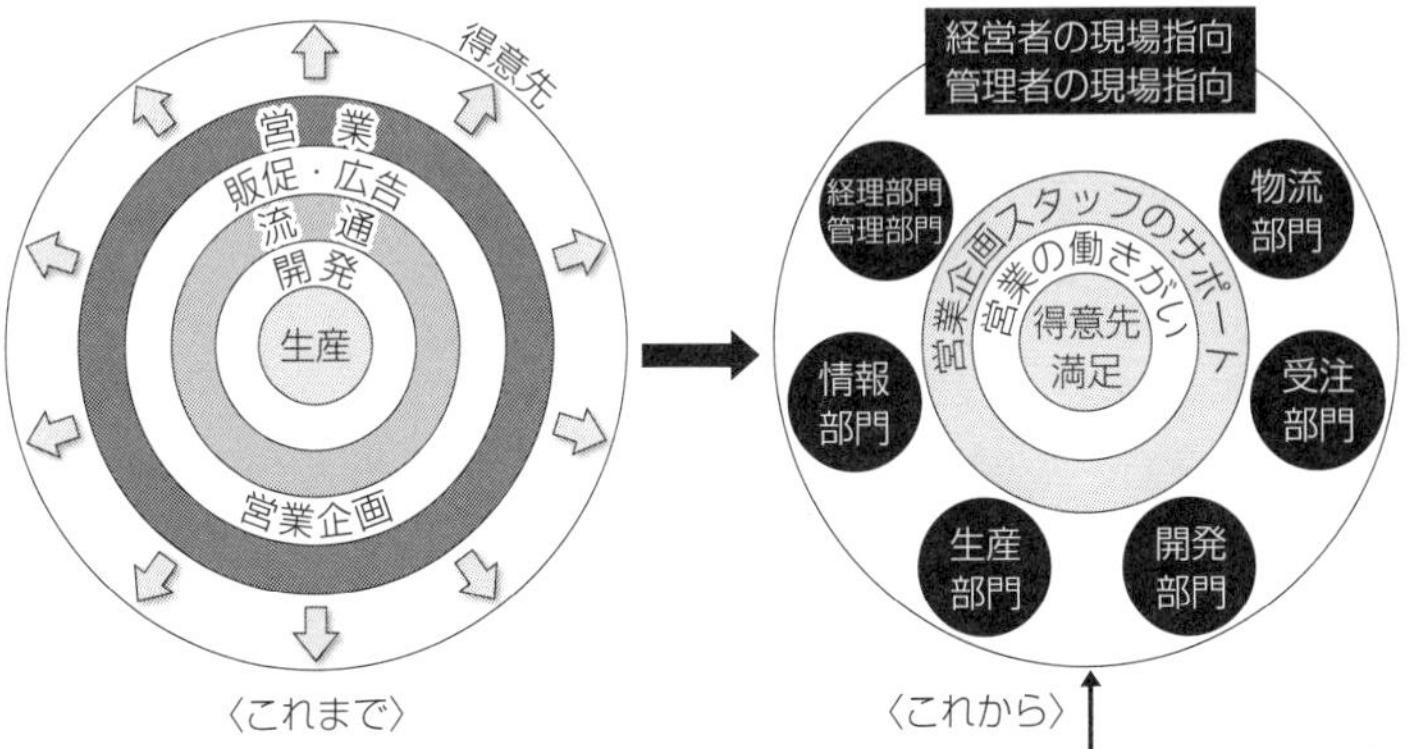

業績＝〔営業スキル：20%〕＋〔ES：営業マンの働きがい：30%〕
＋〔CS：商品力＋サポート力＋宣伝力＋取引条件力：50%〕

出所：宮本昇編著「人と組織のイノベーション」同友館，1996.5, p.123，新津重幸モデル。

図表2-4-1にも示しているように、顧客創造に向けての業績確立の時代の中では、一九八〇年代のように中間流通にいかにサポート情報や自社商品のみを考えた得意先への商品の押し込みを図る営業スキルやテクニックがあっても、それは通用しなくなってきた。つまり、顧客満足を前提とした全従業員の働きがいづくりがシステムとして求められてきたことを意味する。

それは、顧客・得意先との接点にある営業マンとサービスマンの「働きがいづくり」を中核として、生産・流通・開発・受注、経理、総務、人事・システム、などの全ての部門が営業マン、サービスマンのサポートを前提にそのマインドを集約し、顧客の生活や得意先の業務事実に基づいた全社的な提案や業務改革風土の確立の為の運動を展開することを求められた。

その理由は、営業スキルだけで業績に貢献できる割合は二割しか存在しないからである。営業マンやサービスマンの働きがいが三割のウエイトを占めるが、彼らの働きがいは得意先・顧客からの高・好評価とそれを経営者や上司が評価することにある訳だから、営業マン・サービスマンの働きがいを向上させる為の全部門・全従業員の営業サポートがいかに重要か理解できよう。

そして、得意先・顧客の真の満足は、商品力による要素が最大条件と言え、この部分が業績に五割のウエイトを占めるとするならば、いかに低成長市場とはいえ、商品開発・改良を含む攻めの体制確立と弛まざる努力は、この時期だからこそ求められる最大要素と言えた。そして、このことは今日でも求められている企業構造である。

そのキーポイントは、営業マンを中核とした全従業員の顧客のサティスファクション（満足度向上）に向けてのヒトを中核に置いた業務改革にあると言えた。これまでのようにごく一部のヒトが関与して作り上げた個別システムの競争力で、各従業員がそのままの体制でやみくもに売り、商品づくりで市場をプッシュする時代は終焉した。営業を中核とした組織の企業構造革新が叫ばれるのは、こうした全体システムのカギが営業マンやサービスマンの提案力を前提としたプル戦略に集約されるようになった為である。

これまで営業マンを核とした企業構造革新の必要性を述べたが、その理由の現場的意味を考えると以下のようになろう。

①バブル崩壊がもたらした一九九〇年代のメーカーの混乱・混沌は、現実的に売上ダウンという数字に表れだしたことと、現場においては販売不振の中で旧来通りの打つ手が通用しなくなった。

②こうした事態に対し〝セールスとは何か〟の基本に帰り、新たな市場環境に見合うセールス・システムの構築、販売活動の高度化が求められてきた。

③現場の市場事実や得意先・顧客の課題と事実からしかセールス課題が生まれないことを認識し、これらの事実に対応するセールス・システムが求められてきた。

④キーワードとして、Sell In（得意先に納入した時点で売上とみなす）から、Sell Out（顧客・得意先がある商品を購入、あるいは活用してくれた時点で初めて売上とみなす）を前提とした取組みとなり、この事実が無いと市場の中で自社商品・製品のポジションは確立できない。これに向けての企業組織体制の再構築および、物流・受注情報システムの再構築が求められてきた（リエンジニアリング）。

⑤Sell Out は自社商品の買い場づくりであり、買い場は自社商品のみで成立しない。他社商品を含めた購買活性化の提案が求められる。その為には、自社の単品アイテムのみを売り込もうとする提案から、自社アイテムを中心とした製品全体のカテゴリーの購買活性化と、他の品群カテゴリーをミックスした購買活性化への提案が求められてきており、それに向けてのセールス・スキル・アップとセールス・システムの構築が求められてきた。

⑥だれが顧客でだれが重点得意先なのか、どこが重点販売エリアなのか、またそれらを核（コア）としてどのように面展開ができるのか、といったセールス・スケジュールと成果達成に向けての活動プログラム（コア・マーケット・セオリー）[25]が求められ、一つの成果プロセスとその活動の総括とそれによる課題出しこそが、大きな成果を生むことに気づき始め、業績評価のあり方を再構築することが

求められてきた（ＰＤＣＡサイクル「Plan（計画）・Do（実行）・Check（検証）・Action（改善）」―活動総括の重要性―）。

⑦これまで述べた事項を完結させる為には、もちろん得意先・顧客の事実に基づいた提案活動が求められる。しかし、これをサポートするスタッフや生産・物流・開発・管理部門の活動との連携が求められるし、得意先の保有する情報、売り場や人材などの資源を含めた協働取組みの他、自社だけではなく得意先との協働・連携・共生的な取組みや、他のメーカーとの協働取組みが求められる（戦略的アライアンス）。それに向けての体制づくりとスピーディでシステマチックな取組みが求められてきた。

⑧旧来は「売価＝コスト＋利益」（コストプラス法）の思想で、企業の仕組みは成り立ってきたが、「売価－利益＝コスト」（売価マイナス方式）の仕組みづくりへの思想転換が求められてきた。それは、売価は顧客が決定するもので、かかったコストにプラスした結果としての売価では無くなっていることを意味する。そして「価値ある価格」の中での取組みは成功する。この価格への市場や購入者マインドの変化はその価格に向けてのコスト工夫が求められ、このコストは生産部分においてはもちろん販売・情報部分でのコスト工夫も求められる（ＥＣＲ＝Efficient Customer Response）。これを可能とする為には得意先との情報共有化や戦略的取組みへの協働取組みが求められ、セールス個々人のスキル向上だけではなく、セールスを中核とした企業トータルな得意先満足に向けての体制づくりが求められてきた。

以上、述べた与件は、営業マンの得意先や顧客からの信頼関係をいかに高度化するかに、その能力の必須条件があることを示すものだが、そのサポート体制も含めた全社的な信頼関係が求められてきたことを示している。しかしながら、その第一歩は、個別の提案活動による得意先・顧客メリットを達成し得たかどうかから始まる。相手先の利益と効果的満足を与えた提案取組み関係を構築できたかにかかっている。

具体的事項で述べれば、一九九二年当時、「AGF（味の素ゼネラルフーヅ）」二年目若手社員が上図のようなPOPをOJT提案会議（研修）で作成し、Xストア単店に提案した。もちろんこの提案のベースには、夏休みの教育委員会が各児童の家庭に配布したパンフレットの中の「夏休み・牛乳、麦茶を飲ませましょう」をヒントにしたものである。この提案は「AGF」のコーヒー飲料〝ブレンディ・ペットボトル〟の単品アイテムだけの提案ではなく、牛乳とのカテゴリー・ミックスによるストアの売上向上を目指した提案であるから、当然ストアサイドも採用し、旧来ドライ売場のみのこの商品陳列を冷ケースにまで拡大した。

結果は、牛乳とこの商品双方の売上増に寄与している。そして、この結果を見た営業企画スタッフが正式POPとして全支店に知らせ、全社レベルのPOPとした。また、このPOPと同時に、ある営業所のセールスマンが冷ケースに入れた場合と入れない場合の売上格差をデータ化し、Yストアに示し全店導入を成功させた。この営業所長はその成果を営業マンから確認し、相互に総括すると、営業所全営業マンのエリア内重点店に加工したデータで巡回させ、二週間でエリア内重点店の九十％の冷ケース導入を果たした。こうした活動の結果、この商品は№1シェアに成長、今日でもその地位にある。

ごく短くその流れを説明したが、この流れは一人の営業マンが教育委員会のパンフレットから主婦と子供の夏休みの生活事実情報を発見し、自社製品だけでなく他カテゴリー（特に主商品・牛乳）の売上向上を含めた提案ができたことが、成功要因の第一に挙げられる。もう一つは、ＰＯＰを営業企画担当が市場事実として企業内部に開示したことである。通常、単店のこうした取組みは成功しても数値が小さい為、無視される。それを全社にヨコ展開させるマインドと営業企画スタッフのサポート力が発揮されたことにもこの成功は起因している。そして、これらのＰＯＰから自社商品の市場拡大の為のスペース確保をデータ化した営業マンの成果をスピーディに総括し、即時に自営業所総体の活動とした営業所管理職のプロセス評価力を示す事項とも言える。

総括と何回か述べたが、現場事実がなぜそうなったかの追求が総括と言える。小さな成功の総括からしか大きな成功は生れない。車のセールスの「一台の重み」とは一台の販売プロセスを営業所長と総括し、二台目の予見をしたかどうかを指す言葉であり、一人の営業マンの総括のあいだに他の営業マンを指導する者を営業所長が持っていないと、こうした活動はできない。システムとはこうした人的活動ネットワーク総体を指すものである。

この時代、物流コスト削減などのローコスト化への取組みシステム化などが構造革新の代表のように言われてきたが、先の個々の小さな提案活動の成果を全社的成果として平準化できる風土が無いと、一九八〇年代の技術革新と同様に一部のスタッフの作ったシステムの強要になってしまい、得意先に最も近い営業マンはその真実を理解せぬまま数値のみの成果責任を負わされ、働きがいへのモチベーションと取組みへの工夫をやめてしまう。その結果、それら小さな取組み成果が継続して上げられなくなり、営業力向上に結びつかなくなる。

小さな成果の評価から全社的な成果向上への取組み、また、その継続取組みの風土づくりこそが、提案型営業システムの構築と得意先との戦略的取組みの第一歩であることも併せて追求され、多くの企業で提案型営業システム（ソリューション型営業システム）として取り組まれるようになった。

図表2-4-2は、営業マンの業績達成過程とセールス・システム成果の発揮過程との関係を示したものである。

具体的には一つの成果の達成過程を営業マンとその上司あるいはスタッフが、何故その成果が上がったかの事実を成果達成プロセスとして総括し、課題を抽出し、それら事実を共有化したかどうかが、次の二つ目の成果を予見することにつながることを示したものである。このプロセスの評価は成果達成が二つ目、三つ目と進展するにしたがって短時間でできるようになる為、その業績達成へのスピードは早くなる。そして、これらがヨコ展開できれば、その部署やいわゆる全体の業績向上のスピードも上がる。

一つの業績達成目標がほぼ可能となれば、次の業績目標課題に従いながら同じようなアプローチを継続することによって、さらに業績達成課題は解決されていく。この一連の流れを継続して実行する風土づくりにこそセールス・システムの完成の鍵がある。次の課題への戦略的な目標達成の課題が具体的に計画されねばならないが、その具体的な市場事実に立脚した課題解決計画書こそが、営業戦略システムの核と言えよう。これも市場戦略次元を次の次元に変革進化させる「遷移のマーケティング戦略―Marketing Transition―」の展開と言える。

何を、いつ、誰が、どういった理由で、どこの得意先やエリアに、どうやって、いくらの価格で（5W3H―When（いつ）、Where（どこで）、Who（誰が）、Why（なぜ）、What（何を）、How（どのように）、How Many（どのくらい）、How Much（いくら）―）で行うかを明示したものが戦略計画書であり、その具体的実行取組みは成果達成過程の総括と細かな課題解決の活動を共有化してこそ、戦略的取組みと言える。

もちろん全社的な商品・流通・生産・情報・営業戦略を踏まえてのことは当然のことと言えるが、全社的戦略も今日では市場の現場的事実からしか予見できないことも間違いない。

営業マンの小さな成果達成のプロセスの中から初めて得意先はそれを評価し、次なる課題を明示してくれる。その課題を明示してくれるまでの信頼関係ができないと得意先は自企業のポジションの確立に向けた課題は明示してくれない時代となった。そして、顧客与件のデータベース化と提案をサポートする提案営業デ

図表2-4-2　業績の達成過程と1つの成果のプロセス認識

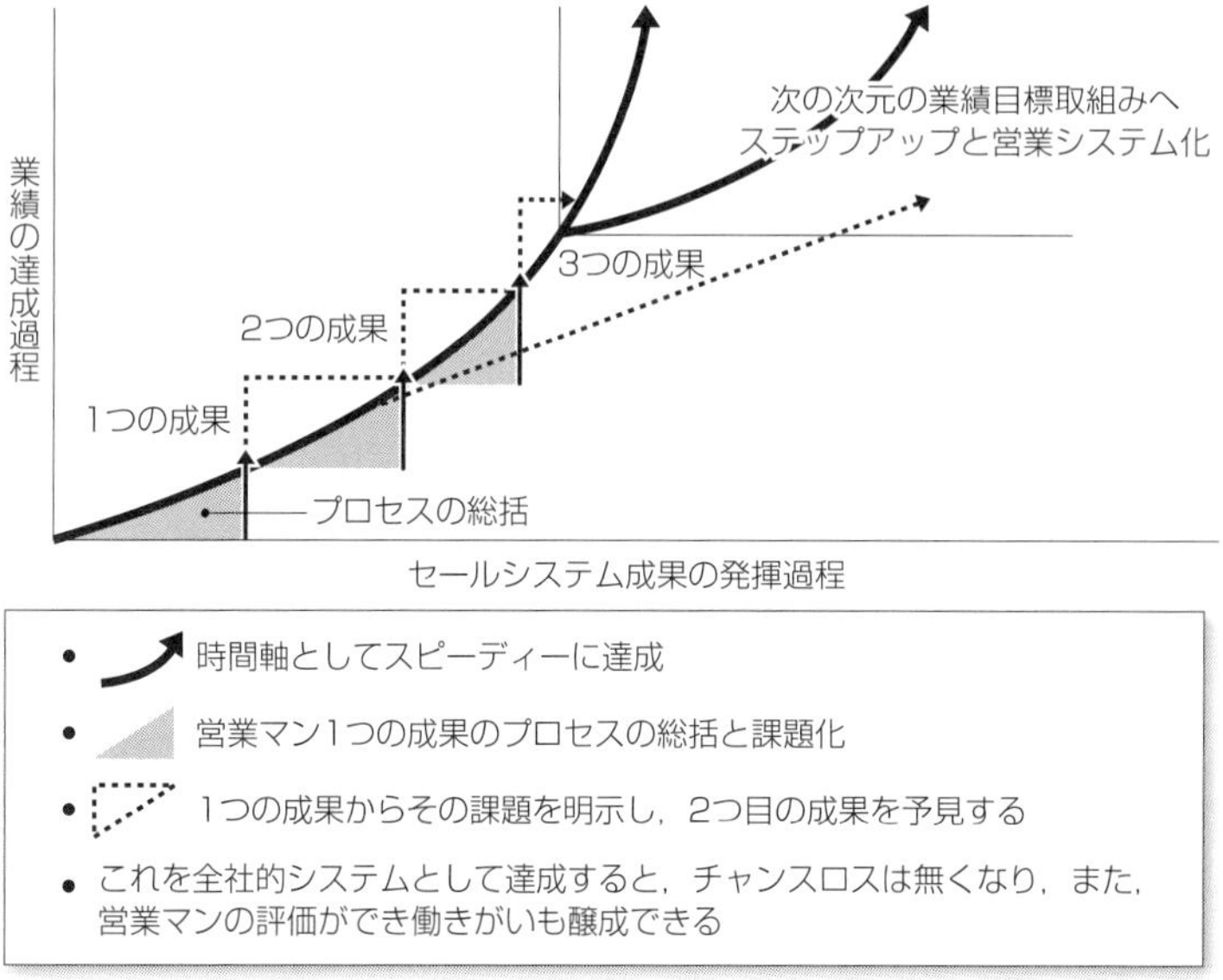

出所：1998年，著者作成。

ータ・システムの構築が多くの企業で取り組まれ、これらの取組みが今日の営業システム近代化と低成長時代のフィールド・マーケティングを確立したと言える。また、企業組織風土の近代化にも貢献している。

ソリューション型営業の最大の目標と命題は、図表2-4-3に示すように企業の戦略目標管理と提案型営業（需要創造型営業）のマッチングにある。

営業活動は四つのゾーンに分類され、企業活動を想定する戦略目標管理体制の確立なのか、売上結果管理体制のままなのか、また、提案型営業の推進を行うのか受注型営業体制のまま営業活動を維持するのかの二つの軸で分類される。当然、ソリューション型営業は、戦略目標管理を前提とした提案型営業体制の確立を目指すものである。しかし、多くの企業の実像はこれと異なる事象に直面している。

例えば、戦略目標が明示されても営業の実像が受注型営業のままだと、計画に行動が伴わず具体的に自己の営業の何をソリューションしていいのか行方不明になる（計画倒れゾーン）。

また、売上計画のみを重視し、受注型営業で得意先・顧客の受注を待つようだと、計画は数字のみで得意先・顧客の情報に振り回され、クレーム等の処理に追われ、いつも忙しい状態で業務に当たることになり、当然、計画と実績の乖離は多発する（くたびれゾーン）。

そして、最も危険なのは、提案型営業能力向上を目指す教育や訓練を実行しても、売上結果管理で業績評価が成されることである。この場合、個人の提案能力は向上するが、その事実が組織立って定着せず、新しい取組みや創造的工夫が否定され、折角のソリューション営業マインドがシステム化されず、企業の改革パラダイムとして定着しなくなるのである。多くの企業が陥る危険性はこの「個人プレーゾーン」に止まり、企業のパラダイムの変革が停滞してしまうことである。

従って、戦略目標は具体的な戦略計画として5W3H（どの商品をどの重点得意先に、どこの重点エリアで、どういう課題でいつまでに、どういう提案シナリオで、どれ位の量をいくらで売るのか—）で明示されねば戦略目標の共有化はできない。

そして、この戦略目標は絶えず環境与件の変化や、新しい提案型営業の成果や創造的取組みが生じた場合、課題化され修正されるものである。戦略目標管理と提案型営業活動の整合性あるソリューション型営業組織の確立と構造改革は、活動の果実と結果が得意先ニーズと乖離していないかどうかの「何故その結果な

図表2-4-3　組織管理行動がもたらすソリューション型営業活動

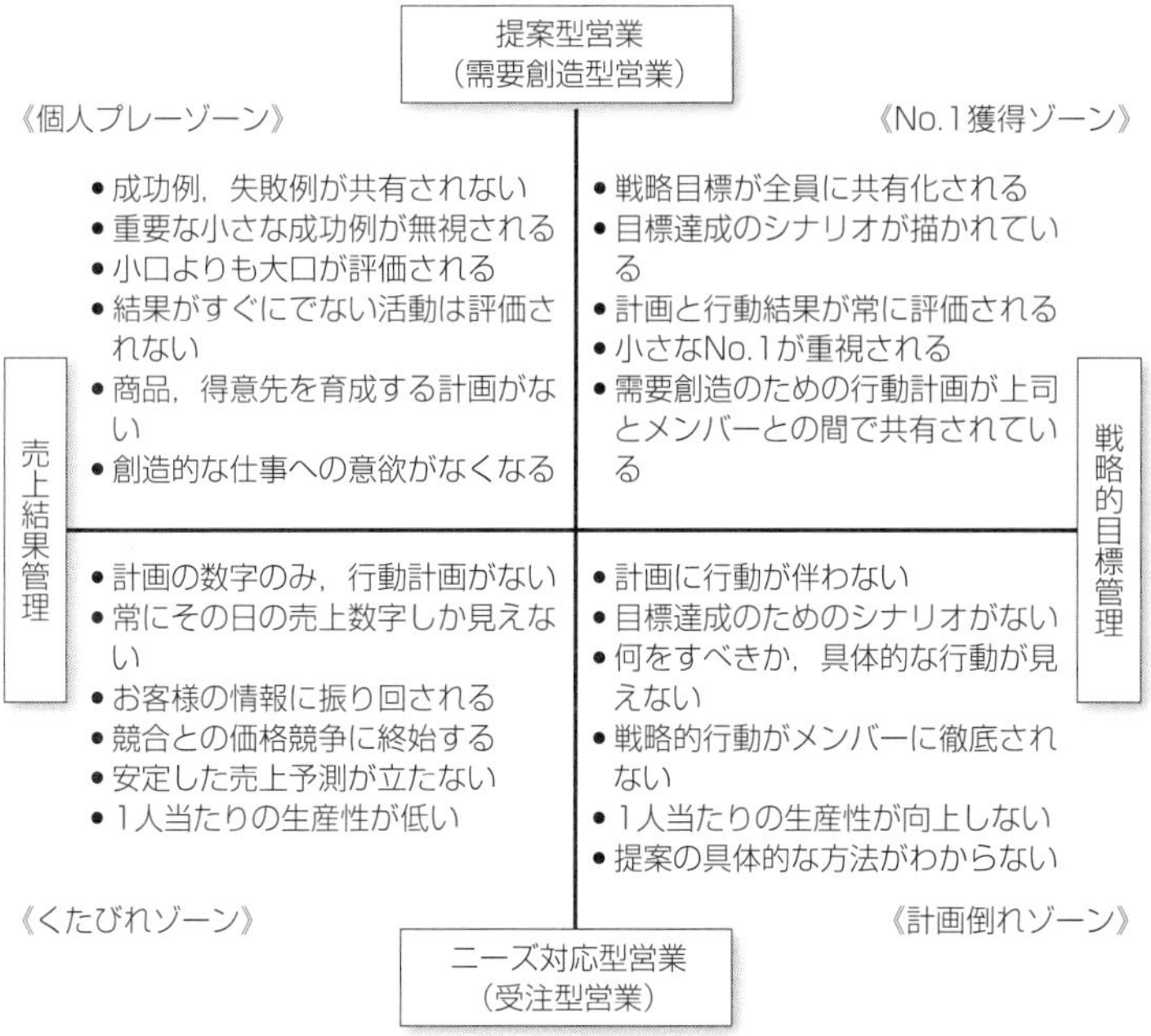
提案型営業
（需要創造型営業）
《個人プレーゾーン》
《No.1獲得ゾーン》
●成功例，失敗例が共有されない
●重要な小さな成功例が無視される
●小口よりも大口が評価される
●結果がすぐにでない活動は評価されない
●商品，得意先を育成する計画がない
●創造的な仕事への意欲がなくなる
●戦略目標が全員に共有化される
●目標達成のシナリオが描かれている
●計画と行動結果が常に評価される
●小さなNo.1が重視される
●需要創造のための行動計画が上司とメンバーとの間で共有されている
売上結果管理
戦略的目標管理
●計画の数字のみ，行動計画がない
●常にその日の売上数字しか見えない
●お客様の情報に振り回される
●競合との価格競争に終始する
●安定した売上予測が立たない
●1人当たりの生産性が低い
●計画に行動が伴わない
●目標達成のためのシナリオがない
●何をすべきか，具体的な行動が見えない
●戦略的行動がメンバーに徹底されない
●1人当たりの生産性が向上しない
●提案の具体的な方法がわからない
《くたびれゾーン》
《計画倒れゾーン》
ニーズ対応型営業
（受注型営業）

出所：「提案型営業と営業のパターン」新津重幸作成，MUIネットワーク研究会REPORT No.4（1998年）。

のかの総括（レビュー）の連続」と「継続されて実行される営業の付加価値創造」「その結果を標準システムとして営業支援データベース化し、新しいパラダイムとして確立する」ことにあり（PDCAマネジメント）、今日でも継続的に多くの企業で取り組まれているが、企業の構造革新と市場戦略目標パラダイムの変革が、ともすればマンネリ化して市場環境変革に対応できなくなる企業が多いのも事実である。市場環境変化の激しい今日、多くの事業パラダイムの変革は企業の命題として認識されている。そして、この取組みのマンネリ化は企業の成長を止めてしまい、永続的企業活動が困難になることを認識せねばならない。

4 企業のコーポレート・ガバナンス(Corporate Governance)とコンプライアンス(Compliance)マネジメント確立の時代

バブル崩壊後の一九九〇年代は、リエンジニアリング（事業の重点化）とそれに伴う企業構造改革が促進されたが、市場はモノ離れが続き国内市場は低迷した。これを称して「低成長時代」や「失われた十年」と言った。こうした中で、顧客重点主義（FSP、Frequent Shoppers Program：フリークエント・ショッパーズ・プログラム）や顧客創造主義（CRM、Customer Relationship Management：カスタマー・リレーションシップ・マネジメント）が求められ、企業は生き残りを掛けた持続的成長に向けた戦略を図った。この持続的成長（Sustainable）戦略を保証するものとして、地球環境変化（食料不足や環境悪化）へのバイオ技術開発及び製品化、高齢化社会対応への技術開発と製品化、公正な企業活動の取組み及びサプライ・チェーンの見直しと物流改革、グローバル戦略による海外現地市場化、等々の抜本的取組みの推進とこれに向けての企業組織マネジメント改革が推進された。

そして、時を同じくして起きた金融不祥事を初めとして、不正取引や食品偽装等、様々な企業の信頼性を喪失させる事象が多発し、これらに対して生活者やマスコミは敏感に反応し始めた。こうした事実は、企業理念に基づく企業人としての社会的責任と公正な社会的役割が求められるようになったことを改めて認識させた。このような動きに対して、企業は活動とそれに伴う組織マネジメントの中に社会貢献活動（C

SR：Corporate Social Responsibility）と同時に、コーポレート・ガバナンス（Corporate Governance）とそれの表裏一体の要素としてコンプライアンス（Compliance）の組織構造改革と体制づくりが要求された。

このことは、再度企業の社会的役割と責任を規定し「企業が社会に活かされている」とする企業理念の再生と再構築が求められた。

企業の「コンプライアンス」は、社会に対して公正・公平な業務を遂行することを示すもので、一般的には「法令遵守」を企業行動に求める活動とされている。そして、これを遂行する為には、企業経営者や株主を始めとする企業の利害関係者（特に市場を構成する生活者や得意先）に対する不利益を与えない企業の公正な法令遵守による活動を統治する「企業統治」の体制づくりと取組みが強く求められるようになった。

企業が「社会に活かされている」ことは、全ての企業の理念として創業時より普遍の原則として確立されている。しかし、企業は持続的成長の為に事業の拡大や事業の重点化を促進し、経済・社会・市場・生活者の環境変化に対処する為の事業領域の変革が求められる。

しかし、低成長の中で中々企業業績の向上が図られない状況では、ともすれば売上・利益主義のみが企業行動の主眼として解釈され「うまく作って、うまく売る」ことのみを追求するようになる。そして、その過程で「してはならないコト、してはいけないコト」をタテマエとした解釈による事象が相次いだ。こうしたことが企業の社会的存在の根幹である「信頼性」を損なわせ、企業活動の直接目的である「永続的活動」を阻害したり、倒産に追い込まれるなどの現実に直面する。

その為に「コーポレート・ガバナンス」戦略が組織マネジメントとして重要視されるようになったが、まず第一に、経営の透明性・健全性・法令遵守が重要であり、迅速な情報開示や経営者及び管理者の責任の明確化が求められる。第二に、経営陣や管理職の「儲かれば良い」とする風土を無くし、これに向けた委員会の設置と機能化、事なかれ主義の排除の為の現場事実に立脚した公正な判断と取組み修正及び抜本的組織マネジメントの在り方の改革が求められる。

このように、これまでの短期的利益優先やバブル崩壊後とは異なる企業構造改革（リストラクション）の過程で多発する社内問題の多様化や増加に対する対処と「働きがいの醸成」、また、求められる企業の社会的責任にいかに対処するかの「コンプライアンス」戦略への取組みが重視された。そして、これらのことは企業のリスクマネジメント（危機管理）として解釈され、その取組み組織と機能が求められるようになった。

つまり、成長の仕組みである経営計画・生産・情報・物流・総務管理を統合したマネジメント能力と、一部のキャリアによるシステム化した社内優位性より、現場の営業マン、生産や物流に至る作業に直接かかわる従業員の活動や働きがいを醸成することの重要性が叫ばれるようになった。

折しもPCネットワークやテレネットワークによる情報革新が進展する中で、これまでの経験と勘だけに頼った考え方では通用せず、表向き一定以上の年齢の全社員を対象にしながらもリストラの対象や早期退職といった日本型リストラが進行する中で「コーポレート・ガバナンス」や「コンプライアンス」が必然的に取り組まれるようになったと言える。こうしたことは、コスト削減と経営の健全化が表裏一体で遂行され、成長段階で生じている「会社にぶら下がる意識」の排除にもつながっていった。

意味のない接待費の削減、広告・プロモーションの効果・効率の見直し、故意な残業の排除、売上至上主義の排除と得意先市場活動への配慮とサポートする提案活動の定着化、素材や生産に必要な資材の慣習的取引と恒常的取引の排除（サプライチェーンマネジメントの構築）、等々が企業内のコンプライアンス活動やコーポレートマネジメント活動として取り組まれるようになった。

その為にも、社員の行動基準の作成、相談しやすい環境づくり（企業人も生活者とする生活上の悩みの改善―カウンセリング活動―）、生じるであろうリスクの明確化と防止策、コンプライアンス規定を絶えず最新の状態に修正すること、労働監査と管理の法令遵守、等、長期の企業経営を見据えた仕組みづくりが積極的に行われながら、今日は企業内倫理基準の強化や弱者（障害者・妊婦・女性ハラスメントや性同一性障害）への配慮へとつながり、また残業基準の厳格化と働き方改革実現のガイドラインが策定されている。

いずれにせよ、これらは経営者やマネジメント層の意識改革を求めるもので、社員研修制度についても、これまでの階層別の研修ではなく活動・行動体系をベースとした新しい研修システム制度の仕組みが構築されるようになった。また、現場や生活者の事実（Fact）をベースとした研修制度もシステム化され、早期退職者や退職予定者への退職後の「ライフプラン研修」についても制度化の導入が進んだ。

以上のように「コンプライアンス」戦略や「コーポレート・ガバナンス」戦略は、企業の永続的活動を保証する企業構造改革の一環として、今日でも継続的に取り組まれている。しかし、少子高齢化が進展する今日、またグローバル経済が企業に多大な影響を与える今日、絶えず、企業の事業パラダイムの変革が迫られている中で、これらの改革への取組みが推進されているとは言い難く、特に人事採用と教育制度の変革は中々進展しない状況であると言っても良い。働き方改革や企業内部統治が叫ばれ、さらに女性の社会進出やＩｏＴ・ＡＩが進化する中で、企業内の人的資源の意味と意義の変革に合致した企業組織マネジメントとマネジリアル・マーケティングの再構築が急務である今日、あるいは将来であると言えよう。

５　情報革新と製品価値変革と市場変革

この時期、企業のオフィス内にＰＣ端末とネットワークによる改革が推進されていった。一九九〇年代中頃より情報ネットワーク構造は大きく進化し、「ＮＴＴ」を中心とする基幹ネットワーク構造の技術革新は目覚ましく進展していく。今日のデジタルネットワーク構造が確立されたことにより、データ通信や日常業務のネットワーク化を革新させ、そしてグローバルネットワークの革新へとつながり、企業のグローバル市場進出の円滑化をもたらした。

そしてこのことは、企業業務以外の生活者の中にも広がり、情報ネットワーク端末が普及し始めた。そして、今日のＳＮＳ社会の進化につながっている。

こうしたデジタルネットワーク化は、情報の質・量の迅速化と、情報の汎用性を促進し、マスメディア情報と異なる双方向情報によるＳＮＳメディア社会を構築させた。生活者の取得する情報社会の汎用化の第一歩となったのが、携帯電話の普及である。

一九九〇年代、民営化された「ＮＴＴ」により情報市場開拓とそれに向けてのネットワーク開発がマーケティング的に促進されてきたが、旧「日本電信電話公社（電電公社）」が発行・発売を開始した「テレホンカード」や、「ＮＴＴ」が提唱した「帰るコール」による公衆電話を活用したマーケティング的アプローチは、電話通信を「情報伝達ツール」から「コミュニケーションツール」に変革させた。

情報伝達ツールとしての「電話」は、料金を時間単位で計算されたため手短に済ませようとするが、人と人とのコミュニケーションツールとした場合の通話の頻度と時間は長くなる傾向にあった。結果、通信料金の売上に貢献することになるが、こうしたコト創造型のアプローチはこれまで無かったコトを生活価値として創造したことになった。

「テレホンカード」は企業のプロモーションや謝礼など様々な用途で活用されたが、同時期に家庭の固定電話も一対多のコミュニケーションを可能としたツールに生まれ変わった。このように電話を取巻く技術は日進月歩であり、電話通話システムの改革はさらに進むこととなる。

例えば、テレマーケティングによる販促ツールは、ローカル地域の企業を全国企業へと成長させたが、その代表的企業が熊本県に本社を構える「再春館製薬」である。化粧品のダイレクトセールスを活用し、使い方や製品を啓蒙する為にサンプルを配布し、そのサンプル使用期間中にアフターフォローを行うことによって、全国の市場化を成し遂げている。

こうした電話によるコミュニケーションツールの進化は、一九九〇年代女子高生を中心に大ブームを巻き起こした「ポケットベル」から始まったと言える。これは文字によるコミュニケーションに留まらず、その流れはのちの携帯電話の電話番号から七十文字以内のメールがやり取りできるショートメール（SMS）サービスやｉモードなどに受け継がれていくことになる。

一九九〇年代の半ばまでは圧倒的なポケベル時代であったが、一九九九年には携帯電話の番号の桁数が十桁から十一桁になるなど、わずか十年間で急速に普及し始めた。そして、生活者の中に通話コミュニケーションとして普及し、必須のアイテムとして定着した。もちろんデジタルネットワーク技術の構築がこれを促進したと言える。

一九九九年にサービスが開始された「NTTドコモ」のｉモードは、ショートメールや通信料が安くてインターネットメールとしても使えることから、サービス開始当初から爆発的に普及した。そして、二〇〇〇年に入ると携帯電話そのものの機能性が進歩していく。例えば、カメラ付携帯電話で撮影した写真データを別のユーザーに送信するサービスや、ワンセグチューナーが搭載された機種では地上デジタル放送が受信でき、また電子マネーの機能が付いた端末などが登場する。それまでの携帯電話のスタイルが一変され、双方向通信による新たな「コンテンツ文化」を生み出した。そして、二〇〇七年には「Apple」社が初代iPhoneを発表、スマートフォンが登場する。日本では翌二〇〇八年に「ソフトバンク」がiPhone 3Gを、二〇〇九年には「NTTドコモ」がAndroid搭載端末を発表し、本格的なスマートフォン時代が幕を開けた。スマートフォンの魅力は、搭載された多彩なアプリケーションにより、コミュニティ創造型の通信ツールとして市場化され、今日のSNS社会を創造したことにあると言える。

こうしたデジタル技術の普及は、企業におけるWeb会議やテレビ会議を可能とし、コスト削減や情報共有による迅速な意思決定に貢献している。そしてこのデジタル技術は、当然情報ネットワークの向上をもたらしたが、デジタル技術を広く応用した製品が登場した。その代表がデジタルカメラと電波時計、地上デジタルテレビ放送とそれに伴う液晶画像技術の進化である。

かつて日本では、三十五㎜コンパクトカメラ「オートフォーカスコンパクトカメラ」の普及により、それまで技術を要した撮影が誰でもできるようになったが、こうした技術が一眼レフカメラにも応用され、日本のカメラ技術は世界№1へと成長する。追って、一九八〇年代後半にはレンズ付き使い捨てカメラ「写ルンです」が登場、押せば移る手軽さとどこでも買えた利便性からヒット商品となった。

そして、一九九〇年代には、発売当初は高価であったデジタルカメラが、メーカー各社が高性能で低価格な機種を相次いで投入した結果、その普及は加速度的に拡がり、二〇〇五年にはフィルムカメラとデジタルカメラの販売台数が逆転、市場はデジタルカメラへと置き換わった。こうした事象は、フィルム現像を不要とした為にフィルムの産業構造を転換させただけでなく、ネットワーク技術と携帯電話による写真機能は画像通信の手段にもつながり、デジタルカメラすら不用の社会を今日築いた。

また、画像や音声の社会においても、ビデオ映像が自宅のテレビに映し出されるようになり、そして、カセットテープからＣＤに置き換わった移動体音楽端末も高度化が図られた。さらに、ゲームエンタテイメントの世界も、「任天堂」「ソニー」のゲームソフト開発の高度化により外出先でもプレイが楽しめる。こうした機能は、スマートフォン上へのダウンロードによって無料で遊べるゲームアプリとして提供され、今日に至っている。

二〇〇〇年以降、一対多の通信機能や携帯電話の情報端末は急速に発展し、今日のグローバルネットワーク社会の構築につながっている。また、デジタルネットワークの普及は物流システムの改革を促進し、荷物の移動データ精度の向上と同時に、Just in Time物流（必要なモノを、必要な時に、必要な量だけ配送するシステム）を実現した。これは、小売店に対し定時配送、小口多頻度配送、欠品ゼロを目指した試みであり、発注業務の効率化やピッキングセンターの高度化など、新しいビジネスを生み出した。

その代表的事例が、オフィスに必要なモノが〝明日〟届くことから命名されたオフィス向け通信販売「ＡＳＫＵＬ」である。これまでのオフィス市場は、№1企業「コクヨ」のディーラー制度による市場支配が続いていたが、「ＡＳＫＵＬ」は中小オフィスをサポートすることを前提に、文具・オフィス用品からオフィスに必要な食品に至るまでのオフィス・ライフスタイル・ニーズを解決する事業で急成長した。一九九三年「プラス㈱」がアスクル事業部を開始、一九九七年親会社「プラス㈱」より営業を譲り受け「アスクル㈱」として独立するが、二〇一六年度には売上高が三千億円規模の企業に成長している。今日ではオフィス宅配に留まらず、一般生活者向け個配市場まで事業を拡大、宅配物流と受発注のデジタルネットワーク化の進化を取り入れたビジネス・モデルとして世界的に評価されている。これらは、「楽天」のネット空間を利用した企業の商品拡売や生活者自らがモノやサービスを得る機能を拡大した。さらに、書籍の通販から発祥したオンラインショップの最大手「Amazon」では、膨大なリアル製品の受発注システムとそれらを配送する機能を構築し、「Amazon」の日本事業の売上は一兆円を超えるまでになっている。

スーパーマーケットやコンビニエンス・ストアにおける物流・商流の改革にも、こうしたデジタルネットワークは取り入れられ、情報分析による売り方改革や物流センターの機能を高度化させ、コスト効率向上と販売革新を助長した。つまり、無駄な在庫を持たずに売れ筋分析ができることにより欠品を生じさせない販売効率の向上と、CVSへの小口多頻度配送を可能とし、鮮度管理の付加価値と効率向上を果たした。そして、流通システム改革は地方型製品の市場開拓にも貢献することとなるが、今日のユビキタス（いつでも、どこでも）社会の構築は、この時代のデジタルネットワークにより開花した。製品文化を変革させ生活変革を後押しし、さらにグローバル市場化を促進し、今日の市場戦略の基盤を築いた一九九〇年代と言える。

5 二〇〇〇年代並行成長社会の到来
―二〇〇〇年～二〇一〇年―

1 失われた十年の継続と企業パラダイム変革の時代へ
―これまでの事業及びマーケティング概念が通用しなくなった時代―

西暦二〇〇一年からスタートした二十一世紀だが、一九九〇年代のバブル崩壊後、日本の企業構造は低成長社会の中で大きく変革し、企業マネジメントの在り方も、従業員雇用体系の在り方も大きく変革させたことは、前節で詳しく述べた。

バブル後遺症として、金融機関による不良債権の回収やそれに伴う貸し渋りにより中小企業を中心に事業成長は抑制され、また、企業の人員削減は比較的賃金の高い中高年を対象に退職勧奨が行われた。こうした人員削減は、中高年の失業者を生み出すだけに留まらず、バブル期の過剰な雇用により膨らんだ人件費を圧縮する為に、多くの新卒者が困難な就職活動を強いられた「就職氷河期（一九九三年～二〇〇五年）」へと突入、社会問題となった。

それでも、景気がゆるやかな回復傾向を示し始め、就職状況も持ち直しかけたが、一九九七年（経済成長率▲〇・七％）のアジア通貨危機、一九九八年（経済成長率▲一・九％）の大手金融機関の相次ぐ破綻などにより、経済成長が再びマイナスの時代を迎えた。二十一世紀は、物価が持続的に下落していく長期デフレ時代で始まったと言える。

しかし、こうした状況下でも、日本企業の技術革新への努力は継承され、デジタル社会を迎えての新製品開発やグローバル市場化による素材原料調達のサプライ・チェーンの見直し等、本格的な企業構造革新に取り組んでいった。上場企業は収益のストック化と企業財務の健全化を促進したことによって、企業の構造改革は一定の成果を上げたと言えよう。

一九八九年竹下内閣によって導入された消費税三％が、一九九七年橋本内閣で税率が五％に引き上げられたが、物価のデフレ傾向も重なりなんとか停滞気味の消費は維持されていた。

しかし、二〇〇〇年に大きな企業不祥事が発生した。いわゆる「雪印集団食中毒事件」、「十合《そごう》百貨店の倒産」、「三菱自動車によるリコール隠し」である。この三社による企業不祥事は、社会的な不公正とその対応をはき違えると、企業は存続できなくなることを示した事例として、まさしく二十一世紀の企業は社会的信頼性の確立を前提に企業活動を行わねばならないことを意識づけた。それにより、二十一世紀の企業取組み命題として環境、生活者の健康、安心・安全を目指すことを企業の成果目標と定め、最終ゴールはこれらの取組み結果による企業の「信頼性の確立」にあるとされた。

デジタルネットワーク社会が幕を開け、情報通信ネットワークが急速に高度化し、生活者のライフスタイルは大きく変革した。さらに、日本企業の素材・製品技術の優位性は、グローバル市場戦略に大きく寄与する時代としての二十一世紀が始まった。中国を代表とする新興国の近代化と経済成長は、日本のグローバルな企業進出を助長し、日本企業の成長を補完する役目を担っていた。こうした傾向は、二〇〇八年十月に起きたリーマン・ショックまで継続された。

市場も生活者も時代と共に変化していく中で、二十一世紀を迎えたマーケティングも大きく様変わりしていった。需要の質的変化が供給者側のハードルとなるが、特に、コミュニケーション戦略の中で、広告・営業・販売促進にモバイル・SNSやデジタルコンテンツのツールが戦略的コミュニケーション手段として活用されるに至り、コミュニケーション戦略の革新が加速されていった。今日、マスメディアとモバイルネットワークは複合され、コミュニケーション戦略が推進されることは当然となっているが、この進化が二十一世紀の最大のマーケティング戦略革新の要因と言えよう。

そして、デフレ経済と所得の低迷の中でグローバル市場戦略は進化し、海外での生産拠点の拡充と長引く不況からの非正規雇用の増大は、企業構造を大きく変革させた。こうした国内における生産、投資、雇用の減少は、いわゆる「産業の空洞化」の進展を促した。企業ゴールはまさしく社会的信頼性の確立を大命題として、市場創造の為の生活構造変革と新しい生活創造に向けられ、モノにサービス付加価値を付随させるコト提案型の生活創造戦略が当たり前となり、消費財の中には生活機能改革と生活創造型の製品やサービスが多く市場化された。その命題は、健康・安心・安全のソリューション提案と自己を取巻く環境改善、CO_2削減を始めとするグローバルな環境改善となった。生活創造型製品として携帯電話向けに開発・提供されているアプリケーション（アプリ）は、生活者が媒体を持ったと解釈されるようになり、これらアプリによる相互コミュニケーションの自由な発信は、一人の生活者が加入する様々なネットコミュニティから「コンテンツを配信」し、自らが積極的に情報を授受するようになった。こうしたネット上のコンテンツを楽しむ生活観が定着した。

旧来のマスメディアの価値は、相対的に低下傾向となり、マスメディアメッセージとSNSコンテンツのメディアクロッスィングが当然のごとく活用されるようになった。

メッセージはマスメディアから大量に発信される一方通行型のコミュニケーション手段であり、一方、コンテンツはモバイルコミュニケーションの中で自由に生活者を主体として双方向にやり取りされるものである。コンテンツはその内容を変化させることによって効果を上げることが命題であり、明らかにメッセージと質の異なるものである。今日の企業は、マスメディアによる一定期間変化しない大量メッセージと、SNSによって続々と配信されるコンテンツ情報の双方を、コミュニケーション戦略手段として複合させることが命題とされた。これをメディア・コンプレックス戦略（Media Complex Strategy―複合メディア戦略）[26]と呼んでいる。

今日、マスメディアによるメッセージ戦略を、マスベースによる顧客構築と呼び、SNSコンテンツによるコンテンツ戦略をファンベースと呼ぶが、これはメディアクロッスィングからの進化として後述する。

ところで、二〇〇八年の北京オリンピックまで、日本企業はグローバル戦略展開で成長し続けたように見えた。しかし、グローバル・マーケティングの確立が不十分なまま、次第にグローバル競争力を喪失していった。そして、二〇一三年まで続いた日本国内の消費の低迷は、国内市場の円高不況とそれによるデフレ経済の回復ができず、所得が下降し続けた結果とも言える。それにも増して、市場は人口構造の変化とそれによる地域経済格差の拡大から影響を被っている。超少子高齢化の進展によるマーケット構造の変革である。

※バブル崩壊直後の一九九〇年の平均月収三十一万三千四百十七円から一九九八年は三十四万八千七百五十円と僅かながらも微増傾向を維持していたが、それも翌一九九九年の三十三万六千円をピークに下降が始まる。そして、第二次安倍内閣が誕生した二〇一二年二十九万三千四百十七円、二〇一三年二十九万九千五百八十三円、二〇一四年三十万一千百六十七円と、その期待感の高まりから上昇傾向にあるものの、一九九九年のピーク時までの回復には至っていない。日本社会は経済発展を続ける一方で賃金は下がり続けており、二〇一六年現在年収三百万円以下の人口が全給与所得者の四割を占めるという現実は、格差社会の到来とも言われている。しかし、少子高齢化社会の進展の中で、就業人口世代の減少はマーケタビリティへの影響だけではなく、人材不足の現実を突き付けていた。また、それに伴って就業者所得を上昇させざるを得なくしているが、こうした傾向は正規雇用者と非正規雇用者との間で

賃金格差を生じさせている。

2 グローバル化の進展と求められる現地化へのマーケティング戦略

安倍政権は、日本経済の課題を克服する為の施策として、デフレからの脱却や富の拡大などの成長戦略を打ち出してきたが、基本的には手詰まり感は否めず並行成長に留まっている。こうした状況は今後も続くと予測され、日本経済の最大の懸念材料と言える。しかも、欧州金融不況や中東における政情不安に加え、一時期経済成長が期待された新興五か国ＢＲＩＣＳ（ブラジル：Brazil、ロシア：Russia、インド：India、中国：China、南アフリカ：South Africa）間の思惑の違いが表面化し、限界が見え隠れしている。

中でも地理的にも近い中国は政治主導による自国優先主義を取り、国内市場が伸び悩む日本企業にとってこれまで以上のメリットは期待できなくなっている。そして、日本国内のマーケットボリュームとＧＤＰの核である労働人口、この双方の人口減に伴う縮小によって成長が見込めない現実は今後も続くであろう。

二〇〇八年に起きたリーマン・ショックは世界経済に大きな打撃を与え、二十一世紀型世界経済危機と言われた。それ以前の日本企業は、グローバル市場進出によって形の上では堅調さを維持してきた。中国を中心とする新興国では、富裕層が日本製品の優位性を評価し、高価格であっても高品質・多機能を求めて積極的に購入した。また、家電・情報機器における製品機能の核である半導体や液晶技術は、日本が実質的に研究・開発した独創技術であり、成長させてきた。しかし、韓国や台湾企業の安価な半導体は標準品質・割安製品の創出につながり、次第に日本企業のグローバル競争力は低下していった。こうした傾向は二〇〇五年当時より明らかになっていたが、日本企業はこの事実に対して抜本的な構造改革を行わず、これまでの高品質・高価格な日本製品が通用するとの思い込みを続けた。また、携帯電話のモバイルIP技術は日本優位に進展していたが、既にモバイル携帯社会もモバイルコミュニティを創造するユーザーへのアプリケーションの競争に変革した。モバイル社会もハードからソフトのマーケティングの時代へとグローバルに変革していることに、日本企業は気づかず速やかな対応を怠った。そして、二〇〇七年の米国「Apple社」によるiPhoneの登場は、これまでPush型携帯として優位性を保っていた日本企業の誇りを喪失させた。携帯社会はiPhoneに代表されるスマートフォンの時代へと変貌し、世界的にこれを牽引する企業が先の「Apple社」と韓国の「サムスン電子」であり、さらに今日、半導体や液晶を含めたこの分野での中国企業台頭の時代へと変遷を遂げている。

二〇〇五年以降（実質的には二〇〇八年リーマン・ショック以降）、これまで日本製品の優位性として高く評価された高品質・高価格が通用しなくなった要因の一つとして、新興国の経済成長により多くの家電製品や情報機器が速いスピードで経済規模を拡大したことによって登場した新富裕層の台頭と中間所得層の増大が挙げられる。こうした新興国の生活者ニーズは基本的に「故障しない、壊れない」といった耐久性にあり、高品質・高価格ではない。確かにMade in Japanの素晴らしさは特筆すべき点ではあるが、彼らのニーズは耐久性と割安感を求めており、そこに対する対応ができなかったと言える。日本の「過剰品質」に対して、各国それぞれのニーズと産業構造に対応した製品を「適正品質」と呼ぶが、このグローバルな「適正品質」対応と新興国の生活者ニーズに即応したのが、韓国・台湾の企業である。そして、「サムスン電子」に代表されるこれらの企業は、新興国の家電製品や情報機器の「適正品質」追求型製品で割安感を主張し、需要を席巻していった。

日本企業は自社の高品質な技術と多機能性を追求し、技術優位の為の進化のみを追い求め、新興国の生活者ニーズに即したマーケティングを忘れ、唯我独尊と思い上がり、孤立して取り残されたガラパゴス状態に陥っていたと言えよう。

生産性の高度化や技術の優位性、あるいは素材製品の優位性は当然新興国の合弁企業やそれら企業の下請け素材産業の高度化を生み、そして、これらのノウハウは現地企業の高度化を生み出す。かつて、日本においても高度経済成長期の一九五〇年代から一九七〇年代には、先進諸外国の企業技術を取り込んで成長を果たした経験がある。日本のグローバル化の趨勢は、一九七〇年代、日本の国内市場の競争力を高める為に韓国・台湾・東南アジア諸国の安価な労働力に頼り、アパレルを中心にした素材工場の進出で始まっている。そして、一九八〇年代、一九九〇年代には、国内市場の価格競争を高める為に、製品製造を目的とした進出がなされた。当然、国情によって異なるが、こうした進出方法は現地との合弁企業設立が多用され、技術進化を生み出した。これらは、後のグローバル経済の進展と日本国内市場の低迷及び少子高齢化による消費構造の変革（市場ボリュームの停滞）、デフレ経済進行による売上低迷などにより、日本企業のグローバル進出は現地市場を開拓する「現地化」にその命題を変革させた。

こうした命題の変革は、国内事情を考慮すれば当然の帰結であるが、二〇〇〇年以降、中国・インドや東南アジア諸国の膨大なマーケットボリュームは並行成長化している先進国企業にとって大変魅力あるものとなった。日本も同様であり、特に一九九〇年代中期より開放市場と国有企業の民営化を促進する中国企業との合作・合弁の企業化を推進した。事実、二〇〇八年の北京オリンピックと二〇一〇年の上海万博を控えた中国市場での現地化には、日本企業としても大変魅力的であり多くの大手・中小企業はこぞって中国への進出を促進し、二〇〇〇年頃よりこれを加速させた。しかし、いかに商品・資本・労働などの対外取引を認めた開放経済体制であっても、また中国沿岸部の成長都市における進出外資企業への優遇開発区であっても、社会主義経済下での現地化は多くの日本企業にとってそこには高い壁が存在していた。その壁とは、制度的問題だけではなく、市場特性、チャネル特性、コミュニケーション戦略特性、製造・製品品質特性といった諸問題と生活者の文化的特性に対する苦境である。そして、低コスト生産の魅力の減退や中国経済の減速も相まって、多くの日系企業は進出コストも未回収のまま撤退や合弁解消に踏み切る企業や事業が相次いだ。さらに、日中における政治的・経済的摩擦の深まりが日本企業の活動を制約することにもつながっている。

二〇一三年の第二次安倍政権の発足時、膨大な投資資産を保有する中国を経済の成長とそれに伴う所得の向上による魅力を有する市場として顧慮しつつも、政情の安定化が図られ、より自由なアジア新興国と呼ばれるベトナム・カンボジア・ミャンマー・バングラデッシュ等々の人々の購買力が魅力となりつつある市場を目指して、日本企業はグローバル化の方向転換を図った。既に、一九八〇年代よりタイ・マレーシア・シンガポール・インドネシアといった東南アジア地域への進出は図られ、日本企業のノウハウは蓄積されてきていたが、さらなる魅力性を増大させたとも言える。加えて、二〇〇〇年代後半にはインド・アフリカ諸国への進出が急務となっている。また、急速に成長を遂げた中国は、中国国有企業を中心にこれら諸国への進出が顕著であり、中国国内で消費される最寄品は既に東南アジア地域を生産拠点に事業拡大を図っている。

これらのグローバル市場構造や新興国、特に中国のグローバル産業構造への取組みは、今後、日本企業のグローバル戦略を大きく変革する要素として配慮した上で、企業の戦略的マーケティングとして取組まねばならないだろう。

ところで、一九九〇年代中期から二〇〇〇年代の日本では、中小企業を含め、企業命題としてグローバル生産進出と現地市場化（現地市場創造）が推進されてきたが、日本企業の取組みには大きな課題が生じていた。

それは、以下の二つの課題である。

① グローバル人材育成課題と企業意思決定の課題

② 現地市場化に向けてのその国々の適正に合致したマーケティング戦略展開の課題

多くの日本企業のグローバル戦略の意思決定は、日本国内の責任者に委ねられている場合が多く、結果、現地の現場では実情に合致した市場戦略命題を理解しているにもかかわらず、日本国内の本社実情を優先した判断が下されてきた。その為、変革するグローバル市場の実情に合致した現地提言への理解不足や意思決定に関わる重大な過誤によって、当初の戦略命題とはかけ離れたプロセスを示す結果を招き、現地の働きがいを著しく阻害してきた。さすがに日本企業の優位性とマネジメント力量が発揮される場面が多かったが、市場化は現地流通・コミュニケーション戦略事情・製品構造の現地ニーズに合致させた製品構造化と市場調査、等々マーケティングの基本的概念を現地特性に合わせて取り組むことが求められた筈である。

一九九〇年代から始まった海外進出を強化した多くの企業は、現地採用の人材には現地給与水準を適用し、日本国内より安く雇用することに専心していた。これは人材面での育成と確保に最大の問題があったと言えよう。

日本企業のグローバル化の進展により、多くの大企業を中心に欧米のみならずアジア地域への進出を果たしているが、日本国内での外国人労働者の採用基準に格差が生じている。海外事業を広げ、輸出市場で利益を稼ぐ日本企業だが、受け入れる企業側に日本人との均等待遇への認識や人材登用への素地が整っておらず、閉鎖性が色濃く残っていた。

例えば、二〇〇〇年に入っても日本企業が国内で採用した外国人労働者を現地に就労させた場合、現地の給与水準を適用する慣習が横行していた。また、雇用実態についてもグローバル事業の中での役割・機能が不明瞭であった為、たとえ人材育成に投資してもその果実が実る前に離職する事態を招いた。つまり、採用時において役割・機能を明確にしたマーケティング人事が求められていたにもかかわらず、そこへの対応を怠ったと言える。業務スキルが曖昧では採用企業へのマインドシェアは醸成されない。ましてや外国人従業員に関しては、ただですら日本型企業へのマインドシェア醸成は難しい。

外国人従業員の受入・活用を成功に導いた企業の特徴は、自社の企業理念と事業戦略の方向性を理解させ、日本人との均等待遇の確保や最適な人材登用の運用を目指し、採用者個々人に合わせた採用目的と目標に従って育成する研修・技能実習制度が整っている。そして、日本国内にて様々な実務経験を積ませ、数年後に現地マネージャーとして赴任した際には、現地スタッフの募集から雇用全般に渡って責任者として職務を遂行させている。

つまり、企業理念は日本国内と現地拠点にかかわらずグローバルな枠組みでなければならず、活動のコアとなる理念と事業戦略を共有する体制が求められる。しかしながら、日本企業においてはそうした企業理念自体が曖昧で実際の実務とは乖離しており、企業理念が浸透していない場合が多く、優秀な人材を活用するメリットを享受できていない。また、日本企業にはグローバルな枠組みでの人事評価制度が未整備な場合が多く、日本国内と現地拠点の日本人従業員と外国人従業員の間での昇進や給与体系が異なり、能力とは関係のないところで差を生じさせている。

例えば、日本人従業員はどこへ派遣されても日本水準が守られているのに対して、外国人従業員は現地水準に下げられる。短期的なコスト削減を目的に国際展開を図りながら、戦略的マーケティング不在の企業においては、現地市場化が思うようにならない悩みの中にいる。これらのグローバル現地市場化への経営者の認識不足と日本人従業員と現地従業員とのコミュニケーション不足が一番大きな問題と言えよう。現地の事情を充分把握しないまま日本式経営を押し付けた結果、双方の間に「信用できない」といった摩擦が生じ、現地市場化へのマーケティング・アプローチが形骸化したものになっていく。

つまり、これまで日本企業の現地拠点は、日本人従業員が中心となってマネジメントを行う傾向にあった。現地従業員はあくまで日本人のサポート的な役割であるが故に、現地の課題を明確にできない日本人スタッフは成功事例を生み出すことができないジレンマに陥る。結果、こうした企業は撤退を余儀なくされるか、企業の面子を護る為に非効率で戦略不在のまま事業を継続している。一方、現地採用された優秀な人材であっても、外国人従業員は将来へのキャリア登用や権限移譲は叶わず、日系企業へのメリットや魅力が薄れた結果、より良い条件を求めて転職する傾向にある。

こうしたグローバル戦略的マーケティング不在の在り方を充分理解しなければならない。日本企業のマネジリアル・マーケティング戦略の中で、もはやグローバル戦略的マーケティングは大きな要素だと考えられる。いち早くグローバル市場進出を果たすに越したことはないが、これからのグローバル進出であってもこれらの事象を念頭に置けば成功することは可能だろう。もはや今日、東南アジア諸国では中国に進出した企業の最寄品製造工場と化している。しかし、日本品質（J Concept Quality）が高く評価されている時代に、中国で現地市場化をダイレクトに図るよりも、東南アジアで中国市場向け現地化拠点を設けた方が妥当な時代であると言える。そして、二〇二〇年以降、中国企業の進出が本格化しているアフリカ市場でも現地化やそこを核としたグローバル戦略が、一層活発化すると予測される。従って、日本企業によるアフリカ市場の現地化には日本ならではの独自アプローチが求められよう。

国際競争力を保つ為にも、現地化の人材育成と雇用形態は独自に確立することが重要な要素となる。現地機構の責任権限の委譲こそが、グローバル・マーケティング戦略におけるマネジメント（管理ではなく権限の委譲こそがマネジメントである）の原点であり、基本となるべきである。

そして、一九九〇年代に成長を遂げた新興国は、もはや成熟社会を迎えつつある。一九八〇年代の日本の成熟社会を考えれば、モノへの付加価値を要求する「生活充足から生活充実」社会に到達したことを意味する。単にモノの生産機構をグローバル化するのではなく、マーケティング機能（製品開発、流通戦略、コミュニケーション戦略）そのものを、それぞれの国情の中で現地化することが重要であろう。そして、日本品質（J Concept Quality）を現地ニーズとウォンツに合致させた「現地適正品質化」とコト・ターゲット型のサービス付加価値を含めた取組みが求められる。そうした意味で、一九五〇年代以降の日本のマーケティングの進化を前例としながら取り組むことが求められる。

3 二〇〇〇年代 流通構造の進化と変革

一九九〇年バブル崩壊後、成長を遂げてきたスーパーマーケット（SM）及びコンビニエンス・ストア（CVS）の小売流通業態にも大きな変革が生じてきた。

SM業態では、一九七四年に制定された大規模小売店舗法（以下、大店法）によって、店舗面積の合計が千㎡を超える店舗が規制された。逆に、この規制が新規出店によるオーバーストア化を抑制し、一九八〇年代のSMの成長を助長したとも言える。しかし、バブル経済の崩壊は、消費を低迷させ、また成長を続けたSM業界の成長を鈍化させた。既に、一九八〇年代に大手SMを含め地域リージョナルスーパーが上場によって企業の知名度や信用度を上げてきたが、直接的・間接的なステークホルダーにより売上低迷は許されない経営に陥っていた。その為、一九九〇年代に大店法の規制が緩和され大規模小売店舗立地法とまちづくり三法が制定されたことにより、売上成長を見込む業界では積極的な出店攻勢が経営の命題となるが、逆に各SMは過度な出店競争に巻き込まれることになった。結果として、オーバーストアによる既存店競争は激化した。

加えて、CVSはフランチャイズ本部の企業規模拡大競争の時代に入り、フランチャイジーの確保と出店過密化が促進されていった。この頃、SMは家族世帯をターゲットとした家庭内食、CVSは若年層やビジネスパーソンを中心に弁当・惣菜の中食と、各々の棲み分け強化が図られていた。しかし、一九九〇年代にドラッグストア（Drug store）がチェーン組織化され、小売産業として拡大・成長していくと、さらなる異業態間競争が激しさを増した。

好売上達成を目標に出店攻勢を強めた食品スーパー各社は、八百～千坪の大型スーパー（SSM）の出店を促進させ、既に斜陽化しつつあった総合スーパー（GMS）は、生き残りを掛けショッピングセンター（SC）の核店舗としてのポジションを求めていった。こうしてSC内の他業種と複合した集客競争の時代が到来した。

また、家電・情報機器・アパレル（しまむら・ユニクロの発展に伴い軽衣料がスーパーから奪われ始めた）・スポーツ・居酒屋、等々の専門業態でチェーン化が促進され、異業態間競争が始まる。

異業態間の競争が激しさを増す中、SMも本部オペレーション・システムや店舗運営システムの進化を図りながらもその成長の維持を模索するが、既に時代は低成長期であり消費は減退していた。様々な業界で価格競争が繰り広げられた結果、実態経済の縮小と個人消費の減少が物価下落につながり、デフレスパイラルが進むことになる。こうした所得の低迷や将来の生活不安から、価格の絶対的安さは消費の命題となっていった。

一九九〇年から続いた業態間の熾烈な価格競争による物価下落は、円高と中国・東南アジア等の新興国への生産移転によるコスト削減が低価格競争を可能とした。そして、日本の最寄品メーカーの海外への生産移転は、低価格であっても品質管理を重視し、グローバルな生産拠点におけるアパレルのSPA生産システム（短期間開発、低コスト化、製品生産付加価値化へのシステム）の構築により、海外生産ノウハウの進化をもたらした。しかし、低成長社会は価格革命と称する相対価格競争（どこよりも安い）を加速させた。こうした中で、経営収益効率を上げる為に、コスト削減を前提とした流通業の業務改革が推進され、一九九〇年以降、米国の流通業態（Wal-Martの台頭）の競争システムが日本の流通業にも導入されていった。

つまり、相対価格（どこよりも安い）競争の激化は、デフレスパイラルの中での流通業の競争要件の第一命題となったが、こうした流れはＳＭ業態の経営を圧迫した。そして、新規出店競争による売上増を狙った戦略は逆に出店コストの増大を招き、既存店の売上は低価格競争による低迷の中、そのオペレーション構造を変換させる試みが成された。この動きに対して多くのＳＭ経営者は、米国の新しい取組みノウハウに学び、その年次テーマを自社のノウハウとして導入していった。

こうした低価格競争は、単一カテゴリーを重点商品として取り扱う専業量販店には追い風となり、多様な限定カテゴリー・ライフスタイル商品に傾斜させ、生産から販売までのサプライ・チェーン改革をもたらした。多様な限定カテゴリー・ライフスタイル商品とはいえ、過去にＳＭが扱っていた家庭雑貨（ドラッグチェーンへ）・家庭衣料・カジュアル衣料（しまむら・ユニクロへ）・紳士服（アオキ・青山へ）・婦人服（各専門業態へ）は遥かに多品種であり、変革しつつあるライフスタイルに合致していた。また、家電（ヤマダへ）・スポーツ（ネクサス・スポーツオーソリティ・ヴィクトリア等へ）・カー用品（オートバックスへ）、そして、当時成長業態の一つであったＡＶ・情報機器（ヨドバシカメラ・ビッグカメラへ）等の専業量販店は、サプライ・チェーン上の低価格とマーチャンダイジングのノウハウを確立し、大型スーパーやショッピングセンターに隣接した立地の選択やそれに複合することによる集客のキーテナント化、そして低価格の実現により成長を遂げている。既にＧＭＳやＳＭ業態のマーチャンダイジングの中核は、家庭内食に関わる商品に限定されていき、食品売上構造を様々な生活者のライフスタイルに合致させた売り方やオペレーションを模索していった。それを助長したのが、先に述べた米国のＳＭ業態の中でテーマとして挙げられていた業務改革項目であった。つまり、ＳＭは価格競争の苦しみの中から、食生活ライフスタイルに沿った品群の購買を促せるか、生鮮三品を中心としたメニュー品群をいかに提案できるかに、その競争要件が変化していった。

こうした米国のノウハウ導入とライフスタイル・アソートメント型業態への取組みは、これまでの単品管理傾斜のアプローチをカテゴリー品群間の中の単品群購入促進へと進化させていった。これはクロス・マーチャンダイジングと呼ばれるアプローチであり、このアプローチは一九九〇年代から今日に至る店舗販売のシステム化を促進し、日本型オペレーションを世界の中で独自のシステムとして開花させていった。

つまり、業態オペレーションは「ライフスタイル・アソートメント業態」と低価格主義の「ＥＤＬＰ業態」「ディスカウント業態」「価格主導業態」に二分化された。日本のＳＭ業態は今日でも価格主導型であり、独自ポジションができにくい。それ故、このライフスタイル・アソートメント業態による食生活提案への取組みは、日本の生活者の食品・最寄品購買に合致していたのだろう。つまり、二〇一〇年以降のＳＮＳ

社会の進展によるＥＣサイト購入の成長までは、この業態オペレーション構造の確立が重要と言われてきており、この動きは今日でもＳＭ業態生き残りの命題となっている。しかし、ＥＤＬＰ戦略はスーパー独自のＰＢ化の促進と飲料を中心とした最寄加工食品や日用雑貨品カテゴリーの均一価格を確立させ、スーパー内の商品はライフスタイル・アソートメント型価格とＥＤＬＰ価格が今日でも並立している。

これらの業態変革に影響を与えた米国ＳＭ業界のオペレーションノウハウを、年次別に見ると以下のように列記される。

(1) ライフスタイル・アソートメント業態取組みへの流れ

毎年五月、米国で開催される全米ＦＭＩ大会（Food Marketing Institute）は年次テーマごとに、バブル崩壊後の消費低迷や大店法から大店立地法の制定による出店競争社会の中での生き残り戦略として大きな影響を与えた。

一九九〇年代から二〇〇〇年代、多くの日本のスーパーマーケットの経営陣やメーカーが視察に訪れた大会であり、この大会で提唱された取組みは日本でも導入されたものが多い。

まず、一九九〇年には「ＥＤＬＰ戦略―いつでもお値頃」の提案があり、この戦略を翌年には大手スーパーが導入した。また、一九九三年には「ＥＣＲ戦略（Efficient Consumer Response）」が提唱され、米国「Wal-Mart」と「Ｐ＆Ｇ」の取組みが、日本では「ジャスコ」と「花王」で取り組まれた事実がある。

取引から情報の共有化、物流の協働化、商品開発の協業、等のコスト削減を売価に還元するといった思想のものである。しかし、米国「Wal-Mart」はこの「EDLP戦略」をグローバルPB商品開発に応用し、その製品調達ノウハウとグローバル出店により今日では世界的企業に成長している。この点では、日本のスーパーや他の業態は遅れを取り、今日でもグローバル流通ビジネスが成功したとは言い難い。唯一、日本型CVSモデルだけが二十一世紀グローバル成長業態として成功すると思われる。

その流れを示すと図表2-5-1のようになる。

続いて、一九九五年にはカテゴリーマネジメント、一九九七年にはミール・ソリューションが提唱され、多くの日本のスーパーマーケットやメーカーはこの洗礼を受けた。そして、米国流のコンセプトから日本独自の戦略体系を構築したと評価できる。先進スーパーは〝価格価値だけではない、ライフスタイル・アソートメント対応型スーパーを検討すべき〟といった発言がなされ、この後、一九九七年頃より「ライフスタイル・アソートメント概念」と「ミール・ソリューション対応型店舗」の実験が行われるようになった。〝どんな生活場面を提案するのか〟、〝朝昼晩の来店動機に合わせた品群提案と提供〟、〝平日、週末等、五十二週の食卓に合致した品群提案と提供〟等々のコンセプトと言えようが、単なる情報提供ではなく、実際に提案メニューを作るに当たっての購買主張を店舗独自のオペレーションで展開し始めた（キッチンスタジオ等によるその日の食メニュー提案とメニュー関連陳列等が促進され、今日に至っている）。

こうした展開を中期計画と位置づけて、今日まで展開している企業は多い。従って、店内レシピ提案と単品群の主張や店長推奨平台の主張による展開が継続して実施されるオペレーション体系と独自継続展開

図表2-5-1　米国FMI大会の進化と革新

FMIは毎年，スーパーマーケット業界にとっての「脅威」の対象を明快に提示。
生産・流通・小売が取り組むべきテーマを提唱。

年	テーマ
1990年	ウェアハウスクラブの脅威，バイイングよりセリングに関心移行，EDLP戦略
1993年	ECR戦略の発表，フェーズ1展開
1995年	スーパーセンターの脅威，ECR展開フェーズ2（日配・生鮮事例拡大），カテゴリーマネジメント
1996年	スーパーセンターの脅威，外食産業の脅威，消費者ロイヤリティ維持重視（FSP）
1997年	スーパーセンターの脅威，ミール・ソリューション，コンシューマー・ダイレクト
1998年	スーパーセンターの脅威，人材採用難，データベース・マーケティング
1999年	スーパーセンターの脅威，ホールヘルスソリューション
2000年	スーパーセンターの脅威，IT対応，BtoC
2001年	プリペアードフード，人材確保，ディストリビューションセンターの生産力
2002年	変化を機会に変える，RFIDを活用した次世代ロジスティックス
2003年	RFID，SQF，センターストアの再活性化，消費者起点のマーケティング
2004年	アメリカを健康に，センターストアの再活性化，食の安全性追及，消費者起点のマーケティング
2005年	大規模戦略の終焉，ロング・テイル・マーケット，栄養と健康，プル型マーケティング
2006年	差別化（ディスティンクション）の重要性，PBによるストアロイヤリティの向上，スナッピング，トレードアップ
2007年	CHANGE（パラダイムの変革），技術革新の活用，人材育成，エネルギー問題，環境問題

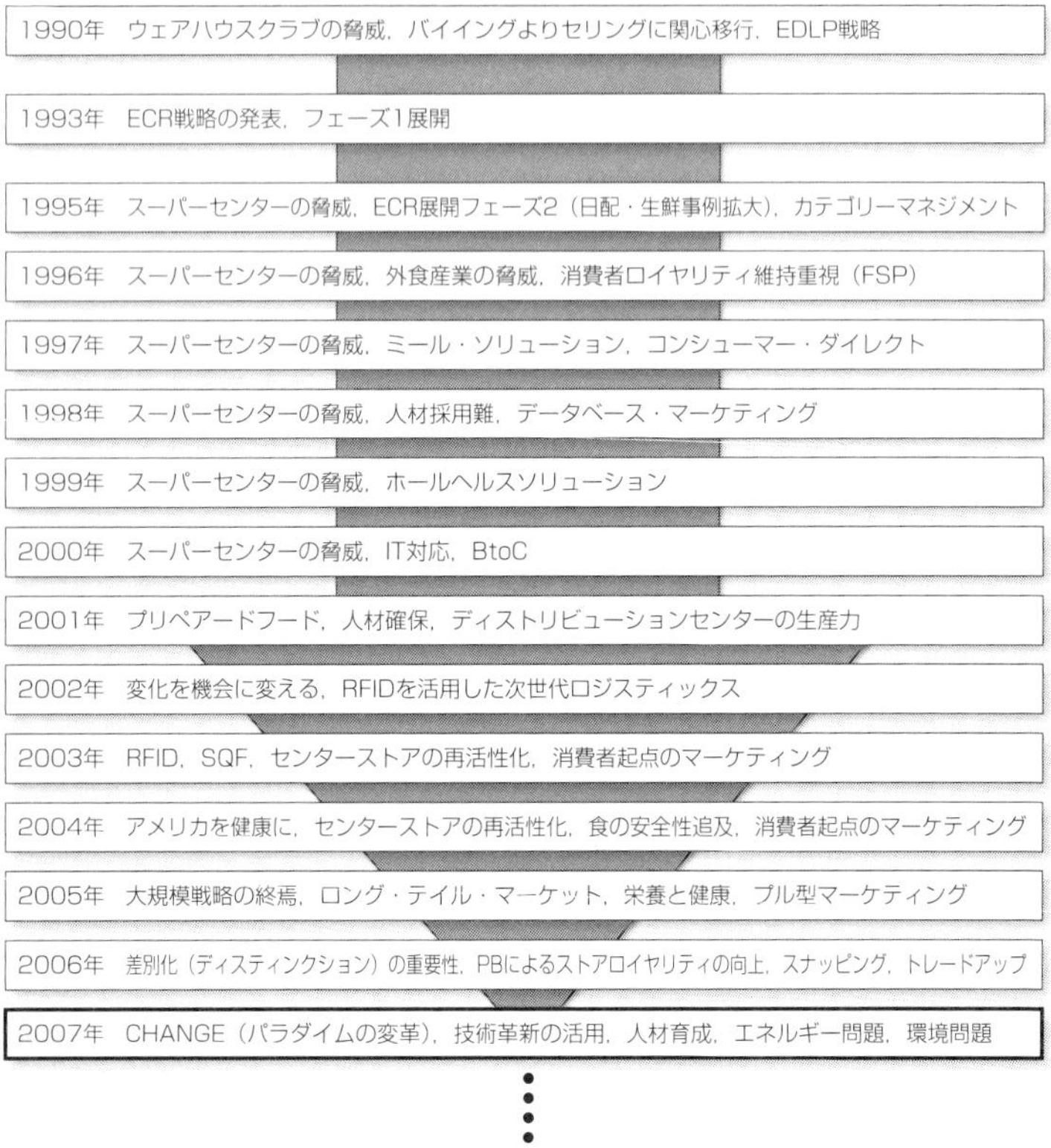

体系を確立できたスーパーが，今日でも成功している。

単品管理とカテゴリー管理を原点とし，しかもその目標を一二〇％ではなく，十倍・二十倍を目指すといった売場工夫展開は，ライフスタイル・アソートメント業態ならではと言えるだろう。そして，全社一丸となった社内キャンペーンを展開することによって，店舗間の取組み意欲の向上と取組み満足度の向上を確立できた企業は成長を遂げている。これらの事項は、店舗ゾーニングの在り方やライフスタイル・アソートメント業態による生活の質の向上に寄与する活動、各従業員・パートナーの提案と取組みによる自己責任・権限の確立、等、今日先進的なオペレーションを確立できたことにつながっている。

例えば、〝サラダステーション〟、〝ランチコーナー〟、〝おやつデポ〟、〝キッズコーナー〟、〝鮮魚市場〟等、部門縦割りではなく、部門間の横串の取組みを完結させている。これらの取組みは、テーマで商品カテゴリーをくくる発想を開花させた。今日、多くのスーパーもこの傾向を強めているが、組織的な、従業員マインド・パートナーマインド向上オペレーションの確立ができていないのが現状である。従業員の働きがいの醸成ができなければ、この取組みは不可能と言える。

ライフスタイル・アソートメント提案の体系とパワーを図表2-5-2のように整理してみた。まず、店舗のロイヤリティ確立を前提とした提案理念が求められる（どのような生活ソリューションを命題とするか、そしてそれを具現化する為の取組み）。この件は、過去に行われてきた販促価格を主体とした大陳で単品を〝売らんかな〟の姿勢ではなく、お客様の生活ソリューション理念を徹底するノウハウを確立させた。そして、メニュークロスセリングは単品管理を前提として提案しており、低価格ではなく価値価格単品の提案につなげている。そのベースは、絶えずお客様の購買場面にマインドを置き、結果として提案メニュー、提案商品の習慣セリングと単品価値価格を連動させ、店舗の独自性を確立していこうとするものである。そして、メーカーにとっても新しい品群カテゴリーを売場構築できるチャンスともなった（例：ヨーグルト→プロビオヨーグルト、豆乳売場のサブカテゴリー化、健康ソリューションカテゴリーの売場

図表2-5-2　ライフスタイル・アソートメント取組みによるソリューション体系

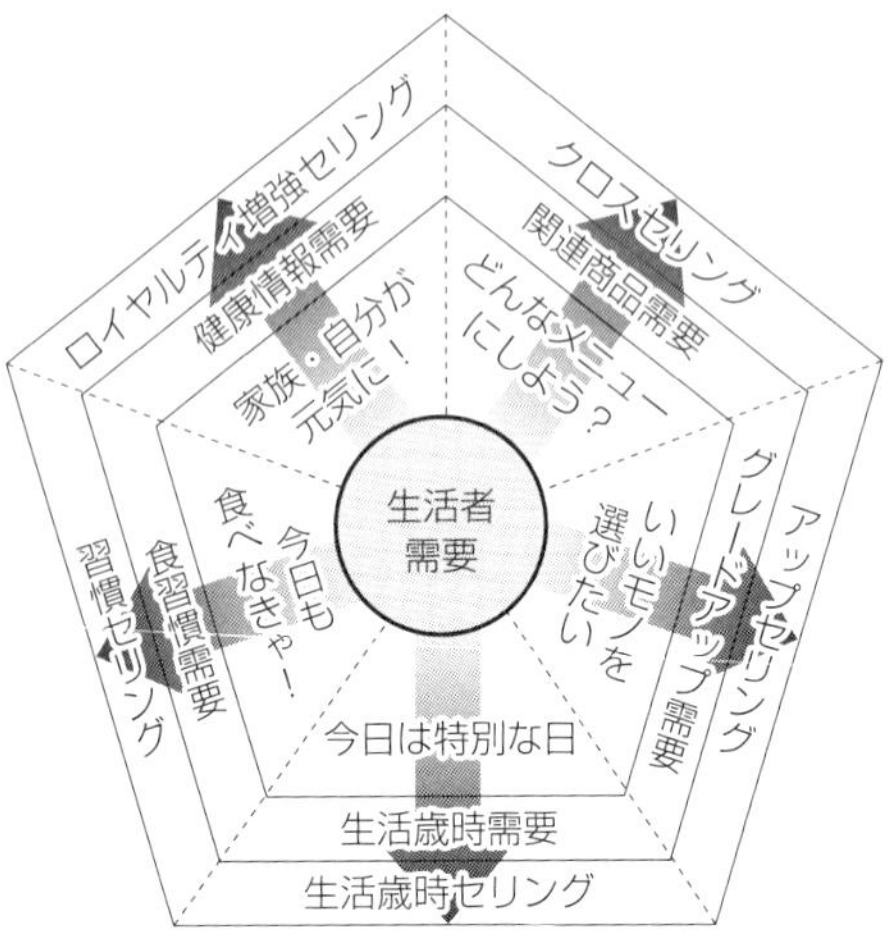

1. ソリューションセリング力
2. 食育を含む生活創造力
3. 商品力とサポート力
4. コラボレーション力
5. 提案キャンペーン力
6. 取組み条件提示力
7. 価値価格力
8. 物流構築力
9. 店頭実現力
10. 店頭演出力（プロデモ販）
11. ITサポート力（店頭デジタル情報力・ダイレクト双方向情報力）
12. クロスMD提案力
13. 商品信頼性の情報力
14. チャネル開発力
15. 従業員能力向上への取組み力

出所：明治乳業株式会社「販促ソリューション2005年ガイド」。

構築、等々、多くの新しい生活カテゴリーの確立につながった）。

(2)　独自の出店開発とNSCへの取組み

ライフスタイル・アソートメント業態の強みは、〝独自の高い販売効率〟、〝パートナー比率の高さと働きがいある責任と権限の確立〟、〝低い出店不動産費比率〟にあると言える。これらのことは、販売管理費の低さにもつながっているが、その実態は「一店舗当たりの年間売上高の高さ」にあるとも言えよう。高い年間売上高を維持する為には、自店の自助努力と提案工夫による「買上点数の高さの確保」にあるが、それはライフスタイル・アソートメント業態としての試みが成功したからに他ならない。

しかしながら、小売業は立地産業とも言われるように、出店開発と競合店に強い店舗への独自化がポイントであることは言うまでも無い。特に、既存店がドミナントを形成していても、そのドミナント内に新店を開発し、ドミナント全体の相乗効果と効率を発揮するという考え方が重要となった。一般にスーパーは、ドミナント内の競合店を排除する為に新規出店の密度を上げようとするが、ドミナント内の自店競合はそれぞれの販売力量を増大させ、お客様のロイヤリティを確立することにつながる。そして、カテゴリー間の組合せと単品群での提案工夫が益々独自性を強化し、結果として生鮮三品を始めとする特化ラインに強い競合先も全体のカテゴリーマネジメント力と顧客満足度の形成に負けて撤退する、といった構図が特徴と言える。

こうしたテーゼは、以上のような出店思想がベースとなっているが、個店の魅力度の向上にその基本があり、今日では少子高齢化の中でコト型独自業態の地域コミュニティ化による個店ごとの店舗ロイヤリティの在り方の追求に変革してきている。

事業業態は十年スパンでそのパラダイムの変革を迫られる。多くの先進スーパーは十年スパンで店舗開発及び規模・立地コンセプトを変えてきている。最寄スーパーの流れから、八百坪のSSM業態の転換によるマーケットプレイスコンセプト化、さらにこのニューフォーマットからSSMを核としたNSC（近隣型ショッピングセンター）への転換へと、ほぼ十年単位でその業態を革新してきている（そして、今日では大都市圏の人口密度の高いエリアでは、三百～五百坪クラスの小型ライフスタイル・アソートメント業態の追求の時代となっている）。もちろん、ライフスタイル・アソートメントの飽くなき追求が前提で取り組まれてきたと言えようが、生活者の生活実感と感性の変革との競争に業態進化があったと言える。

それが、ドラッグストアと衣料・家電・ホームセンターといった専門量販店との協業を生み出したNSC開発の進化につながってきた。

単なる商業集積やテナントの誘致ではなく、「この地域で、どのような業態組合せがお客様のライフスタイルに合致しているのか」、「お客様の生活の質を向上させ、お客様に便利な地域コミュニティの核となれるか」を基本コンセプトとして開発し、まさしくNSCの基本コンセプトを実現してきた。

もちろん今日のショッピングセンターは、テナント物販や専門量販店の物販能力だけでは顧客を吸引できず、ファーストフードやビューティ、学習、健康、ペット、フードコート等々のサービス業態による時間消費ノウハウの確立に顧客吸引力は移行している。そうした中で、テナント収入に頼らない店舗のライフサイクルの長寿化を図る為には、お客様に変化ある質の高いライフスタイル・アソートメント力と提案取組みの継続が欠かせないことは間違いない。

二〇〇〇年代中期までは、こうした思想と努力と変化への業態提案力が求められてきた。この先駆的取組みは、ショッピングセンター№1を確立した「イオン」やSM業界の代表「ヨークベニマル」「ヤオコー」によって行われてきた。しかし、他社の開発した業態が流行っているからではなく、業態オペレーションの基本原則を徹底し、売り場に提案の変化を生み出し、お客様の場面と状況に応じた提案アプローチを行うことに業態原則が存在する。何とかしようとする意気込み、またそれへの取組み、さらに商品そのものにアプローチの主眼がある。その徹底した姿勢は、業態が進化・変化しても変わらない。このことが、NSCについても活かされなければ、SNS社会の到来で多様な顧客アプローチが求められている今日、店舗業態として生き残れない。

時代は、スーパーの単独業態としての競争力を減じ、ショッピングセンターの中の一部として取り込ませてしまったように思いがちだが、NSCの核店舗はスーパーにあることは間違いなく、この核店舗に見られる独自性と競争力こそ、今日のスーパーの命題とも言えよう。

以上、一九九〇年代から二〇〇〇年代中期までの独自化が求められるスーパーマーケットの競争要件をまとめたが、その他にも先進スーパーの強さは多々あろう。

例えば、「取組みコンクールのインセンティブを人事諸制度に関係づけない」は、典型的な独自事例に当たる。ヒトがスーパーの中心とするなら、その働きがいはお客様の笑顔を頂くことと、パートナー同士がその成功を継承工夫し、活用してくれることにある。この人材DNAの確立に成功したスーパーは少ない。また、「商品の自主編集によるアソートメント」は、一単品SKUを様々な用途・サイズ・量目・価格価値に編集し直し、新たな単品（SKU）の拡がりを見せ新たな生活カテゴリーを生み出し、店の変化と独自性を助長してきた。

それらは、日常商品の見直しや売り方提案のチャレンジによって可能となり、まさしく従業員・パートナーの売りの現場における弛まぬ工夫と部門を超えたお客様満足事象への提案、その取組みを可能とする悦びと笑顔こそがライフスタイル・アソートメント業態の強さであり、ひいては全ての業態に普及すべき事項であろう。

この時代は、不況の中で厳しい買い控え、原料高騰によるコスト高の渦中にあった。しかし、ヒトの働きがい創りの現場さえあれば、「私の生活にとって欠かせない」、「私にとって価値がある」、「私の好きなお店、商品・メニュー」を追求する顧客資産力の高い企業として持続的に成長し続けられるはずである。新たな時代の流通業の展望、さらには多くの企業の指針は今日でも個店の独自性とそのオペレーションノウハウの確立にあると言える。

(3)　求められる業態進化の流れと定常業態からの打破策の追求

今日のスーパーマーケットは、一九七〇年代の急成長から一九八〇年代のCVSや専門量販店の台頭、また九〇年代のドラッグストアの台頭、さらにはスーパー単独立地からNSCや大型SCへの組み込みによる生き残り、等々の成長の流れの中で既に定常業態（時代を牽引できる業態では無くなっている）と言われている。その進化と発展と他業態を含めた業態進化の流れは図表2-5-3に示す通りだが、こうした中で多くのスーパーはお客様から次のような評価を受けていると言えよう。

①もう十五年ぐらい経っているのに、売り場・売り方がたいして変わっていない。
②貴方の店は何が特徴なのかわからず、主張が伝わらない。
③同じような店が近くにいくつもあっても便利とは言えない。
④三十代、四十代をターゲットにした店づくりや販促が主流で、六十代以上のターゲットと働く女性・

単身者への努力が無い。

⑤核家族の主婦を想定したマーケティング・システム・チェーン運営（ファーストフード・チェーン・システムも同様）。

⑥うちの家族は美味しさにこだわりがあるので、遠くても別の店に行く。

⑦食の専門家として、マーチャンダイジングとか、かっこいいことを言っている割に何もしてこなかった。

⑧一人で食べるのに気に入った商品がなく、一人で食べても美味しく楽しいメニューが無い（個孤消費ノウハウの欠如）。

⑨買物の時間がつまらない。値下げ商品だけで楽しい夕食がつくれない。仕事が終わって買物に行くと、残り物と見切り品しかない。

⑩パートナーとしてもっと自分で工夫し、知恵を出して働きたいのに、労働時間短縮で収入は減るし、ベテランは必要ない会社。

しかし、今日これを打破しないとスーパーマーケット業態の明日はないかもしれない。その打破の方向性は以下のように考えられよう。

①顧客対応企業から顧客創造企業へ（自らＭＤの調達へ出かけ、品揃え以外の商品の提供を含めた付加価値商品サービス提供業態へ）

②エリアのライフライン拠点で最も信頼を受け、一店舗ごとの営業利益を追求する地縁ストアへ

図表2-5-3　流通業の進化とその流れ

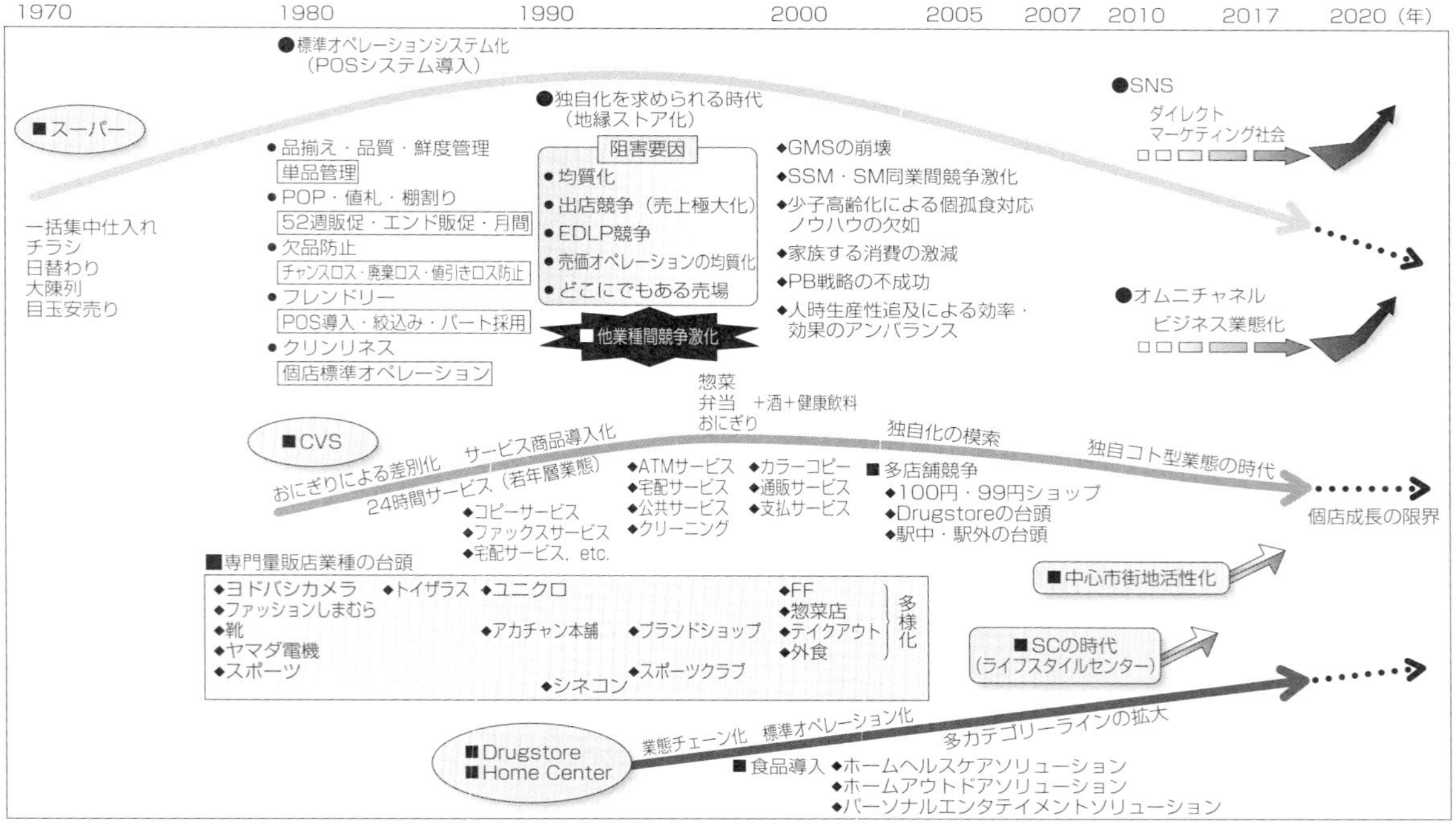

出所：「流通業の進化とその流れ」新津重幸，MUI研究会レポート，2006.5，p.10，及びMUI研究会レポート，2017.3。

③少子高齢化商圏と女性の社会進出及び単身世帯の増加による個孤消費に即応するCustomer Guarantee業態へ

④割の合う手間を掛ける知恵と自己工夫のできる業態へ

⑤四半期ごとの動態組織としてのクイックリアクション業態へ

⑥横串連携のとれる実行力第一優先業態へ

⑦一つ一つのこだわりとソリューション構築がいつも感じられるOnly One業態へ

⑧旬・シーズン・新商品の期待に応える、こだわりを主張できる鮮度・変化の提案力を集客の決め手とする業態へ

⑨優良顧客管理と優良顧客化を目指すＣＲＭとＦＳＰ主導業態へ

⑩店長のオペレーションマネージャーから店のマーケティングリーダー育成業態へ

⑪特別な意味を持った増床・改造業態へ

加えて、今日のＳＣの台頭と中心市街地活性化策の施行による出店規制が加えられ、一万㎡以下のＮＳＣや小型（三百～五百㎡）独自店を模索する時代ともなっているし、再度、中心市街地の活性化を前提とした駅前新業態を求められていると言えよう。さらに、高齢者や働く女性に対応した〝毎日行きたい店〟、店に行かなくても購買できる独自業態化が求められていると言える。

①時間消費欲求を満足させるアプローチ

②自創・共創満足を追求するアプローチ
③高付加価値商業開発と価値店舗コミュニティの模索
④高齢者・働く女性・単身世帯への、個孤消費に合わせた店舗コミュニティの模索
⑤買物の簡便化とスピーディ及びコンビニエンス・サービス創造の為のコミュニティ空間開発及びSNS社会対応のオムニチャネル業態化
⑥物販＋テイクアウト・宅配・フードコート・ギフトサービス等の複合業態化を目指したコミュニティ空間開発
⑦デイケア、宅配、学習、カーライフ、保険・金融、旅行、その他コンビニエンス、エンタテイメントサービスを含むライフスタイル業態集約化によるコミュニティ空間開発
⑧健康・安心・安全のライフスタイル提案サービス業態集約化によるコミュニティ空間開発（ホームライフ・カーライフ・ケアライフ・ラーニングライフetc.）
⑨コミュニティ確立サポート拠点としてのコミュニティ空間開発（IT＋リアル空間活用の双方向コミュニケーション空間サービス）
⑩地域コミュニティ創造型コミュニティ空間
⑪〝ハレ〟と日常〝ケ〟の場面で複合活用できるコミュニティ空間
⑫「旬」の生命力を明確に打ち出せる商業集積と、ファクトリー・モノ作りなど実感を感受させるコミュニティ空間

図表2-5-4　時間消費型業態空間の命題

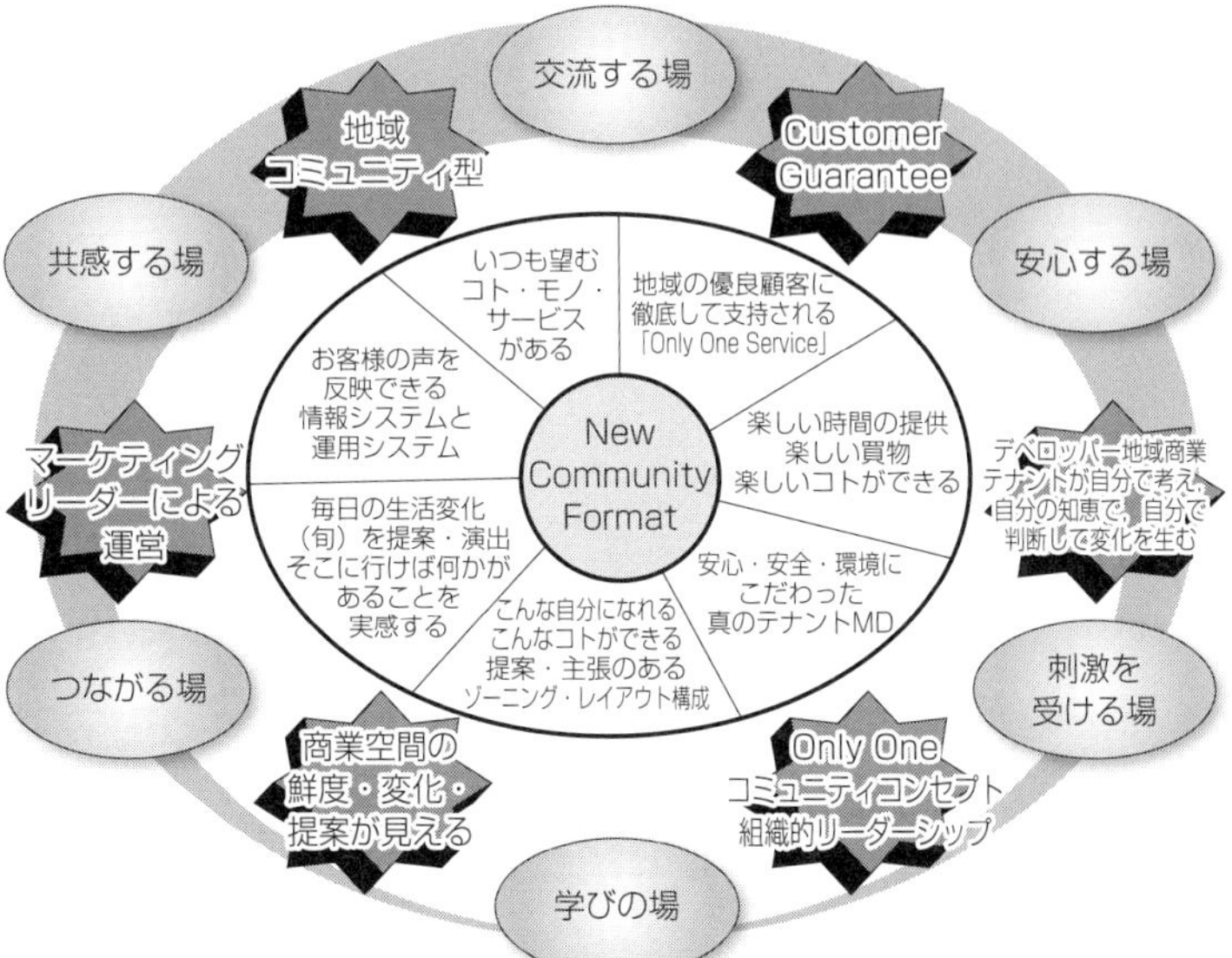

出所：「時間消費業態とその構造」新津重幸，MUIレポート2007，p.16。

⑬単なる生活者のコミュニティではなく、サプライ・チェーン拠点として地域・農・工・自然を包括できるコミュニティ空間（六次産業拠点化）

⑭地域の生活者の自創・共創の場を提供できるコミュニティ空間

こうしたスーパー業界や商業空間のコミュニティ化の命題に対して、その取組みと先行した理念はまさしくその回答を出してくれている。

(4) 業態開発理論の進化による業態多次元化

一九九〇年代から二〇〇〇年代、日本の業態は著しく多次元化していった。

小売業態の規定は元々「何を主に売っているか」の業種区分からではなく、①商品構成とプライスゾーン、②販売手法（ターゲットとサービスレベルなど）、③店舗形態、④立地の要素、等々の違いによる区分であり、米国から導入された概念と言える。米国の業態やSCの流れは図表2-5-5に示した通りである。

ところで、図表中の米国の業態とSC化の流れを参考にすれば、日本の百貨店やGMSはSCの開発や役割を担ってきた経緯があり、総合的品揃えで顧客の生活シーン全てに対応してきた。しかし、価格革命による一連の動きは、モータリゼーション化の進展と買いまわり行動領域の拡大に伴い、多くの郊外型専業量販店やディスカウンター、さらにはパワーセンター等、カテゴリーキラーの台頭と多店舗化を招来したと言える。そして、各種のライセンスブランドやナショナルブランドが価格革命によって、そのロイヤリティを平準化させてきた今日、百貨店・GMSが支えてきたマーチャンダイジング・ロイヤリティも破壊され、新たな業態間及び同業種業態の競合が芽生えてきた。こうした競合は、過去のように業態店装やイメージによるハード面より、オペレーションの独自性を目指した競合ステージに突入したと言えよう。

過去の業態の流れは、図表2-5-6に示すように、デンマークの学者オーラ・ニールセン（O. Nielsen）によって提唱された真空地帯理論の仮説で見ると良く理解できよう。

ABCのBを顧客の選考分布の中心に置くこの仮説は、A店はAの方向に進みたがり、価格サービス・

スケールをA→A'へと移動させようとする。Cも同様でC→C'へ移行させようとする。するとA、Cの左右に真空地帯が発生し、この両方の真空地帯に新たな業態参入のチャンスが生じる。この繰り返しの連続現象が新業態登場の仮説となる。

また、図表2-5-6に示された一九六〇年代の真空地帯にスーパーの低価格・低サービスが登場し、一九七〇年代には百貨店同様、最大の顧客選好の高い業態へと急成長する。その真空地帯に「ヨドバシカメラ」などに代表されるGMSの特定商品ラインのみを低価格で提供する専業量販店が参入してくる。また、高サービスエリアの真空地帯には専門ブランドショップが、青山・銀座・六本木・原宿エリアに参入し始めた。この頃、百貨店とGMSをキーテナントとする初期のショッピングセンター（SC）が登場する。

一九八〇年代はこれらの進化が一層加速化し、GMS対百貨店の衣料戦争、GMS対最寄地域型スーパー（SM）の食品戦争、GMS対専業量販店、百貨店対専業量販店の時計・メガネ、AV機器戦争、百貨店対SC、GMS対SC、ブランドショップ対SCの衣料ブランド戦争など、複合競合の時代を迎える。CVSだけは独自の棲み分けを行い、むしろ他の弁当やファーストフードを提供する業態との争いをしていた。この頃、ロードサイドには靴や紳士服、DIYに代表される初期のディスカウンターが続々と登場してくる。また、DCブランドやインポートブランドを扱うショップが高級専門店として参入してくるが、これらはSCや百貨店、GMSのロイヤリティショップとして、その業態内に抱合されていった。そして、GMS、SC、百貨店業態の平準化が旧来オペレーションのままどんどん進展した。

バブル崩壊後の図式は購入者から見ると、価格革命による商品ロイヤリティの平準化も伴って、価格を

図表2-5-5　業態化・SC化の流れ

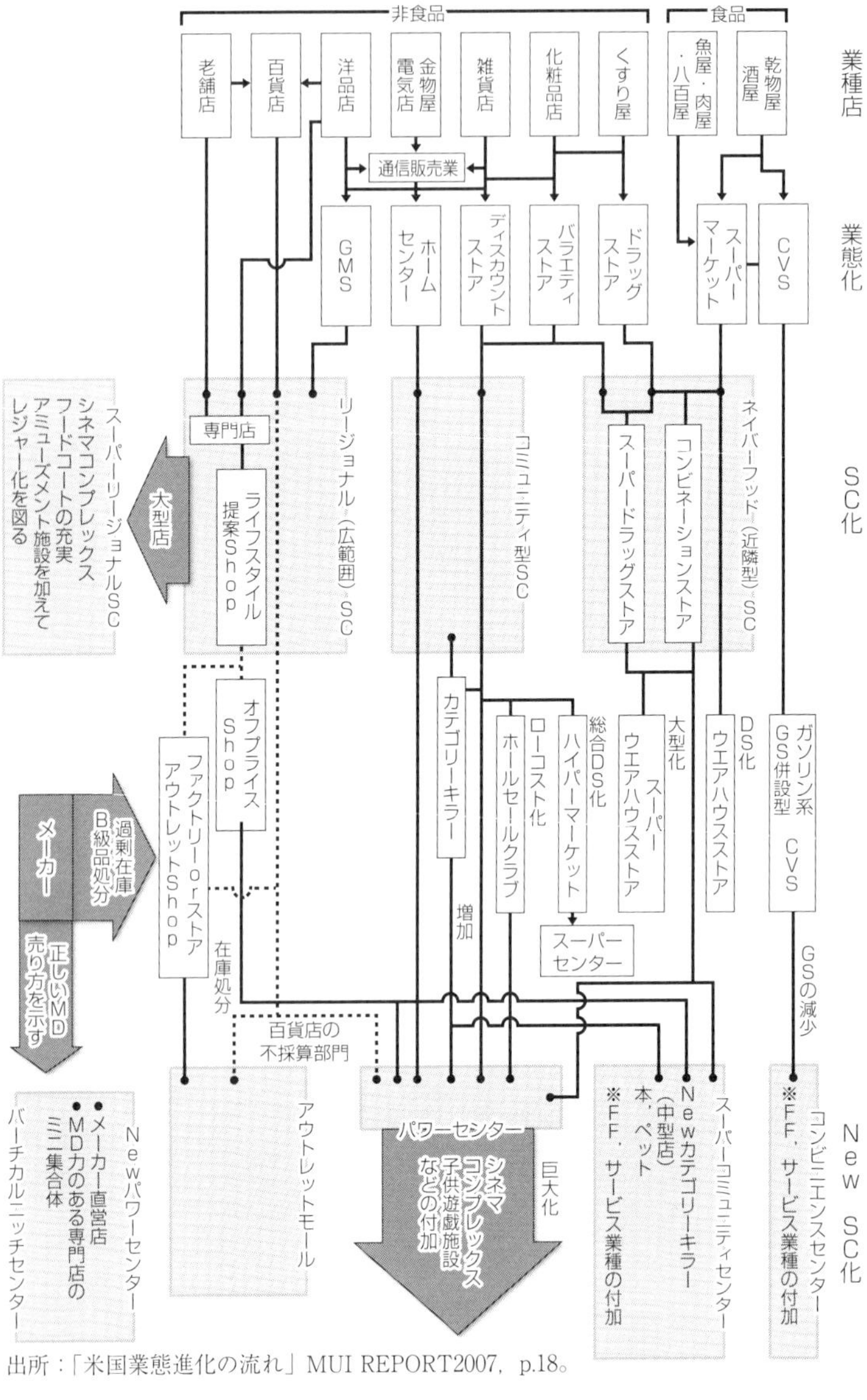

出所：「米国業態進化の流れ」MUI REPORT2007，p.18。

図表2-5-6　真空地帯仮説に見る日本の業態変化

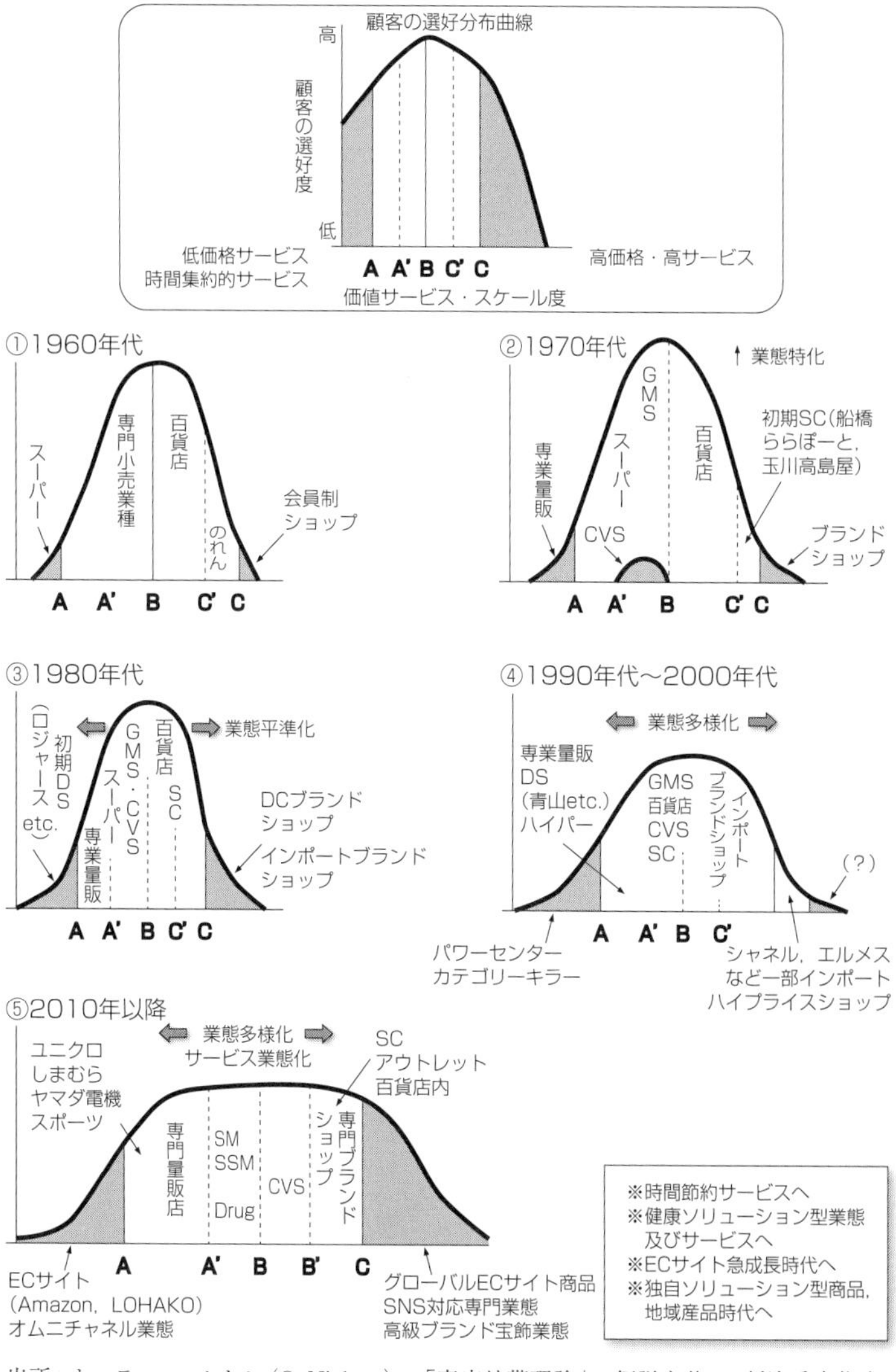

出所：オーラ・ニールセン（O. Nielsen）の「真空地帯理論」の仮説を基に，新津重幸作成，2016年。

基軸とした業態多様化へと進展する。そして、この多様化はオペレーション・レベルでの多様化であり、ストア・複合業態の顧客へのオペレーションの在り方、またローコスト・オペレーションを目指す業務改革による差異などの業態多様化と言えるだろう。同じSMでも本部集中型のオペレーションなのか、単店中心型のオペレーションなのか、PB開発戦略による差異なのか、オペレーション・レベルの差によって競合構造は変化する。また、専業量販もカテゴリーキラーの台頭やパワーセンター、ハイパー、都心型へ出店したディスカウンター等々、その独自オペレーションの差異によって他業態との競合図式も異なってくる。

こうしたオーラ・ニールセンの真空地帯理論は、業態進化と有形店舗業態の進化として捉えられ、これからの業態進化もこの真空地帯の発生と同時に業態が発生し、進化していくと思われる。しかしながら、今日、この有形店舗業態に大きな変革の波が押し寄せ、二〇一〇年以降、SNS社会の進化は業態構造に大きな変革をもたらし、さらに購買多次元化によって購買吸引に限界を生じさせている。元々、店舗は、顧客の来店で成り立ってきた。過去にも、通信販売や訪問販売によるダイレクト販売が存在し、成長した経緯もあるが、購買の原点は店舗を中核として進化してきた。しかし、スマートフォンの出現によりモバイルが生活購買の中心媒体として定着した。また、Webも購買手段として大きなポジションを確立し始めた。

そして、少子高齢化による日本の世帯構造変革は、店舗の商圏構造を変革させた。つまり、日本の購買力の中核であった夫婦と子供二人の標準世帯が減少し、高齢の夫婦・単身者世帯の増加によってエリア内の商圏構造は大きく変わった。また、働く女性の社会進出は、〝男は仕事、女は家庭〟という性役割分業の意識を薄れさせ、専業主婦の概念はもはや過去のものとなった。さらに、平均初婚年齢の上昇と婚姻率の減少は、若者の単身世帯の増大を招いた。つまり、店舗業態にとってこうした世帯構造の崩壊は、単なる購買の多様化だけではなく、多次元的業態化を招来してきている。

要するに、今日の真空地帯は有形店舗の参入チャンスではなく、様々なSNSや宅配等を中核とした無形店舗によるサービス主体業態へと、その業態の参入構造が変革していることを示すものである。

有形店舗への買物行動は、高齢者は億劫になり、働く女性は時間を削る。また、単身者はこれまでの業態の品揃えでは満足せず、時間サービス業態のCVSを多用するが、それに不満が無い訳ではない。生活者にとって、便利で、省労力で、時間サービスを可能とする手段として、ECサイトに頼らざるを得ない状況である。こうした省時間・省労力の満足度は、もはや有形店舗業態には望めず、その存在意義を失いつつある。

それでもスーパーの生き残り策として、移動手段が無かったり、出歩くのが困難な買物弱者に対して、宅配や移動販売、送迎といった様々なサポートを行っている。しかし、有形店舗との購買時点の違いは、品揃えを含めマーチャンダイジングオペレーションそのものが異次元となっていることを認識せねばならない。購買コンタクトポイントの異なりが、多次元な購買感性をもたらし、特に必需品で持ち帰りが不便、重たい、かさ張る商品の購入を控えさせる。さらに、ネット購入で行われる選択購買は、店舗内の品揃え以上の付加価値もある。こうした中で、スーパーも多くの業態も、ECサイトや宅配を有形店舗と併用する取組みを進化させねば、業態としての存在の意味を問われる。

それがオムニチャネル・ビジネス化と言われる新しい業態構造と言える。オムニチャネルは「いつでも、どこでも、必要な場面・時に、モノ・サービスが手に入る」ことを指し、ECサイトの促進はモバイルSNS社会の進化とSNSツールの高度化で、オムニチャネル・ビジネスを促進させる。既に女性の社会進出は、「Amazon」やアスクル個人向け通販「LOHACO」の需要を促進し、しかも不在時にはCVSの店頭で受け取れるサービスの進化は、生活形態の多様化に対応している。

こうした有形店舗の限界と同時に、有形店舗業態も「時間消費業態」や「個々人のコミュニティ形成の場」としての機能が求められてきており、単なる物販業態から店舗でいかに快適に過ごすか、を提案する〝ライフスタイル創造業態〟を実現できるかを問われている。

既にオムニチャネル・ビジネス化は、購買の多次元化のみではなく個々人のライフスタイルをいかに創造できるかを業態に求めるもので、今後ますます業態創造と業態創造次元を変革させてこよう。

小括　求められた一九九〇年〜二〇一〇年までの企業パラダイムとビジネスチャレンジの方向性

一九九〇年バブル崩壊後と同時に低成長時代が始まり、企業の生き残りの為に過去の日本企業成長のキーファクターを一変させた。その最大の要因が「年功序列制度」と「終身雇用制度」の崩壊であった。当然、情報社会の進展により企業の実務体系も変革する中で、それに取り残された従業員のリストラや早期退職勧告等、日本の会社文化を象徴する雇用制度は終焉した。また、バブル崩壊後に訪れた平成不況は、企業の労使体制や人事制度を大きく変化させ、勤続年数や年齢に応じて定期的に給与が増える定期昇給制度は淘汰され、職能を考慮した成果主義が取り入れられた。つまり、日本企業の過去の企業運用パラダイムが大きく変革したことを意味する。

また、当時、新卒として社会に出た就職氷河期世代は、企業の人件費削減や派遣事業の規制緩和により非正規雇用が多用されたことから、生活の中長期的な安定感を得られず、これが消費低迷の一因につながった。

一九九〇年代は円高傾向にあり、素材・原料の国際価格も安定していたため、デフレ基調の中でも市場創造は可能だった。しかし、それも二〇〇〇年以降、素材・製品価格は高騰を続け、今日に至っている。図表2-5-7に示したように、製品・素材（Product）市場と国内商品市場（購入される多商品市場）の価格バランスは、インバランス（修正すべきアンバランスが多発する）の時代となった。こうした中でも、当時普及し始めたデジタルネットワークにより、企業業務は社会的に大きくその構造を変革させた。企業実務の中でも、ＰＣデジタルネットワークによる業務遂行が前提となり、携帯電話の普及による企業業務も著しく効率化が図られた。

さらに、二〇〇〇年以降、携帯アプリケーションが進化したことから、大量データ（今日ではビックデータ）を適時把握できるクラウドコンピューティングによるネットワーク環境に変革をもたらし、業務の効率向上のみならず質自体を変革させた。今日のスマートフォンやタブレット端末は、膨大な情報授受機能を持ち、ビジネスパーソンにとっては無くてはならないスマートデバイスとなっている。

このデジタルネットワークを著しく進化させたのが、物流構造変革である。特に、一九八〇年代後半に誕生した「ヤマト運輸」の宅配物流が進化したのは、同社の宅配サービス製品のアイテム開発等のマーケティング力もあったが、デジタルネットワークによる物流情報の適時化（Just in Time）があったからこそ、進化を遂げたと言えよう。この宅配物流は小口荷物の企業業務配送にも寄与し、CVSの発展も適時物流（Just in Time化）によるところが大きく、一日多頻度配送を可能としたのが情報ネットワークの整備の賜物である。

さらに、この情報ネットワークの進化は、弱者優先を命題とする「ASKUL」による新しいビジネス・モデルを成長させたと同時に、物流拠点のPC（ピッキングセンター：Picking Center）の合理化・効率化を促進した。

そして、二〇〇〇年に入ると携帯端末の技術はより進化し、現場の実務にも応用され始めたが、この基盤は一九九〇年代のデジタルネットワークの整備によるコストの効率化にあったと言えよう。

一方で、日本のメーカーも新たな技術研究を進化させた。特に、高分子化学による環境配慮や環境配慮型製品素材や自動車の低燃費化の研究・開発、またCO_2削減や液晶パネル、半導体技術の研究と開発は、急速に取り組まれ進化していった。今日、その果実がグローバルの中で、その基盤を構築したと言えよう。

また、「ユニクロ」が開発を手掛けたヒートテックや多くのスポーツウエアに用いられた繊維や、自動車のハイブリット化、自動運転、半導体の進化、これらの果実は、一九九〇年代積極的に取り組んだ先進企業の研究成果と言える。

こうしたグローバル化の進化の中でこれら技術が日本製品に取り込まれることにより、一九九〇年代中期から二〇〇八年頃まで、日本企業が保有する技術の高さと信頼性を維持させる原動力となった。しかし、グローバル化の進化は二〇〇五年頃より、新興国企業が「グローバル現地化への適正品質ニーズ」に対応したことから、日本の「グローバル高品質と高価格」は通用しなくなり、今日に至っている。さらに、先にも述べた新興国経済の発展によるグローバルな素材・原料の高騰は、日本企業のさらなる効率化と経営の高度化を求めることになった。

図表2-5-7が示すように、一九八〇〜一九九〇年代の商品市場には技術革新が生じ、成熟社会の中で価値観の多様化が生じた。多品種少量生産となり、各メーカーはそれまでの大量生産の均一商品が売れなくなった。実際、生産において多品種少量システムが構築され、新素材あるいは生産のサプライ・チェーンの改革などで、一九八〇年代前半から商品付加価値を上げることに成功し、商品志向性の向上を成し遂げた。

一九九〇年代に入りバブル崩壊後、消費社会は低迷したが、商品市場の志向性は高く、生活創造型の価値ある商品が求められることは変わらなかった。商品価格と素材の価格が安定化していたので、価値商品についてのモノ不足は続いていた。

二〇〇〇年頃までが最も素材価格、商品価格とのバランスは取れていたのではないだろうか。しかも、デフレ化の中でバイイングパワーが行使されて価格下降傾向が続いていた。しかし、二〇〇〇年以降、製品素材の価格は上がり始めた。理由は、中国・インド・ロシア等による新しい成長国での素材、製品需要が大幅に伸びてきたこともある。これは投資ファンドなどを含めた動きなので実体経済とは異なるだろうが、結果、原油を含めて原料が高騰した。

一方、商品市場は先進国を中心にモノ余りが世界各国で生じてきた。中国の都市部ではモノ不足ではなく、家庭では家電商品等の必需商品は揃っており、素材が高騰してもモノ余りで商品価格は上げられない背景があった。

日本ではバイイングパワーが行使され、原料が高くなっても「イオン」を代表とする流通業の商品価格凍結等が示すように、メーカーの値上げ要請に小売業は応じなかった。しかし、二〇〇八年四月以降、多くのメーカーで値上げに踏み切ったが、素材の高騰とのバランスは取れなかった。

経済学の原理で言えば、素材原料が上がれば商品売価は上がる。しかし、モノ余りの市場の指向性から判断すると、売価を上げられない現実は変わらなかった。しかし、安倍政権による物価上昇率二%を目標に掲げた影響もあって、消費増税後の二〇一五年には、さすがに各メーカー揃って値上げに踏み切り、市場に受け入れられた。

このような現状の中での市場状況は以下のようになった。

図表2-5-7　製品（Product）市場と商品（Commodity）市場のインバランス
－製品vs商品の解決せねばならないアンバランスが多発する時代－

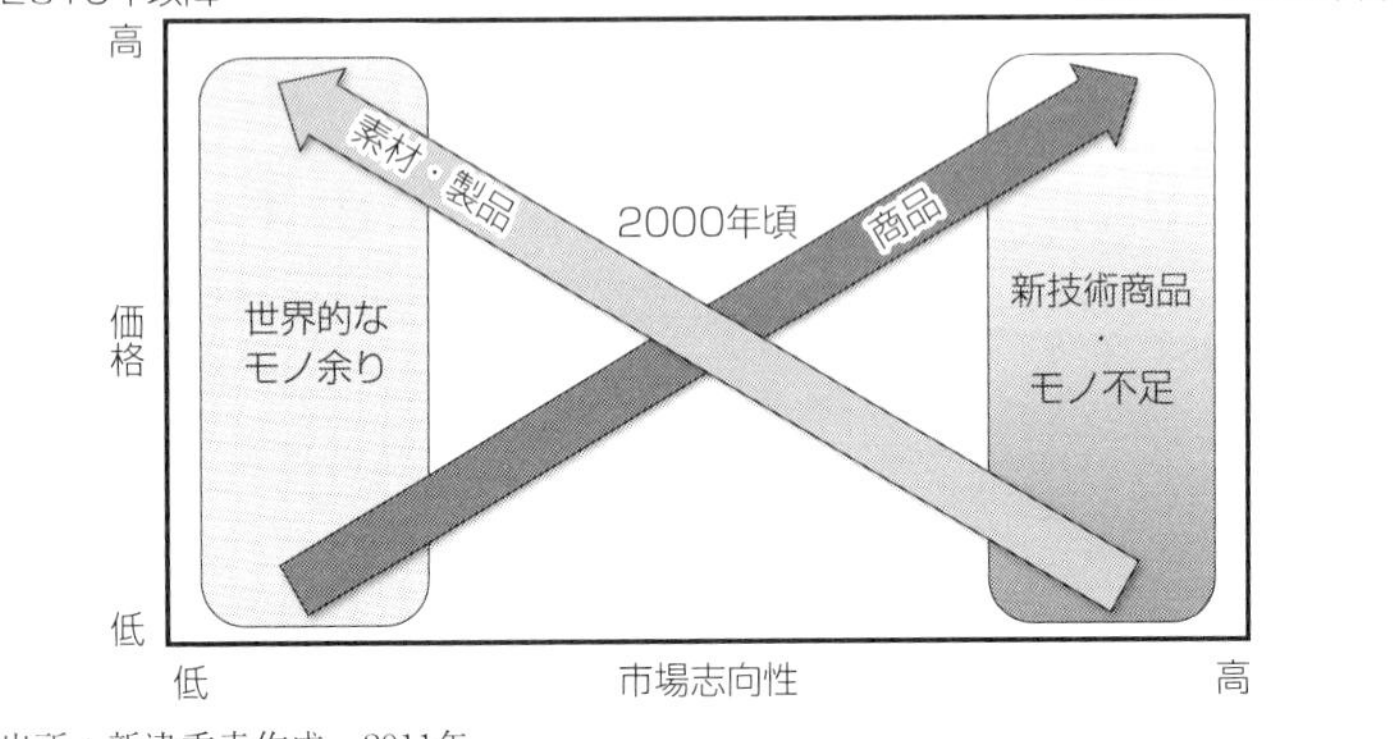

出所：新津重幸作成，2011年。

①「製造コスト・物流コストの高騰（素材コスト高騰と素材需要の高まり）」は、これまでのバイイングパワーの行使による商品価格と納入価格の関係からすると、商品売価がようやく正常になったと解釈できるが、そうした意味では、メーカーの素材コスト圧力への解決には至っていない。

②「急激な円高とグローバル商品市場の低迷」についてだが、二〇〇〇年以降の急速な新興国の成長で、モノ余り状態になってきた結果と言える。しかも急激な円高は日本の輸出能力を減じグローバル商品市場は低迷した一方、円高による輸出価格高騰は日本企業のグローバル市場全体を減退させた。世界全体の実体経済が低迷する中、消費市場の混迷は今日まで円安基調となっても継続している。

③「商品付加価値化を推進してもグローバル価格は低迷」の現象は、商品付加価値化を前提とした技術優位性を持つ日本の商品であっても、グローバル価格が混迷する世界市場において低迷状態にあった。したがって、モノ余りの現象は先進国・新興国共に増大していた。

④さらに「単に、製品調達（素材調達）の効率化を推進（トータル・サプライ・チェーン・マネジメントの構築と推進）し、コスト効率向上を推進し、単品商品付加価値を追求し、商品単品の競争力を強化しても、果たして市場競争力を確保できるのか」という問題点が多発した。メーカーは、自社の優位技術を駆使しながら商品付加価値を上げて単品生産・販売をすることに使命があるが、それだけで国内外の競争に勝てるのかという悩みが強まってきた。

つまり、単品生産・販売の仕組みだけでは、モノ余りの現実に対処できない。そこで、「生活全体に関わってくるモノを品群で売る」という発想の転換が求められた。小売流通業は元々そうした前提で商品を販売する方向を目指していたが、商品は生活者があるコトを行うときに単品ではなく品群で消費される為、品群をコーディネートして販売システムを構築する小売業の論理は当然のことと言えよう。

そこで、自社に無い商品と共に生活シーンへ対応できるよう、商品を組み合わせて調達できる商品調達能力や生活システムを提案していくことがメーカーにも求められ、それに見合った販売ソフトが必要な時代になった。まさしくメーカーの市場戦略パラダイムの変革が求められたと言えよう。

中国での話だが、事務用品やオフィス用品は「単品販売では低コスト、低価格ですぐ真似をされるので、品群で空間を売るという発想で販売システムを構築する、といった方法を取らないと現地市場化はできない」と言われた。このことは先に述べた、生活シーンに合わせたメニュー提案と同じことである。社会最適を目指し、調達、供給の重複行為をどう排除するかが海外市場にも求められる時代と言え、単に生産した自社商品のみを現地化し、グローバル化していく時代のパラダイムは変革を迫られ、今日に至っている。

こうした現象は今日でも同様と言えるが、特に二〇〇五年以降は国内外の市場戦略として、ビジネスチャレンジの継続とこれまでの市場戦略パラダイムの変革が求められてきた。しかし、世界経済の不安定化と新興国企業のグローバル競争力の増大で、これまでの日本製品の高品質優位性が通用しなくなったことへの認識不足から、企業パラダイムの変革が促進されなかった。また、時代は世界的な金融経済社会（金が金を生む社会）の進化の中で、株価や為替の動向など短期的企業価値の追求だけに注力し、事業戦略パラダイムの変革を怠った。結果、一九八〇年代から世界をリードした家電・情報機器・液晶・半導体等の分野の凋落を招いた。先に述べたように、グローバル市場戦略そのものの事業パラダイムの変革を怠ったことを要因とするが、唯一、自動車産業だけは環境に配慮した低燃費車の技術研究の成果を確立した。グローバリゼーションが進む中、中長期の開発努力による世界市場戦略パラダイムにシフトできたと言える。

これらの事項は、日本国内市場の構造変革と市場戦略、特にコミュニケーション戦略にSNSが大きく寄与し始めたことによるところが大きい。超少子高齢化社会の到来や女性の社会進出による市場変革、晩婚化による単身世帯の増加など、デモグラフィク構造（人口統計的構造）の変化は、日本企業に国内市場縮小への対処とグローバル市場拡大を追求する新しい競争パラダイムを求めた。また、SNS社会の到来は、マーケティング・コミュニケーション戦略の変革を求めるもので、企業は顧客資産の構築に向けた顧客ファンベースへのアプローチが求められ、市場戦略そのもののパラダイムシフトが迫られていた。つまり、一九九〇年以降の企業構造変革が二〇〇五年以降通用しなくなったことを意味しており、ビジネスチャレンジの方向性についてもパラダイムシフトが求められていたと言える。

さらに、国内流通業においてもこうした店舗商圏内の人口構造の変化や業態多様化と多店舗化による競合環境の変革は、旧来の店舗オペレーションや店舗業態そのもののパラダイム変革を求めた。そしてネットダイレクト流通の台頭は、オムニチャネルアプローチも含め、業態パラダイムの変革を求めた。単に顧客を店舗で待つ経営から、顧客に近づくコト売りのアプローチを求めたと言えよう。

こうした変革事象は、マーケティングを生活創造及び社会創造を最終命題とすることを求めるもので、生活コミュニティ創造を支援する企業使命としてマーケティング3・0、4・0の時代に突入する予兆があったことを認識するべきである。また、時代はＩｏＴやＡＩ等々、第四次産業革命への機運が高まっているが、こうした面でも欧米に比べ日本企業は遅れをとっている。それは、二〇〇〇年代に企業のパラダイム変革の追求を怠った故と言えよう。

注

1 「企業におけるマーケティングの目標と目的」新津重幸作成、一九九五年。
2 「製品と商品の概念規定」新津重幸作成、一九九五年。
3 「生活構造の要素」新津重幸作成、一九九〇年。
4 「トータル・サプライ・チェーンとトータル・デマンド・チェーンの概念」新津重幸作成、一九九九年。
5 「企業理念と経営理念の概念分離」新津重幸作成、一九九五年。
6 「CS＝ESによる顧客満足の形成」新津重幸作成、一九九四年。
7 「事業進化の取組みステップ」新津重幸作成、二〇〇〇年。
8 「マーケティング・マネジメントの複合要素」新津重幸作成、一九九四年。
9 「MI×BI×VIの複合理念」新津重幸作成、一九八五年。
10 「SCMのマーケティング構成理念」新津重幸作成、二〇〇一年。
11 「4つのサブ的流通マーケティング」新津重幸作成、二〇〇一年。
12 「トータル・マーケティング・ミックス」新津重幸作成、二〇〇一年。
13 「Just in Timeマーケティング」新津重幸作成、二〇〇一年。
14 「チームMD戦略」セブン‐イレブン‐ジャパン&イトーヨーカドーPB開発戦略において発表、一九九五年。

15 「ヒト・ターゲットからコト・ターゲットへ」「生活シーン論」新津重幸提唱、一九八五年。
16 「日本の流通理論―フィールド・マーケティング―」片山又一郎著、証言社、一九九〇年。
17 「流通7原則」イトーヨーカ堂流通5原則を前提に新津重幸作成、一九九三年。
18 「充足から質的充実へ」片山又一郎・新津重幸提唱、一九八五年。
19 「品態―コーディネート・マーケティング」片山又一郎・新津重幸提唱、一九八五年。
20 「遷移のマーケティング」新津重幸提唱、一九八七年。
21 「C'/P'理論」梅澤伸嘉氏「C/Pバランス理論」を参照、新津重幸作成、一九八五年。
22 「複合コミュニケーション戦略モデル」座間平治・新津重幸作成、一九八三年。
23 「日本型マネジリアル・マーケティング」新津重幸作成、二〇一六年。
24 「得意先・顧客満足命題組織マネジメント」新津重幸作成、一九九六年。
25 「コア・マーケット・セオリー」新津重幸作成、一九八五年。
26 「メディア・コンプレックス戦略」新津重幸作成、二〇一六年。

卸売業，小売業		金融業，保険業		運輸・エネルギー事業		サービス業		農林水産・鉱業	
「年」	「月」	「年」	「月」	「年」	「月」	「年」	「月」	「年」	「月」
125,900	10,492	151,800	12,650			98,300	8,192	104,700	8,725
115,000	9,583	185,400	15,450	127,400	10,617	86,300	7,192	138,000	11,500
138,000	11,500	226,500	18,875	197,700	16,475	118,600	9,883	164,600	13,717
150,900	12,575	274,600	22,883	212,400	17,700	136,500	11,375	171,600	14,300
162,700	13,558	259,000	21,583	241,300	20,108	138,100	11,508	190,700	15,892
164,400	13,700	278,500	23,208	242,100	20,175	149,000	12,417	204,500	17,042
180,500	15,042	292,000	24,333	263,200	21,933	164,200	13,683	236,500	19,708
186,700	15,558	322,000	26,833	276,900	23,075	183,000	15,250	259,700	21,642
193,000	16,083	343,300	28,608	294,900	24,575	178,000	14,833	270,400	22,533
212,000	17,667	360,500	30,042	303,600	25,300	187,500	15,625	277,000	23,083
230,300	19,192	388,000	32,333	320,200	26,683	211,500	17,625	306,600	25,550
261,700	21,808	409,900	34,158	357,800	29,817	247,000	20,583	337,200	28,100
310,300	25,858	459,000	38,250	403,800	33,650	286,200	23,850	361,000	30,083
338,300	28,192	523,200	43,600	463,900	38,658	317,500	26,458	431,700	35,975
379,900	31,658	531,700	44,308	504,000	42,000	335,700	27,975	431,000	35,917
416,800	34,733	593,900	49,492	545,100	45,425	403,800	33,650	506,100	42,175
455,600	37,967	623,300	51,942	595,400	49,617	438,300	36,525	516,000	43,000
501,000	41,750	721,200	60,100	670,700	55,892	484,600	40,383	624,200	52,017
572,600	47,717	795,800	66,317	746,200	62,183	554,200	46,183	680,200	56,683
671,300	55,942	886,200	73,850	860,400	71,700	626,000	52,167	796,200	66,350
760,100	63,342	1,047,400	87,283	994,100	82,842	706,800	58,900	925,900	77,158
849,500	70,792	1,144,800	95,400	1,109,900	92,492	813,500	67,792	1,032,700	86,058
1,004,500	83,708	1,358,000	113,167	1,291,100	107,592	945,000	78,750	1,262,100	105,175
1,222,500	101,875	1,622,900	135,242	1,557,700	129,808	1,204,700	100,392	1,442,500	120,208
1,559,500	129,958	2,019,800	168,317	2,039,000	169,917	1,452,600	121,050	1,867,400	155,617
1,770,600	147,550	2,284,300	190,358	2,216,800	184,733	1,715,000	142,917	2,153,000	179,417
1,936,500	161,375	2,678,300	223,192	2,500,700	208,392	1,935,300	161,275	2,646,500	220,542
2,118,000	176,500	2,914,000	242,833	2,670,000	222,500	2,061,000	171,750	2,444,000	203,667
2,190,000	182,500	3,092,000	257,667	2,921,000	243,417	2,179,000	181,583	2,417,000	201,417
2,359,000	196,583	3,269,000	272,417	3,085,000	257,083	2,326,000	193,833	2,566,000	213,833
2,373,000	197,750	3,366,000	280,500	3,318,000	276,500	2,489,000	207,417	3,016,000	251,333
2,505,000	208,750	3,591,000	299,250	3,384,000	282,000	2,570,000	214,167	2,832,000	236,000
2,532,000	211,000	3,656,000	304,667	3,486,000	290,500	2,712,000	226,000	2,807,000	233,917
2,667,000	222,250	3,784,000	315,333	3,712,000	309,333	2,685,000	223,750	2,834,000	236,167
2,637,000	219,750	4,088,000	340,667	3,806,000	317,167	2,873,000	239,417	3,091,000	257,583
2,679,000	223,250	4,224,000	352,000	3,998,000	333,167	2,876,000	239,667	2,960,000	246,667
2,751,000	229,250	4,445,000	370,417	4,159,000	346,583	3,004,000	250,333	3,114,000	259,500
2,800,000	233,333	4,560,000	380,000	4,326,000	360,500	3,062,000	255,167	3,135,000	261,250
2,884,000	240,333	4,621,000	385,083	4,340,000	361,667	3,113,000	259,417	3,117,000	259,750
2,936,000	244,667	4,720,000	393,333	4,471,000	372,583	3,238,000	269,833	2,721,000	226,750
3,146,000	262,167	4,785,000	398,750	4,701,000	391,750	3,389,000	282,417	2,697,000	224,750
3,323,000	276,917	4,899,000	408,250	4,899,000	408,250	3,514,000	292,833	2,991,000	249,250
3,373,000	281,083	5,038,000	419,833	4,942,000	411,833	3,650,000	304,167	3,238,000	269,833
3,351,000	279,250	5,075,000	422,917	4,961,000	413,417	3,660,000	305,000	3,235,000	269,583
3,397,000	283,083	4,955,000	412,917	5,073,000	422,750	3,711,000	309,250	3,003,000	250,250
3,396,000	283,000	5,174,000	431,167	5,143,000	428,583	3,729,000	310,750	2,852,000	237,667

給与所得者 給与額・年平均及び月平均

		「年」平均給与	「月」平均給与	建設業		製造業	
				「年」	「月」	「年」	「月」
		円	円				
昭和25年分	1950年	100,100	8,342	67,800	5,650	96,925	8,077
昭和26年分	1951年	118,500	9,875	79,800	6,650	123,975	10,331
昭和27年分	1952年	152,400	12,700	142,900	11,908	142,825	11,902
昭和28年分	1953年	170,200	14,183	159,100	13,258	161,200	13,433
昭和29年分	1954年	181,700	15,142	171,300	14,275	175,675	14,640
昭和30年分	1955年	185,000	15,417	186,000	15,500	179,300	14,942
昭和31年分	1956年	202,400	16,867	200,700	16,725	193,050	16,088
昭和32年分	1957年	216,000	18,000	204,600	17,050	195,950	16,329
昭和33年分	1958年	223,100	18,592	236,100	19,675	206,275	17,190
昭和34年分	1959年	239,800	19,983	251,700	20,975	229,125	19,094
昭和35年分	1960年	259,600	21,633	284,000	23,667	243,425	20,285
昭和36年分	1961年	294,700	24,558	313,900	26,158	280,075	23,340
昭和37年分	1962年	334,000	27,833	363,000	30,250	310,825	25,902
昭和38年分	1963年	364,800	30,400	412,100	34,342	340,100	28,342
昭和39年分	1964年	410,400	34,200	459,200	38,267	388,550	32,379
昭和40年分	1965年	450,600	37,550	526,700	43,892	419,950	34,996
昭和41年分	1966年	490,400	40,867	553,300	46,108	465,775	38,815
昭和42年分	1967年	552,200	46,017	599,000	49,917	525,475	43,790
昭和43年分	1968年	626,900	52,242	682,900	56,908	596,100	49,675
昭和44年分	1969年	713,600	59,467	770,600	64,217	689,775	57,481
昭和45年分	1970年	825,900	68,825	931,000	77,583	803,950	66,996
昭和46年分	1971年	932,800	77,733	981,000	81,750	912,700	76,058
昭和47年分	1972年	1,071,000	89,250	1,140,100	95,008	1,052,025	87,669
昭和48年分	1973年	1,321,800	110,150	1,360,200	113,350	1,301,775	108,481
昭和49年分	1974年	1,665,200	138,767	1,686,700	140,558	1,636,425	136,369
昭和50年分	1975年	1,868,300	155,692	1,921,400	160,117	1,786,475	148,873
昭和51年分	1976年	2,098,200	174,850	2,104,300	175,358	2,066,575	172,215
昭和52年分	1977年	2,263,000	188,583	2,272,000	189,333	2,217,000	184,750
昭和53年分	1978年	2,397,000	199,750	2,421,000	201,750	2,344,250	195,354
昭和54年分	1979年	2,549,000	212,417	2,623,000	218,583	2,503,500	208,625
昭和55年分	1980年	2,689,000	224,083	2,762,000	230,167	2,642,250	220,188
昭和56年分	1981年	2,803,000	233,583	2,856,000	238,000	2,748,750	229,063
昭和57年分	1982年	2,891,000	240,917	2,920,000	243,333	2,869,250	239,104
昭和58年分	1983年	2,970,000	247,500	2,940,000	245,000	2,952,500	246,042
昭和59年分	1984年	3,068,000	255,667	3,080,000	256,667	3,056,250	254,688
昭和60年分	1985年	3,163,000	263,583	3,064,000	255,333	3,183,000	265,250
昭和61年分	1986年	3,277,000	273,083	3,255,000	271,250	3,325,000	277,083
昭和62年分	1987年	3,359,000	279,917	3,390,000	282,500	3,382,250	281,854
昭和63年分	1988年	3,439,000	286,583	3,477,000	289,750	3,458,500	288,208
平成元年分	1989年	3,596,000	299,667	3,752,000	312,667	3,665,000	305,417
平成2年分	1990年	3,761,000	313,417	4,067,000	338,917	3,812,250	317,688
平成3年分	1991年	3,941,000	328,417	4,379,000	364,917	3,982,000	331,833
平成4年分	1992年	4,026,000	335,500	4,542,000	378,500	4,053,000	337,750
平成5年分	1993年	4,029,000	335,750	4,582,000	381,833	4,098,000	341,500
平成6年分	1994年	4,078,000	339,833	4,647,000	387,250	4,162,000	346,833
平成7年分	1995年	4,107,000	342,250	4,588,000	382,333	4,238,250	353,188

卸売業，小売業		金融業，保険業		運輸・エネルギー事業		サービス業		農林水産・鉱業	
「年」	「月」	「年」	「月」	「年」	「月」	「年」	「月」	「年」	「月」
3,331,000	277,583	5,014,000	417,833	5,128,000	427,333	3,703,000	308,583	2,871,000	239,250
3,397,000	283,083	5,238,000	436,500	5,131,000	427,583	3,800,000	316,667	2,836,000	236,333
3,306,000	275,500	4,986,000	415,500	5,071,000	422,583	3,918,000	326,500	3,528,000	294,000
3,134,000	261,167	4,960,000	413,333	4,765,000	397,083	3,762,000	313,500	2,986,000	248,833
3,334,000	277,833	4,899,000	408,250	4,867,000	405,583	3,746,000	312,167	3,089,000	257,417
3,143,000	261,917	5,052,000	421,000	4,775,000	397,917	3,714,000	309,500	2,885,000	240,417
2,956,000	246,333	5,012,000	417,667	4,873,000	406,083	3,558,000	296,500	2,597,000	216,417
2,902,000	241,833	4,716,000	393,000	4,724,000	393,667	3,458,000	288,167	2,663,000	221,917
2,881,000	240,083	4,770,000	397,500	4,694,000	391,167	3,385,000	282,083	2,656,000	221,333
2,948,000	245,667	4,708,000	392,333	4,551,000	379,250	3,273,000	272,750	2,673,000	222,750
2,840,000	236,667	4,399,000	366,583	4,456,000	371,333	3,276,000	273,000	2,720,000	226,667
2,508,500	209,042	4,535,500	377,958	4,907,500	408,958	3,343,500	278,625	2,713,000	226,083
2,495,500	207,958	4,526,500	377,208	5,323,667	443,639	3,415,750	284,646	2,539,000	211,583
2,356,000	196,333	4,595,500	382,958	5,070,333	422,528	3,332,500	277,708	2,449,000	204,083
2,370,500	197,542	4,483,000	373,583	5,321,333	443,444	3,410,750	284,229	2,641,000	220,083
2,477,000	206,417	4,357,500	363,125	5,414,000	451,167	3,296,250	274,688	2,476,000	206,333
2,343,500	195,292	4,573,500	381,125	5,433,000	452,750	3,249,750	270,813	2,464,000	205,333
2,377,000	198,083	4,559,000	379,917	5,478,333	456,528	3,341,250	278,438	2,637,000	219,750
2,364,500	197,042	4,620,000	385,000	5,286,000	440,500	3,523,750	293,646	2,535,000	211,250

（続き）

		「年」平均給与	「月」平均給与	建設業		製造業	
				「年」	「月」	「年」	「月」
		円	円				
平成8年分	1996年	4,118,000	343,167	4,573,000	381,083	4,341,250	361,771
平成9年分	1997年	4,183,000	348,583	4,544,000	378,667	4,445,500	370,458
平成10年分	1998年	4,185,000	348,750	4,573,000	381,083	4,468,500	372,375
平成11年分	1999年	4,032,000	336,000	4,453,000	371,083	4,431,000	369,250
平成12年分	2000年	4,082,000	340,167	4,350,000	362,500	4,444,500	370,375
平成13年分	2001年	4,001,000	333,417	4,312,000	359,333	4,461,000	371,750
平成14年分	2002年	3,887,000	323,917	4,217,000	351,417	4,204,000	350,333
平成15年分	2003年	3,753,000	312,750	4,170,000	347,500	4,011,750	334,313
平成16年分	2004年	3,766,000	313,833	4,175,000	347,917	4,225,000	352,083
平成17年分	2005年	3,710,000	309,167	4,095,000	341,250	4,288,000	357,333
平成18年分	2006年	3,670,000	305,833	4,101,000	341,750	4,344,000	362,000
平成19年分	2007年	3,672,000	306,000	4,091,000	340,917	4,339,750	361,646
平成20年分	2008年	3,652,000	304,333	3,913,000	326,083	4,503,000	375,250
平成21年分	2009年	3,502,000	291,833	3,900,000	325,000	4,155,000	346,250
平成22年分	2010年	3,547,000	295,583	3,976,000	331,333	4,257,000	354,750
平成23年分	2011年	3,583,000	298,583	4,034,000	336,167	4,362,000	363,500
平成24年分	2012年	3,521,000	293,417	3,930,000	327,500	4,452,000	371,000
平成25年分	2013年	3,595,000	299,583	4,159,000	346,583	4,491,000	374,250
平成26年分	2014年	3,614,000	301,167	4,218,000	351,500	4,546,000	378,833

出所：国税庁「民間給与実態統計調査」。

東京オリンピック開催まで【その1】

	学齢期（膨大な人口の為，教室不足を招く）	世界初、海底関門トンネル開通	電気炊飯器、電気こたつが大人気	大阪に回転ずし1号店「元禄寿司」がオープン
			初のインスタントラーメン「チキンラーメン」発売、発売時1袋35円が値下げされ30円に 爆発的人気	
			朝日麦酒が日本発の缶ビール（ブリキ缶）発売	
59年 S34		消費革命時代（電気釜、テレビ、電気洗濯機が人気）	テレビブーム	
			ブルーバード発売でマイカー時代へ	
60年 S35		カラーテレビ本放送開始	カラーテレビ発売	
		クレジットカード登場	ダッコちゃん「木のぼりウィンキー」発売	
		国民所得倍増計画を正式決定	インスタント時代、国産インスタントコーヒーが発売	
61年 S36		東京-札幌間国内線初ジェット旅客機就航	白黒テレビ14インチ4万円台、カラーテレビ17インチ35万円	
		テレビを見る人が、ラジオを聴く人の数を追い抜く	高度成長で余暇時間が増え、レジャーが浸透	
			クレラップ・サランラップが登場	
62年 S37		オリンピック景気	経済性と品質向上で石油ストーブがブームとなる	
		東京の人口一千万人突破（世界初）	牛乳に紙容器が使用される	
			相次ぐインスタント食品（味噌汁、クイックライス、マッシュポテト）	
63年 S38		日米間のテレビ宇宙中継	コーンフレーク、6大都市で一斉発売	大阪駅前に初の横断歩道橋
		第1次マンションブーム	スーパーが5千店突破	
64年 S39		海外旅行自由化	カルビーかっぱえびせん発売	羽田-浜松町間モノレール開通
		東海道新幹線開通	クリネックスティッシュ発売、以後家庭の必需品に	
		東京オリンピック開催	コカ・コーラ「ホームサイズ」発売、コーラ大瓶時代へ	

年表一覧　～団塊世代誕生から団塊世代定年，そして年金受給まで～

【その1】団塊世代の誕生から

年	世代	社会の動き	流通・消費の動き	新規事業
45年 S20		終戦	市場のセリが5年ぶりで復活	
46年 S21		「サザエさん」新聞連載開始		札幌のラーメン屋台開業、札幌ラーメン第1号店
47年 S22	団塊世代誕生		酒類自由販売	
48年 S23			日本橋白木屋デパートで調理冷凍食品試売	
49年 S24		東海道線に食堂車復活	台湾バナナ初入荷，1本40～50円	
50年 S25		千円札発行	ポテトチップス、ヤクルト新発売	
51年 S26			不二家ミルキー発売	
52年 S27		渋谷東横百貨店、池袋西武百貨店に冷凍食品売場開設	永谷園がお茶漬け海苔を新発売	
53年 S28	学齢期（膨大な人口の為，教室不足を招く）	街頭テレビに人だかり	国内初シームレスストッキングを発売	東京青山に日本発のSM紀ノ国屋が開店
54年 S29		街頭テレビブームとプロレスブーム	ベビーブームで小学校の新入生が前年より百万人増加	戦後初の地下鉄「丸の内線」営業開始
		電気冷蔵庫・洗濯機・テレビ「三種の神器」登場	「アリナミン」発売でビタミン剤ブームの引き金に	
55年 S30		神武景気	米不足時代が終わる	後楽園遊園地・船橋ヘルスセンターがオープン
		家庭電化時代「三種の神器」が憧れの的	ソニーがトランジスタラジオを発売	深夜喫茶登場
56年 S31		経済企画庁，経済白書「もはや戦後ではない」	太陽族映画がヒット	池袋に西武・東武・三越のデパートラッシュ
		国際連合に加盟	日本発テトラパック牛乳発売	映画館新築ブーム
		日本住宅公団入居者募集開始（千葉稲毛団地で入居開始）		
57年 S32		5千円札，百円硬貨登場	ロカビリーブームでジャズ喫茶がロカビリー喫茶に衣替え	大栄薬品工業（ダイエーの前身）1号店「主婦の店ダイエー」を大阪に開店
		なべ底不況	コカ・コーラ発売	有楽町そごう開店／数寄屋橋SC開店
58年 S33		1万円札発行／岩戸景気始まる	フラフープ発売，ロカビリーブーム（日劇ウエスタンカーニバル開催）	東京タワー完成

バブル景気

76年 S51	ロッキード事件	国民の90%中流意識、70%が幸福感	ヤマト運輸が「宅配便」開始
	戦後生まれが人口の半数突破	ニューファミリー層への消費多様化対応で百貨店の改装が相次ぐ	ほっかほっか亭の1号店、草加市に開店
77年 S52	日本赤軍による日航機ハイジャック事件	ラーメンの消費量がそば・うどんを追い抜く	新宿にPePeオープン
78年 S53	新東京国際空港開港	第2次ワインブーム	池袋サンシャインビル完成
		円高で舶来品商戦過熱	
79年 S54	第2次石油ショック／改正大店法が施行	豆乳の見直し人気、男子厨房に入るブーム	
	一村一品運動始まる	「ウォークマン」（ソニー）発売	
80年 S55	ルービック・キューブが大流行	ダイエー小売業として初の年商一兆円を実現	ドトールコーヒー（百五十円）1号店がオープン
81年 S56	ポートピア博覧会開催	第3次ワインブーム	
		デカラケ、国鉄熟年パス、高級即席めん	
82年 S57	東北・上越新幹線開業／テレホンカード発行	豆乳がブームに	
83年 S58	ストレス社会にシンドローム多発	カフェバーがブーム／トロピカルカクテル大流行	東京ディズニーランド開業
	おしんブーム	「ファミリーコンピュータ」（任天堂）発売	
84年 S59	グリコ・森永事件	持ち帰り弁当／吟醸酒のブーム	
85年 S60	日本電信電話・日本たばこ産業発足		宅配ピザ「ドミノ・ピザ」恵比寿に1号店
	プラザ合意、ドル安傾向に	コピー食品、もどき食品が増加	
86年 S61	男女雇用機会均等法施行	エスニック料理のブーム	
		激辛食品ブーム／レンズ付きフィルム発売	
87年 S62	国鉄分割民営化	電子レンジ普及率50%を突破／電子レンジ食品が急増	
	総合保養地整備法（リゾート法）施行	第4次ワインブーム、ボジョレーヌーボー大人気	
	ブラックマンデー	エスニックブーム／プールバーブーム	
88年 S63	リクルート疑惑	ドライビール市場参入「ドライ戦争」	
	青函トンネル、瀬戸大橋開通	カメラ一体型ビデオ「ハンディカム」（ソニー）発売	
89年 S64	昭和天皇崩御	本物志向強まる（高級大型乗用車、豪華客船クルージング、留学ビジネス）	幕張メッセ開業

【その2】高度経済成長期から

青年期（高度成長期、集団就職では「金のたまご」と呼ばれ、日本経済の底を支えた）

ハイティーンに成長（65年〜67年）

第二次ベビーブーム 団塊ジュニアの誕生（71年〜74年）

年	社会の動き	流通・消費の動き	新規事業
65年 S40	いざなぎ景気	家庭用電子レンジ発売（19万8千円）	立ち食いそば店が登場
66年 S41	新三種の神器「カラーテレビ、カー、クーラー」	自動販売機の普及で百円硬貨不足	東京北区にコインランドリー1号店登場
	ビートルズ来日	「ひのえうま」で今世紀最小出生数	東京銀座にソニービルが開業
	第1次フォークソングブーム	純植物性マーガリン「ラーマ」発売	
67年 S42	テレビのカラー化急速に進行	ミニスカートブーム	
	大型景気時代に入る（昭和元禄）		
68年 S43	国際反戦デー、新宿市街戦に	大塚食品ボンカレー発売	新橋駅前に牛丼の吉野家が開店
		飛行船〝キドカラー号〟東京上空訪問	
69年 S44	東大に機動隊突入	VHS&ベータ規格で家庭用ビデオ発売	東京・玉川高島屋が開業
	大阪で万国博覧会開催	フィルター付セブンスターを発売、1箱百円	
		イワタニ卓上式簡易こんろ（カセットコンロ）を発売	
70年 S45	三島由紀夫が割腹自殺	東京銀座・新宿で歩行者天国スタート	すかいらーく1号店が東京国立にオープン
	長期好況のいざなぎ景気が終息	長時間保温できる電子ジャー発売、食生活が変化	回転寿司が全国に普及する
71年 S46	多摩ニュータウン入居開始	第1次ワインブーム	日本マクドナルド、銀座に1号店開店
	円、1ドル＝308円に切り上げ	日清食品「カップヌードル」発売	
72年 S47	沖縄返還	ダイエー、三越を抜き小売業売上トップ	日本初のDIY、ドイトが大宮に開店
	日本列島改造論を発表	海外旅行者百万人突破	
73年 S48	第1次石油ショック	トイレットペーパーの買いだめでSMに客殺到、銀座のネオンも消える	
74年 S49	エネルギー危機で省エネ・節約時代に入る	新型セパレートステレオ発売、カラオケブームを生む	セブン-イレブン1号店、東京江東区に開店
		全世帯の半数に電話	
75年 S50	第1回先進国首脳会議	ソニー、家庭用VTR1号機発売	

世界同時不況まで【その3】

00年 H12	雪印乳業、中毒事件	そごう経営破たん	
	介護保険制度スタート	アウトレットモールが大流行	
01年 H13	米国同時多発テロ発生	復刻商品、デパ地下、有名店カップ麺	
	国内初の狂牛病確認	「プロジェクトX」が話題	
		テレビ小説で「ゴーヤーマン」人気、沖縄料理が流行る	
02年 H14	サッカーW杯日韓共同開催	牛肉偽装事件、食品不正表示相次ぐ	
	住民基本台帳ネットワーク稼働	復刻版家電	丸ビル、食のテーマパーク、昭和30年代テーマパーク
03年 H15	個人情報保護法成立	10年ぶりの冷夏で米や季節商品に影響	
	新型肺炎SARSが流行	本格焼酎ブーム	六本木ヒルズ、ラクーア、自由ヶ丘スイーツフォレストなどがオープン
		健康アップ商品（にがり、アミノ酸飲料、体質改善緑茶、豆乳飲料、健康酢）など	
04年 H16	新潟県中越地震		コレド日本橋、丸の内オアゾ、羽田空港第2ターミナルビルなどの開業
	消費税内税表示義務化スタート	アテネ五輪効果「画面薄型テレビ、DVDレコーダー」猛暑「エアコン、ビール、制汗化粧品」	
05年 H17	愛・地球博開催	健康を意識した商品（寒天、ウコン、食育）	
06年 H18	第1次安倍政権	地域起こし「B級ご当地グルメ」	表参道ヒルズ、ららぽーと豊洲がオープン
	モバイルSuicaサービス開始	脳トレ関連商品、メタボリック症候群対策商品、植物性乳酸菌飲料	豊洲エリア再開発
	トリノ五輪開催、荒川静香金メダル		
07年 H19 (定年退職期)	郵政民営化スタート	相次ぐ食品偽装が社会問題	ミッドタウン、新丸の内ビル、有楽町イトシア、鉄道博物館がオープン
	新潟中越沖地震	原油・穀物価格が高騰、暮らしに影響	
	格差社会 世帯の所得格差、過去最大	「節約」がキーワード	
08年 H20 (世界同時不況)	証券会社リーマン・ブラザーズが倒産、世界同時不況	原油や穀物相場の高騰、ガソリンや食料品の値上げ	赤坂サカスが開業
	中国製冷凍ギョーザ事件で、輸入食品の安全性が問題化	日本の総人口減少始まる	
09年 H21	米国第44代大統領にバラク・オバマ氏就任	30年に1度の異常気象	

【その3】バブル経済崩壊から

バブル景気（89年H1〜90年H2）

壮年期（91年H3〜）：バブル崩壊後, 日本型年功序列制度に基づく高賃金は既得権益化し, 日本企業の収益性を低くした

就職氷河期（91年H3〜）

年	社会の動き	流通・消費の動き	新規事業
89年 H1	消費税導入	便利さ追求傾向（ミニコンポ、ゲームボーイ、セカンド冷蔵庫、インスタントパスタ）	
	岩戸景気に迫る好景気／日経平均株価が最高値	ナチュラル&ヘルシー志向（機能性飲料、朝シャンタオル、ストレス解消グッズ）	
90年 H2	株暴落、バブルに亀裂、財テクに警鐘	海外旅行者一千万人突破	
		イタめしブーム	
91年 H3	バブル経済崩壊	携帯電話「ムーバ」（NTT）発売	
	証券不祥事問題化	冷凍焼きおにぎりが大ヒット	
92年 H4	PKO法成立	ワインブームに翳り	
93年 H5	自民党政権崩壊／ゼネコン汚職		アウトレット店相次ぎ登場
94年 H6	円レート、戦後初の100円突破	セブン-イレブン、経常利益で小売業第1位に	
	関西国際空港開港	ビール・ワイン市場、低価格輸入品に人気	
95年 H7	阪神大震災	パソコンOS「ウィンドウズ95」発売	
	地下鉄サリン事件	簡易型携帯電話（PHS）登場	
96年 H8	沖縄普天間基地返還合意	高級ブランド品ブーム	
	狂牛病、O157騒動	米の自由化スタート	
			大型複合商業施設、都市型テーマパークが相次いでオープン、注目を集める
97年 H9	消費税5%に引き上げ	第5次ワインブーム、イタリアワイン・赤ワインが人気	
		イタリア産食材、ベルギーワッフル、キシリトール商品などが話題となる	
98年 H10	冬季オリンピック長野大会開催	景気低迷から低価格志向が高まる	新宿サザンテラスがオープン
99年 H11	個人消費拡大の為の「地域振興券」交付開始	PC2000年問題	

年金受給まで【その4】

年				
15年 H27		TPP大筋合意、新たなグローバル経済始動	機能性表示食品の発売開始	
		北陸新幹線開業	食品業界で8年ぶり、一斉値上げ	
		マイナンバー制度がスタート	オムニチャネル始動、多様化する顧客に近づく	
		日銀がマイナス金利導入	ハロウィーン市場伸長、「コト」消費に活気	
16年 H28		北海道新幹線開業、熊本地震	糖質制限が一大ブームになる	京橋エリアに複合施設「KYOBASHI EDOGRAND」オープン
		マイナンバー制度利用開始	位置情報ゲーム「ポケモンGO」の配信がスタート、一千万人以上がプレー	新宿駅に「バスタ新宿」、大型商業施設「NEWoMan」が開業
		リオデジャネイロ五輪開催	VR（バーチャル・リアリティ）元年	
			人口知能の製品・サービスが話題	
17年 H29		米国新大統領ドナルド・トランプ氏就任	後期高齢者人口が前期高齢者人口を上回る	「マロニエゲート銀座」オープン
		プレミアムフライデー始まる		「LEGOLAND」名古屋

出所：マーケティング総合研究所。

【その4】安倍政権誕生「アベノミクス」から

年	社会の動き	流通・消費の動き	新規事業
10年 H22	バンクーバー五輪開催（銀3、銅2）	節約疲れから「プチ贅沢」がキーワード	「コレド室町」が開業、山手トンネルと3号渋谷線を結ぶ「大橋ジャンクション」開通
	サッカW杯南アフリカ大会で日本ベスト16	世帯構成・ライフスタイルの変化に対応した商品が登場	
	各地で猛暑、熱中症患者相次ぐ 東北新幹線八戸・新青森間開通	大人向けにリブランディングされた商品がヒット	
		タブレット型コンピューター「iPad」が発売	
11年 H23	福島第1原発1号機が水素爆発 マグニチュード9.0の東日本大震災発生	被災地支援の一環として「ふるさと納税」が拡大	
	TPP（環太平洋経済連携協定）交渉参加を表明	地上デジタル放送に完全移行	
	サッカー女子W杯ドイツ大会「なでしこジャパン」初優勝、世界一	ジャスコとサティ「イオン」に名称統一	
12年 H24	経済政策「アベノミクス」を打ち出す第2次安倍政権	団塊世代、前期高齢者になる	東京スカイツリー開業
	ロンドンオリンピック開催、史上最多のメダル獲得	「生麺うまいまま製法」〝マルちゃん正麺〟が話題	
	「東京駅丸の内駅舎」保存・復原完了、リニューアルオープン	伝統的な調味料「塩麹」人気	複合商業施設「渋谷ヒカリエ」が開業 丸の内タニタ食堂オープン
		東京電力の家庭向け電気料金が値上げ	
13年 H25	富士山が世界文化遺産に登録	店頭で淹れたてコーヒーを提供する「コンビニコーヒー」が人気	商業施設「MARK IS みなとみらい」開業
	女性の社会進出進む、労働人口の42.9%	俺のフレンチ・イタリアンが飲食業界で革命	銀座に歌舞伎座新開場
	高知県四万十市、日本国内観測史上最高気温41.0度を観測	円安による一斉値上げ→電気・ガス料金、小麦や食用油、トイレットペーパー	
	東京スカイツリーからの本放送開始	グラノーラが女性を中心に人気	
14年 H26	第三次安倍政権	インバウンド需要	日本一高い「あべのハルカス」グランドオープン
	消費税が5%から8%に増税	増税前の駆け込み需要	
	ソチ冬季五輪開催 ブラジルW杯開催	コンビニ高価格帯のプレミアムスイーツ発売	「虎ノ門ヒルズ」開業
	Appleの最新スマホiPhone6発売	昔のヒット商品が大人向けお菓子としてバージョンアップ、大人向けお菓子が人気	「コレド室町2・3」開業

（12年H24以降：年金受給開始年齢／アベノミクス）

第Ⅱ部

二十一世紀日本型マーケティングの命題と予見

第Ⅰ部では、マーケティングの本質及び日本型マーケティングの形成と進化の過程を述べてきた。

第一章では、ビジネス・アプローチを展開する際のマーケティングの不変の原理・原則を述べた。そして第二章では、時代の変革とマーケティング・アプローチの変革を明らかにする為と、日本のマーケティングがどのような進化の過程を経てきたかについて、戦後日本の生活革新と産業・技術革新をベースに述べてきた。それは、もはや戦後ではないと言われた一九六〇年代に諸外国にも例を見ない経済発展を遂げた高度経済成長期のマーケティングの特徴、及び一九八〇年代の成熟社会の到来による安定成長時代のマーケティング革新を述べ、今日でも活用されているマーケティングモデルについて述べてきた。さらに、バブル崩壊後の低成長時代の一九九〇年代の企業構造革新とマーケティング・アプローチ、ビジネス体系の変革、日本型マネジリアルマーケティングモデルを述べた。そして最後に、二十一世紀の社会構造の変革とビジネス変革をベースとした生活構造革新とマーケティングの変革を述べてきた。

ところで、二十一世紀は日本を取り巻くグローバル経済の環境が激変した。当然、新興国の経済成長によるグローバルマーケタビリティの急激な変革がベースとしてある。こうした中で、日本国内の社会構造と生活構造は変容し、そのマーケタビリティも過去のパラダイムでは通用しなくなっている。それほど、今日の日本における社会や市場の構造は激変している。そして、それに加えてグローバル社会の到来は市場構造を変革させ、先進国企業・団体としての日本のビジネス・アプローチは大きく変革を求められている。

こうした中で、マーケティングの基本・原理原則は変わらなくても、過去のビジネスパラダイムそのものを変革しないと、今日の社会構造、生活構造への企業・団体のビジネス・アプローチも成り立たなくなっている。二十一世紀は、ビジネスの基本ベースに環境変革アプローチと健康・安心・安全をベースとした持続的成長（Sustainability）アプローチが求められており、当然、これまでのマーケティング・パラダイムが通用しない変革の流れの中にあるとも言えよう。また、日本のマーケティングの未来を予見するに当たり、新しい市場戦略原理が求められてきている。

そこで第Ⅱ部では、二十一世紀の日本型マーケティングの求められる方向性と課題、そして、それに向けての企業・団体そのものの構造的パラダイム変革の在り方と、これまでのビジネスパラダイムが通用しなくなった日本の社会的・経済的・産業的・生活的パラダイムの変革を明らかにし、未来のビジネスパラダイムの予見を述べてみたい。ここでは、その概念と同時に企業構造とビジネスパラダイムの変革モデルを個別企業の取組み事例を含めて述べてみたい。

第1章

日本の二十一世紀型マーケティングとマーケティング戦略原理の変革(1)

二〇一一年三月、日本は未曾有の国難に直面した。一九九〇年代の低迷期を脱し、経済回復の兆しを見せたかに思えた矢先、二〇〇八年末のリーマン・ショック以降、円高及びグローバル市場の変革、欧州金融危機等々による金融経済社会の不安定化、そして、それに追い討ちを掛けた二〇一一年東日本大震災被害と福島第一原発事故は、日本経済を著しく疲弊させた。

しかし、その後発足した政権への期待感は二〇一七年現在継続しており、円安・株高相場の基調傾向は経済界にとってのプラス効果を含めて、生活者マインドに対しては明るい兆しとなった。特に、このマインドが非常に重要で、マーケットの世界ではマインドが堅調で明るくなると商機、あるいはビジネス及び消費行動力が増すと言われている。しかし、二〇一四年に導入された消費増税以降、消費マインドは再び低迷ぎみで、円高の逆風が強く、並行成長(もはや経済は成熟化し成長を期待できない状況)に至り、グローバルな金融経済の荒波は今後も継続するだろう。

ところで、二〇一〇年頃より進化したSNS社会（「Facebook」「mixi」「LINE」など生活者間の双方向コンテンツ・アプリケーション・ネットワーク社会）は、新たな生活者コミュニティをもたらし、二〇一一年には震災被災者と「つながろう」という意識を促進させ、「ヒトとヒトのつながるマインド」は新たな生活者共感市場を創造した。そして、SNS社会の進化は新しい生活者間の〝つながりコミュニティ〟消費をもたらし、生活者と共生する新しいマーケティング戦略概念のアプローチを求めている。従って、旧来型の「Push」、「Pull」型市場戦略の原点の見直しを示唆してきている。そして、このことは新しい二十一世紀の日本型マーケティングを求めているとも言えよう。

つまり、コーポレートブランド力の創造が、旧来のコミュニケーション戦略の主要手段である広告・営業・販促のみのアプローチでは成り立たず、過去のデジタルネットワークアプローチも通用しにくくなってきている。市場の創造が、企業側からの市場統御型マーケティング戦略（市場は企業の様々なマーケティング戦略手段の投下で創造できる）では通用しない時代と言える。

デジタルネットワークによる双方向の実感・体感型体験や生活者間の生活主張・生活事実の共感は、市場を統御する形を変化させていることを示すものだ。従って私達は、フラットでかつ対等な目線での企業と生活者との共生・共感を前提とした、市場戦略アプローチを認識せざるを得なくなってきている。つまり、産業構造・市場構造の中で、SNS社会の進展は生活者が初めて「個人でECサイト媒体を保有する」時代となったからである。

もちろん、旧来型の商品力や流通力、広告・販促・営業提案力が意味を成さないのではない。それらを複合させた生活者相互の共感と共有を促進するSNSネットを意識した、生活者との共生型アプローチに戦略手段は転換せねばならなくなっていると認識したい。つまり、これまでのマーケティング戦略の原点から、新しいマーケティングを認識した〝Starting Point〟を確立する命題が求められたと言えよう。このことは大手企業のみならず、特に日本を支える中堅企業にも当てはまる。

以下、求められる新たなマーケティング戦略原理のPointを列記する。

1 これまでのマーケティング戦略原理の「罠」からの脱却

まず私達は、企業と生活者が対立概念にあるといった認識を改めねばならない。私達は、生活者の〝Needs〟と〝Wants〟を集約する概念「生活者志向」「生活者視点」を前提としている。しかし、この前提そのものが、企業が市場を統御できるとする「上からの視点」を誘発していることに気づかねばならない。なぜならば、生活者志向と言いながらも企業と生活者は対立した概念で、生活者は攻略すべき対象として市場創造のツールと捉えているのではないだろうか。二〇一〇年以降にヒットした「食べるラー油」を始め、Smartphoneやハイブリット・電気自動車、節電や高齢者対応型家電商品、クール・ホット型衣料等、多くはパイやシェアの発想から生まれたものではなく、新たな生活市場創造発想による社会創造型商品と言え、まさしくマーケティング3・0型商品と言えよう。すなわち『コト創造型商品』である。そこには、SNSネットワークのアプリケーション進化が介在しており、旧来型手段である広告、販促、営業提案もこの点を意識して、生活者との共生を前提としたアプローチが求められていると言える。すなわち、生活創造を起点とした「マーケティング3・0」、生活者そのものが社会的使命を持ち、自らの生活を「自創」あるいは生活者間で「共創」する超自我（新しい生活次元の創造・新たなコミュニティ創造の確立）的生活次元の変革をサポートしようとする「マーケティング4・0」の企業取組みの時代へと推移している。

以上を明確に具現化して述べることは難しいので、これまでのマーケティング戦略原理の「罠」とその脱却の概念について整理したい。

2　ターゲット論の「罠」からの脱却

マーケティングは、ターゲット論を原点としてきた。市場を細分化し、自社商品を購入・使用する得意先や末端生活者を選別し、戦略アプローチの手法を当然の原理としてきた。性別・年齢・所得等のデモグラフィック特性やライフスタイル特性により、〝ヒト〟を区分するアプローチが原則であった。

しかし、八〇年代に入ると著者が提唱した〝コト・ターゲット論〟が登場し、生活者は一人百様、百人百様の価値観で、生活創造に向けての生活領域でコトを行うと判断されるようになった。それは「モノ×コト＝生活シーン」をターゲットとする考え方だ。どんなヒトでも様々な場面や用途と、生活イメージの中で商品を活用するチャンスを持つから、ヒトでターゲットを括ることは市場の戦略チャンスを狭小化する、とした考え方である。

従って、ターゲットを絞った〝限定マーケティング〟は、期間・数量・チャネル・エリアを限定する初動の戦略アプローチとして理解されても、その先の大きな〝マス〟を創造する手段は〝ヒト〟を限定するものではない。

ここで考えねばならないのは「モノ×コト」の解釈の中で、一人の生活者の多様な生活シーン〝コト〟には、全てのヒトが特定の〝モノ〟を購入・使用するチャンスを有するということである。従って、〝モノ〟は、生活者がその場面や時点で行う〝コト〟に対しての単品ではなく、品群で消費されることを再度、理解せねばならない（コーディネート・マーケティング戦略）。

この品群アプローチを理解し、生活シーンでの単品訴求ではなく、単品の商品特性をより高い価値観で提案してきたのが、中堅企業の「オタフクソース」である。つまり、調味料の「ソース」を売るのではなく、様々な生活シーンから提案、訴求した「お好み焼」を〝コト・ターゲット論〟として具現化した。「お好み焼」の「作る」「食べる」といった〝コト〟の提案は成功したと言えるが、さらなる生活シーンを考えるならば、様々なメニューが組み合わされて成立する食卓シーンを考え、その多様な食メニューと複合した「お好み焼」のポジションを確立させる共感性に進化させねばならない。

それは、極めて多様な提案に陥りやすく、企業の戦略効率を考えると市場統御の発想では限界が生ずる。「お好み焼」を食べる実感と体感は、「お好み焼」のある生活シーンの共感性となり、SNS社会では生活者コミュニティとして発信してくれる多様性を持つので、個々の生活者が行った事実の共感性が重要である。もちろん、企業側からの様々な提案があり、生活者個々の年齢・性別といった特性は、定量データや定性データで判断の指標にはなる。しかし、それだけで市場の創造が可能となる訳ではない。すなわち、企業アプローチの信頼性・共感性と、生活者自らが行う「お好み焼」世界の〝コト〟の実感・体感をコミュニティとして後押しする情報の再発信が求められる。これは二〇一〇年頃からの登山ブームによる〝山ガール〟や歴史通の女性の史跡めぐりを指した〝歴女〟等の事象も同様であろう。このような〝コト〟の中に、アンダーウェアとしての「ユニクロ」のクール・ホット衣料商品も介在していると解釈すべきである。

〝コト・ターゲット論〟を理解した先行企業は、品群提案を実行してきたが、さらに生活者の中でどのようなコトコミュニティが創造され、実感・体感されているかを深耕化させ、生活者と共に自社戦略資源をどのように共有化するか考えねばならない。

新たな原点として
ターゲットは、生活者が行う〝コト・ターゲット〟であることは間違いないが、その〝コト〟が共感コミュニティとして、どのように生活者が実感・体感活動を行ない「共感コミュニティ」を形成しているかを考え、様々な〝モノ×コト＝生活シーン〟を実感・体感している生活コミュニティの事象をターゲットとせねばならないのではなかろうか。つまり、SNS社会の中での本音の共感コミュニティの創造が企業のターゲッティング命題であり、市場創造の命題と言える。従って、第一歩として先行せねばならないのは、そのコトに対する企業の顧客をファンとしてそれをベースに本音のコトコミュニティを創造し、それから旧来型マス・コミュニケーションによる市場拡大アプローチの順位コンセプトが求められてこよう。

3 コミュニケーション戦略〝ゴール＝売上〟の「罠」からの脱却

これまでのマーケティング・マネジメント戦略は、「商品戦略」・「コミュニケーション戦略」・「チャネル戦略」という三つの大きな戦略手段の複合だった。

まず、「商品戦略」とは、商品開発・素材調達、そして生産で、「製品」に対する基本機能の優位性の創造にある。優位性とは差異性ではなく、〝コト品群〟の中での優位な単品価値を指す。その単品が、より新たな生活シーンを創造できるかだが、この点については〝差異化の罠〟の項で後述する。

次の「チャネル戦略」は、商流・物流・情報流に括られるが、今日、商品戦略と密接に関連する。企業効率を考えると現状の最重要な限定チャネルとなろう。しかし、今日、多くの商品は多様なチャネルで扱われている。例え小さなロットであっても、将来の大きな買い場として発展する可能性を秘めている。

特に、近年のSNS社会の進化により、生活者の購買情報の入手や購買などの手法もECダイレクトサイト購入が伸長し、多様化している。さらに高齢化社会は新たな買い場とサポート・サービス機能を要求している。

既に、スーパーマーケットもネットダイレクトや宅配・移動販売車や送迎車等、売り場から「生活者により近づく」多様なチャネルアプローチに取り組んでいる。しかし、この場合、商品は従来と同じで良いのだろうか。当然、買う人の生活シーンによっては、求める品群が異なってくるだろうし、ネット情報は実感・体感に乏しい。いかに実感・体感型のコンテンツの工夫ができるか…、同じ商品でもアプローチの仕方が異なり、求める価値観の違いは、チャネルが異なれば当然、出てくる。これらの課題をどのように捉えるかが求められる訳で、多様なチャネル戦略アプローチをチャンスと捉えて、生活コミュニティの中で買場価値としての確立を考えねばならない。それが「オムニチャネル・ビジネスのコンタクトポイントの創造とアプローチ（いつでも、どこでもモノの生活サポート（コト）が満たされる）」と言えよう。

「イオンリテール」が展開する都市小型スーパー〝まいばすけっと〟は、CVSと似通った新業態として、主に東京都市部と周辺で展開されている。高齢化や単身世帯の増大、働く女性の社会進出に対応した新しい価値業態として、地域のコミュニティ業態のポジションを確立しつつある。スーパーマーケットでも、より買いやすい空間としての小型化が図られ、これまでの八百～千坪の標準SSM型店舗から五百～六百坪のミニSSM型への展開が促進されている。問題点は多々あるだろうが、一例として、この新チャネルを私達はどう捉えるかである。そして業態には、生活者の時間消費空間とする生活創造の場としての命題が求められてきていると言える。

生産効率のみのチャネル戦略ではなく、チャネル効率から将来の生活者との共生チャネルを想定、多様なチャネル市場を無視せず、自らの市場アプローチで、商品戦略をフィットさせる新しいオムニチャネル型戦略・商品戦略の新しい原理が求められている。そして業態は、単にモノ売りの場から生活者に新たなコトを共有・創造のサポート空間（高齢者の朝食対応や高齢者と孫との時間消費空間化、店外エクステリアを活用したフードコート的時間消費空間化、従業員や地域児童の学習空間、高齢者や単身男女の調理教室空間、等々の新たなコトを共有化できる業態空間化）を求められていよう。これらの事項は、業態と取引メーカーのノウハウとの共創が求められ、まさに新たな生活創造型の協働取組みが求められている。

ところで、本論のコミュニケーション戦略だが、大きくは「広告」「営業提案力」「販促」の三つの要素で構成されてきた。

不特定を対象に同一内容の反復累積効果を期待する一方通行のメッセージで効果を期待する「広告」、

不特定あるいは特定を対象に購買促進を期待する狭義の販促、企業イメージの向上を期待するイベント・キャンペーン等の広義の「販促」、取引成果を期待する「営業提案力」、これら三つの高コスト戦略手段に対して、企業は〝ゴールは売上〟といった効率指標を追求してきた。

今日まで、営業は生活者と得意先の課題解決を前提とした取組み営業（提案型営業―ソリューション型営業）の強化が、〝ゴールは売上〟の成果を期待するものとして各企業が取り組んできた経緯がある。

しかし、二〇〇〇年以降は〝Push〟型の一方通行型コミュニケーション戦略より、デジタルネット社会の進化によるネットコミュニケーション戦略の方が大きな戦略手段として認識されてきている。その中で、企業はネット社会のブームに便乗し、自社のHPやメルマガなどの開設を展開してきた。しかし、ネット手段を従来型の「広告」と同一と捉えられてきた傾向もある。デジタルネットの双方向性と検索を意識した「コンテンツ」の重要性に気づいてきたとは言い難い。二〇一〇年以降、コミュニティ型Webサイト、SNS（Social Network Service）、「Facebook」、「mixi」、「LINE」など生活者間の双方向コンテンツ）社会の浸透により、生活者間のコンテンツを媒介としたネットコミュニケーションが市場形成に大きな影響を及ぼしている。こうした中で、旧来の手段による「広告」とSNS社会の双方向コンテンツの違いを認識しなければならない。

先にも述べたように「メッセージ」は、企業側が一方通行的に発信するコミュニケーション戦略の中核で、同一内容を継続して反復するものだ。AIDMAの原則にもある、購買プロセスの効果を期待するもので、「AIDMA」の最後のA＝Actionを期待して、売上結果をゴールとしてきた。

しかし、ネットアプリケーションを介した「コンテンツ」は、検索作業によって見る側の意志と意図で認識されるものだ。つまり、コンテンツは見る側に、内容の変化への興味と満足がなければ認識されなくなる。変化による興味を自己の価値観で認識し、〝企業の「ヒト」‐生活者〟、〝生活者‐生活者〟間の同一価値の共有化に向けてネットコミュニティ化が成立する。こうなると主体は生活者側になり、そのコンテンツのやり取りの輪が市場創造に寄与するといった構図になる。まさに、今日のＳＮＳ効果は〝モノ〟の存在意味と意義を規定しているとも言える。

新しいコミュニケーション戦略の原理は、〝ゴールは売上〟の追求ではなく、生活者コミュニティ形成と企業活動の力量にある。さらに、社会とつながろうとする誠実さと、意図の示し方に対する評価は企業の信頼性の創造につながり、それをゴールとする認識が求められる。

ネット空間で形成されるコンテンツは、バーチャルであろうが、生活者はそれを自らの生活観で実感・体感する訳で、今日リアルとバーチャルの境界は生活者の中では無くなってきている。しかし、顧客ファンをベースとした実感・体感型のリアルな場の提供が、今日、単にバーチャルコンテンツだけでなく必要とされるようになってきている。

従って、ネットコミュニティで形成されるバーチャルコミュニティと実感・体感型のリアルの場の提供との複合アプローチが市場創造を具現化していると言えよう。

さらに、マスコミ媒体の活用は広告も市場創造拡大に効果はあるとするものの、環境・健康・

安心・安全な生活のソリューションを命題としたニュースリリースの提案がマスコミ媒体で扱われることによって顧客は増大しており、広報戦略による市場創造効果が企業信頼性の構築と併せて、結果ゴール売上創造に寄与する時代となっている。逆に、これらがＳＮＳ派生効果をもたらす場面、特に生活の健康・安心・安全ソリューションに寄与している。

二〇一〇年以降のヒット商品や二〇一一年の震災支援に対する生活者の〝つながり消費〟、またそれ以降のＳＮＳ効果による〝生活者コミュニティ消費〟は、まさにネットコミュニティが創造したと言ってもいいだろう。「広告」「営業提案」「販促」といった戦略手段は、これを後押ししたに過ぎない。もちろん、旧来コミュニケーション手段の効果が薄れた訳ではないが、〝Push〟効果による継続的な〝ゴール〟は売上〟は統御できなくなってきていると考えた方が良いだろう。

旧来のコミュニケーション戦略が、様々な〝コト（生活シーン）〟提案による〝コト〟創造に寄与することは間違いない。しかし、顧客ファンをベースとしたネットコミュニティによる派生的効果が無いと、今日の市場は創造できなくなっている。ネット社会がコンテンツの変化を追うとするならば、多様なメッセージの変化を旧来媒体のメッセージで展開することは困難だ。つまり、旧来コミュニケーション戦略手段は、生活者間で交わされるネットコミュニティ創造の後押し機能と理解したい。

また、実感・体感型事実が市場を創造すると考えるならば、生活者とリアルでダイレクトにコミュニケートすることが求められる。例えば、中堅企業の「ＵＣＣ上島珈琲」が営業機能に〝コーヒーアドバイザー〟としてのプロの実感・体感の提案力を命題としたことも頷ける。「オタフクソース」の〝お好み焼インストラクター〟も同様である。これらの提案活動がネットコンテンツとして、ネットコミュニティを創造できれば市場は形成されるが、企業側からＳＮＳネットコミュニティは統御できない。

4　差異化の「罠」からの脱却

Marketing Differentiation（差異化戦略）は、Product（製品）を中心として商品化に至るチャネル戦略展開での差異化、広告を含むコミュニケーション戦略における差異化、と様々な戦略手段の展開で論議される。

特に、製品の差異化は競合との対比の中で、差異化すれば売れるといった前提を保持している。では私達は、その競合対象を何に規定するかと言えば、同業同種商品を前提にする。

商品構造とは、「品質を規定する基本機能」と「使用価値を規定する付加機能」「価格・容量・パッケージ・形状の優位性の中間機能」の三つで成り立っていることは、一九八〇年代の商品構造論として規定されており、今日でも変わらない。しかし、同業同種商品の差異要素から、抜本的な差異性を見出すのは難しい。多くは微妙な違いを認識することしかできない。それは基本機能のみに注目するからである。〝コト〟ターゲットについて先に述べたが、生活者の行う〝コト〟の中では商品は単品で消費されない。もちろんユニクロの「ヒートテック」のように全く異なる素材と製法、工程技術革新で新生活市場を創造できる基本機能の差異化は、新たな競争優位とこれまでの商品価値構造を革新し、旧来商品市場を駆逐する。しかし、これらの事象も新しい生活シーンの創造に向けての使用価値、すなわち付加機能の独自性と生活共感性にあるからに他ならない。

商品は単品で消費されるものではなく、「モノ×コト＝生活シーン」の中から品群でコーディネートされ、そこに〝コト消費〟が生ずる。

このことを考えると、差異化ではなく独自化・共感創造化と称するべきであろう。そして、競争相手は同業種の中から見出せるものではなく、他の品群や場面との競合を意識せねばならない。多くの同業種商品の微妙な差異の追求による差異化アプローチは、今日、企業間の開発ローテーション化（毎年市場化される春夏・秋冬商品改良や開発）とコンテンツ化によって、コストと労力の無駄を生むことが多いことも事実である。

> 競合対策及び独自化は、生活シーンの使用価値と共感性を見極めることにある。そして、そこからその生活シーンのコミュニティ創造を命題とせねば、自社製品の独自化・共感創造化はできない。
>
> 生活者ニーズを同業種商品のみから拾い出そうとしてはならず、使用価値を創造する品群と使

用シーンでの独自化、さらに、実感・体感型アプローチの付加にそのアプローチを切り替えねばならない。

5 Brand Loyaltyの「罠」からの脱却

ブランドロイヤリティは、企業ブランドと商品ブランドの相乗性で確立できることは間違いない。そして、それは様々なマーケティング戦略活動の成果として評価されてきた。

とするならば、そのゴールはシェアや売上額・利益額の企業の力量と結果で評価されてきた。しかし今日、ゴールはエクイティ（Equity—公正・正当性）の確立にあり、究極は「信頼性ある企業取組みとしてのブランド神話」の確立にあると認識せねばならない。

ブランドエクイティの確立は、企業・商品の永続的な「信頼性」を生み、生活シーンの中でその正当性は支持され、持続的な成長や成果の維持につながる。

これは「顧客資産—Customer Equity」と呼ばれ、文字通り正当性ある顧客（ファン）を創造する。

図表1-5-1に示したのは、「Customer Equity」創造に向けてのブランドエクイティ確立の為の指標である。設定すべきゴールは、Value Equity「私にとって価値ある企業・商品」、Retention Equity「私

図表1-5-1　Customer Equityの追求とキーワード

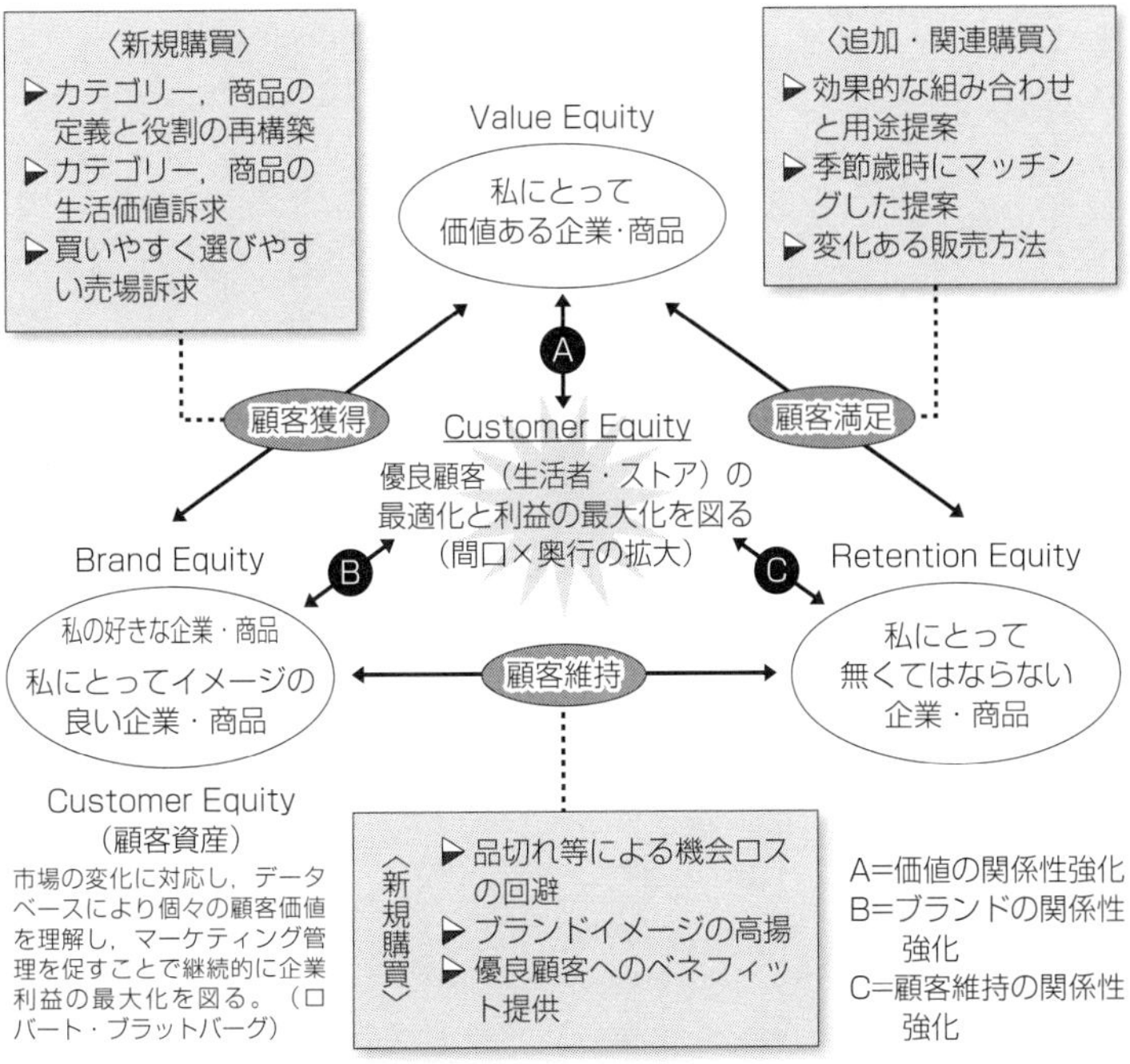

出所：「明治乳業」プロモーションガイド，2000年。

にとって無くてはならない企業・商品」、Brand Equity「私の好きな信頼できる企業・商品」の三つの指標で成立すると見なされる。

・「Value Equity」へのゴール

企業取組み結果の評価と生活者個々の生活シーンでの価値づくりへの貢献と力量、能力評価、それを商品に転換することである。しかし、企業の市場アプローチのみで可能となるのではなく、生活者自らがその企業の商品を使用・活用したいとする実感・体感型価値にあり、生活者間で醸成される購入使用価値観による生活創造メリットを感受させることにある。従って、生活者と共に創造されたとする、姿勢とアプローチ力が求められる。価値は生活者の中から創造されると認識せねばならない。そこには、その企業の意図と志の社会的、生活的価値への活動の信頼性が含まれてくる。

例えば、震災時の「自社の資源」を活用した意図と能力と行動の結果は、誠実な取組み姿勢が生活者に価値あると評価されたのかどうかにある。そして、その取組みの持続性が求められる。

• 「Retention Equity」へのゴール

必需価値と言えよう。

私達の生活にとって無くてはならない企業・商品とは、商品単品の優位性を意味する訳ではない。商品を中核とした品群での活用が、生活創造を可能とし、その生活シーンが私にとって価値があり、無くてはならない習慣的行動（生活シーン）となっているかどうかである。

例えば、〇〇をするコトにA商品カテゴリー（種類）を使う場合、このA商品カテゴリー（種類）を特定の企業・商品ブランドで多くの生活者が認識しているとすると、企業・商品の神話性が確立されていると考える。つまり、生活者の行う〝コト〟を代表する特定企業商品ブランドの信頼価値が無くては成り立たない。

例：シーチキン（「はごろもフーズ」の個別ブランドだが、生活者はマグロのオイル漬け缶詰をシーチキンと呼ぶ）

• 「Brand Equity」へのゴール

共感・好感度といった好イメージ度と言えよう。要は好きであるイメージ的信頼を感受しているか、どうかである。

これは企業の「良いといった品質価値」と「市場へのアプローチ結果や能力への感覚的評価」「価格・容量・形状・パッケージが自分の求めるイメージ価値に合致」といった商品力要因と、企業の自社資源を活用した社会的アプローチや使用場面での生活ソリューション構築の実感・体感の好感度（独自的好感度）を醸成した結果と言える。

以上の事項は、商品チャネル戦略上のベネフィット（Benefit）だけでなく、コミュニケーション戦略上の後押しや、生活者コミュニティ評価指標などが相乗して確立されるものである。

「プロモーター（コミュニケーター）ネットスコア」と言う概念がある。

これは商品の購入・使用接点（様々な生活シーン提案を行う）における、ブランドエクイティの判別手法だが、一つの質問を行う。

Q：「あなたはこの商品を他の人に薦めたいと思うか」

回答形式は十段階で評価され、それを十・九点は「高レベル推奨者」、八・七点は「中位クラス」、六点以下を「非推奨者」と、回答者を区分し、「高レベル推奨者率」－「非推奨者率」で判別する。

これによって、企業の継続した提案アプローチのマンネリ度も判別でき、新たな提案事項によるValue Equityや、好推奨率のアップによるRetention Equityを判別する指標ともなる。エクイティゴールを判別する手法にも成り得る。

6 SNS効果の「罠」からの脱却

これまで、SNS社会による生活コミュニティ創造へのアプローチの重要性と、生活者とのフラットな共生アプローチの為に、旧来型マーケティング戦略手段のゴールを、信頼性ゴールへと転換すべきだと述べてきた。それほど、ネット社会での生活者間情報の共有化が市場の創造を主導する時代となっている。もはや企業は市場統御の概念で、マーケティング戦略アプローチを期待してはならないとも述べてきた。

しかし、このSNSネット社会の成果としての生活者コミュニティの市場創造の主導権にも罠が存在する。それはネガティブ情報のコミュニティを抑制できないことと、ポジティブ情報によるコミュニティ化の新市場創造においても、生活者の価値共有化による市場の創造は、一時的なモードや流行現象として終始してしまうことである。企業もこれを様々にコントロールしたがるが、介入コントロールは最も重要な信頼価値を失うことにつながる。

多くの企業は、自社への好感度が高い者をコミュニケーターとして捉える必要がある。このコミュニケーターが創造するフリーハンドネットコミュニティは重要である。意図してコミュニケーターを創ることはできないが、〝二：六：二の原則〟のように、自社商品の顧客二〇％は、絶対信頼顧客で、何があろうとも自社商品を支援してくれる。これを顧客コミュニケーター（ファン）と呼ぶが、彼らのネットサイト情報を重視しながら、戦略手段のチャレンジを繰り返すことは重要である。これを戦略的後押しのアプローチと呼ぶ。

アメリカの「Starbucks.com」や日本の「東急ハンズ」など、企業のファンが運営するオンラインコミュニティがある。日本の社会構造を理解している企業であれば、何がしかのファンサイトが存在していると認識せねばならない。彼らをＣＲＭのように囲い込む訳ではなく、ファンの存在を認識した上で、情報の真摯な解釈と戦略手段アプローチを社会活動や顧客活動に進化させていくべきだろう。

ファンは顧客だけではない。特に、ネット社会における企業・商品ファンは、購入者・使用者だけではなく、その企業の活動や商品を使用していなくてもファンであることに気が付かねばならない。

この非購入・使用ファンが、顕在顧客や潜在顧客の購入使用を支援、後押しをしていることも理解しておかねばならない。

「企業の活動と告知、商品広告や店頭提案・販促活動」＋「新しい使用シーンを提言する実感・体感型アプローチ」と、こうした状況の進化と継続が、ＳＮＳ社会のモードを創造し続ける。

つまり、「自社らしさ」にどう共感してもらうかで、コンテンツ社会は価値の進化と変化を求める。サービス概念の進化と同義の「今日より明日が良い、明日より明後日はもっと良い」の進化・変化アプローチを継続しないと、コンテンツ社会の持続性は保障されない。

しかし、今日のＳＮＳ社会の進化はグローバル化し、コンテンツ情報すら「砂の一粒」の価値しかない時代となっている。こうした社会の中で、単にネット上のコンテンツのみでは生活者の共感を得ることは難しい。従って、ネットコンテンツの共感性とリアルな体験・体感を複合せねばならない時代である。元々、マーケティングの原点が保有している「場」の実感・体感アプローチが無いと、ＳＮＳ社会の真の効果は確立できない時代であると言える。

7　人材力育成と「当たり前の感性」の「罠」からの脱却

既に団塊世代が大量に現役から引退し、その子供の団塊ジュニアは四十代に突入している。団塊世代は七〇年代の高度経済成長時の企業経営成長の礎となった世代でもある。この世代は八〇年代、価値の多様化社会（成熟社会）の企業経営戦略の転換を体験すると同時に、個人化社会のベース、仕事と個人生活の割り切り社会も創った。もちろん、それ以前の混乱期でも、日本的社会規範や組織規範の常識論（当たり前の所作と社会性）を実感・体感し、企業組織の中で活動してきた。

こうした団塊世代の家庭で成長した団塊ジュニア世代は、社会の近代化、家庭生活の成熟化や新しい価値観による自分本位社会で育ったが、一定の組織規範と社会性は実感・体感できたと言える。

しかし、その後の「ゆとり教育世代とその親」達は、バブル社会のいい加減さと、自分本位の社会生活から、組織規範の常識と社会性の常識を高く保有しているとは言い難い。社会的常識の欠如が恥ずかしくなく、無知であることが個性的といった勘違いをする社会の到来が二〇〇〇年以降と言えよう。

「当たり前」が通用しなくなっていることを、私達は組織マネジメントの中でも認識しなければならない。

加えて、一九九〇年代以降の企業低成長期の中、組織マネジメントにおいて、人件費は抑制され、当時の五十代以上はリストラ対象に、逆に三十代が組織成長のキーマンとして人材育成が図られた。急速なデジタルネット社会の進展は、これら人材マネジメントの効率化を促進し、コーチング等、新たな管理層に向けての組織マネジメント論に立脚した人材育成教育システムも数多く導入された。

しかし、売上結果主義の管理と評価は、低成長の中で企業の経営命題としてより強化された。この頃から、管理職の部下マネジメントの方向性は、社会・生活変化による市場の変化を捉えた変革が求められていたと言えよう。

デジタルネットワークの進展は、業務効率向上を促進し、個々の業務を支援するデータシステムの構築が当たり前となった。また、顧客や得意先への課題解決提案力も常識となり、多様化するニーズへの対応を効率化する上で多大な貢献をしたと言えよう。

組織規範の常識と社会性の常識、また組織内での競争マインドの常識が通用していた一九九〇年代、これらの支援情報システムの効率化は、多様な顧客・得意先への課題解決のベースとして大きく機能したと言える。「考えて、理解して取り組む為の提案書」を作る風土があったからだ。この「考えて、理解して取り組む」ことが積み重なり、個々人の経験値として複合され、それぞれの企業らしさの取組み規範と常識を創造し、企業の顧客・得意先の「信頼性」の確立に貢献してきた。

しかし、SNS社会は生活者に、より簡単に情報を得ることを促進した。単純に言えば、大学生のレポートや発表要旨の作成も、ネットから引用した情報をそのまま編集すれば、中身を理解しなくても立派な作品ができる時代となった。「考えて、理解して取り組む」社会の崩壊である。自ら文字を書く必要が無い学習社会を経験した彼らに、会社組織の「当たり前」は通用しなくなったと言える。

一九九〇年代中頃のゆとり教育を経験し、自分本位社会・無競争マインド社会を体感し、社会規範や知識・知恵、常識も不要となった世代が今日の若手社員で、彼らが企業社会に入って既に十数年以上が経過している。

個々の企業の「それぞれの規範や業務の独自性の当たり前」は、〝当然、わかっているもの〟、〝当然、わかるだろう〟として学習・教育・ＯＪＴの中で、多くは省略化される。そして、「当たり前のことはわかるだろう」として若手社員に業務対応を求める。実はその当たり前がわかっていないことに気づかず、上司と部下との相互コンフリクトと葛藤を招く。

「何故この結果なのか、課題は？　解決方法は？　そして展開実行は？」といった一連の流れが、ＰＤＣＡサイクルと言われるものだが、当たり前のことがわかっていないと、やり方の前提が無視され、ＰＤＣＡサイクルを展開してもコンフリクトを生むだけである。やがて「何故も考えずに息をしているだけの状態」を招く組織が出来上がってくる。

上司をどれ程教育しても「当たり前の常識、やり方」がわからないと、成果を得られる訳が無い。従って、組織の売上結果管理は、〝何故〟を考えない売上目標に向けての活動に終始することになる。そして「顧客・得意先の言い分」に振り回されることになり、利益構造は圧迫される。ミーティングは、どの企業でもよく実施しているが、「当たり前がわからない集団」と「当たり前がわかっているだろうと思い込んでいる上司」とのミーティングは、〝何故〟を考える当たり前の常識と理由と規範の無いまま時間切れとなり、それぞれ意味の無い「頑張ろう」という言葉で終わる。

長々と人材力育成の罠について述べたが、これからの組織マネジメント力強化と自発的な業務取組みマインドを醸成する為には、以下の事項が求められよう。

(1) 社会の常識と社会性の徹底教育・学習及び知識教育
(2) 業務が何故、こうなっているか、への徹底した教育・学習
(3) (1)・(2)の教育・学習の必然性に対する管理職教育
(4) 生じた結果のプロセスへの徹底学習と、先行計画の必然性についての徹底教育・学習
(5) 先行結果フォーマットの作成チェックと、日常業務での活用（先行行動スケジュールの作成と徹底、また、何故そのスケジュール項目が求められるかを考えさせる）
(6) (1)・(2)教育学習成果は、上司を含め日常の組織風土とする
(7) 企業の意図がどこにあるかを常時、教育・学習する仕組みづくり（企業が社会・得意先・顧客に対して何を意図しているか）
(8) 上記事項のＰＤＣＡサイクル教育・学習の実行

以上の事項は、企業の意図が何故そうなのか、当たり前のこと、を理解させることにつながり、自社の力量（能力）、結果のプロセス、誠実さと得意先、顧客との関係性を明確にするもので、現場で新たな変革提言を生むものである。ボトムアップを生み出すフラットな組織風土が求められることは言うまでもない（組織風土の個人から、Inside Out のボトムアップの確立の重要性と取り組むマインドの醸成の重要性）。

これまでの新入社員教育や、階層教育の欧米的経営組織論に立脚した、ローテーション教育制度のマン

ネリ化は変革されねばならないだろう。

8　グローバル戦略の「罠」からの脱却

一九九〇年代以降、少子高齢化の進展による国内マーケットの狭小化は、日本企業の海外生産拠点の移転を促進してきた。元々、生産基盤の移転は、一九七〇年代の高度経済成長時から始まっており、当時は極東・東南アジアを主流とするものであった。生産コストと人件費の削減を前提とし、国内・海外先進地域輸出への価格競争力向上を目的とした移転であった。

しかし、一九九〇年代中期からは中国経済の進展により、生産コスト削減はもちろんのこと、十三億人の市場開拓の拠点として、自社商品の現地化を推進する命題がグローバル戦略の主題となり始めた。そして二〇〇〇年を迎えると、中国市場の発展は、世界の市場としての意味を持ち始めた。さらに、インド・ロシア・南米といった多くの新興国の経済発展が、低迷する国内需要を補完するものとして考えられ始めた。日本に対抗してグローバル化を促進する韓国や台湾など、新技術立国の展開も激しくなってきた。そして今日、中国・インドもこの中に含まれるようになっている。

新興国の発展で、当然現地の雇用コストの向上と、現地市場の開拓を目的とした市場力は向上する。安い人件費労力を前提とした構図が崩れ始め、現地化を促進する人材力の確保が重要となってきている。

また、国際的な価格戦略と国内デフレ対策戦略を同義と捉え、グローバル進出しようとする企業が多くなっているが、これは大きな罠と言えよう。日本の市場戦略は、単にデフレ価格に対応すれば良い訳ではない。これまで述べてきたように、日本の消費構造は単品優位性だけでは成り立たないから、国内市場に適合する商品力の開発を前提としたコスト削減でなければならない。

一方、新興国での現地化は、生活の近代化の過程での商品力が求められ、過去のように高品質商品・高価格の「あこがれ消費」を期待することはできなくなっている。このことは、グローバルニーズに適合した「適正品質アプローチ」と呼ばれている。

その国の生活基盤とニーズに合致した商品開発力が求められている訳で、日本的な商品カテーゼによる高価格・高品質商品は、通用しないと考えねばならない。韓国・中国・インドの各企業の台頭は、この事実の中に秘められている。

そうなると、現地人の雇用を低コスト労働力と捉える日本企業は現状に対応できない。既に知的労働、マネジメント労働や高技術職労働の「人材力」が重要で、この人材マインドをいかに自社のマインドと合致させるかである。かねてから言われているように、有能な人材は、国内の日本人と同格・同評価で目的命題を明確にして採用（戦略的マーケティング人事）せねば、グローバル現地化への人材力の育成・確保はできないと知るべきである。

中国経済の進展で、既に同国は商品輸入国になっており、ベトナム・インドネシア・ミャンマー・バングラデッシュといった国々からの商品が中国市場に浸透してきている。要は、中国だけが進出地域ではなく、東南アジアやアフリカ諸国の新興国や、政策制度・人材力などの面で難易度の低い国の方が、グローバル進出に妥当として比較検討されねばならない。

また、日本では考えられない所得格差の中で、新たに購買力を保有した新富裕層以外に、膨大な市場が貧困層にあると認識することが、大きな現地化成功のカギと理解せねばならない。この貧困層への商品開発・チャネル開発・コミュニケーション戦略を可能とする戦略アプローチ・パラダイム変革も命題と考えねばならない。もちろん経営陣の問題ではあるが、日本企業の意思決定スピードの遅さは、現地法人への責任権限の委譲が無いことに加え、日本本社が行うべきミッションが明確で無いことも要因の一つと言える。この点も解決せねばならない課題である。

また、日本企業は自社単独のメリットを求めて進出を図ろうとするが、今後は欧米企業のように、水平・垂直を命題とする集団進出が求められる。これは、現地の政府や相手企業との交渉力を強めることにもつながる。

スピード感、現地の認識、人材力育成、現地独自のマーケティング戦略を命題としないグローバル化は、過去の多くの失敗例と同じ罠に陥る。また、日本人社員を多く派遣することの無意味と、日本人の大量派遣が現地業務の阻害となっている罠も理解せねばならない。

9 フラットな企業人や生活者とのかかわりが見えない「罠」からの脱却
―オープンマネジメント概念の指標づくり―

企業では、人材がマネジメントを統合・運用している。その意味で「マネジメント」とは、単なる上からの管理概念ではなく、上下・水平の組織で人材の信頼性が基となり、権限の委譲もスムーズに行われているかを示すものと言えよう。信頼性ある人材の輪は、自社内の従業員に留まらない。それは「従業員の家族」「下請け取引先及び取引先の従業員と家族」「同業者の人材と家族」「生産工場周辺の地域住民や公共人材」「顧客と顧客を取り巻く生活者」等々で、企業が関与する人材の輪における信頼関係の確立とコミュニティ形成は、企業価値の形成に極めて重要である。

サプライ・チェーン上、川上の得意先のコミュニティ化、川下の得意先や顧客のコミュニティ化、また自社を中核とした同業者の並列のコミュニティ化等が考えられるが、企業が関与するコミュニティは単なる同業者会や顧客の会、下請けの企業会とは異なる。コミュニティとは、同一の共感性と自己を進化させる為の同一の目的を前提に集まり、コトを起す集団を指すものである。

そのキーワードは「共に」にあり、単なる利益集団を指すものではない。企業統治は、企業の戦略目標と企業理念の下、従業員とその活動領域を統合・マネジメントすることを意味しているが、従業員がいかにまさしく統治されていても、関与する企業の活動マインドや活動自体への関与が無いと、様々な社会的問題が生じ、自社商品・サービスの真の信頼性は失われ、正しい市場創造は不可能となる。

図表1-9-1　オープンマネジメント論によるヒトコミュニティの輪

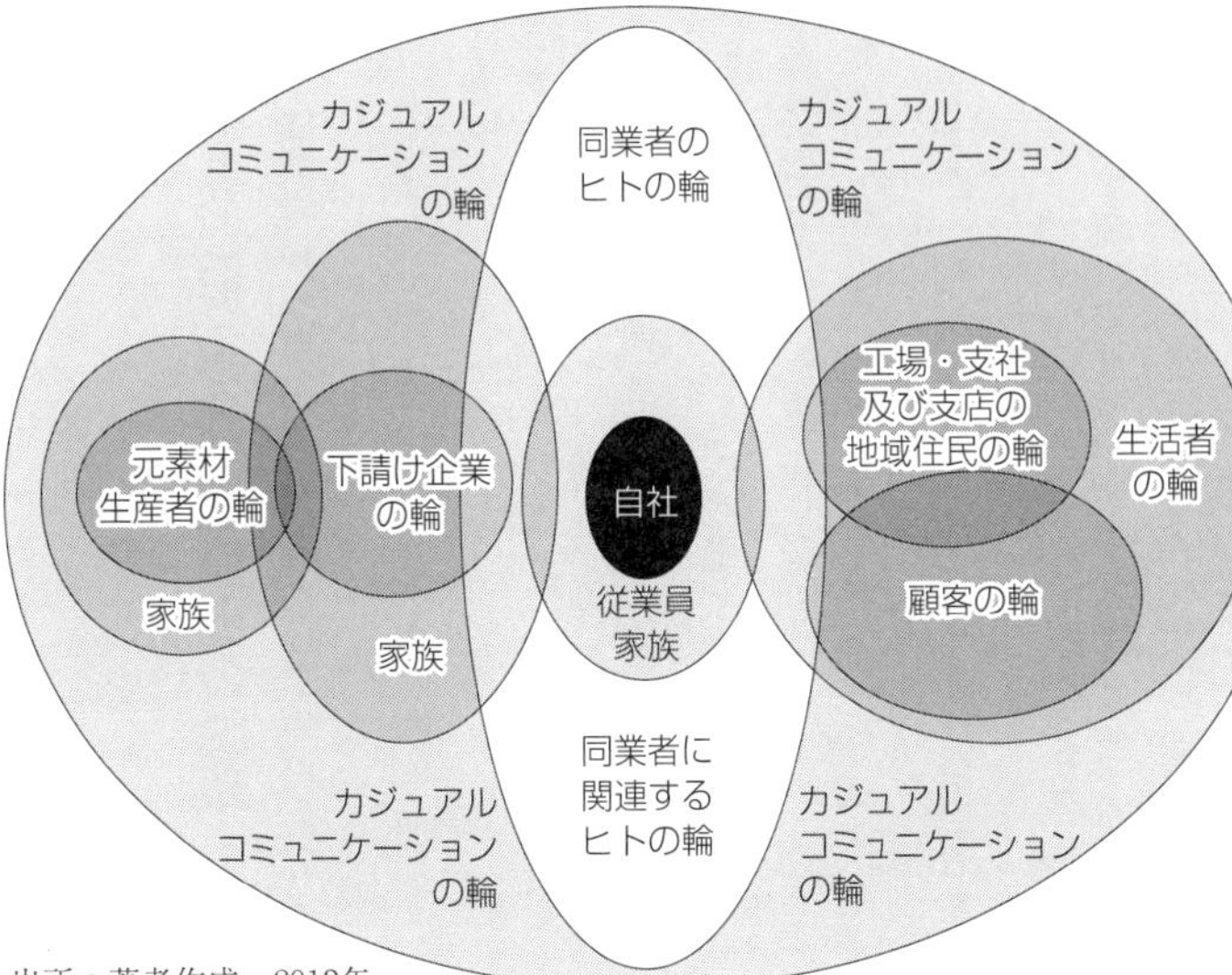

出所：著者作成，2013年。

過去に海外や国内で生じた自動車メーカーによるリコール問題は、下請けや販売会社が提起する問題にメーカーが信頼性ある関与をしていなかったからに他ならない。市場信頼度の高い企業は、これらのコミュニティ理念に基づいて、関与の輪にいる人々のコミュニティ形成を意識しようとしている。ネット社会の進展により、これはさらに進化するようになってきた。

オープンマネジメント論によるコミュニティ形成の為には、形成への命題を、関与する輪のヒトに対して「知的欲求の策定」「自創的コミュニケーション」「最新情報」「つぶやき・気分転換」「習慣的関与」「満足・アンフィット（うまく合わない事実）の開示」「自創的趣味・嗜好と共創的活動」「懐古的関与」「プロフェッショナル化への相互関与」等をキーワードとして、関与者の自創・共創コミュニケーションの輪を形成できなければならない。まさしく、マーケティング4・0の概念が求められる。

10 生活者と捉える「罠」からの脱却

―生活者から自創・共創者としての捉え方（マーケティング4・0のアプローチへ）―

一九八〇年代、マーケティングの戦略的命題として「消費者から生活者としてのアプローチへ」が提言された。

つまり、単なるモノの充足を前提とする「モノの購入・消費の消費者」の概念から「モノを購入して生活を創造する生活者」へ、さらに「新しいコトの創造の為のモノへの欲求」の概念へと、市場の捉え方は変革した。この中で「モノ×コト＝生活シーン」論が登場し、ターゲットは単なる「ヒト」から「そのヒトのどんなコト」へと変化した。

マズローの欲求五段階説の〝自己実現〟をゴールとする、多様な価値観に向けての生活創造者を生活者と呼んできた。しかし、今日、超高齢社会を迎えて、さらに人々のモノ余り生活は「こだわるコトのみへの商品・サービス付加価値消費」を招いている。こだわるコトが希薄になると、モノ消費は生きる為のみとなり低減する。デフレが収まらず消費マインドが活性化しないのは、こうした事象も一因と言えよう。

ところで、高齢化社会の到来の中で〝定年〟は、ある意味で新たな自己実現の確立の機会と言える。人生の節目、例えば、進学や就職、地位の達成等も同様だが、その後に、自己実現の先の欲求が芽生える。

図表1-10-1　アブラハム・マズロー「マズローの欲求段階説」
－5段階説から6段階説へ－

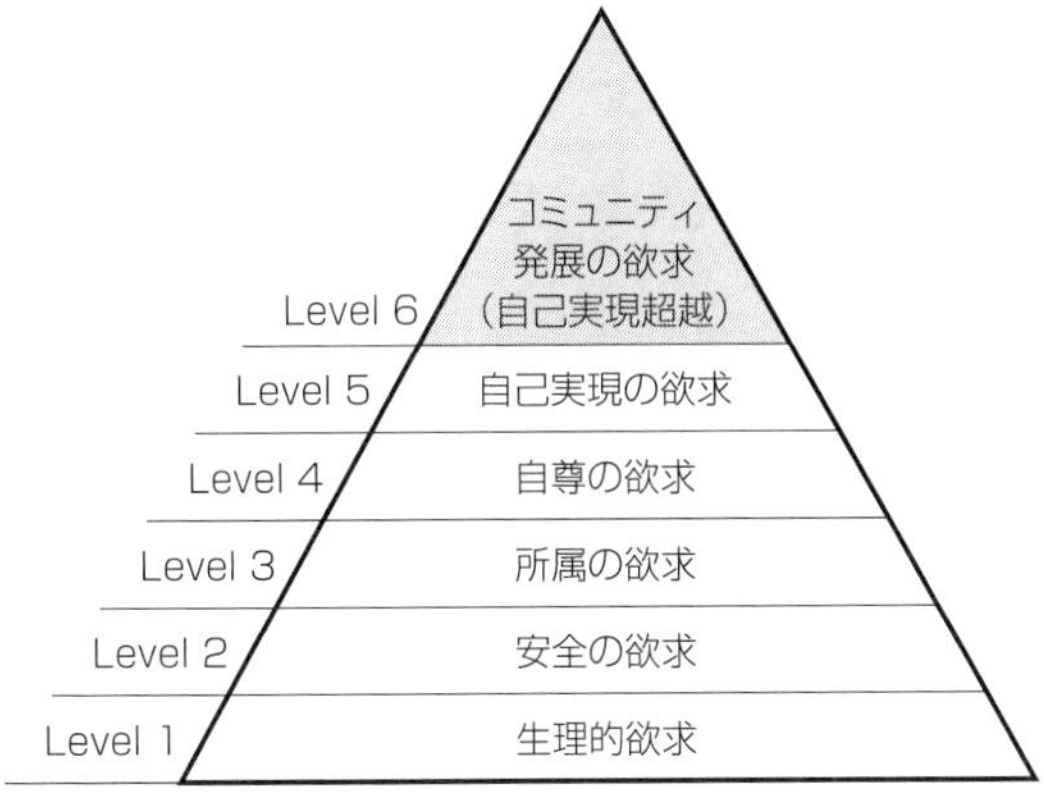

出所：「MUI NETWORK REPORT」No.4，2012年。

これをマズローは、「超自我」として表そうとしたようだ。

中堅飲食サービス業の「Café Company」の楠本氏は、この「超自我」を「新たなコミュニティ発展の欲求（自己実現の超越）」として示した。

私達は今日、「家庭」と「職場」だけの領域で生活しているのではない。趣味、地域、仲間などから生ずる様々な領域に関与しながら生活を営んでいる。このことを「生活領域の多次元化社会」と呼ぶ。

こうした社会では、人々は自己実現以上の価値を求め、自我の確立を求めようとする。例えば、定年まで勤め上げてそれぞれの自己実現を成した安寧の後に求めるのは「新しい生活領域」だろう。自己実現を超える自我の確立への欲求が「自創欲求」で、同一の自創欲求を求めるヒトと実感・体感する空間・コトの共有願望を「共創欲求」と呼ぶ。このことは、「マーケティング4・0」の原理であろう。

多くの生活者は、自創・共創者としての変革を求めているとも言える。それは「生活パラダイムの変革」願望を意味し、自創・共創欲求を満たすコミュニティを求めているのだ。こうしたコミュニティはＳＮＳ社会の進化でカジュアル化し、バーチャルな空間でも確立できるようになっている。「自創・共創者主導のコト×モノ（品群）＝生活シーン」の確立の時代とも言え、自創・共創者主導のヒット商品が生ずる時代と言える。

「Smartphone」は、コミュニティ創造型商品の代表と言えよう。歩くＰＣ機能を備え生活機能拡大と自らが自創・他と共創する為に、定型的アプリケーションから自分ならではのアプリケーションツールを作ろうとする動きも活発である。高齢者や児童へ自分なりのアプリケーション作成や初期活用の為のスマホ活用教室のコミュニティ化も市場化している。自分のお気に入りの機能を重点使用する自創行為や、写メールの共有化やインスタグラムの簡便投稿への〝いいね・いいね〟の創造による共創行為など、これらの自創・共創行為は料理メニューや旅行、その他多くの日常生活行動の中に見られるようになっている。

また、つい最近話題となっている分散型ソーシャルネットワークアプリケーション「マストドン（Mastodon）」は、自分でテーマを設定し、より専門性に特化した知恵と知識を共有する仲間内で深く本音で語るネットコミュニティの創造を求めている。こうした、本音の信頼できる仲間とのコミュニケーションの原点を求めるアプリケーションは、自創・共創行為を求めていると言えよう。

従って、企業はこれに応えるプロフェッショナル集団とならねばならない。自創・共創者コミュニティ創造に向けての効果主義アプローチを前提としなければ、自社商品・サービス市場を確立できない時代となってきている。

小括　自創・共創社会のマーケティングの時代

私達がこれまで「当たり前」と思って展開してきたマーケティング戦略と、企業戦略の命題を見直さなければならない時代となってきている。しかもそれはグローバルな社会創造ニーズと言えよう。二十一世紀の日本型マーケティングの進化の為には、単に改善や改革の思想ではなく、まさしく、新たな原理・原点を創造するマーケティング戦略パラダイムの変革が求められていると言えよう。これを十の「陥る罠」と「罠からの脱却と変革の方向」として示した。

震災以降、本音の〝つながり消費〟への戦略対応と継続、さらに進化するネットコミュニティの共生、多くのソーシャルリンケージの中での企業力の創造、新たな人材力育成へのマネジメントパラダイムの変革、新グローバル戦略へのチャレンジ等、多くの命題の下に、新たなマーケティング原理を創造する時代となっていることを理解せねばならない。

さらに、一九九〇年代以降予見されてきた産業構造・生活構造の変革は、従来のマーケティング・アプローチでは対応不可能な企業活動の環境変化要因となってきている。人口構造の変化はターゲット論の変革を求め、グローバル化の進化はエリア市場戦略の在り方の変革を求めている。

そして、新たな事象がこれからも表出しよう。こうした新たなメガトレンドの変革は、これまでの企業のマーケティング活動の在り方を否定することにつながる。これらの環境変化に対処する日本型「マーケティング・マネジメント」、「マネジリアル・マーケティング」の命題は、企業構造そのものの変革を求めているといえよう。こうした事象を自社のビジネス・アプローチの中で認識し、マーケティング戦略取組みの変革と新たなマーケティング原理の確立が、今後一層求められてくる。

さらに、こうした事象へのビジネスチャレンジの方向性は、既に第四次産業革命とマーケティング3・0、4・0に代表される変革として生じてきている。そして、こうした中で未来に向けたビジネス・アプローチの考え方を次章から述べてみたい。

第2章 ビジネス構造変革と日本型ビジネスチャレンジの方向性

第Ⅱ部第二章では、これまでのパラダイムでは通用しない日本の社会構造、生活構造の変革、さらにそれに伴う産業・情報の構造変革の中で、どのようにビジネスチャレンジを方向づけするかを明らかにしたい。そして、日本型マーケティング・パラダイムの変革の方向性を予見したい。

1 ミクロな市場動向から見たビジネスチャレンジの予見

消費増税以降、スーパーマーケットを中心とする既存流通業は堅調な売上増を続けてきたが、二〇一六年夏より大苦戦を強いられている。そして、消費者のモノに対する購買数量減は続き、過剰店舗による競合激化は客数減を招く結果となった。過去においては、客単価減は阻止できなかったものの、来店客数は増加傾向を堅持していた。しかし、人口減や高齢化により、客数増はもはや見込めない状況になっている。二〇一五年より相次いだ値上げで食品スーパーの売上は堅調に推移してきたが、天候不順による相場高の影響は需要をも減少させ、二〇一四年以降継続されていた売上増が途切れてしまった。

さらに、二〇一五年には一兆六千億円規模まで成長したインバウンド消費市場も、中国政府の関税引上げや訪日客による爆買いの沈静化で、低迷する百貨店に追い討ちを掛けている。唯一、好調を維持してきたCVSも「セブン－イレブン」を除き、既存店売上の低迷をもたらしている。

つまり、値上げや相場高、インバンド消費に頼った売上増は、もはや見込めなくなったのが二〇一六年であり、天候不順や自然災害など低迷を招く要素が際立った一年であった。

消費財メーカーはこうした影響を受けて業績の圧迫を余儀なくされてきており、今後ますます№1企業を中軸とする「一強多弱」の市場構造が進展する気配を感じる。

SNS社会の進展は、インターネットによる予約や需要を増大させ、最寄り消費材の店頭への集客はより困難な状況下にある。加えて、高齢化社会と女性の社会進出は、来店頻度を縮小する要因を伴い、もはや旧来型ストアオペレーションや販促活動では集客もおぼつかない。単にモノ売り型の店舗で来店を促す手法では集客も望めず、類似した売り場や同じ品揃えでは〝近いだけの集客〟しか見込めない状況からは脱却できないであろう。

つまり、「店舗と言われる買い場拠点」の社会的ポジションの変革を意味している。買い場拠点はSNS社会の進展で店を不要とする必需品購買社会が到来していると言える。

こうした中で、お客様にコト型の満足を与え、時間消費に地域全体を囲い込むオペレーションと独自化が求められる小売店舗構造の時代となってきている。いかに顧客を自らの店舗や商品のファンとするかが課題であり、そうした取組みが必須の要件となりつつある。例えば、イートインで食べるだけではなく、コト体験や実感を伴った〝コト売り型〟の来店動機を競う店舗運営の試みが、検討・展開され始めている。これは、地域の中の実感・体感型の店舗を拠点と考えた試みであり、もはや本部主導の標準均一型オペレーションから、地域独自の店舗としての個店運営が求められていると言える。加えて、若年層や高齢者の所得格差に留まらず、高齢者の気力・体力の格差や働く女性の増大による時間格差等々はライフスタイル格差を生み出し、旧来型マーケティングを捉え直さねばならない。これら格差への対応は、新しいビジネスチャレンジを求めているると言えよう。

まさに、新社会創造や新生活創造へのマーケティング3・0や4・0が求められる市場構造となりつつある。加えて、IoTやAIの進化は、生産効率化と付加価値化や製品そのものの価値を変革させ始めている。まさしく、インダストリー4・0の動きであるが、IoT分野では既にドイツやアメリカでは国際標準化への取組みが進んでおり、生産過程におけるIoT化は企業の変革型リエンジニアリング（次元の異なる事業の重点化）を促進させ、ビジネスのオムニチャネル化（チャネルの多次元化）をも推進している。つまり、IoTによる新たなビジネスチャレンジと人材の革新につながっている。また、AIの進行は、製品価値そのものをAIによる情報や製品使用の付加価値化を進展させている。例えば、自動車は情報処理の箱としての価値に変わりつつあり、AIによる安心・安全の絶対化が自動車の価値になりつつある。既に、低燃費での競争は当たり前として、その先への競争次元に変化した。

加えて、SNS社会の進化は、旧来のマスベースで市場を形成するアプローチから、自社や自社商品・サービスのファンベースによる市場創造社会を求めていると言えよう。もはや顧客はファンとしての絶対価値を持つヒトとして解釈され、文字通り企業の顧客資産として認識されつつある。SNSの活用は、この絶対顧客をベースとして市場形成を図る時代に変革してきている。

これらの事象は上記で述べたように、第四次産業革命とも言われる産業構造の転換を促進しつつあり、これに伴い生活構造にも大きな変革の波が到来しつつある。

つまり、技術革新の変化は、IoTやAIを含め製品の情報主導型産業変革を招来している。そして、ビジネスのオムニチャネル化社会（チャネルの多次元化）の進化も、消費構造の変革とビジネスチャレンジの方向性を変革させてきている。

さらに、SNS社会の進化はライン等で言われるコミュニティを形骸化しつつあり、本音のヒトコミュニケーションの関係性の中でSNSが活用されるようになり、ヒトコミュニティが変化しつつある。また、日本品質も進展する少子高齢化の中で新たな商品価値を生み出しており、これらの商品群はジャパンコンセプト（J.Concept）価値としてグローバルに認識され、日本の知恵と技術は、グローバルな新しい生活構造革新をもたらし始めている。

日本経済の動向は、二〇一四年の消費税増税後の生活必需品の消費財動向を見ると、二〇一五年の急激な円安の進行、輸入原材料価格の高騰による消費財の値上げ効果、また生鮮品の相場高で小売業の業績は翌二〇一六年春ごろまでは好調を維持していた。しかし、二〇一六年五月以降、天候不順等の要因により客数減を余儀なくされ、軒並み昨年対比を割り込んでいる。夏場の台風被害による青果の相場高で秋口以降高値安定が続く中プラスに転じるも、値上げ効果は期待できず安定的な売上増は望めない。二〇一八年以降の予見も地球温暖化による天候不順は続き、予見できない不安定な市場となる、と言えよう。それぐらい天候を含め、地球環境やグローバル経済の変化により、短期予見が不可能な時代となっている。

また、耐久財についても増税による駆け込み需要の結果、買い替え時期を見込んだ三〜五年先まで購買の減少は続くと思われる。二〇二〇年東京オリンピック需要には若干の期待感は残るが、その先行きは人口減少や反動減による影響は避けられないであろう。

いずれにせよ、天候要因や業態間の競合激化、女性の社会進出によるネット・宅配購入の増加、若年・高齢者の単身世帯の増加、等々、消費動向の上向きは期待できにくい状況にある。こうした中で、業態構造の独自化と変革は必須の要件であると同時に、製品に求められる価値に対しても日本的社会構造変革を提言する〝コト・ソリューション〟〝コト・クリエイション〟型の価値を付加せねば市場創造はできないだろう。

さらに、人材不足はますます進展し、二〇一六年一二月の有効求人倍率は、前月比〇・〇一ポイント上昇の一・四一倍であり、流通・物流サービスや飲食店、娯楽サービスの業種では人手不足が深刻化している。今後、日本の就業人口は超高齢社会の到来により、減少していくと予見されている。

二〇二〇年以降は消費の伸び悩みが顕著となると予見される中、小売業における人材確保は人件費の高騰を招き、さらに店舗オペレーションの改革を迫られている。人材不足の影響は、業態オペレーションの変革と人材育成型の働き方改革を前提とした人材募集でなければならず、単に外国人労働者に頼った安易な確保では意味を成さない時代の到来となろう。

つまり、過去五年の趨勢は、これまでの企業経営パラダイム、ビジネスパラダイムが通用しない時代変革が続いており、グローバル進出環境も新興国の成熟社会が促進される中で、これまでのような在り方は通用しなくなってきている。

そしてそれは、新たな産業革命・生活構造変革を求める要因であり、個別企業のビジネスイノベーションを求めるものである。

このビジネスイノベーションを実現できた企業のみが独自市場化の促進を可能とし、生き残ることができると予見できる。ビジネス思想を大きく変革させねばならない時代の到来と言えよう。

2 日本におけるメガトレンドの変化と日本型マーケティングの変革(2)

―日本型マーケティング・パラダイムの変革―

図表2-2-1は、二〇一〇年以降これまでのマーケティング・アプローチでは企業のビジネス・アプローチが不可能な環境要件の変革を図示したものである。ここで挙げられた事項は過去の日本の社会構造とは全く異なる逆転の社会構造が生じていることが理解できよう。そして、これは二〇一七年までの変革要

図表2-2-1　2010年以降のマーケティング・アプローチでは不可能な環境変化要件

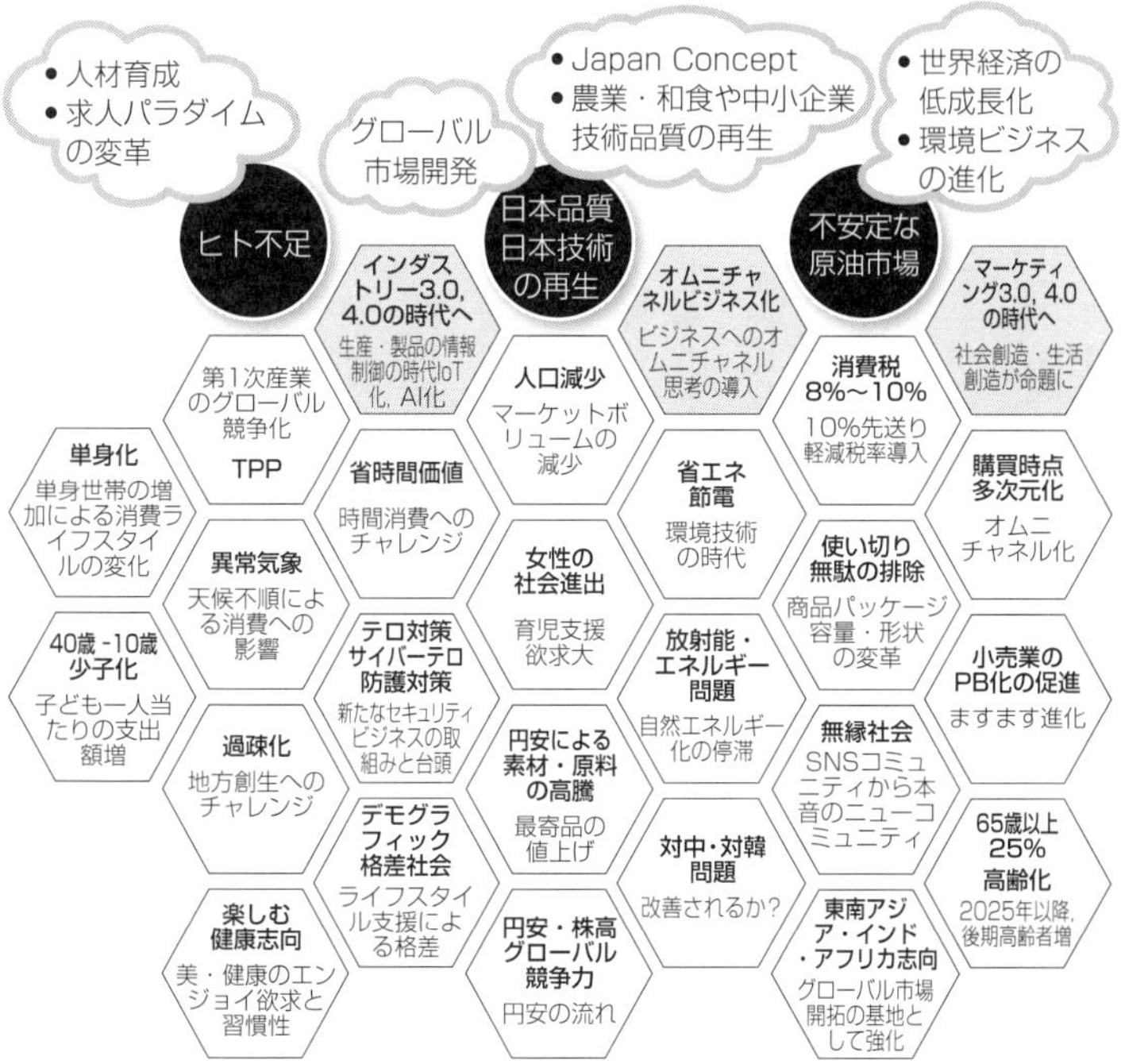

出所：2017年3月，新津重幸作成。

件を挙げたもので、今後様々な変革要件が露出しよう。

しかしながら、これらの要件は現実に今日でも進行・検討される事項であり、これらの変革要件はこれまでのビジネスパラダイムでは通用しない企業のマーケティング変革を求め、新しいビジネスチャレンジの在り方を求めていると言えよう。これらの事項を整理しながら、今日的ビジネスチャレンジの命題と二十一世紀の日本型ビジネスチャレンジの方向性を以下に述べてみよう。

1 省時間価値の追求 ⇩ 求められる新たな時間消費価値

食品スーパーにおける惣菜の売上は年々増加傾向にあり、もはや食品スーパーの競争力は生鮮三品と惣菜にあると言われている。こうした要因には、高齢化社会の進展と女性の社会進出の増加や男女ともに高まる晩婚化を背景に、調理時間の短縮化がある。価値ある惣菜の提供は、食卓の盛り付け等のイメージにも変化が生じ、価格ではなくメニューの一つとしての〝価値惣菜〟のビジネスチャレンジにつながっている。

また、SNS社会の進化は、これまで無価値だった時間（電車の中・就寝前）を一変させ、重要な価値のある時間へと認識を改めさせた。冷凍技術・物流の進化のみならず、宅配・ネット販売など、これまでの流通業態の構造が変革してきている。

このように、「省時間」と「新たな時間消費」の複合ライフスタイルがビジネスチャレンジの方向性を明示している。

家事の軽減化で、生み出された時間は新しい消費生活を求め、価格の安さのみに頼らず、自分型ライフスタイルの追求は価値商品を求める。

こうした事象は、「ふるさと納税」による地域産品への関心度の高さが示す通り、新しい時間消費を生み出している。過去の単なる時短商品ではなく、例えば、アウトドアグッズに見られる〝高くても、高付加価値〟な商品への希求が、新しいビジネス・チャンスを生んでいる。生活者のこれまでの時間消費を、より高度化する方向に向かっている訳だ。

また、コンビニの百円コーヒーは、美味しさを追求したレギュラーコーヒーとして定着しているが、淹れたての価値と省時間に対する新しい時間価値型ライフスタイルのビジネス・チャンスを生み出した。しかし、逆に低価格化した食品スーパーのレギュラーコーヒー売場が、豆を中心とした味覚別・産地別の新しいレギュラーコーヒーの付加価値を創造する売場変革も取り組まれ、新しい台頭ビジネスチャレンジとして提言されてきている。こうした中で、コーヒーショップサービスも「コメダ珈琲」に代表される新しい生活者の時間消費空間としての市場ポジションを高めている。

つまり、生活者の省時間への希求は、逆に新しい付加価値型時間消費のビジネスチャレンジのチャンスと捉えられる。

2 女性の社会進出と能力活用への期待感は、安倍政権の目玉とも言えた ⇩ 育児支援等、新たなビジネス・チャンスの開花

女性の社会進出と能力活用への期待感は、安倍政権の目玉とも言えた。家事労働に専念する専業主婦の概念は、既に崩壊していると言え、主婦のパート・アルバイトや派遣労働が定着している。そうした時間限定の労働に対しても、より働きがいのある職場や職能を発揮する場を求めている。雇用側が安価な時間労働者と見なす意識下では、人材育成は成り立たない。つまり、企業の命題は「働きたい職場」にどう転換するかである。本来、日本経済の成長を考えるなら、正規雇用者として登用すべきで、配偶者扶養控除の廃止や時間制限の緩和策だけではすまない。

また、厚労省が推進する、仕事と家庭を両立しやすい職場環境づくりも大きな命題と言える。既に、大手企業では育児女性を支援する保育施設の設置を進めているが、例えば、育児用品「ピジョン」等の企業

が推進する保育委託事業はビジネスチャレンジとして成果を収めている。

様々な法制度の緩和により、これからの育児支援ビジネスは、ビジネスプロデュースィング事業として、複数企業によるコラボ体系で運用されるビジネスチャレンジの可能性を秘めている。

こうした支援策は、中国や韓国でも出産後の女性支援で、民間企業による育児ハウスキーパーが事業として成り立っている。日本でも、単なる預かり保育を支援するだけではなく、出産から育児に至る支援事業育成に、ビジネス・チャンスが生じてこよう。

さらに、女性の社会進出は高齢者の役割も高め、老親との同居・近居には補助金を支給する自治体も出てきており、幼稚園は二歳児の預かり保育で再生している。こうした支援に関わるビジネスチャレンジは今後、増大すると見込まれ、弁当の宅配や食事支援など新たなビジネス・チャンスが取り組まれるだろう。

加えて、食の健康・安心・安全・美味しさへの追求は、これらを俯瞰することによってビジネスチャレンジの方向性を明示するはずだ。

3 不安定な為替相場や株価の変動によるグローバル競争力⇩グローバル不安と真の現地化ノウハウの確立

第二次安倍内閣の下、円安・株高基調に転換が図られ、日本の輸出産業の業績改善への期待感から国内消費マインドも一時期上昇したかに見えた。しかし、二〇一五年以降はEUの不安定、中国経済の失速、中東の政情不安、ウクライナ問題、二〇一七年に誕生した米国トランプ政権への不安視、東南アジア・東アジアの安全保障問題の拡大等、グローバル社会の不安が予見される。日本では七年ぶりとなる一ドル＝一二〇円台（二〇一六年末）の円安水準は、輸入原材料の高騰を招き、国内市場を中心とする企業には大きな痛手となってきた。そして、再度消費財の値上げ基調が強まっている。

こうした状況下でも、企業には単なる値上げではなく、事業やブランドの重点化を図るリエンジニアリングの再生が求められていると言えよう。まさしく「捨→強→創」の日本型リエンジニアリングである。たとえ№1ブランドであっても、重点化事業の中核として新しい環境変化を見据えた企業価値とブランド価値の再生に邁進せねばならない。

ところで、円安による輸出産業のメリットは、本当に享受できたのであろうか。日本の産業は二〇〇八年末のリーマン・ショック以降、グローバル産業構造の転換を迫られてきた。しかし、海外市場現地化も成功には程遠く、諸外国との差は歴然としている。

そうした要因をまとめると以下の事実が浮上してくる。

- 中国・東南アジアを含め、現地経済の成長による労働コストアップとコストメリットの低下
- 海外現地生産品を日本市場に転嫁させることから、生産品の現地化及び市場化が強く求められる
- 現地の市場ニーズに合致する製品化の失敗（耐久性を主張し、低価格を求めるニーズに対応していない。韓国・中国企業の台頭を見過ごすといったマーケティング力の不足）
- 現地政策・商習慣に合致できず現地市場化が思うように進展しない
- 日本企業の意思決定の遅さ（現地に意思決定者が不在）

・日本企業の現地人材活用の不備（グローバル企業としての資質の欠如）

自動車産業を中心とした数少ない成功企業は、既に現地市場化に着手し、国内生産を縮小してきた。その結果、国内の空洞化を招いたことも、輸出メリットが思うように発揮できない要因と言えよう。円安による輸入原材料の高騰は、消費財の高騰を招き消費経済を圧迫、消費の減退につながる危険性を孕んでいる。既に、中国・東南アジア諸国の新成長国でも安定経済に転換し、成熟社会を迎えようとしている。これまでの日本型ビジネスノウハウ〝安心・安全・健康・環境への配慮〟やサービス品質の高さは、こうした海外に向けたグローバル事業への新たなビジネスチャレンジを求めている。しかし、大手企業を含め、変わろうとしない風土、チャレンジしようとしない風土、現地人材育成ノウハウと活用意思の欠如、等々、解決しなければならない事項は多くある。

今後は、こうしたビジネスチャレンジに向けた真の企業再生が求められていると言えよう。

4 放射能・エネルギー問題⇩個別需要が推進される省エネ化・自立エネルギー化

原発の再稼働は政治方針である。電力需要を考慮すれば、新原発規制基準での再稼働はあり得るが、旧態依然とした電力会社の構造改革が進まない中、自然エネルギーへのシフト転換など不可能だろう。むしろ、各自治体による補助金の支援導入により、個人住宅向け自然エネルギー再生へのシフト転換が優先されてきた。また、電力・ガス等の家庭向けエネルギー販売の自由化についても、推進されている。

ＡＩやＩｏＴの住生活活用も、セキュリティを含めて住生活環境を変えつつある。家電メーカーや大手家電小売業も、省エネ家電の開発へとビジネスチャレンジを続けている。また、ＡＩ化やＩｏＴ化によるスマート・シティを含める動きも地域再生と並行して加速するものと思われる。

国内自動車メーカーによる環境への取組みも、低燃費車から電気、水素エネルギー・ＡＩによる自動運転化へと社会的転換が進もうとしている。「トヨタ自動車」は水素自動車技術に関わる特許権の無償提供を表明したが、これも自動車産業の事業転換を促進するものだ。そして、より安心・安全化の実用化が始まっている。

こうした省エネや自然エネルギーを活用する動きはますます進化し、これらのビジネスチャレンジは継続されよう。原油価格の下落はあっても、石油化学を含めた素材転換のチャレンジも継続されるだろう。こうした中での自然素材の再生や新素材の進化はこれからも益々進展すると見込め、ＩｏＴやＡＩによる生産技術革新はこれらのアプローチを加速させている。

5　対中・対韓問題⇩新興国への日本の商品・サービス品質イメージの高揚

政府の政治体制がそのまま経済活動に反映する対中・対韓問題は、政治的問題だけでなく、現地の企業活動にも多大な影響を及ぼしている。しかし、こうした問題も企業にとっては、現地化ノウハウの確立を前提に解決が可能な事項と言える。

日本でのインバウンド消費が話題となったが、中国では日本商品への希求は増大している。また、成長過程にある中国市場では、環境産業を含め日本企業のノウハウに関わるビジネスチャレンジが高まっている。また、食品・雑貨を中心とした日本の品質イメージの高まりは、これらの産業に関わるビジネスチャレンジを具現化してきている。これらはグローバルECサイト需要を拡大させ、現地生産品より日本国内生産商品への希求を増大させている。新たなオムニチャネル・ビジネスの開花である。

また、日本の顧客サービス対応は、サービス運用ノウハウや顧客CRM対応、CSR対応を含めて、新たなマーケティングビジネスを生み出そうとしている。国家に対しては別として、日本の商品・サービスは中国・東南アジアの国民にとって最良のイメージで受け入れられている。従って、そこに現地化事業へのビジネスチャレンジ活性化のチャンスがある。

日本商品・サービスへの良いイメージは、中国企業の商品・サービスへの不信感が最大の理由とも言えるが、円安による来日観光客の増加も一因として挙げられる。二〇二〇年東京オリンピックの開催に向けて、クールジャパンへの取組みやユネスコ無形文化遺産登録で和食も注目され、日本の国内産業も外国人対応への努力を進めてきている。こうした和食やサービスに対する評価は、日本の商品力・サービス力の評価につながっている。

来日観光客は、中国・東南アジアの新富裕層を中心に増加しつつあるが、彼らへのブランド力アップを図るビジネスチャレンジは、海外市場の現地化促進にも通じる。こうした商品・サービスのビジネスチャレンジは、企業の新しいビジネス部門として取り組むべき最重要課題と言える。もちろん、現地市場化への取組みは、現地が希求する生活習慣やニーズの本質を見極めたものでなくてはならない。

6 小売業のPB化促進⇩NBブランド・ポジションの再生化

二〇一四年の消費税増税以前より、スーパーマーケットはPB化を加速させた。「イオングループ」の〝TOP VALU〟、「セブン&アイHD」の〝セブンプレミアム〟に代表されるPBは、既にグループ傘下のコンビニエンス・ストアやドラッグストアで積極的な展開を図り、売上はそれぞれ一兆円を超えてきている。PBアプローチの動きは、利益改善をもたらし、さらに商品力が生活者に評価されたため、業績を伸ばしている。流通各社のPBの商品化に向けた取組みはますます進展するだろう。そして、これらは業態のポジションを、健康・安心・安全製品による生活ソリューション型に変革するチャンスを生じさせている。

この影響で、各NBメーカーには商品ブランドの再生化が求められ、新しいコト創造型の商品開発とブランド・ポジションの確立が急務となっている。これを実現するのがマーケティング力で、商品の品質に関わる基本機能の向上や開発と同時に、使用価値に関する付加的コト創造機能が重要視されてこよう。特に、№2ブランド企業は、ブランド品群の絞り込みと重点化、付加機能による商品価値創造が求められる。「捨・強・創」を前提とした、日本型リエンジニアリングのビジネスチャレンジを求めている。

さらに、オムニチャネル化やマルチチャネルへの取組みには、SNS社会に対応した商品ブランド戦略が求められる。単に店頭で顧客を待つ時代では無くなり、ブランド戦略には顧客にいかに近づくかを前提とした事業構造が求められている。

末端チャネルの構造変革に基づいたビジネスチャレンジの時代と言え、これまで重点としてきた業態アプローチ自体の変革を迫られている。こうした有形店舗業態の変革アプローチの小さな成功から、次の市場世界が求められてきている。

7　消費税増税の時代⇩一〇%導入の先送りと軽減税率の導入

消費税八%導入による増税は経済成長に影響を与え、例えば、NBメーカー品を中心とした一般食品市場の先行きは今日でも不透明だ。原料高騰による今後の値上げを考えると明るい見通しは見当たらない。大手企業を中心に平均給与は上昇しつつあるが、物価上昇の一方で実質所得は低下している。二〇一九年十月に延期された一〇%増税には軽減税率の導入が検討されているが、消費構造の先行きを考えれば妥当な判断と言えた。

むしろこの際、チャネル戦略の見通しと変革へのチャレンジ、新価値型商品開発とブランド訴求等を手掛けるべきであろう。

生活者の買い場が多様化しオムニチャネル化した中で、どのようなチャネル・商品・コミュニケーション戦略を取るのか考えるべきだ。

8　TPP（環太平洋戦略的経済連携協定）問題からの派生⇩日本型一次産業のグローバル化と創生チャレンジ

TPPはトランプ政権の米国脱退により頓挫したが、その過程での動きは日本産業に多大な変革を要求してきた。特に、日本の一次産業にとってＴＰＰ加盟活動の影響は、国内産業の大きな変革を求めたものだ。もちろん、政府は農業の大規模産業化やＪＡの改革、地方創生への取組み等、様々な施策を打ち出してきた。農業は各国にとって基幹産業であり、グローバル化の促進は簡単ではないが、世界トップクラスの農業技術は、製法ノウハウとブランド力のグローバル化を促進できる。例えば、長野県のブランド野菜〝レタス〟は、既に現地化した新しい東南アジアブランドとして成功した事例もある。つまり、海外での六次産業（一次産業＋二次産業＋三次産業＝一＋二＋三＝六次産業化）としてのグローバル化の時代となっている。

また、食品メーカーや飲食店における海外生産拠点の不祥事は、大量生産・大量販売を生む加工時点での問題を明らかにした。国内地域の少量生産を六次産業化するビジネスチャレンジは、ＴＰＰ問題が生じた二〇一五年以降、地方創生の目玉となってきている。さらに、食品事業全体を通して、大きなビジネスチャレンジが到来していると言え、海外農産品のリスク回避の為にも、グローバルな六次産業へのビジネスチャレンジが求められよう。そして、これらは新たな一次産品の加工技術や鮮度管理技術を高め、新たな商品生活市場を創造するものである。また、物流の変革やオムニチャネル・ビジネス化もこれらの活動の活性化を生じさせている。

９　子供十歳／両親四十代 ⇩少子化とチャイルド市場の付加価値化

男女ともに初婚年齢は上昇している。十歳の子を持つ親の年齢は過去の三十五歳前後から四十歳代へと高く移行しており、加えて多くが一人っ子である。結果、親の平均所得と、非課税制度が導入された祖父母による援助で、教育費を始め子供に投下する資金は増大している。

少子化によってコモディティ商品のマーケットボリュームは減少するが、子供の成長や感性を育成する商品・サービス市場へのビジネスチャレンジは、さらに増大するだろう。こうしたマーケットは、親子や高齢者と孫といったクロスターゲット需要のビジネス・チャンスでもある。少子化ゆえのビジネスチャレンジが求められている。

10 デモグラフィックな格差社会 ⇩ ライフスタイル格差の本質を見極める

平均所得二〇〇万円以下の低所得者層が増加し、かつての一億総中流時代は終焉したと言える。しかし、高学歴化は女性を中心に進展し続け、教育産業にも伝統的カリキュラム教育よりも、社会性やグローバル能力の向上を目指した新しい教育プログラムが求められている。教育・学習・働く能力の育成を含めた教育ビジネスは、児童から中高生・大学生まで一貫して望まれている。

ただし、高学歴であってもワーキングプア層は拡大しており、成年層の独立は遅れている。所得格差の実質は、高齢者や両親への依存度により消費意欲に差が生じている。学卒後も親と同居し、基礎的生活条件を依存しているパラサイト・シングルの消費意欲は高い。こうした消費意欲もモノ型消費の構造ではなく、情報・エンターテイメント・サービス等々、コト生活創造型の需要構造に変化している。

一方、高齢者の低賃金・低年金・低体力の〝三低〟、エイジングプア層と呼ばれる高齢貧困層に対する支援が要求されている。貯蓄は無く、年金だけでは生活ができず、働きたくても働くことができない。また、家族からの援助も期待できないため、生活に破綻をきたす層がクローズアップされている。

ターゲット戦略を考える場合、私たちは単に所得や年齢をベースとした統計的デモグラフィックな階層で判断してはならず、彼らへのビジネスチャレンジの在り方も個々人の生活構造に配慮したライフスタイル別アプローチの再考が求められる。同一世帯、同一所得であっても、それぞれの生活構造によって差異が生じている事実を把握したターゲッティング戦略が求められる。さらに、ビッグデータ活用の時代の中でこれらのアプローチは容易と考えられ、様々なビジネスチャレンジの方向性が明らかになっている。こうしたビジネスチャレンジのツールの活用を積極化することが求められる。

11 無縁社会から見えるマーケタビリティ⇩安全・安心のビジネスチャレンジ及びニューコミュニティ社会の創造

無縁社会についてだが、都市部では、隣は何をしている人かわからない。わからないだけに、セキュリティやあるいは生活環境の保全への生活投資、逆に情報や人と人とのコミュニティに参画していくコミュニティ創造への投資やAIを活用したセキュリティ、家庭内機器の自動制御化、さらに、これらの無縁者へのSNSアプリケーションビジネス・チャンスは増大している。様々なマーケタビリティが存在する。まさにSNS社会は、無縁社会であるが故にバーチャルなヒトコミュニティ市場を拡大していく傾向を強めている。

12 簡単・便利・使い切りのマーケタビリティ⇩社会創造システムのビジネス化

使い切り、無駄の排除は、日本市場全体の潮流となってきている。特に、二十一世紀の社会創造や心の満足「もったいない社会」の実現を目指さねばならない。単身世帯の増加や高齢化世帯の増加は、食事一つをとっても、素材を買って調理しても余っていつも同じものを食べ、低栄養になる傾向が非常に強い。

例えば「セブンプレミアム」の食べ切りサイズのレトルトパック惣菜は、その典型的ソリューション商品と言える。スーパーでもこうしたPB商品の開発に積極的に取組み、ファーストフード業界やファミリーレストラン業界もテイクアウト・宅配のシステムを強化し、これに対応してきている。使い切りで、しかもパッケージは塩ビを使用せず燃やすゴミとして捨てられる。このように、使い切ることの無駄の排除とは、ただ単に食べ切りというだけでなく、むしろ環境面の面倒臭さを軽減させることも、市場の伸長には欠かせない要因ではないだろうか。このパック入り使い切り惣菜の成長事例を見てもわかるように、惣菜のバリエーションと使い切り食のパターンは、ますます増加が見込まれる。

さらに、あまりにも短縮化した賞味期限の問題も解決に向けた方向が見えてきている。そして、これら賞味期限切れ間近の食材を低所得層や施設に提供する運動も現実化してきており、これらの社会創造システムの構築はまさしくマーケティング3・0と言えよう。

13 並行成長社会のマーケタビリティ⇩消費低迷の中での顧客に近づくビジネス・アプローチ

二〇一九年度に延期された一〇％への消費増税は、非常に深刻な問題だ。二〇一四年五％から八％への増税後、メーカー各社による値上げによって流通業の売上額としての低迷は回避されてきた。しかし、今後もそれを継続することは不可能だろう。

特に、時代を牽引してきたスーパーマーケットやコンビニも、競争過多の中で一店舗当たりの商品販売個数は低迷している。加えて、ドラッグストアが食品スーパー並みに食品強化策を打ち出し、旧来型スーパー等は店舗を核としたマーケティングには限界が生じている。つまり、店舗で顧客が来てくれるのを待って商売をしている時代はもう既に終焉しているのだ。当然、店販で元気なリージョナルローカルスーパーマーケットを見ると、やはり必死に生活者の囲い込み政策を推進したり、あるいはコミュニティ化の促進に積極的に取り組んでいる。既に、顧客を店舗で待っている時代は終焉し、積極的に生活者を囲い込むマーケタビリティは増大している。宅配やネット販売、オムニチャネル・ビジネスの推進、移動販売、等々、顧客に近づく努力はしているものの、モノ売りの限界であることを認識せねばならない。店内・店外（エクステリア機能）の見直しによる時間消費空間の創造と店舗を核とした生活者間のコト参画による地域コミュニティ創造が求められている。顧客のコミュニティ化を促進する次世代の流通マーケティングを模索せねばならない。

14　安全・安心問題とマーケタビリティ⇩健康・安全・安心のビジネスソリューション

原発事故後、さらに高まった安全・安心への関心は、生活の中での大きな命題である。これまで、食品市場における地産は大きな付加価値であったが、放射能問題以降、単に産地が地方だから付加価値であるという時代では無くなってきている。この安全について、顧客にその商品の付加価値をわかりやすく、イメージさせられるかが、大きな命題になっている。単に、産地や原産国を明示するだけの価値は通用しない。震災時の放射能問題では、一部の消費者による〝中国商品の方が安全だ〟といった時期もあったが、現実的ではなく、消費者の本音は素材についてのトレースから作り方、食品であればその原料の安全性を明確にしなければならない時代がきていると言える。より安全の具体的信頼性を構築できれば、ブランド力は逆に増大する。「キリン・サントリー」の〝トクホコーラ〟や「明治」の〝R–1、LG21〟等による新たな健康ソリューション等々、単に安心・安全を担保するだけではなく、前向きな生活そのものの安心・安全へのアプローチが求められてこよう。

15　異常気象問題とマーケタビリティ⇩異常事態への対処ビジネス化

異常気象の問題だが、天候というのは商品にとって非常に大きな影響を与える要因の一つだ。ここ数年の気候には、春と秋が感じにくくなっている。アパレル業界では、昔からこの季節に着る服を〝合い物〟と呼んでいたが、冬の寒さがずっと続いたまま、一気に暑くなり夏を迎えてしまう現実は春と秋が短縮され、日本独特の四季が通用しなくなってきた。こうした急激な気候変動は、商品の販売対応や商品開発のチャレンジの変革を余儀なくさせる。そこで「ユニクロ」は、夏用と冬用の商品を素材改革でブランド化し、春物・秋物の概念を捨て去っている。

食についても同様であり、一年中同じ食材が店頭に並べられている現状は、旬の概念を希薄にさせた。

旬の素材を、生産連携の中でどこよりも早く打ち出したり、加工技術の進歩によるレトルト食品は、夏・冬メニューへの特化傾向をより強めている。要するに、気候の変動と生活を捉えると、新しいチャレンジのチャンスが見えてくる。しかし、異常気象による大雨や台風による産物への被害は、メーカー製品加工アイテムの縮小を招くだけでなく、消費もこれにより低迷する。こうした予測不能な予見に対する対処策はもちろんのことだが、小売業の四か月先行販促計画が通用しにくい現在、直近の品揃えの変更をシステム的に行える新しいアプローチ方法を確立せねばならない。

16 原料高騰とマーケタビリティ⇩生活ソリューション型商品価値化

二〇〇〇年以降、素材・原料価格の高騰はずっと続いている。売価は上げられないが、素材・原料の価格が上がるのでは、どのメーカーにとっても三重苦、四重苦だ。対応策の一つとしてコスト削減が取られているが、それだけではなく品質・使用の付加価値化を進めなければならない。私達は〝コモディティ〟という言葉を、単に消費財の安売り商品と解釈してしまいがちだが、英語では製品をプロダクト（Product）と言い、コモディティ（Commodity）は商品を指す。つまり、商品とはお客さんが購入し使用して、初めて商品になる。

この商品概念を、コモディティ化と一旦カタカナで表記されると、安売り商品と捉えてしまっている。あくまで、〝コモディティ〟とは商品である。つまり、価値の訴求を明確にし、購入・使用の促進ができたモノを商品と呼ぶ。そして、製品を商品化する為に、商品価値を売価との関係で訴求アプローチする。

当然、価値訴求が優先される。これはあくなき商品付加価値化へのチャレンジの原理原則であり、モノとコトとの生活関係をどのように紐解いていくか、これはマーケティング戦略の永久の命題である。

様々な生活（コト）とモノとの関係を、私達は生活シーンと呼んでいる。つまり、モノはコトに対して単品ではなく、品群で消費される。コトに対して品群でコーディネートして商品を使用するが、この時、自社の単品の価値を生活シーンの中から「この商品」が良い、あるいは「好き」といった価値を、これら品群からどのようにポジション付けられるかが大きな命題となる。食品で言えば、メニューという概念のみならず、食べるといった場面への単品価値を意義づけることが求められる。その為には、新しい生活「トレンド（コト）」と品群を生活価値として理解せねばならず、それが新しい価値観として、どのように品群定着しているかを確実に捉えことは必須の要件となる。それは、新たな生活シーンやこれまでの生活課題の解決につながっている。

つまり、トレンドと捉えるならば、例えばファッショナブルな女性が山に登る〝山ガール〟、あるいは中高年が中心であったが、今では若い人達に移り始めているジョギングや朝のウォーキングは、これもトレンドの一つと言える。このトレンドに向けて、ファッション商品が付加価値品群の中核になっており、これらは既に日本人の「新たな生活価値観」として形成されてきている。さらにソリューション価値観の生活形成については、例えば「ユニクロ」で扱うヒートテックは、こうしたトレンドの中のソリューション商品の一つと言えよう。しかし、こうした商品が成長していくと、単純な合繊の下着は売れなくなってくる。つまり、旧来商品の生活価値が喪失してしまう。

このような市場は、業種から業態の進化の中でも多々見られる。ガソリンスタンド（GS）は、新消防法の改正で義務化された改修に投資できぬまま、多くの個人店舗は廃業に追い込まれている。しかし、それ以上に、環境対応車（エコカー）による自動車革命が要因として挙げられる。低燃費車の普及は、これまでの三倍の距離を走ることを可能とし、需要としてガソリンスタンドが存続できるかどうかが問われている。ましてや次世代電気自動車は、充電スタンド設置の拡充に伴い、わざわざGSに出かける必要が無くなる。このように、新たな生活ソリューション市場の形成によって、旧来商品市場が消滅する現象は、今後も多々表出してこよう。

第3章 新たな市場戦略原理への命題

1 求められるデジタル・ビッグデータ・マーケティング戦略原理
⇩SNS社会のマーケティング実務の再編(3)

「デジタル・ビッグデータマーケティング」といった、マーケティング概念が登場している。デジタル・ビッグデータマーケティングでは、第一にデータベースによりターゲットを瞬時に選定できる特性がある。また、コンテンツも、スマートフォンやiPhoneといった端末機への速やかな投下や、コンテンツ内容の精度・結果に関しても瞬時に手段を変えられるコミュニケーションコンテンツの投下を可能とした。

これまでのマーケティングコミュニケーション戦略手段による広告・販促は、ターゲット設定までにおおよそ三か月を要し、その後、広告を一クール（三か月間）掲載するが、すぐには修正できない。ところが、デジタルマーケティングによるデジタルネットコンテンツは、投下して結果がでなければ、ターゲット設定からコンテンツ投下まで、一週間を要しない。コンテンツ投下からおおよそ二日〜三日、一週間反応を見て当たらなければ速やかにやり直しできる。

つまり「デジタル・ビッグデータマーケティングの原理は、明確でスピーディなアプローチを可能にすることと、変更可能なコンテンツは簡単便利にコンビニエントに投下できる」ことである。

通常、メーカーとスーパーマーケット（SM）との商談は、三か月先行した時期の提案を行う。つまり、一月に三月ないしは四月の商談を行う訳だが、この時期にその年の桜の開花を予見できなくても、先行商談は行われる。これがこれまでのマーケティング戦略のコンセプトである。では、ターゲットはどうするのか。そこに過去の経験値を活かしてターゲットを設定し、さらに、そのターゲットのライフスタイルや特徴、モノとコトとの関係性を生活シーンとして先行予見し、商品の売り方と枠組みを立てて提案しているのが現状だ。

ところが、デジタル・ビッグデータマーケティングの世界では、花見の見頃を二〜三週間前の予報からおおよそ何月何日と予測することを可能とし、その時点で対応できる。この特性をデジタルマーケティングのJust in Time性と呼ぶ。先行企画したとしてもその期間が最短で済むので、正確性も増す。また、修正作業も短期間できることによりPDCAを瞬時に可能とし、そのことはコスト的にも、展開の精度についても安全性をもたらした。

ところで、市場戦略の前提は「Speedyな意思決定」と、ユーザーにとってもわかりやすい「Convenient」

なコンセプトで理解しやすい商品品質、あるいは使用価値等の「Just in Time性」、かつ戦略の「正確性(Exactness)」と商品に対する「安全性（Safety)」、ないしは展開の精度に対する「安全性（Safety)」が求められる。これらを市場戦略の五原則と言う。デジタル・ビッグデータマーケティングは、この五原則を簡単・便利に可能にするが、今まで存在しなかったマーケティング戦略概念である。ただ、この戦略原理とコンセプトは、過去に私達が構築してきたノウハウと原理をベースにしている。ライフスタイルやデモグラフィックによる属性は、デジタルデータベースを活用したターゲット設定の仕方を含めて、一九八〇年代既に構築された原理である。

だから、デジタル・ビッグデータマーケティング上で新しい戦略原理として言えることは、これまでの戦略原理を、さらにSpeedyに精度高く、簡単に低コストで、瞬時の修正展開ができることである。マーケティング戦略上、最も重要なターゲット戦略自体を変革させることができる。これまで、既に商談を終えた三月・四月花見の提案修正が可能なのは一月まで、大寒時期に花見提案を予見し決定する。従って、戦略の転換は四月以降のことしかできない。しかし、デジタル・ビッグデータマーケティングでは、一月に直近二月の戦略を修正・変革することを可能としている。

さらに、これをＡＩ化し、生産・調達製品のＩｏＴ化を可能とすると、その実現は旧来の取引・調達事実を変革できる。しかし、これまでの生活シーン分析をベースとする基本原理は変わらない。つまり、生活与件を予見するヒトの知恵・知識から生ずる原理・原則は変わらない、と言える。

2　消費心理サイクルモデルの理解と実践

ところで、消費心理サイクルモデルの概念が、二〇〇六年に広告代理店「電通」消費者研究センターによって提言された。この概念の中の「認知」「関心」「確信」「衝動」は、モノを買うまでのアプローチステップと言える。これはAIDMAの原則と同義である。〝商品を知らせ〟、〝興味を持たせ〟、〝欲しいと思わせ〟、それを〝記憶させれば〟、購買行動が生ずるといった概念である。これまでのマーケティング戦略の原理・原則の中核と言える。

このモデルの前段は、「認知」レベルでは〝新規性〟と〝印象力〟を、「関心」レベルでは〝機能性〟と〝デザイン性〟、〝経済性〟を、購入を決定させる「確信」レベルでは〝比較性〟と〝納得性〟を、購買に至る「衝動」レベルでは基本的に〝衝動性〟を促す為の〝限定性〟や〝演出性〟を、それぞれ規定している。しかし、このモデルでは、

図表3-2-1　消費心理サイクルモデル

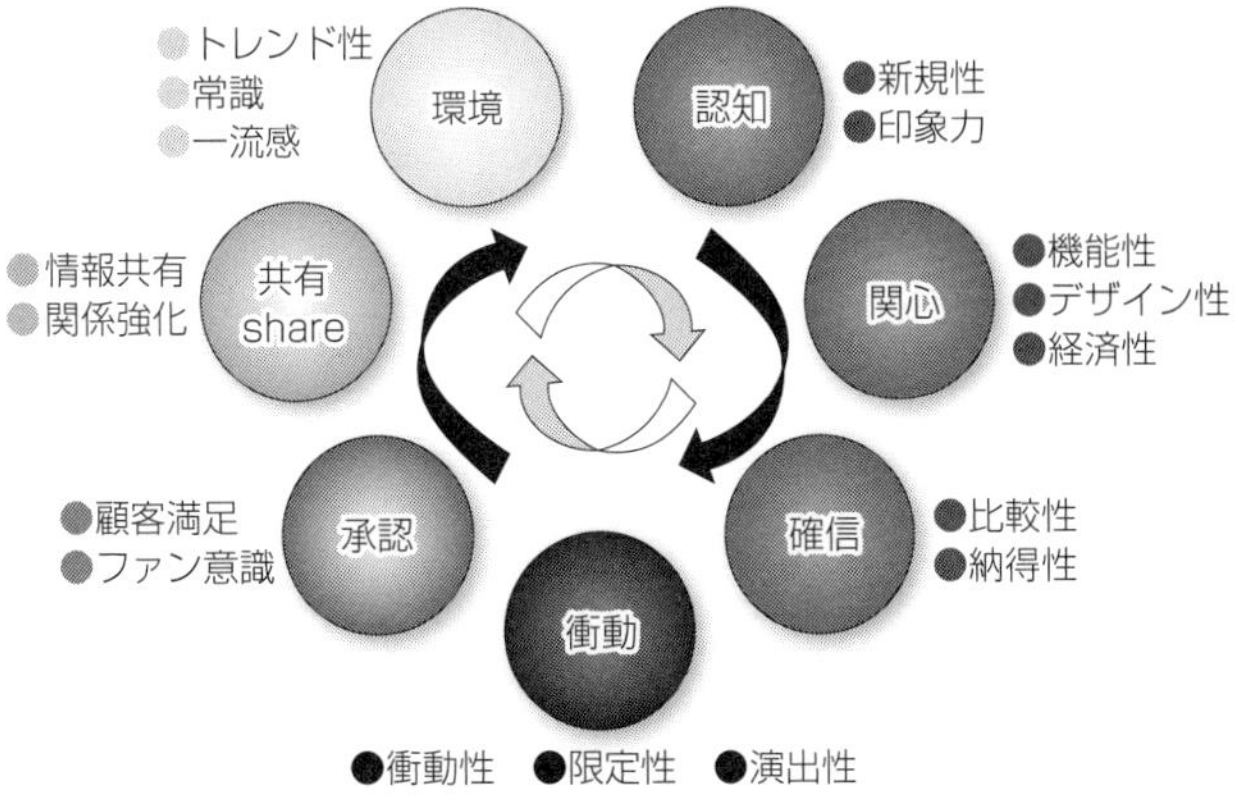

出所：2006年，電通消費者研究センター。

購買行動のその後が重要であると指摘している。まず「承認」とあるが、買って良かったと思わせるアプローチを意味している。そして「共有」は、それらの情報を共有するアプローチを意味するが、SNS社会において情報共有のスピードは速い。そして、そこから市場や生活にその商品によるシーンが生ずる。こうした購入後のマーケティング・アプローチの必然性を、このモデルは規定している。

こうしたアプローチの重要性はもちろんだが、私は逆のアプローチも重要ではないかといった捉え方をしている。それは、旧来の市場戦略（AIDMAによる）アプローチ以前に、トレンドを作り上げる方が先ではないか、とする原理である。これをトレンドコミュニティ化と呼ぶが、過去においてもマスコミを活用したトレンド形成は展開されていたが、それはAIDMA戦略と同時に行われていた。しかし、今日、コミュニティ形成を先行した市場に広くAIDMA展開する前の商品コミュニティのトレンド形成が重要と考えられている。SNS社会によるデジタルマーケティングの世界だからこそ可能となる戦略原理と言える。

例えば、春夏商品の上市は、一般的に三月一日からである。さらに、スーパー（SM）との商談の関係から、新商品の提案チャレンジは年二回である。春夏の新商品は三月一日から店頭で展開されるが、その為には、メーカーはその前年の十一月までに新商品のスペックを完成させ、新商品導入の商談は十二月から始まる。一方、秋冬の新商品は六月末までには完成させ、商談は七月～八月、店頭展開は九月以降となる。

これを先行計画として、日本のSMはオペレーションノウハウを構築してきた。この先行計画に対する年二回の新商品開発は、メーカーにとって非効率で、無駄の多い市場アプローチと言えなくも無い。何故なら、年に二回の画期的新生活創造型の新商品を提案し続けることは、至難の業と言わざるを得ないからだ。

ところで、春夏新商品が十一月に完成しているとすれば、テストマーケティングは可能である。このテストマーケティングをSNS社会では、事前のモニタリングテストを活用することによって、この商品の使用コミュニティを形成することを可能とする。一時期品薄が続いた各種のヒット商品もこのモニタリングテストを実施、SNS社会の中で話題性を作りヒットした商品が多い。決して大々的な広告コミュニケーションで市場を形成した訳ではない。

SNS社会のモニタリングシステムは、市場導入に先行して行われる。近年ヒットした商品も、かなり早い時期からこの手法を取り入れている。ネットモニターと非モニターとのコミュニケーションによる情報共有がスピーディに伝播し、モニターと非モニターのコミュニティが先行して形成され、本格的市場展開になった時点で既に話題商品としてコミュニティを形成することができる。また、モニターからの意見は、様々に商品の市場導入戦略の指針を与えてくれる。まさに、デジタルマーケティングのスピードと、簡単・便利な展開が市場形成に先行して影響を与え、商品の生活トレンドの形成を促進することにつながる。メーカーが行うモニターとの意見のやり取りで、ネット上のユーザー共感を得ることを目的とするなら、これこそ「ステルスマーケティング」とも呼べる。

ただし、SNSユーザー層に限定されてしまうことと、専従のネット担当者の設置が不可欠といった、条件がある。過去、市場導入からAIDMA原理でマス媒体中心の高コストなコミュニケーション戦略が先行したが、市場導入以前のコミュニティ市場の形成が可能となる時代をSNS社会の進化は示してくれている。新たなマーケティングチャレンジを、私達は原理原則の中から変更していかねばならなくなっている。

3 売り場(Place)からニュー・サプライ・チェーン(New Channel)へのチャレンジ
―オムニチャネル・ビジネス化―

昨今の小売業の店頭における購買力は、トータルとして年々減じている。逆に、スーパーマーケット（SM）自体も、店頭でのデジタル化の推進やメニュー提案、さらに日々の買物に苦労している高齢者の買物弱者、いわゆる買物難民に向けた移動販売車や無料送迎サービス、はたまたネットの販売強化や宅配システムの強化など、積極的な展開を行っている。

例えば、リアル店舗と会員顧客を活用し、ネットと店舗を融合させる「顧客循環サイクル」を構築、顧客の囲い込みを進めている企業も多い。このように、単に売り場だけではない、新たなチャネルを構築しながら、個々に対応した商品提案を行うという考え方が展開されてきている。しかし、チャネルが異なると、当然、商品の価値もそれぞれ変革が求められる。チャネルごとに商品価値を変えることが求められれば、メーカーとしてもネット用の商品など、どう捉えていくかを考えねばならないだろう。

二〇一三年一月十六日「日経MJ」に、「Amazon」とその競合各社の事例が取り上げられていた。同社は、消費者向けのネット販売が中心のように思われるが、実は、企業向けのシステムサポートとしてチャレンジしている。

横軸『リアル×バーチャル』と縦軸『消費者向け×企業向け』をクロスさせると、物販領域とコンテンツ配信、配送サービスのシステムサポートとクラウドサービスの四つが、ネット社会においてチャネルを形成している。デジタルマーケティングそのものが、ニュー・サプライ・チェーンを形成する時代となってきている。既に私達は、リアル店舗のみに高いマーケティング・コストを掛け続ける非効率を認識せねばならない。新たなサプライ・チェーンの構築と、それに向けたリアル商品

図表3-3-1 「Amazon」は多方面にサービス攻勢を強める

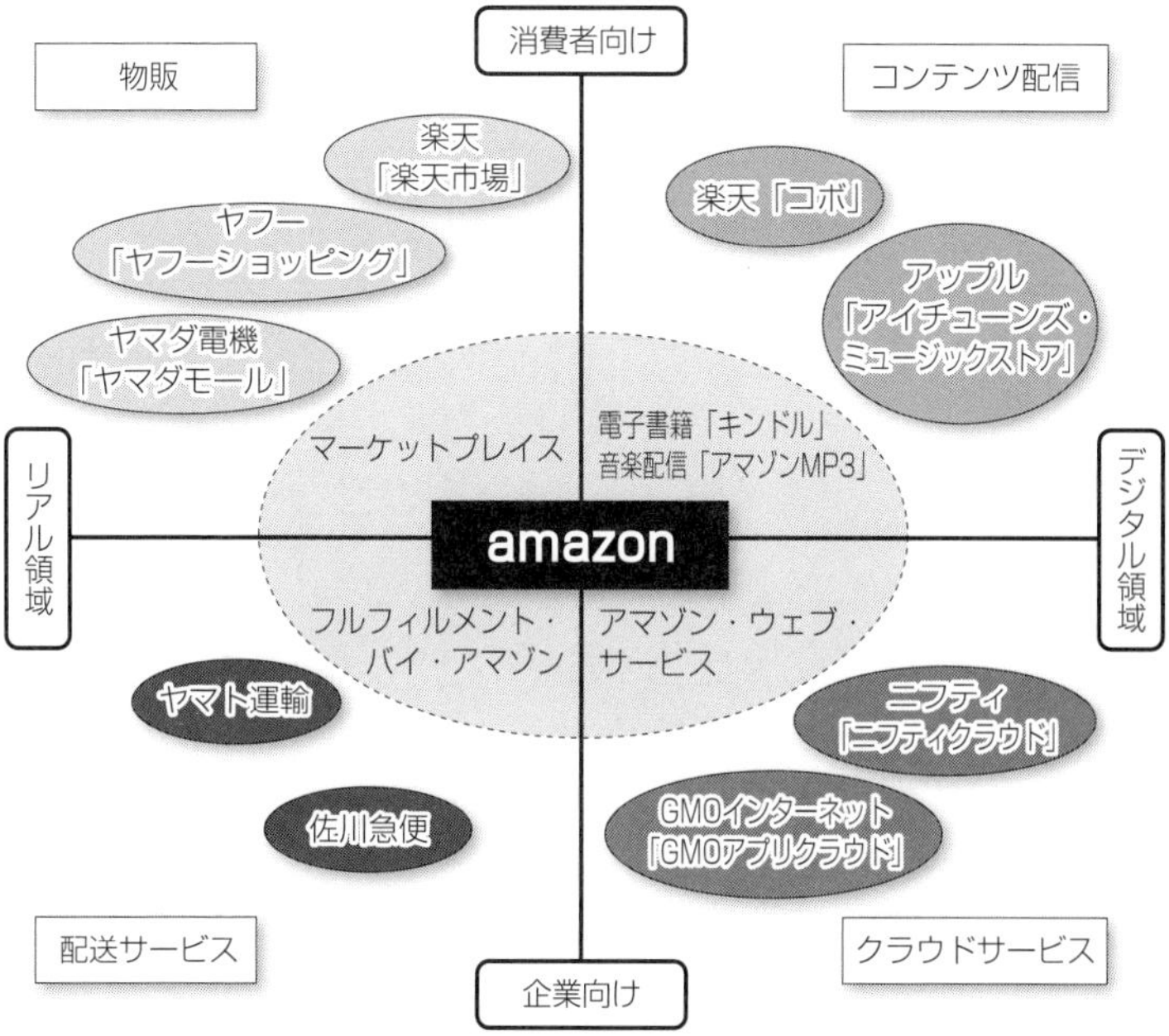

出所：2012年1月16日日経MJ掲載記事を加工。

マーケティングの多様な変化を捉えた、ニュー・サプライ・チェーン・マーケティングの原理と原則を構築しなければならない時代と言える。これをオムニチャネル・ビジネス化と呼ぶのだろう。「Amazon」の場合には、最も顧客サービス力が高いと言われているが、それはワンクリック決済（チャットポット）等、顧客にとって簡単・便利なサービスが評価されているものだ。セキュリティ問題など様々な課題もあるが、現実の売り場（Place）空間からチャネル空間を新たに形成する方向に動いてきている。これらSNS空間や情報が行き来する中で、新しいサプライ・チェーンの概念ができる時代となっている。

こうした様々なチャネルに向けてどんな商品を提案するのか、メーカーは考える必要性に迫られている。単に、過去の生産ラインで大量生産し、かつそれを大量に店頭に送り込む、〝Place〟概念だけでモノを売る時代から、市場は急速に変化していることを認識すべきだ。再度、今日的多品種・小ロットに対応し、IoT・AIを前提としたFMS生産体系とコスト概念の構築が求められていると言えよう。

こうした点は中国も同様で、急速なネット社会の商品市場が形成されている。そしてこのことは中国だけでなく、世界的なサプライ・チェーンの形成の方向を示しているとも言える。

4　新トレンド、新価値観、新生活課題解決へのチャレンジ

そして、新トレンド・新価値観・新生活課題解決へのチャレンジと、自社商品のポジション化を図らね

ばならなくなっている。これまで私達は、トレンドと品群・サービス群を拾う努力を怠ってきたのではないだろうか。トレンドは、生活者のマインドの中にある。そのマインドは、生活者の情報の行き来によって出来上がる。私達は、SNSネットからそれを拾うことができるし、あるいは過去の市場調査やグループインタビュー等のヒアリングで拾うこともできる。しかし、市場はそんな簡単にはコントロールできない。今日、SNSの世界だけでは、まだまだターゲットが限定されてしまうからだ。だが、今後五年間で高齢者を含め、スマートフォン等々の端末利用は促進され、徐々に高齢化社会の中にもSNSネットの効果は派生してくるだろう。ただし、SNS万能主義に陥りがちな世界観は、戒めなければならない。これまでのマーケティング・アプローチの原理・原則についても、充分反映させる必要があるだろう。

トレンドとは何か。トレンドにあった商品群を理解し、しかもトレンドの中核商品として自社商品を位置づけていかなければ、商品開発の芽はない。新しい価値観は多様に表出している。旧来価値観の業態、あるいは旧来価値観の売り場は、消えていく。

ここ数年のヒット商品の動きを見ていると、新たなニューチャレンジャーが多く出てきており、それらが旧来型No.1コモディティ市場を脅かしている事例も多く見られる。旧態依然とした化粧品や飲料といったNo.1メーカーが、その椅子に胡坐をかいてきた既存市場は、近い将来消え去っていく運命が予見できる。

私達はその新しいトレンド、価値観を先取りし、その戦略をコト・ターゲットに向けて、常に深耕化・拡大へのチャレンジをせねばならない。今までを変えないことは簡単であり、そのことに胡坐をかくケースが多々見られることを戒めねばならないであろう。

二〇〇八年のリーマン・ショック以降、あるいは三・一一震災以降、スピーディな意思決定を含め、最適なタイミングを知ることが重要である。このタイミングを知るのは、新しいトレンドあるいは新しい価値観形成へのチャレンジである。

そしてもう一点、素材・原料の確保は、今日的な絶対命題である。マーケティングの世界では、素材・原料は関係ないと思われがちだが、トータル・サプライ・チェーンの部分を明確に体系づけることは、マーケティングの原理・原則である。素材を、素材価値を含めてどう調達するか、それができない限り、いくら商品開発力と市場形成力があってもマーケティングを完結することは不可能である。

さらに、企業価値のゴールは、信頼性の構築にある。コミュニケーション戦略のゴールは売上だが、これは結果論と言える。ブランドロイヤリティを構築する為のゴールは、「信頼性（Confidence）」の構築にある。このことをもう一度再認識しなければならない。何の為の広告なのか、何の為に営業が必要か、何の為に販促をやるのか、「買ってもらうため」は結果論だ。自社の商品の信頼性、あるいは自社の活動の信頼性の確立がゴールである。この心理に立ち戻らないと、何の為に高い広告費や販促費を使っているのかわからなくなる。

以上、提言として申し上げてきたが、一つだけはっきりしていることがある。それは、今まで通りでは何も通用しないということだ。今まで通りで通用しないのであれば、今まで通りと違うアプローチを考え、ビジネスパラダイムを企業構造全体の変革を含めて取り組む経営マインドが求められる時代が続くだろう。

第4章　第四次産業革命とＩｏＴ・ＡＩによる企業構造変革

1　インダストリー4・0──第四次産業革命の進化

二〇一五年・二〇一六年から、ＩｏＴ（Internet of Things：モノのインターネット）、Ｍ２Ｍ（Machine to Machine：機器間の通信）、インダストリー４・０、インダストリー・インターネット、ＩＶＩ（Industrial Value Chain Initiative：モノづくりとＩＴの融合）、等々が産業社会の話題となっていた。そして、このことは二十一世紀の産業構造変革を招来すると同時に企業に企業のビジネス・アプローチの変革を求めるものである。それによって、生活構造も変革・進化していくだろう。

・ＩｏＴ（Internet of Things：モノのインターネット）とは、ＱＲコードやＲＦＩＤ、ＩＰアドレスによってモノを識別し、インターネットを介してモノを操作しモニタリングすることにより、快適な生活を目指すというものである。ネットワークカメラ、センサー、スマートハウス等々、既に実用化に至っている。そして、限りなくＩｏＥ（Internet of Everything）に近づけ生活革新を目指すビジネス革新であり、あらゆるモノをインターネットに接続しようとするビジネスチャレンジである。

・Ｍ２Ｍ（Machine to Machine：機器間の通信）とは、通信ネットワークを介して機械と機械が相互に情報をやり取りし、自律的で高度な制御や動作を志向するビジネスチャレンジである。機械にセンサーや処理装置・通信装置を組み込み、情報収集や遠隔監視・制御を行う。工場の集中制御や自動販売機の在庫の遠隔監視、建物やエレベーターの監視、リアルタイムな渋滞情報、電力使用の監視や供給制御などのスマートグリッドが実用化されている。これらは、通信ネットワークを含むインターネット制御が特徴である。情報セキュリティの堅調な伸びもあり、成長性は期待されている。クラウドやデータセンターの増加も予見され、またインフラの老朽化や資源内問題等の社会的な問題へもＭ２Ｍでの対応が見込まれている。ＩｏＴ展開の基礎となるのが、Ｍ２Ｍと言える。

・こうした情報応用技術の進化は、生産から需要創造に至る一連のサプライ・チェーンの進化と顧客ニーズへの対応に向けてのバリュー・チェーンの進化をもたらすことになる。これらの取組みをインダストリー４・０と呼んでいる。

インダストリー4・0は、十八世紀の第一次産業革命を機械化、第二次産業革命を大量生産化、第三次産業革命を電子工学と情報技術を用いる自動化（FMS：Flexible Manufacturing System―産業のロボット化）と位置づけ、現在の産業の取組みを第四次産業革命と位置づけている。

米国では「マニュファクチャリング・ルネッサンス」と呼ばれ、同レベルのネットワークの実現やエネルギー革命が進んでいる。また、ドイツでは生産的立場を維持しながら、革新的競争次元への国家レベルの産業推進と輸出力強化を目指している。

こうした命題を日本産業に置き換えると、日経ビジネスの二〇一五・十一・十六号では以下の四つに整理している。つまり、単なるインダストリー4・0のワードは手段に過ぎず、企業のビジネスチャレンジの命題は、目指すべき企業の姿「つまり、どうあらねばならないか、どうなりたいか」をデザインして突き進むことにあるとしている（「隠れた4・0企業―志は流行に先んじる」日経ビジネス二〇一五年十一月十六日号三十二～三十九頁）[4]。

その命題を以下の四つのキーワードと取組み事例で示している。

① **マスカスタマイゼーション**

顧客一人ひとりの好みや要望に合わせた製品を、大量生産する製品とさほど変わらぬコストや納期で作れるようにすること、その仕組みを指す。

Ｅｘ.
・セーレンのＢtoＢからＢtoＣへ、そしてブランド化（ビスコティック）へ。
・ニホンフラッシュの住設トータルからドアに特化した簡易な工場化（広告・ショールーム化等がコスト的にできない為）。

② **サービタイゼーション**

ＩＴを駆使し顧客と直接つながることで、〝モノ〟を販売するメーカーから〝サービス〟を売る業態に転換、あるいは部分的に参入することを指す。

Ｅｘ.
・ラベルプリンターで国内シェア四〇％の「サトー」グループ。クラウドシステムで顧客ごとの稼働状況の管理と故障の予見分析を行い、「サトー」のサポートセンターで遠隔監視を行うシステムを開発。サービスの提供は無料で、顧客を〝常連〟とする囲い込み取り組み。

③ **スマートファクトリー**

工場の生産設備をネット接続し、生産状況をリアルタイムで見える化。仕掛かり在庫を減らしたり、リードタイムを短くできるようにした工場。

Ｅｘ.

・精密プレス加工（医療機器等）、ＪＫＢ（川崎市）の山形工場による生産自動化機械の自動生産化の促進と、リアルタイムで生産機器をチェックし、顧客対応の人の知恵と工夫を併用したジャストインタイムシステム。中国のコスト競争を超える人と人との付加価値化で生産効率を向上。

④　**ビッグデータ**

細かな情報を蓄積していくことで大きな容量になったデータ群を分析し、新たな付加価値や課題などを発見する活用行為。

Ｅx.

・東急建設による建機に設置したセンサーにより、現場建機の配置や稼働状況、騒音、CO_2排出量等のデータをリアルタイムでチェックし、現場の人手不足や若手労働者の作業サポートを行う為にビックデータを活用。

・ＩoＴ機械に頼らずデジタルとヒトによるアナログを融合した〝デジアナ〟オペレーションを可能とした農業法人「グリーン」の試み（千五百㎡の小型農地を二百か所以上、八人で管理可能とした）。

以上五つのキーワードを事業コンセプトとして、ＩoＴはＡＩ（人工知能―Artificial Intelligence）技術と複合・融合しながら、産業構造を革新しようとするものであるが、それを醸成する為のビジネス・コンセプトはあくまでヒトのビジネス創造コンセプトとアイデアに帰結する。それがＩoＴとしてシステム化されることに過ぎない。ユーザーのニーズやウオンツを完全に取り入れたOne to Oneへの対処と効率的産業革新は、マーケティングの永続的命題である。つまり、顧客個人への対処を目的とした効果性と効率性を完結することであろう。ＩｏＴが第四次産業革命と言われる理由は、究極のマーケティング命題を産業としてソリューションすることを可能とするからである。人材の熟練者化やプロ化も究極の得意先・顧客対応の命題であるし、高い知識・知恵レベルの熟練が要求される。しかし、ＩｏＴとＡＩの融合は、このヒトの熟練度を向上させ、短期間で人材能力を高度化する事を可能とする。ここでも作業現場の様々な課題や作業の何をＩｏＴ化・ＡＩ化すれば実現できるかを考えるのはヒトのビジネス・コンセプトとアイデアに帰結する。

また、これまで道具として見てきた機材や生活品がインターネット端末と直結することで、機械の持つＡＩ機能により道具がコミュニケーション能力を持ち、自ら考え、対話し、気遣いできる究極のアナログコミュニケーションツールに変革し、ヒトの生活構造に大きな影響を及ぼしている。

〝今、見たい番組を探すＴＶ〟、また、生活者のライフスタイルを学習した冷蔵庫が〝食材の活用法をコミュニケートする〟、〝食材を入れただけでメニューをコミュニケートし、レシピを表示する〟等々、ホームアシスタントやコンシェルジェとしての欲求はこれまでの生活者が夢で描いてきた永遠の希求と言えよう。また、集めたバラバラのビッグデータをいかにユーザー個人にフィードバックし、どう活用すべきかの方法論の提示を可能とする。もはや分析結果のみでなく方法論を明示してくれるものとなり、５Ｗ３Ｈを完結できる生活やビジネスサポートを可能とする。

例えば〝鏡を見れば健康識別する〟、〝自力で充電する〟、〝ウェラブル端末の進化による英語会話レッスン〟、〝スマホ端末で全てのカードを選択する〟、〝個人ナンバー暗号化によるセキュリティネットワーク〟、〝エネルギー多次元効率管理による家電・ビルエネルギーの自動管理〟等々は、ＩｏＴとＡＩを複合・融合（ＡＩｏＴ化）によってヒトが「これまでできなかったコト」「これまでのコトのさらなる効率化」のマーケティングのOne to Oneの究極的命題を解決することを可能とし、ヒトの求めるニーズ・ウオンツのソリューション命題は限りが無い。この第四次産業革命を可能とするＩｏＴとＡＩは、これから終焉の無い進化を続けることとなる。その意味で、産業構造革新・ビジネス構造革新・生活構造革新を進化させていくだろう。しかし、どうＩｏＴ・ＡＩを活用するか、ビジネス化・システム化するかは、ヒトの「こうありたい」とするニーズ・ウオンツをベースとしたアイデアとコンセプトにあることを忘れてはならない。そして、それはＩｏＴ・ＡＩが身近なモノやコトが生活者と「心が通う」ことまでを命題としていると言えよう。

その意味で、経営・ビジネスのSpeed、Convenient、Just in Time、Exactness、Safetyの五つのキーワードがベースとなり、経営陣やビジネスパーソンの過去に固執する変革ゼロのマインドは企業そのものの消滅を意味することになろう。カネがカネを生む金融経済優先社会からの脱却とも言えよう。

以上のような日本でのインダストリー4・0の現状と考え方、そして事例を述べたが、以下に先進国ドイツとアメリカの進化の過程を、阿部郁雄氏の論述をベースにより具体的にまとめてみたい。

2 インダストリー4・0とは

「リードエグジビションジャパン㈱」が主催した「日本ものづくりワールド2015」の二〇一五年六月二十四日に行われた基調講演(5)に、ドイツを代表する企業「シーメンス・ジャパン㈱」専務執行役員デジタルファクトリー／プロセス&ドライブ事業本部 事業本部長のミヒャエル・トーマス氏が「Industrie 4.0を目指して～デジタル・エンタープライズの実現に向けたシーメンスの取組み」という講演を行った。これによるとインダストリー4・0とは、第一の産業革命を十八世紀の機械化、第二の産業革命を大量生産、第三の産業革命を電子工学と情報技術を用いる自動化と位置づけ、現在の産業の取組みを第四次産業革命としている。それはドイツでは産官学が連携している取組みであるが、ドイツを代表する企業である「シーメンス」が中心的存在であるのは間違いないと述べている。

そして、二〇一一年の段階でこれらかの二十五年をどうするのか？という視点から、世界的な製造業の見直しと再評価を行っている。アメリカ合衆国においては、〝マニュファクチャリング・ルネッサンス〟ということが叫ばれ、製造業の革新の為の国レベルのネットワークの実現、国産シェールガス・オイル（水圧粉砕法）が進んでいる。一方で、ドイツでは、産業界における生産的立場の維持、革新的競争の為の、持続的な投資、高比率の国外輸出の維持そして、インダストリー4・0により新しい原則・ガイドラインを目指している。中国では、最新技術の採用による、高品質製品の実現、人件費の高騰、高次元オートメーションの必要性が指摘されている。また、日本では、輸出増に向けた努力で製造業はＧＤＰの二〇％を占める。政府による輸出産業への支援活動などにより、世界的に最も技術的に進んだ国の一つである。そのような状況の中でも生き残っていくことが重要なことは十分に理解できる。

インダストリー４・０とは、二〇二五年以降を視野に入れた工業生産におけるドイツの今後のプロジェクトであり、製品のライフサイクル全体に渡って、新しいレベルの組織とバリュー・チェーン全体のコントロールを表している。一方で顧客の要望を個別に対応する傾向が多くなりつつあり、アイデアと発注から開発と生産、エンドユーザーへの製品の配送、さらにリサイクルとその関連サービスまでの全てのフェーズを含む活動である。そして、重要な研究分野は付加価値のあるネットワークを介した水平統合、バリュー・チェーン全体のエンドツーエンドエンジニアリング、および垂直統合とネットワーク化生産システムの構築である。

インダストリー４・０の特徴的なところは、サプライ・チェーンに沿った段階的なマネジメント手法が用いられようとしていることである。これは、ドイツには大手企業以外に中小企業が多く、そうした企業を保護することが国の目的であり、国家プロジェクトとして総力を挙げて取り組んでいる。まさしくドイツの事例は、日本型中小企業立国としては学ぶべきモデルとなろう。

例えば、ドイツの「シーメンス」はＳＡＰ ＨＡＮＡの技術に基づいて、産業界の顧客の為のオープンなクラウドプラットフォームの提供を行っている。使用エネルギーと資源だけでなくプラントとマシンの最適化、「シーメンス」とサードパーティー製品をつなぐオープンスタンダード（ＯＰＣ）の構築、そして、シーメンス製品のPlug and Play統合（ＴＩＡポータルでエンジニアリング）の実行、顧客それぞれのアプリケーションへのオープンなアプリケーションインターフェイスを持った産業向けクラウドの設置、クラウドのインフラは顧客ごとに選択可能なパブリック・クラウド、プライベート・クラウドの構築、業務用ソリューションの実行を行い、次がポイントだが、使った分だけ（Pay-per-use）の透明性の高い課金モデルとし、新しいビジネス・モデルへの対応可能性（例えば、機械稼働時間の提供）も検討している。また、デジタル・エンタープライズとして「シーメンス」はIndustrie 4.0の実現に向け、大企業から中小企業まで、あらゆる規模の企業に適した、シーメンスのソリューション・ポートフォリオだとしている。その為に、デジタル・エンタープライズの各要素は、既に用意されており、それらは以下の四つのコア分野からなるとしている[6]。

1　デジタル・エンタープライズ、ソフトウェア、スイート
2　産業用通信ネットワーク
3　オートメーションのセキュリティ
4　ビジネス特有の産業サービス

として企業の成長戦略をサポートする体制を整えつつある、としている。国家的な取組みであることから、大手から中小企業まで包括した大規模な取組みであることがわかる。そして、国民性だという指摘もあるが、二〇二五年という長いスパンで考えていく姿勢が垣間見える。

3 インダストリー4・0（第四次産業革命）が目指す産業構造(7)

「㈱リックテレコム」が主催し、二〇一五年十月八日に開催されたM2M／IoTカンファレンスで「㈱三菱総合研究所」企業・経営部門 統括室事業推進グループ 大川真史氏によれば、IoTの本質はモノが（人も物も）つながってやりとりをすることだ、と改めて強調している。それは、

①IoTの本質的な価値は、新たな価値をユーザーに提供すること
（QCDR改善ではない）※QCDR＝品質・コスト・デリバリー・漏洩リスク
②IoTの普及によりビジネス・モデルのイノベーションが頻発する
③プラットフォームとビジネス・モデルの構築がポイントとなる
④従来のやり方のままでは今回の変革を乗り越えることはできない

そして、IoTを進めるには二つの方向性が必要だとしている(7)。

一つは、従来これまで疎かにしていた「新たな価値をユーザーに提供」することに全力で取り組むべきことだ、との指摘である。従来は、企業がユーザーを想定したモノづくりであり、ユーザー起点とはユーザーが使っている状態を改めて調べることとの重要性を示唆している。

例えば、洗面台が朝シャンに使われていたことに気がついたメーカーは洗面ボールの体積を拡大している。これも一つの気づきである。また、主にモニターに依頼をして行うことが多いのだが、シャンプーの

詰め替えは様々な場所、様々な方法で行われていたが、容器のツメをつけてひっかけるようにして容器に注ぐようなデザインに変更され、溢れたりすることを防止することが目的として変更された。そのようなことはUDの分野で語られることが多く、良く使われる手法でもある。

つまり、価値共創という概念を述べていると言えよう。これは、企業とユーザーが一緒に作り上げ、使い方はユーザーに依存するということなのであろう。そして、「ユーザーの使い様」をイノベーションの起点と捉える必要がある、と指摘している。(7)

1 IoTの影響

機能を持つスマート製品の強力な機能や性能は、業界内の競争状況を塗り替えるだけでなく、業界の定義そのものを広げる場合もある。業界の競争領域は、全体として幅広ニーズに応えるようにいくつもの製品を取り込みながら、拡大していく。個々の製品の機能は他の関連製品群に最適化される。例えば、トラクター、耕運機、種まき機を連携させると、全体としての性能が一層向上する。

このように、競争の基礎は個別の製品の機能性から、幅広い製品を統合したシステムの性能へと移行し、競争の主体は農業だけでは無くなる。メーカーは今や、全体として最適な成果を発揮できるよう、お互いに接続する一連の農業機械と関連サービスを提供することになる。つまり、業界の軸足は機械の製造からビジネス最適化へと移行している。採掘業界では、ジョイ・グローバルが個々の採掘機械から複数の機械を統合したシステムへと業界の枠組みが拡大している。

つまり、業界の枠組みは製品システムから、システムのシステムといった「システムの複合体」へとさらに拡大する傾向を強めている。個々の製品システムと外部との関連情報を連携、最適化することにあり、スマート・ビルディング、スマート・ホーム、スマート・シティなどがこれに当たる、と大川氏は指摘している、と阿部氏は述べている。そして、接続機能を持つスマート製品は、顧客価値の創造方法、企業間競争のあり方、そして競争の領域それ自体をも変容させている。これらの変化はおよそあらゆる業界を直接、間接的に揺るがすだろう。このＩＴ化の第三の波は、製品の機能性や性能を段階的に引き上げるだけではなく、法人や個人が抱える数々のニーズへの対応力を劇的に高めるだろう、とも述べている。

2　価値提供の観点から

一方で、ＩｏＴとは異なる面からではあるが、商品のコト化が進んでいる。例えば明治の「明治プロビオヨーグルト」シリーズのドリンクタイプの生産能力増強についてのプレスリリースにもあるように、消費者の健康志向の高まりと、乳酸菌の機能価値への理解の深まりにより、近年ヨーグルト市場は伸長を続け、二〇一四年度は三千五百億円規模の市場にまで拡大している。また、その市場を目指して、明治はチョコレートをカカオ七〇％以上で商品化し、独自の製法でチョコレートの健康価値を追求している。チョコレートの風味や甘味を楽しみながらポリフェノールやカカオプロテインを摂取できることから、健康志向の高い女性を中心に幅広い消費者を取り込んでいる。これは、チョコレートを食べるというより「健康を食べる」という習慣商品化への価値転換と言える。

また、「グンゼ」では、脚のアンチエイジング（抗加齢）に着目したストッキングの新ブランド、コスメディカルを発表し、その機能は骨盤を締め付けて姿勢を改善するほか、膝の裏などの着圧を軽減して血液の流れを良くする効果がある、としている。そして、一般社団法人日本生活習慣病予防協会のホームページでは、米国心臓学会（AHA）が任天堂と協力し、家庭用ビデオゲーム機を利用し、米国民の運動不足の解消や肥満対策に乗り出している。健康関連についてのほんの一部の紹介を行ったのだが、これはある意味では健康で健やかに過ごしたいという人々の願いでもある。そして、化学商社最大手「長瀬産業」は、健康美容関連商品のネット通販を始めた。グループで手掛けてきた健康食品や化粧品の製造ノウハウを活用し、化粧品の通販会社と組み、三十代半ばから四十代の女性向けの商品を開発し販売している。

このような事例は枚挙にいとまが無い。そうすると、業界の垣根はモノからコトに変化することが十分考えられる。例えば、健康ということをキーワードにした場合には、図表4-3-1

図表4-3-1　業界のコト化による分野の交錯のイメージ

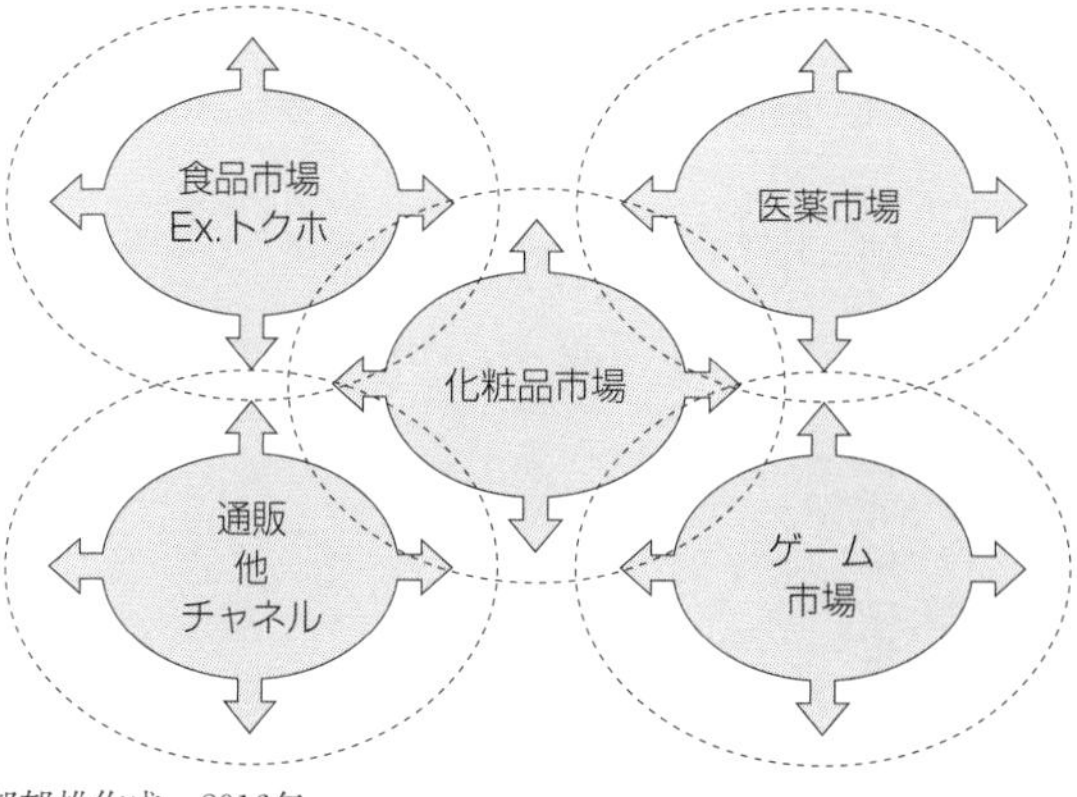

出所：阿部郁雄作成，2016年。

のように従来の業界とは異なった企業が参入することとなると予測され、そして、これを一歩すすめて考えるとコトを中心とした企業間の関係性の構築、すなわち、アライアンスやM&Aなどが活発化すると考えられる。

4 人工知能(Artificial Intelligence：AI)と生活構造革新

AIによる機械学習技術の進歩は著しい。

①「特徴量（特徴ベクトル）」による機械予習をベースとした情報、音声、画像、異常検知・予知、等を可能とする「識別AI」

②ニーズ、数値、マーケティング等を可能とする「予測AI」

③行動の最適化や作業の自動化、デザインや表現の生成等を可能とする「実行AI」

「識別」「予測」「実行」この三つの用途への応用が進化しているが、既に識別や予測機能は一定レベル水準まで達している。しかし、実行レベルはこれからの課題として、生産産業の単純化、最適化、自動化は、インダストリー4・0に関わる重要な事項であり、その姿は明らかになりつつあるものの、さらなる進化が望まれている。

こうしたAIの背景には、ビッグデータ処理能力の向上が挙げられる。そして、この処理能力は単なる分析結果の取得に留まらず、さらにヒトの求めるソリューションニーズとウオンツへの対処を可能とし、「どうすれば良いか」「どのような取組み手法があるか」「どうすれば成功するか」「どのくらいのコスト効果が得られるか」「どのようなターゲットへアプローチするか」等々、様々な解の示唆につながる。つまり、これまで「どうすれば良いか」に悩んでいたビジネス・アプローチや生活アプローチの解を与えてくれることによって、「悩む」あるいは「検討する」のプロセスを排除すると、されている。

既に、将棋界ではＡＩとプロ棋士の対戦が話題となっているが、これら「学習して成長する」ＡＩ機能保有商品やシステム・アプリケーションがブームとなりつつあり、今後これらＡＩによるソリューション型商品はますます市場化し、その能力も進化してこよう。ＡＩを活用した「個人秘書」サービスや「スポーツの審判」「語学教師」「調理ロボット」「観光案内・ホテルのコンシェルジュ」等々、様々な場面でＡＩロボットが活躍する社会は直ぐ間近に迫ってきている。

こうした知的労働や知的業務のＡＩ化とは別に、日本の将来に待ち受ける就業労働者減による人材不足は、ますますＡＩを活用した無人化を促進し、その就業構造の本質を変革してこよう。流通・サービス業や介護施設、ゴミ処理や建築現場等々、ブラック企業や３Ｋと言われる職業の人材難が、ＡＩによる就業構造と労働現場の構造変革は必須の要件となろう。また、これまでデータと経験の多様性とその能力を評価されてきた経理や法律的処理、それに関わる対応業務、さらに運転士等許可免許を必要とされている業務もＡＩに代替されることになろう。政府や行政も日本の産業社会構造の変革の未来を予見するなら、これに合致させた許認可構造に変革せねばならないだろう。つまり、制度的職業がＡＩにより代替される社会の進化を推進することが求められ、既得権益社会を打破することが求められると同時に、ＡＩを駆使したこれらサービス産業が新たに生じさせる産業構造変革を推進せねばならない。

「機械学習による学習プロセスの簡便・短縮代替化」「学習深耕化とこれまでに無いノウハウ・能力の構築」「ネットワーク上の不正・正解のセキュリティ判別」「画像認識・言語処理・音声認識による求めるコトの自動処理化」「多言語・普通言語語認識と処理」「技術の学習代替と自動処理化」「データマイニングによる自動データ処理と解の提供」等々、様々なＡＩによる識別、予測、実行代替が可能となる社会構造変革は日進月歩で進化していくだろう。

米国サンフランシスコを拠点とする「ビートラックス（Btrax）」社の坪内宏典氏は、企業経営の変革の中でＡＩの活用について以下の留意点を述べている(8)。

1　ＡＩと働く志向性の変革(8)

意思決定には機械に委任する必要性が求められる。それに当たり、経営資源はこれまで「人・モノ・金」だったが、ＡＩの進化によって「人がどこで価値を生み出し、機械やデータにどの判断を任せるべきか」が問われるようになり、経営資源は「人・データ（情報）・機械」になっていくであろう。モノや金の必要性は消えないが、ＡＩが意思決定をサポートする時代においてはそれらを管理するデータや機械に主体が移っていく可能性が高い。

その上で、人と機械を「どうマネジメントするか」も考える必要が出てくる。「マネジメントのあり方」は意思決定や実行をする為に、これまでは「指示」や「実行管理」が主体であったものを、意図する解に導けるように「正しい問いを投げかけること」「ＡＩやデータ領域を理解し、自動化をさせる為に枠組み化をして回すこと」ができるようになる力が求められる、と指摘している。

2　ＡＩにより求められる機能(8)

さらに坪内宏典氏は、ＡＩと働く上で人々が持つ（機械が持ち得ない）三つの強みを磨くことが期待されることを指摘している。それは、

①　クリエイティビティ（デザインする力）

課題の特定にいたる枠組みや新しいコンセプトをデザインすること、またアイデア、新しい組み合わせを着想すること（ひらめき）、通常では発想に至らない仮説を導き出す力などを指す

②　リーダーシップ／マネジメント（人を動かす力）

人と人が行うデリケートかつ複雑なコミュニケーションを行い、人々を奮い立たせて勇気づけ、人々をある目的に導き、目標を達成させる為に意識づけるなど、意識に働きかけて人を動かすことを指す

③　ホスピタリティ・課題解決

人が感じる潜在的・顕在的な課題と向き合い、自分ごととして不便、不満など「不＝問題」を解決・解消する為の働きを指す

等々を述べている。

以上のＡＩにより与件される事象は、経営マネジメントの本質を変革すると同時に、ＩｏＴと複合・融合することによって産業構造そのものを第四次産業革命の命題として変革し、インダストリー４・０の方向性を明示している。そして、これらの産業構造の変革による生活構造の変革はまさしく二十一世紀のライフスタイルの命題である「環境改善、健康・安心・安全の究極の解決」に結びつき、「社会構造の変革と創造」、「生活構造の変革と創造」をもたらすマーケティング４・０の命題を明らかにしてくれるものであろう。

第5章 マーケティング3・0、4・0[10]

八〇年以降成熟社会となり、価値観の多様化と新たな生活次元（余暇・趣味の生活領域ｅｔｃ.）を求めるようになり、そして、一九九〇年代の情報化の流れに続くＳＮＳ社会の進展により生活者が自ら媒体を保有するに至り、これらのメガトレンドの中で単にモノを希求するモノ消費は停滞し、モノ余りの時代となった。また、企業には社会的信頼性をゴールとすることが求められ、尚かつ新たな生活価値や生活創造が求められて今日に至っている。さらに、インバウンド消費も次の価値創造の次元を求められており、単にモノを売る発想からコト満足型の進化が求められている。つまり、それは企業のマーケティングの転換の必要性を示すものである。

このパラダイムシフトに対応する為に、二〇一〇年頃よりマーケティング3・0をはじめとして様々な提言がもたらされた。パラダイムシフトが進む中、提言内容は変革というような生やさしい対応では済まない。事業転換が必要なほどの厳しいものとなっている。今まで、画一的なマスマーケティングによるマーケティング対応を図ってきたものが、ポストマスマーケティングと呼ぶに相応しいような転換対応が求められてきている。大きなポイントとなるのは、ソーシャルマーケティングである。その中では、経済的価値と社会的価値を同時に実現する共通価値の戦略での生き残りが求められると同時に、生活者との協働によって実際の消費者のニーズを把握し、社会的価値創造を図るという事業転換が求められている。

まずは事業構造の大転換に向けて、自分たちが今抱えている事業に価値があるか問うことが必要だ。それに至っていなければ、どういう形で事業付加することが重要なのか、考えることから始めねばならない。事業構造を大きく変えるに当たっては、企業価値が無いと生活者も企業も振り向いてくれない、ということを良く考え対応を図る必要がある。企業のミッション／ビジョン／企業価値を明確化し、それを社内で共有し行動を一致させて市場に立ち向かうことが必要であろう。

モノ中心のマーケティング1・0と消費者志向のマーケティング2・0から、マーケティング3・0では価値主導という全く違う考え方に移行した。生活者にモノをどう売るかだったのが、いきなりマーケティングの目的が〝社会をより良い場所にすること〟になった。そして、生活者はモノを売る相手という見方をしていたのが、全人的存在として捉え、彼らが満足する価値をどう形成していくかが求められている。その価値の源泉となるマーケティングガイドラインが、企業のミッションでありビジョン、そして企業自体の価値である。今までは製品を通し、消費に値するアピール項目をいかに強化するかがマーケティングの中核だった。しかし、現在は、企業のミッションやビジョンをどう創るのかに移行してしまった。そして、機能的・感性的価値を商品にどう付加させていくのかから、精神的価値までが重視され、さらに、企業価値までがアプローチ要因となるというところまで、マーケティングの形が変わってしまった。生活者との関係構築という点では、マス・コミュニケーションを通した企業と多数の生活者との関係構築から、個客化する消費者との一対一の関係構築と変化してきたが、これまでは相手に自己＝企業をアピール・コミュニケーションし製品を購入してもらうことが中心だった。しかし、マーケティング３・０では、一企業の問題では無くなり、また、相手も個人としての生活者では無くなり、多数対多数の関係構築を通し、一緒に価値創造を行う共創が求められている。

図表5-1　マーケティング3.0－ソーシャル・メディア時代の新法則－

企業が消費者中心の考え方から人間中心の考え方に移行し，
収益性と企業の社会的責任がうまく両立する段階

	マーケティング1.0	マーケティング2.0	マーケティング3.0
	[redacted]		価値主導のマーケティング
目的	製品を販売すること	消費者満足獲得により消費者を繋ぎ止める事	世界をより良い場所にする事
可能にした力	産業革命	情報技術	ニューウェーブの技術
市場に対する企業の見方	物質的ニーズを持つマス消費者	マインドとハートを持つより洗練された消費者	マインドとハートと精神を持つ全人的存在
主なマーケティングコンセプト	製品開発	差別化	価値
企業のマーケティングガイドライン	製品の説明	企業と製品のポジショニング	企業のミッション，ビジョン，価値
価値提案	機能的価値	機能的・感情的価値	機能的・感情的・精神的価値
消費者との交流	１対多数の取引	１対１の関係	多数対多数の協働

出所：『コトラーのマーケティング3.0』朝日新聞出版，p.19より。

マーケティング3・0に至り、企業は生活者に製品やサービスだけではなく、精神的価値や社会的価値を提供する存在となることが求められており、さらに、4・0では、個客の自己実現が重要なテーマになってくる。自己実現のマーケティングとは、個客が何を持つべきかを創り出すという考えではなく、個客が何を求めているか、何を創り出したらもっと幸せになるのかを考え、新しい価値創造を希求し、共創を通して生活者がなりたい自分になることの実現を目指す。この自己実現を目指したのがマーケティング4・0と言えよう。まさしく、コトを中核としてそれに関わる品群により生活シーンを創造するとした「生活者」概念から、自ら新たな自我を求める（超自我）「自

図表5-2　マーケティング4.0－自己実現を目指すマーケティング－

2014年9月ワールドマーケティングサミット

マーケティング 1.0	製品中心	生産コストをできるだけおさえて安価な製品をつくり，マス市場を対象に売り込む。「製品を販売すること」を目的に，製品機能そのものが価値をもつ。
マーケティング 2.0	消費者志向	多くの製品がコモディティ化し，製品そのもので付加価値を与えることが難しくなったことから，顧客ニーズを起点に考える時代となり，製品やサービスがもたらす価値は企業が決めるのではなく，顧客が決める。
マーケティング 3.0	価値主導	潜在的な顧客の隠れたニーズを探ること，そして顧客を全人的な存在として扱う。「世界をよりよい場所にすること」を目的とし，企業は，生活者に製品やサービスだけでなく，精神的価値や社会的価値を提供する存在へと変貌。
マーケティング 4.0	自己実現	「顧客が何を持つべきか」を創り出そうと考えるのではなく，「顧客が何を求めているのか」「何を創り出したら，顧客がもっと幸せになるのか」を聞きながら，新しい価値をともにつくっていく。共創を通して，なりたい自分になる，自己実現を目指す。

出所：Forbes Japan編集部「日本に必要な「マーケティング4.0」とは何か」より。

創・共創者」概念に進化していると言える。企業や団体はこの「自創・共創者」への道筋を支援、あるいはサポートするビジネスチャレンジを求められていると言えよう。

そして、このマーケティング3・0から4・0へのビジネスチャレンジの視点は、

①モノ発想からの脱却

②共創・協働マーケティングの創造

この二つに集約されよう。

これらの体系から経営戦略とビジネス・モデルの構築が求められ、既にコト創造型マーケティングや、顧客との共創・協働マーケティングをSNSのファンベースとして展開す

図表5-3　マーケティング3.0，4.0へのビジネスチャレンジ視点

		ビジネス対応の視点
目的	世界をより良い場所にする事	社会的価値／社会的責任 ＝事業構造の転換
可能にした力	ニューウェーブの技術	新技術（その将来影響）の理解・活用 ＝その動向を常に理解・把握／導入
市場に対する企業の見方	マインドとハートと精神を持つ全人的存在	欠乏欲求からの脱却と精神性の高揚 ＝顧客（ニーズ・スタンス）の劇的な変化の把握
主なマーケティングコンセプト	価値	社会的価値／企業自体の存在価値 ＝大儀のマーケティング
企業のマーケティングガイドライン	企業のミッション，ビジョン，価値	企業自体がマーケティングの最重要要因 ＝共通価値観と行動の統一を通じた完全性
価値提案	機能的・感情的・精神的価値	見えない価値の創出 ＝全人的な顧客の精神の充足の実現
消費者との交流	多数対多数の協働	コミュニケーションから協働へ ＝実現へ向けてのシステム構築

パラダイムシフトに対応しビジネスチャレンジを行っていく為には，
これまでの考えを改めて臨む必要がある

出所：高津春樹氏，2016年MUI企業間ネットワーク研究会REPORT-2より。

るなど、具現化するビジネス・アプローチが展開されている。

第6章 社会創造型マーケティングと自創・共創者型マーケティングの時代

1 ファンベース・マーケティング・アプローチ（メディア・コンプレックス）の時代

コミュニケーション戦略は、長きに渡りゴール売上を求め広告や広報を戦術手段としたＡＩＤＭＡの法則、（「(Attention」（注意）、「Interest」（関心）、「Desire」（欲求）、「Memory」（記憶）、「Action」（行動））という五つの購買プロセスに対して、媒体と表現の工夫によるメディアミックス論で論議されてきた。

しかし、八〇年代の成熟社会にモノの価値から転じてコトの価値による商品訴求が求められる中、購買時点のコンタクトポイントを重視するフィールドマーケティングの時代となった。マス・コミュニケーションによる広告は、モノを購入するに当たり〝買おうと思い込ませる志向性〟の効果は高いが、現実にモノを買わせるのは購買時点コミュニケーション（ＰＯＳコミ）による効果であると主張されるようになった。

そして、ヒトからヒトへのコミュニケーション力（ヒトコミ）がモノの継続購入と習慣的購入を助長するとして評価されるようになり、SNS社会の進化はヒトコミの効果を拡散させるものとして評価を得るに至った。

当然、モノのコミュニケーション力が最重要となるが、モノコミ力は商品の品質に代表される〝基本的機能〟と使用価値に代表される〝付加機能〟、さらに価格・パッケージ・容量・形状等を使用シーンに合致させるとする〝中間機能〟の三つの商品構造による『モノ×コト＝生活シーン』創造型の商品構造が重要であるとされてきた。

この点を指摘したのが、四コミの連鎖複合モデルである。そして、これは生活者個人の共感・実感・体感・共有の連鎖＝信頼性の確立＝成果といった、単に売上効果のみを追求するもので

図表6-1-1　複合コミュニケーション戦略体系

（ファンベース・マーケティング戦略へのスペクトラム体系）

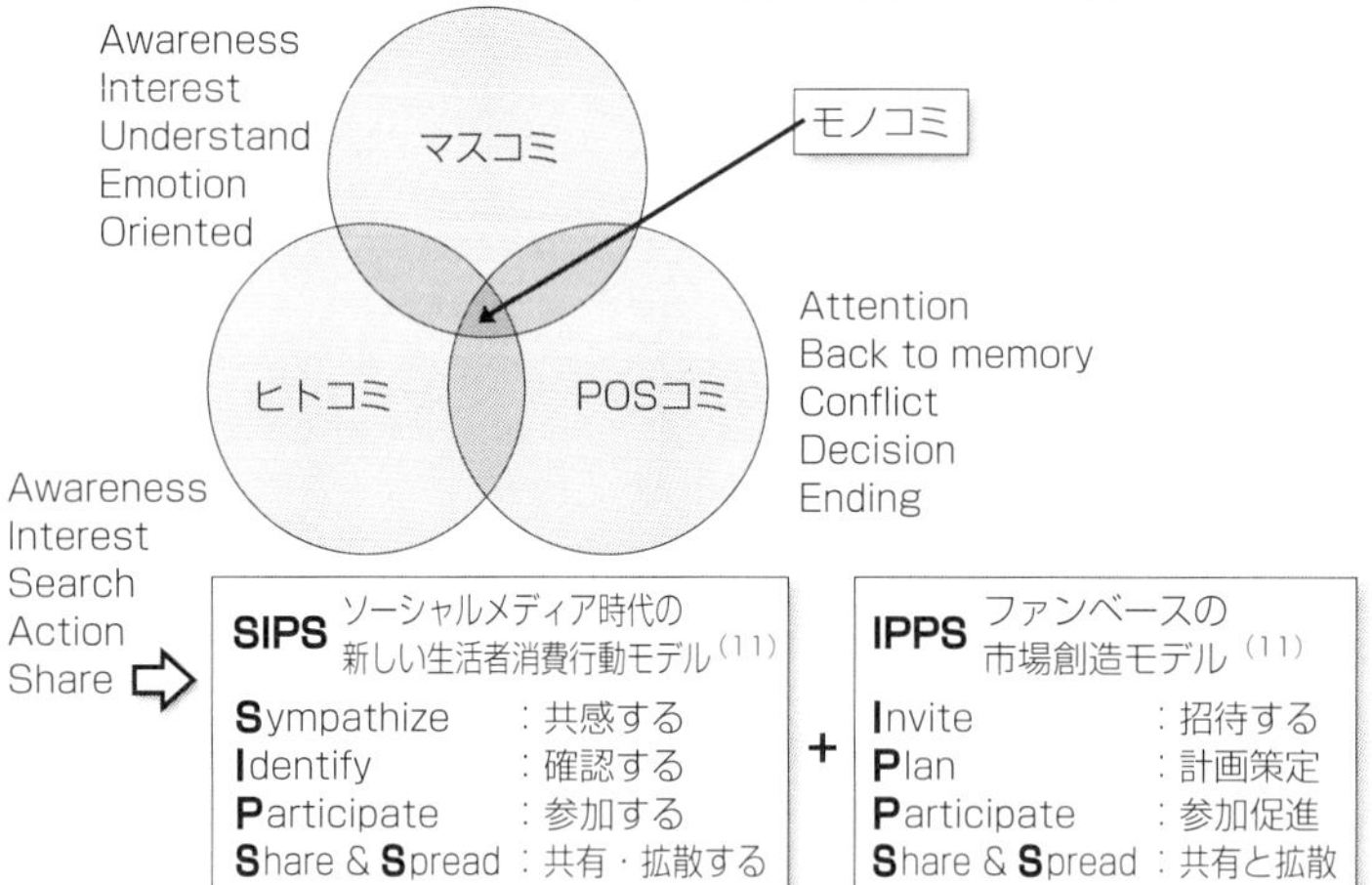

出所：新津重幸，座間平治モデル（1990年），及び「電通」佐藤尚之氏・「関西学院大学」鈴木謙介氏モデル（2015年）。

はなく、共感・実感・体感・共有のアプローチこそ重要であると転換された。

　四つの複合モデル〝モノコミ＋マスコミ＋ＰＯＳコミ＋ヒトコミ〟は、企業商品の信頼性の確立をゴールに、ヒトコミ効果のＳＮＳのコンテンツ効果とマスコミによるメッセージ効果のメディアクロッスィングで売上を達成し、習慣的顧客の確保と拡大をＳＮＳ社会のオピニオンリーダーによる共有・拡散で可能とするとしてきた。

　しかし今日、ブログやツィッター、フェイスブック、さらにはＳＮＳユーザーによるコミュニティ形成を目指したＬＩＮＥアプリケーションは、双方向でやり取りされるコンテンツの炎上は期待できる（共有者と共感者の拡大・拡散）が、異常に多量の情報による生活マインドの中で、短期的・一時的認知と共感しか期待できなくなっている。その結果、ＳＮＳ社会で双方向に流通する情報は膨大となり、グローバルを含めると

図表6-1-2　商品構造図

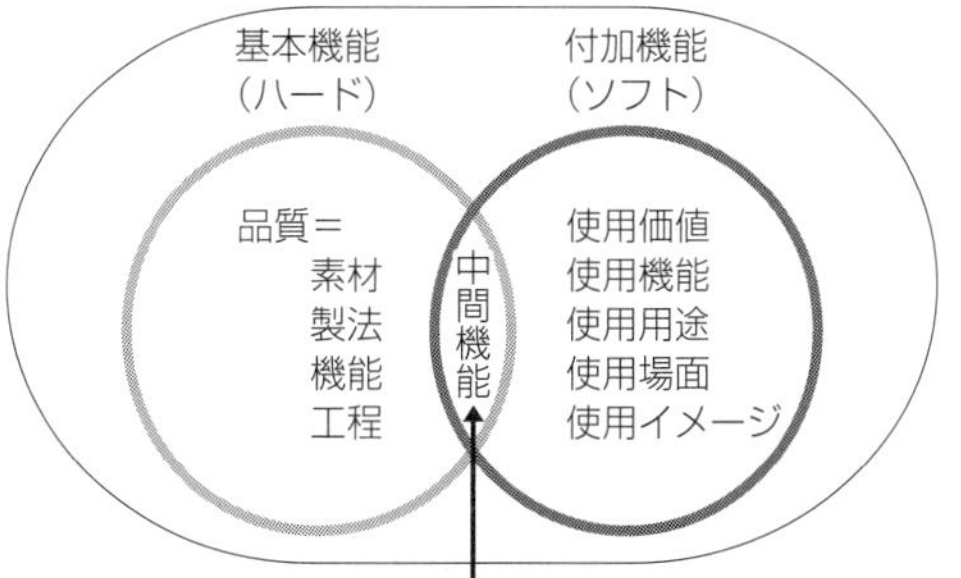

- 価値（売価－利益＝コストの概念で考えられ，売価は生活者が決定する概念である。従って，コスト＋利益＝売価のコストプラスの概念ではなく，弛まざるコスト工夫の努力が求められるSCMの最重要課題である）。
- 購入使用シーンに合致した商品形状・容量・大きさ・パッケージ等々。

出所：新津重幸モデル。

〝砂の一粒〟の情報価値と揶揄されている。

そこで、さらに〝本音のコミュニティの形成〟を期待するSIPS「Sympathize（共感する）」、「Identify（確認する）」、「Participate（参加する）」、「Share & Spread（共有・拡散する）」[11]モデルが提唱され、ある特定のファンをベースとして、本音のコミュニティ（信頼できる関係者―リアル関係者）を中心にリアルな実感・体感を共有するコミュニティの創造と、それによる〝リアルな参画〟をベースとした共有・拡散の方式を配慮すべきとするモデルが提唱されてきている。

つまり、ファンである絶対顧客を中核とした企業とファン双方の協働体制を確立し、ファンの主張・意見する内容を企業実務に反映させる。その参画による実感・体感を本音のコミュニティの中核として絶対顧客化し、マスコミベースを含めて市場形成を図ることが重要となる。

こうしたアプローチとしては、さらに顧客をリアル参画させる消費モデルIPPS「Invite（招待）→Plan（計画）→Participate（参加）→Share & Spread（共有と拡散）」[11]のさらなるアプローチが提言されている。

こうしたファンベース・マーケティングは、自社のファンの創造と特定⇩実感・体感型アプローチ⇩ファンをベースとした本音の生活者関係の共有・共感コミュニティの創造⇩リアルアプローチの継続⇩共感型顧客市場創造の新たなSNS双方向コミュニケーション機能の活用による市場創造を可能とする。

しかし、だからと言って、マス・コミュニケーションや旧来型アナログコミュニケーションのマスアプローチを否定するものではない。マス・コミュニケーションは一方通行の大量メッセージを市場に投下するマスベースの手段である。特に、広告・広報はその代表的な手段の一つである。SNSを活用しにくい高齢者や多くのマス・コミュニケーション関与者へは、大量のメッセージによる効果と効率は否定できない。特に今日、番組・記事等で取り上げられる多くの知恵情報や健康・安心・安全な暮らし方情報は、大きなマスベースの効果を生じさせる。多くの企業はニュースリリースを作成し、マス媒体の番組・記事の編集者に対するパブリシティとして提供している。そして、これらの多くは番組・記事で取り上げられるチャンスとなり、市場創造に大きく寄与している。広告と広報のクロスメディア手段も注目され、これらマスベースによる旧来型効果・効率手段は、結果としてファンの醸成に成功をもたらしている。

結論を述べると、「マスベースからのファン顧客創造」がマスメディアによるコミュニケーション戦略手段で、さらに「ファンベースから顧客市場を拡大」していくSNSの活用によるコミュニケーション戦略手段も加えて、この二つの手段の複合戦略（Complex Communication Strategy）[12]の本質を理解して、コミュニケーション戦略手段の投下を図らねばならない。つまり、生活者へのリアルな実感・体感のコト型アプローチを主体とするコミュニケーション戦略の重要性が再認識され、フィールド（購買時点）でのファンベースアプローチの重要性が再度認識される時代となってきている。

2 「Jコンセプト(Japan Concept)」の時代

超高齢社会の到来は日本の市場構造だけでなく、世帯構造を大きく変えてきている。例えば、二〇〇八年当時の四十代以上の世帯構造と家族構成を二〇一五年と比較しても、その割合は男女共に大きく変革している。

こうした現象は、初婚年齢の高齢化や女性の社会進出による少子化が背景にあるが、晩婚化による出生率の低下で両親に子供一人といった家族構成では、一人の子供への支出金額は大幅に増大している。社会的地位も安定した父親と社会進出を果たした母親、双方の所得を考えた時、子供一人当たりのマーケットへの支出増が見込まれ、ビジネス・チャンスと捉えられる。

また、四十歳以上成人における世帯構造は大きく

図表6-2-1　40代以上における独身・夫婦のみ・子どものいる夫婦の割合

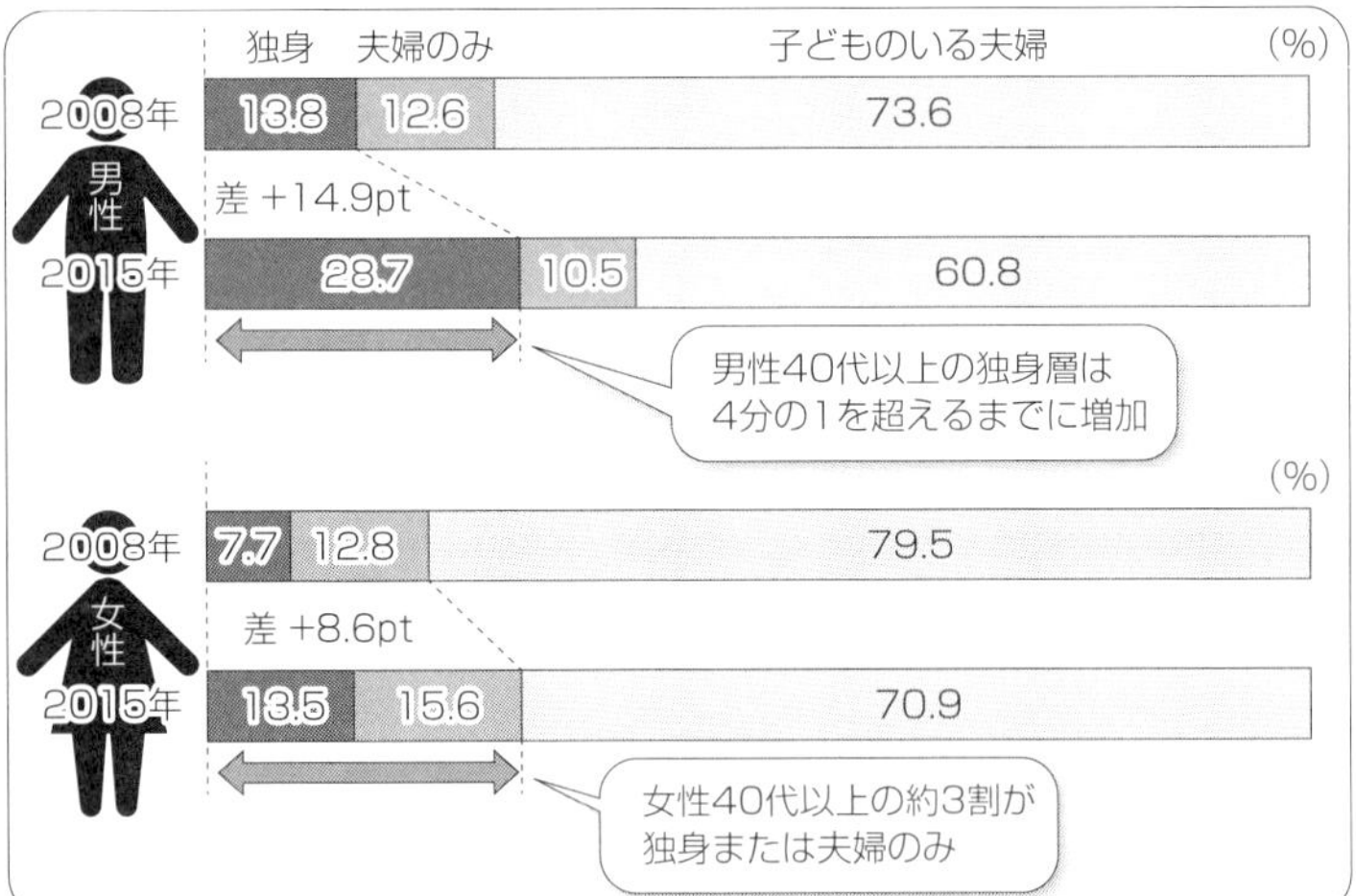

出所：国分グループ「TKBridge 2017」より。

変わり、男性の独身層が二八・七％と四分の一以上を占めるまでに増加する一方で、子供のいる世帯は七三・六％（〇八年）から六〇・八％（一五年）に減少している。女性も同様に四十歳以上の約三割が独身及び夫婦のみ世帯であり、子供のいる世帯は減少している。家族構成の中で注目すべきは、男女共に独身とパラサイトシングルに占める割合が約四割前後まで増加する中、子供のいる家族は男性で四割以下、女性では過半数を割り込んでいる。

過去に言われてきた夫婦と子供二人からなる標準世帯のマーケティングが通用しにくく、個人化社会の進展がより一層強まっていることを表している。そして、高齢化の進展は、高齢者の生活サポート型商品を求めているとも言える。さらに、独身者やパラサイトシングルの増加は、モノ型需要からコト型でそこに関与した生活次元のモノを

図表6-2-2　成人の家族構成比率

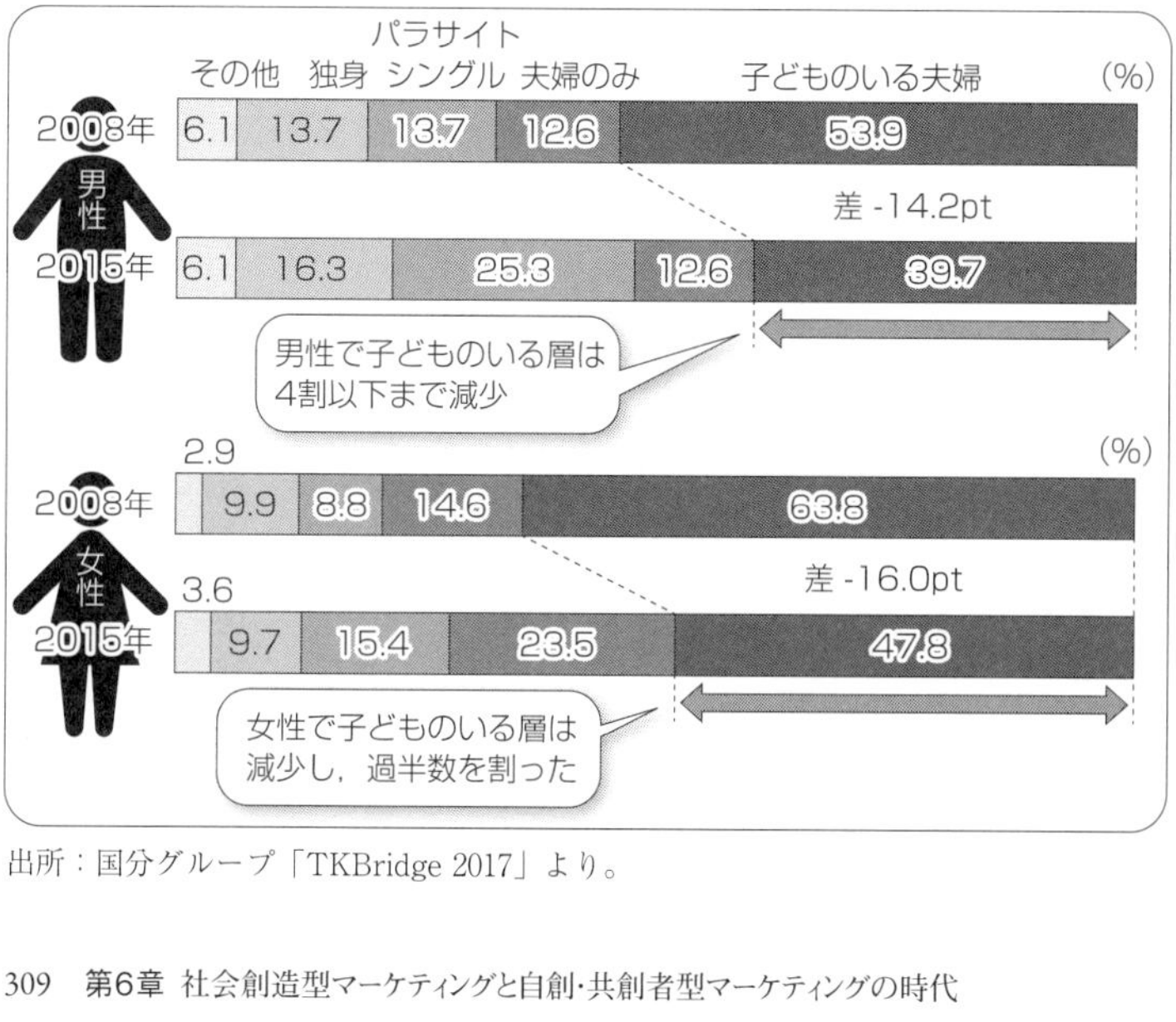

出所：国分グループ「TKBridge 2017」より。

求める傾向が強く、それでなければ消費行動には移らない。

こうした急速な世帯構造の変化は、独身単身者とパラサイトシングル間に生活格差を生み出し、高齢者の中の自由裁量所得の格差をも生み出す結果を招いている。つまり、ターゲットの多次元化を示すものと言えよう。八〇年代に提言された〝衣食住遊休知美健動〟の生活領域のソリューションキーワードを再考する必要に迫られていると言えるだろう。多次元化するターゲットのコトをソリューションするJapan品質が求められてきていると考えるべきである。

二〇一五年は訪日客のインバウンド消費による爆買い需要が話題となったが、これはグローバルにジャパン品質の信頼性と生活ソリューション型商品が注目されたと見るべきだろう。既に「パナソニック」の高齢者向け家電〝Jコンセプト（Japan Concept）〟には、二人用炊飯器や取り出しを楽にした洗濯機、世界一軽い掃除機等、簡単な生活ソリューション機能を加えたものだが、高齢社会向け開発商品としてヒットしている。また、孫と過ごす空間提供型スーパーやショッピングセンターも高齢者ニーズに叶ったソリューションであり、オーダーメイドの高価格帯のランドセルも孫需要へのソリューションと言える。これらは大々的な技術ソリューションではないが、コト・ソリューションの簡便な製品コンセプト改革と言える。

例えば、働く男性の育メン型コンセプトとして開発された男性向け調理機器やフライパンなどの商品や、女性の調理・美容・健康に関連したコト・ソリューションの提供など、コト創り視点の商品コンセプトが根幹となる。また、家庭雑貨商品についても、抗菌型・芳香型・空気清浄型商品の進化は、個人化ソリューションのコト型商品コンセプトと言える。

これら〝Jコンセプト〟商品は、「気にしているコトを気にならなくさせる」「できなかったコトをできるようにする」といったコト・ソリューション型のマーケティング3・0、4・0型商品であり、このことによって社会構造と生活構造を変革している。例えば、チョコレートやコーヒーといった嗜好品を、健康・美容商品として生活習慣型商品に転換させているコンセプトも〝Jコンセプト〟と言える。

これらは、多次元化した個々のターゲットにおけるコト・ソリューションを追求した商品コンセプトと言え、さらに「日本品質の信頼性」を高めている。世界に先駆けて超高齢社会を迎えた日本独自の開発コンセプトは、高齢化が進むと予測されている世界の国々にも通用する先行したグローバル品質と言える。これらの内需に向けたコト・ソリューション型商品が、これからのグローバル需要の創造につながることを考えたビジネス・アプローチが求められる。

既に越境ECと言われるグローバル化の流れは、日本の顧客対応のサービス品質と商品そのものの信頼性の先行指標として捉えられよう。

高度技術製品のみでなく、日常の消費財の中にグローバルジャパン品質とコンセプトが存在していると言え、中期的グローバルビジネス・チャンスを創造する時代となっている。

3 ビジネスのオムニチャネルサービス化

およそ八百万人と言われる団塊世代が前期高齢者に到達し、二〇二五年には後期高齢者に達する。こうした超高齢社会の到来は、リアルな行動領域の狭小化を伴う。そして、女性の社会進出は、モノの購買行動領域を狭小化させる。これらのことは、スピードと利便性を求め、業態構造に多大な変革を求めている。

二〇一五年のＥＣサイト（Electronic Commerce＝電子商取引）の取引額は十四兆円に達し、そのトップはアパレルを超え食品・飲料・酒類が№１となっている。最寄品によるＥＣ需要の増大は、時短と距離をソリューションしたとすれば、購買時点が店頭とは異なり店舗に陳列されている同一ＭＤでは通用しない。その選択ニーズが拡大する中、アイテム構造の拡大は必須であり、ＥＣ専用のＭＤでなければならなくなっている。店舗空間はモノを陳列するだけの場所から、コト・ソリューションを提供するＭＤが求められる。これらの事象は、宅配事業や移動販売についても同様のことが言える。

オムニチャネル・ビジネスは、単にモノ売りからコトとモノを複合した生活シーン創造型に変革せねばならないだろう。

①購買時点は、それごとのＭＤオペレーション購買意思決定への販促や商品表示の方法、等々が店頭、ＥＣサイト、宅配、移動販売で異なり、この購買プロセスを明確にせねばならない。これを「カスタ

マー・ジャーニー（Customer Journey）の設計」と呼ぶ。

②個々の購買プロセスの中で、商品・サービスそのものの価値を実感・体感するコト型アプローチをサポートし、ECコンテンツのみではなくヒトの関与による付加価値化が求められる。これを「カスタマー・エクスペリエンス（Customer Experience：顧客体験）の演出」と呼ぶ。

③顧客と商品・サービスを提供する企業との関係の中で、愛着心や思い入れを創造せねばならない。「カスタマー・エクスペリエンス（Customer Experience：顧客体験）」がもたらす付加価値による関係性の強化を、継続アプローチせねばならない。これを「カスタマー・エンゲージメント（Customer Engagement）の向上」と呼ぶ。

図表6-3-1　JXESDLモデル

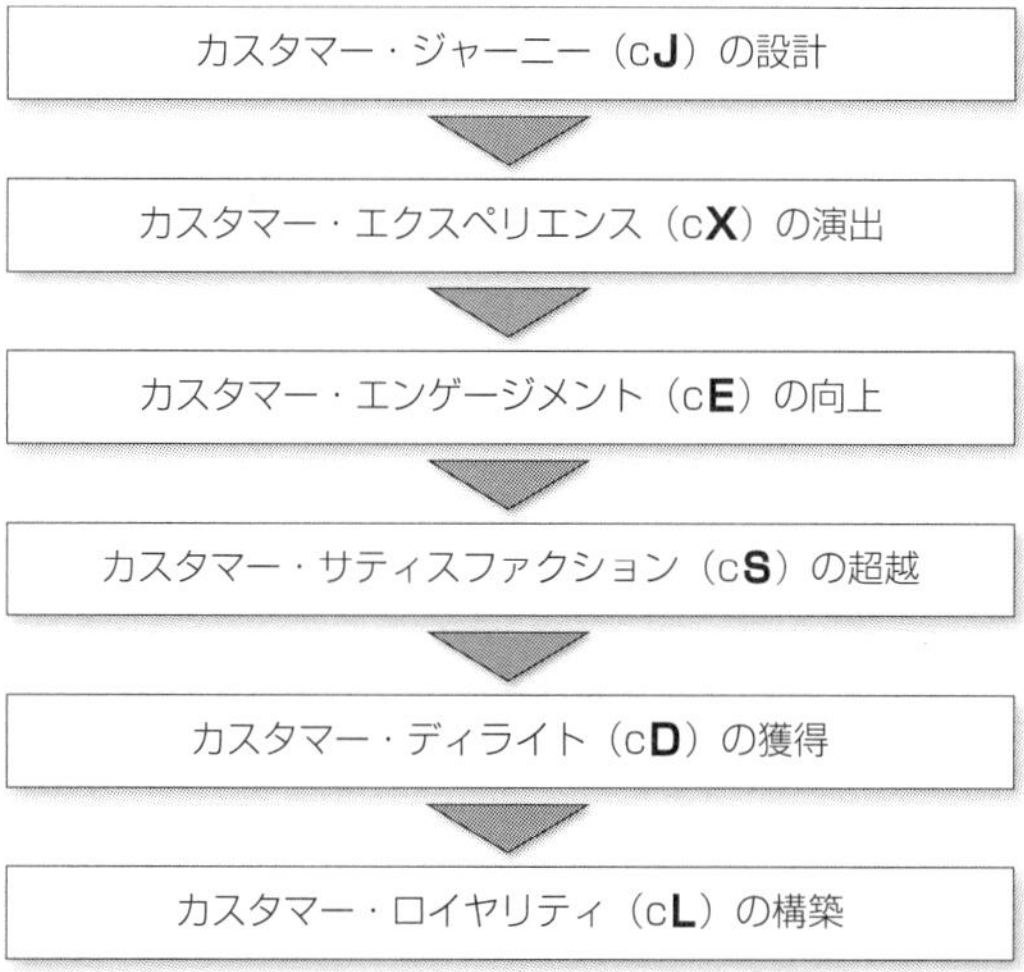

出所：2016年5月，熊倉雄仁作成。

④顧客満足を維持・拡大する為の進化とモノのコト・ソリューションを前提としたアプローチが求められる。これを「カスタマー・サティスファクション（Customer Satisfaction：CS）の超越」と呼ぶ。

⑤商品ラインナップや商品の品群アプローチ、さらに使用次元のソリューションを提言し、モノの付加価値に接するアプローチが求められる。これを「カスタマー・ディライト（Customer Delight）の獲得」と呼ぶ。

⑥モノを超えた顧客に対する記憶に残る感動アプローチの手法を構築せねばならない。これを「カスタマー・ロイヤリティ（Customer Loyalty）の構築」と呼ぶ。

オムニチャネルは単にマルチチャネル的ECサイト活用のモノ売りシステムと誤解してはならない。生活者の生活創造に向けての購買時点の様々なアプローチとコンセプトをビジネス化することであり、コト・ソリューションに向けたヒトやコンテンツによるアプローチと、具現化が求められる様々なオムニチャネルを前提としたビジネスチャレンジと理解せねばならない。

4 オムニチャネル・ニュービジネス・モデルの事例[13]

オムニチャネル戦略は、企業が持っているあらゆるチャネルのシームレスな連携によって、デジタル化されたビッグデータを活用し、顧客の一歩先を行く差異化、かつ、パーソナライズされた提案を実現することにある。オムニ宣言をしたセブン＆アイグループは、業態が多岐にわたることやコンビニエンス・ストアの受取拠点などのネットワーク、物流の革新により、オムニチャネル戦略を実践している。ＩＣＴの進展に伴う顧客とのコンタクトポイントの多様化は、小売業の顧客に対するアプローチに革新をもたらす。ＩＣＴの顧客とのコンタクトポイントの多様化は、顧客の購入の最終意思決定や購入の場が店頭以外にも発生することを意味する。顧客は店頭にいても、最終的な購入手続きをスマートフォンで行うことが生じている。企業は、最終の購入手段となるスマートフォンなどのウェアラブル端末が台頭する中、ＩＣＴへの投資を積極化する必要がある。つまり、ＩｏＴやＡＩ機能をベースにスマートフォンやタブレット端末に最適化されたＷｅｂサイトの構築やアプリケーションの提供、ＳＮＳへの対応などを実施していかなければならない。また、顧客にとって、実店舗でしかできない実物に触れることへのこだわりへの対応や店員のコンサルティングを強化する必要がある。店頭でなければ伝えられない付加価値を訴求して、実店舗での魅力度を向上させることが重要である。コンタクトポイントの多様化による顧客に対するアプローチの変革と、実店舗での接客の変革を実践している企業は、意識せずにオムニチャネル戦略を実践している。

オムニチャネルは、顧客情報や在庫管理など、全てのチャネルでシームレスに共有し、顧客の求める商品、サービスに関して、いつでも、どこでも、リアルタイムに顧客のニーズの一歩先を行く提案を行い、最適な購買体験を提供する為のツールである。そのビジネス結果は、マーケティング３・０、４・０に通じる。

前節で述べた通り、オムニチャネルにおいてＪＸＥＳＤＬプロセスを実践することが極めて重要と考えられる。オムニチャネル戦略実践モデルにおけるＪＸＥＳＤＬプロセスの実践事例を以下に述べてみよう。

1　ジョインテックス（Customer Journey / Customer Satisfaction の複合）[13]

ジョインテックスは、ＡＳＫＵＬをビジネス化したプラス㈱ジョインテックスカンパニーとして二〇〇一年に創業した。同社は、法人の顧客に対するコスト削減などの提案営業を付加したスマートオフィス事業を二〇〇三年に立ち上げ、急成長している流通カンパニーである。取扱いアイテムは、文具、ＯＡ用品からオフィス家具、インテリア、学校教材、食品、家電製品に至るまで多岐にわたる。協力販売小売店の営業員が、顧客に対して効率的な文具やオフィス用品調達の為の試算をし、顧客はネットで商品を注文する。ジョインテックスは、スマートオフィスや環境に配慮した製品への切り替えなどのサービスを開発して文具小売店の指導を行う。また、発注に用いられる約四万アイテムに及ぶ商品データベースを管理し、発注に応じて商品を翌日配送する機能を有する。ジョインテックスは、自社及び協力販売店の営業員による対面販売機能を持ちながら通販機能を有するビジネス・モデルであり、オフラインからオンラインに顧客を送客するＯ２Ｏ（Offline to Online）のオムニチャネル戦略を実践している。ジョインテックスは、良質な商品を文具品以外の商品と合わせてスピーディに提供しているが、これは通常の通販会社と同一の機能を持ち、的確なアドバイスなどによる接客が伴わなければ、なし得ない付加価値の提供によりビジネス・モデルを構築したからに他ならない。ジョインテックスでは、営業員が協力販売店に代わって顧客の購入商品の現状分析によるコンサルティングを行い、これまでと同等の購入品を受注したにもかかわらず、コスト削減が図れる提案を行っている。また、流通カンパニーとして自社ブランドの製品だけではなく、アウトレット品や中古品、その他の商品も含めて販売する方針を打ち出している。営業員には「ジムリエ」と言われる社内認定スキル資格を付与しており、ワインのソムリエのようにオフィス用品に係るコンサルティングのスペシャリストとして位置づけ、給与にも反映させるなどしてモチベーション向上につなげている。さらに、ジョインテックスは、コールセンターを重要なチャネルとして位置づけている。コールセンターは、原則、平日日中に営業を行い、受注は二十四時間三百六十五日、Ｗｅｂサイト、ＦＡＸ、Ｅメールによる受付を行っている。営業員は顧客からの問い合わせや意見、受注状況を、タブレット端末を活用しリアルタイムに閲覧でき、瞬時に顧客フォローができる体制になっている。

つまり、持っている全てのチャネルを最大限に活かすべく、接客力の高いリアルチャネルと、いつでも、どこでも対応できるバーチャルチャネルのシームレスな融合により、オムニチャネルを実現している。専門知識を有するスタッフやコールセンターによるコンサルティングと二十四時間三百六十五日受注可能なＷｅｂサイトの融合によって、顧客の期待に応える最適化されたＣＪ（Customer Journey）を演出し、コンサルティングという実店舗における付加価値の高いサービスにより、ＣＳ（Customer Satisfaction）を獲得している。

2 福島屋（Customer Satisfaction / Customer Loyalty の複合）[13]

東京の羽村に本店を置く福島屋は、「食と農を商でつなぐ」という方針で全国から商品を集め、安売りをしない、チラシを撒かないという独自の経営により、創業以来四十年以上の黒字を続けている。本店は小さく目立った外観は見られない。イオンやイトーヨーカ堂などのGMSや中小スーパーが苦戦を強いられる中で持続的成長を続けている。青果売場には旬な野菜や果物が並び、生産者の顔写真や現場の写真、説明書きのPOPを設置している。店内は、魚売場、肉売場を見て、全国から集められた調味料、加工品のコーナーをまわる配置になっているが、整然と陳列された商品を眺めて、見て回るだけで楽しい感覚を覚える。福島屋が顧客から支持されているのは価格要因だけでなく、産地や食材の中身などの顧客が欲している情報の提供にあると考えられる。福島屋の会長は自ら農家を回り、取引先開拓に力を注いでいる。生産者と店舗が自信を持って顧客に勧められる商品を協働で作り上げるという精神をモットーに、農家に対して自然栽培によって農薬や肥料を使用しない米などを手ごろな価格で販売できるよう協力を要請している。また、福島屋は、手作りコロッケ講座や健康朝ご飯講座などを、店舗に隣接するレストランで定期的に開催しており、お金を払ってでも顧客が参加する食の講座も有用な情報発信として活用している。農家などの生産者を仲間と考え、販売する商品を共同で開発している。利益が出れば、できるだけ農家に還元する為、農家も福島屋の為に努力し、強い信頼関係が構築されている。結果として、競合他社と比較して差異化された付加価値の高い商品を、手ごろな価格で店頭に並べることを可能にしている。また、福島屋は、顧客を、生産者同様に仲間として考えている。食を通じて日々の暮らしをサポートする役割を担い、積極的に顧客の声に耳を傾け、店舗の運営や商品開発に活かしている。顧客の声が反映されれば、顧客は福島屋を自分たちの店だと思うようになり、仮に他社より価格が高くても福島屋で購入する。食を中心にコミュニティを形成し、地域の活性化にも一翼を担い、共栄共存する取組みを行っている。さらに、福島屋は、商品選びに留まらず、商品の見せ方や情報の伝え方に工夫を凝らし、チラシを撒かなくても顧客が来店する仕組みを構築している。福島屋通販倶楽部というＷｅｂ通販サイトを開設してネット通販を展開し、選別された顔の見える生産者、講座などを通じた情報発信を行い、ＳＮＳ活用による口コミによって顧客コミュニティを形成するなど、持てるチャネルを最大限に活かしている。有する全てのチャネルを駆使して、顧客や生産者との共創によってＣＳ（Customer Satisfaction）を超越し、きずなの深いコミュニティの形成により、ＣＬ（Customer Loyalty）を構築している。

3　ふるさと投資・ふるさと納税（Customer Satisfaction / Customer Loyalty の複合）(13)

クラウドファンディングは、フィンテック（FinTech）を活用してインターネット上で資金を調達する方法である。クラウドファンディングは、新製品開発を目的として、資金調達に加え、様々な意見を吸い上げ、マーケティングに活用する機能を有している。企業は、クラウドファンディングを通じて資金を集めるだけでなく、資金による支援を行う顧客から意見を採用して機能を拡張するなど、顧客との共創によるモノ作りが実現できる。クラウドファンディングは、新製品開発などのプロジェクトをＷｅｂサイトに公開して投資家を募集する。資金提供を行う投資家は、投資による配当に合わせて、投資する企業からのプロジェクトなどの新製品、サービスなどの還元を受けることができる。新しい地域特産品や魅力あるサービスなどの企業からの還元が期待できる。企業は、新製品開発プロジェクトをＷｅｂサイトに公開後、一定期間で目標金額を調達することができ、また、Webサイトに投資家から意見が書き込まれる為、製品ができる前に反応を確認することができる。企業は、クラウドファンディングを通じて、顧客との対話的コミュニケーションによって新製品、サービスを共創する。一方、顧客は自分たちの新製品、サービスとしての思いで利用することができる。クラウドファンディングは、Webサイトを通じて企業の商品、サービスを対話的コミュニケーションにより顧客に提供でき、ロイヤリティを獲得できる仕組みになっている。つまり、オムニチャネルを実践している。

ふるさと納税もふるさと投資同様にオムニチャネルを実践している。ふるさと納税は、寄付を通じて地域を応援し、お礼の品物を通じて新たな地域の魅力を伝えることができる。また、寄付金を有効活用した地域づくりに貢献でき、地域の生産者はよろこび、寄付した顧客も税金の控除が受けられるなど、参加者全員が幸せになれる

図表6-5-1　クラウドファンディングの仕組み

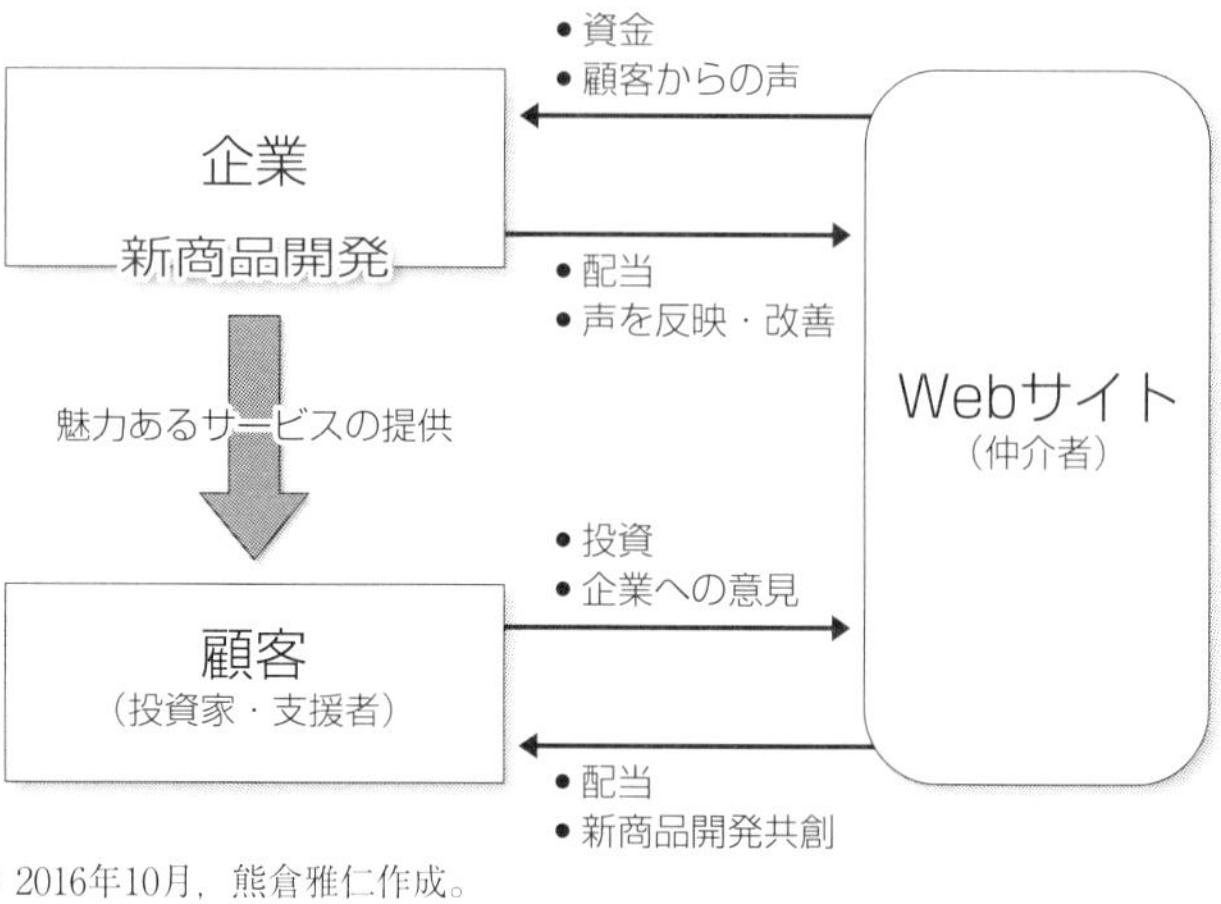

出所：2016年10月，熊倉雅仁作成。

制度になっている。現在では、ネットから手軽に、ネットショッピングを行うような感覚で寄付ができるなど、ふるさと納税ポータルサイトが増えている。例えば、楽天市場を通じたふるさと納税は、楽天会員なら買物と同じフローで寄付ができ、ポイントが付与される。ふるさと納税は、地域の活性化を支援し、お得感を得ながら各地の特産品を楽しめるのが特徴である。Ｗｅｂサイトを通じて、自治体、生産者、顧客が一体となってコミュニティを形成し、Win-Win-Winの関係を構築できるオムニチャネルモデルとなっている。顧客との対話的コミュニケーションの実現によってＣＳ（Customer Satisfaction）を獲得し、ＣＬ（Customer Loyality）の構築につなげている。

4 キタムラ（Customer Journey / Customer Satisfaction の複合）[13]

カメラを主力商品として直営店約千三百店舗を有するキタムラは、ＥＣ事業をこれらの実店舗と連動させることで大きな実績をあげている。ＥＣ経由後の実店舗受け取り比率がＥＣ販売全体の七割を占めるなど、オムニチャネルの実践に取り組んでいる。カメラなど専門性の高い商品が多いことから、顧客がＷｅｂサイトで欲しいと思った商品は、店員の説明を受けたいニーズが高いものと考えて、キタムラは、実店舗に送客した顧客への接客サービス向上やスマートフォンアプリの導入により、Ｏ２Ｏ（Online to Offline）を積極的に展開している。二〇一四年度におけるキタムラのＥＣ事業関与売上高は四百三十億円で、全社売上高の三分の一を占めている。ネット会員数は六百八十万人で、そのうち約八割の五百四十六万人がお気に入り店舗登録をしている。ＥＣ購入後の受取方法の比率は、宅配が百十九億円、実店舗が三百十一億円と実店舗は七割超を占める。スマートフォンアプリの活用で、ＥＣ経由でのプリント写真は九割が実店舗受け取りということもあり、実店舗ではアプリ活用やネット会員登録を積極的に勧めている。プリントしたい写真をあらかじめスマートフォンアプリを使い自宅などで注文しておけば、店頭で時間を掛けて選んだり、待つことなく宅配や実店舗受け取りができる仕組みになっている。また、キタムラは、オムニチャネルを実践する為、コンテンツマーケティングに力を入れている。例えば、集客施策として、各店舗は一日に何本も店舗ブログを書いて新規顧客の開拓を行っている。また、よりＳＥＯにかかりやすいワードや顧客にわかりやすいワードを用いるなどの工夫をしている。新製品情報のネタを発信したり、モチベーションアップに向けて店舗ごとの閲覧数を開示するなどの本部サポートも行っている。さらに、店頭タブレットを積極的に利用することで、接客力の向上を図っている。商品画像や価格、商品スペックなどの詳細を画面で案内ができる為、スムーズな説明ができ、顧客満足の向上、スタッフの負担軽減につながっている。そして、オムニチャネルの一環として活用されているのがコールセンターである。スマートフォンで商品詳細の画面を見るとワンタッチで電話ができるボタンがあり、コールセンターに簡単につながる。応対スタッフはカメラの専門知識が高く、顧客の相談にのりながら受注につなげる。顧客の声も同時に吸い上げ、商品開発、改善にもつなげている。キタムラは、コンテンツマーケティングを重視し、スマートフォンアプリの積極活用によって、Ｗｅｂサイトから店頭への送客、Ｏ２Ｏ（Online to Offline）を展開している。店頭の接客力の向上とコールセンターの有効活用により、オムニチャネルを成功に導いている。スマートフォンアプリと実店舗、コールセンターのチャネルをシームレス化し、ストレスのない

CJ（Customer Journey）を設計し、実店舗における高品質なサービスの提供により、CS（Customer Satisfaction）を獲得している。

5 日本コカ・コーラ（Customer Experience / Customer Delight の複合）[13]

二〇一六年四月、日本コカ・コーラは、新たなデジタルマーケティングプラットフォーム「Coke ON」をリリースした。スマートフォンアプリと自動販売機を使ったロイヤリティプログラムである。顧客が専用アプリを起動して自動販売機にかざして購入することで、購入本数分のスタンプを貯める仕組みになっている。スタンプが十五個貯まると好きなコカ・コーラ社の商品と交換できるドリンクチケットを取得できる。ドリンクチケットは、好みの商品をアプリ上で選び、選択したチケットを自動販売機に向けてスワイプすると、自動販売機の操作なしで商品が出てくる。画面上には、顧客の利用頻度の高い商品が上から順番に表示される。スマートフォンからチケットを飛ばして飲み物を自動販売機から出しているような感覚である。全国に百万台あると言われる自動販売機チャネルとスマートフォンアプリにより、コンタクトポイントを拡大する取組みである。スマートフォンアプリでコカ・コーラブランドのドリンクが買える自動販売機の位置情報を発信したり、真夏日などに自動販売機近辺にいる顧客に対して、クーポンを送付したりする仕組みを実装している。スマートフォンアプリを通じて、顧客がコンタクトポイントを持つ自動販売機チャネルによるコカ・コーラブランドの提供によって、新しい購買体験を実現する。顧客が専用アプリを使ってコカ・コーラを購入すると、お得で、便利で、楽しいと思える購買体験、経験を実現する。

自動販売機でジュースを購入することが楽しいと思える期待がこみ上げる。日本コカ・コーラはスマートフォンから自動販売機に送客するＯ２Ｏ（Offline to Online）によるオムニチャネル・ビジネス・モデルを展開している。最適なカスタマーエクスペリエンス（ＣＸ）を提供し、十五本集めきったら終わりではなく、継続的に利用するリピーターを増やしていくことでロイヤリティの向上を目指している。スマートフォンと自動販売機の連携によって、スマートフォン上でドリンクチケットをスワイプするだけでジュースが出てくる感動を与えるＣＸ（Customer Experience）を実現している。自動販売機というチャネルを使って顧客に近づいて、驚き、楽しさなどの顧客の期待を超える満足、喜びを提供し、ＣＤ（Customer Delight）を獲得している。

6　資生堂（Customer Engagement/ Customer Satisfaction の複合）[13]

資生堂は、実店舗のネットワークを活かしながらＷｅｂサイトを連携させることで、新しい顧客とのコンタクトポイントの拡大に取り組んでいる。化粧品のモノに留まらず、化粧に関する新たな体験、経験であるコトの提案により、顧客ロイヤリティの獲得につなげる取り組みである。美と健康をテーマとしたＷｅｂサイトは、最適な商品を選択できるオンラインでのカウンセリング機能や二十四時間三百六十五日受注可能なネットショッピングを展開している。化粧品という商材の特性上、商品そのもの以外の香りや使用触感などの要素も重視される為、実店舗で提供しているサービスをＷｅｂサイトでも体験できように、問診による最適ブランドの紹介や使い方の提案を行う機能、電話、チャット、テレビ電話などを通じた顧客に相応しい美容ソリューションを提案する機能などを実装している。また、最寄りの実店舗でのサービス情報を検索できるサービスやＷｅｂサイトから直接、サービスを予約できる機能などの提供により実店舗への送客を行っている。さらに、顧客データの共有化により、実店舗から顧客に対してＥメールなどのフォローやサービスの情報発信を最適なタイミングで行っている。Ｗｅｂサイトからの送客によって新たに来店した顧客に対しては、満足度の向上が不可欠である。資生堂は、送客を受けた実店舗で、売り場の魅力や接客、応対の向上など、顧客に選ばれる店づくりの強化に取り組んでいる。女性が美しくなる為の情報が集まった、企業と顧客を結ぶプラットフォーム「Beauty & Co.」で顧客と出会い、資生堂ブランドによって顧客と実店舗をつなぐ付加価値の高い「watashi+」で顧客との関係を構築する。Ｗｅｂサイトからの送客によって実店舗で実感を提供するというＯ２Ｏ（Online to Offline）のビジネス・モデルを展開している。あらゆるチャネルを活用して、ブランドや美容に関する一貫性のある情報を発信し、ＣＥ（Customer Engagement）の向上を図っている。Ｏ２Ｏ（Online to Offline）の送客によって来店した顧客に対して、質の高いサービスを提供し、ＣＳ（Customer Satisfaction）の超越を目指している。

7　ココカラファイン（Customer Engagement/ Customer Satisfaction の複合）(13)

調剤薬局チェーントップクラスのココカラファイングループは、顧客にとってより身近な存在となり、より気軽に、より便利に来店できるように、Ｍ＆Ａや新規出店によって店舗数を拡大している。その結果、二〇一六年現在、約千三百店舗を全国展開している。ココカラファインには、薬剤師をはじめ管理栄養士、看護師、ケアマネージャー、介護福祉士、作業療法士、理学療法士など計七千八百人を超えるスペシャリストが従事している。社会的な使命を、地域におけるヘルスケアネットワークを構築することと考え、地域の健康をサポートする活動を強化している。ココカラファイングループは、経営理念「人々のココロとカラダの健康を追求し、地域社会に貢献する」、ミッション（社会的使命）「地域におけるヘルスケアネットワークを構築する・社会に必要とされる優れた人財を育成する」を実現する為、オムニチャネルによる統合マーケティング、顧客接点における全体最適によるマーケティングの手法により、いつでも、どこでも、どなたでもを掲げて、ドラッグストア、介護事業、保険薬局、ネット通販を通じて、商品、サービスの提供を行っている。

ココカラファイングループは、オムニチャネル実践の一環として、Ｗｅｂサイト「ココカラクラブ」のＥＣ運営に力を入れている。Ｗｅｂサイトを通じて、顧客とのコンタクトポイントの拡大により、新たな顧客の創造を目指している。取扱う商品、サービスの特性上、Ｗｅｂサイトで接点を持った顧客を、調剤薬局のスペシャリストを配置し、かつ、全国ネットワークを有する実店舗に送客し、質の高い接客によるアドバイスを提供している。顧客の多くは健康や薬の素人の為、誤った自己管理をしてしまうと健康への悪影響を引き起こすリスクを高めてしまうことになる。ココカラファイングループは、セルフメディケーションを実践する為に、顧客と相対する薬剤師などのスペシャリストと顧客をつなぐコミュニケーション手段の提供の強化に取り組んでいる。Ｗｅｂサイトでも、商品、サービスの使用方法や箱の中身などの詳細を動画で流し、きめ細かい情報提供を行っている。ココカラファイングループは、少子高齢化が進むなか、顧客自身の健康への自己管理の為、セルフメディケーションの啓蒙にも力を入れている。地域の顧客に対して、ココカラファインの栄養士が、骨密度測定や食生活のアドバイスを実施している。また、ビューティケアのスペシャリストであるチーフアドバイザーによる講習会などを開催している。さらに、糖尿病サポーター、認知症サポーターなどを育成し、地域の顧客をサポートするスタッフを配置している。地域の健康増進などの為、調剤薬局において、血圧測定、コレステロール値などの検査実施の提供や認知症の患者やその家族を地域で支える為、適切な対応が取れるよう支援を行っている。ココカラファイングループは、地域貢献を目的として、全国の実店舗にスペシャリストを配置し、Ｗｅｂサイトから実店舗への送客を積極的に展開し、実店舗に来店した顧客に対して、きめ細かく、かつ、質の高い健康に関するアドバイスを行っている。全てのチャネルを通じて、経営理念や健康に関する一貫性のある情報を発信し、ＣＥ（Customer Engagement）の向上に取り組んでいる。Ｏ２Ｏ（Online to Offline）の送客によって来店した顧客に対して、きめ細かいコミュニケーションを実施し、ＣＳ（Customer Satisfaction）を獲得している。

8 パルコ（Customer Experience / Customer Delight の複合）[13]

パルコはプロモーションの一つに「二十四時間（オムニチャネル）ＰＡＲＣＯ」を掲げている。来店時以外にも、顧客との情報に係る接点を拡大し、「つながる&買える」をモットーにオムニチャネル戦略を展開している。パルコは、従来型のＥＣモールでは、運営主体がブランド本部で、かつ、売上実績も本部計上であり、実店舗とＥＣの縦割り状態に課題があると認識し、店頭キュレーションによるＥＣ運営に舵を切り、店頭主導によるＥＣ運営で、かつ、売上も店頭に計上する仕組みとした。「カエルパルコ」と呼ばれるＷｅｂサイトは、全国十九店舗の約三千ショップのブログに「Ｗｅｂ取置き予約&通販注文サービス」の機能を備えたサービスである。パルコのショップブログで商品を紹介し、着こなし例やコーディネートなどをプロのアパレル目線でアドバイスする。顧客は知人や友人のブログを読む感覚で親しい店員のお勧めをチェックし、気に入った商品があれば、Ｗｅｂ注文によって店頭で商品の取り置きをしてもらい、実際に実店舗に行き、実物を確認してから購入することができる。また、配送による注文の場合は、店頭から顧客宛に発送を行い、売上は店頭実績として計上される。退社し、帰宅後寝て起きて、翌日出社したら店頭の売上が計上されている。これがモチベーションにつながり、自店のTwitterやInstagram拡散による工夫をしたりして、さらなる売上向上につなげ、好循環を生んでいる。さらに、来店までに購入の意思決定がなされている状況を踏まえ、ショップブログを充実させることで、Ｗｅｂサイトによる接客にも力を入れている。「カエルパルコ」は、スマートフォンアプリ「ＰＯＣＫＥＴ ＰＡＲＣＯ」とも連携し、アプリからカエルパルコ利用が可能である。ＰＯＣＫＥＴ ＰＡＲＣＯは、約三千ショップから、顧客ごとにお勧め商品を送信できる。カエルパルコ対象商品が表示され、アプリ上での在庫確認が可能である。また、一タップでカエルパルコのページに遷移するので、欲しい商品を欲しい時にスマートフォンから簡単に注文や取り置きができる。また、実店舗でスマートフォンアプリを利用すると特典がある。店頭でアプリ画面にログインすることで、ＣＯＩＮと呼ばれるポイントを貯めることができる。パルコは、オムニチャネルの成功の鍵は、実店舗とＥＣの在庫連携やポイント統合などのシステムインフラ構築ではなく、リアルの実店舗における接客にあると考えている。その為、ショップブログの出し方やＳＮＳ拡散の仕方、好事例の共有など、オムニチャネルに関する店頭スタッフへの研修を強化している。また、スマートフォンアプリで、購入後の接客満足度をヒアリングして、店頭スタッフに還元し、それを店舗では改善、向上につなげている。さらに、アプリ登録～来店～購入に至るまでのコンバージョン率を測定するなど、マーケティングへの活用も進んでいる。

パルコは、店頭スタッフのオムニチャネルに関する育成を軸に、オンラインとオフラインのシームレス化により、新しい購買体験を提供し、ショッピングを通じて顧客一人ひとりのライフスタイルにあったコミュニケーションを実施している。Ｏ２Ｏ（Online to Offline to Online）による対話的コミュニケーションにより、One to Oneマーケティングによる最適なタイミングに最適なチャネルで、パーソナライズされた商品、サービスを提供している。オンライン（Online）とオフライン（Offline）のチャネルの融合により、それぞれのコンタクトポイントで顧客の期待を超えるＣＸ（Customer Experience）を提供し、ＣＤ（Customer Delight）を獲得している。

９「食」環境を取り巻くオムニチャネル・ニュー・ビジネス・モデル

スマートフォン、インターネットが急速に普及したとはいえ、高齢化の進展は、買物に出かけられない、パソコンが使えないなどの買物弱者と呼ばれる人たちは相当数いると言われている。近年、買物弱者が社会問題としてクローズアップされている。経済産業省では、日常の必需品の買物に困難を感じている人、いわゆる買物弱者が全国で七百万人いると推計している。また、農林水産省では、買物弱者問題を食料品アクセス問題として捉え、生鮮食料品販売店舗までの距離が五百m以上で自転車を持たない六十五歳以上の高齢者を食料品アクセスに最も困難な人たちと想定し、その人口は二〇一〇年現在で全国約三百八十万人にのぼると推計している。これまでの趨勢が今後継続すると仮定し、二〇二五年までに六百万人まで増加すると予測している。さらに、女性の社会進出や晩婚による単身世帯の増加、さらには個食化の進展など、ライフスタイルの多様化による購買行動の変化により、買物に不便を感じる顧客はこれからも増えることが予想される。「食」

図表6-5-2 「食」環境のチャネルのパノラマ化

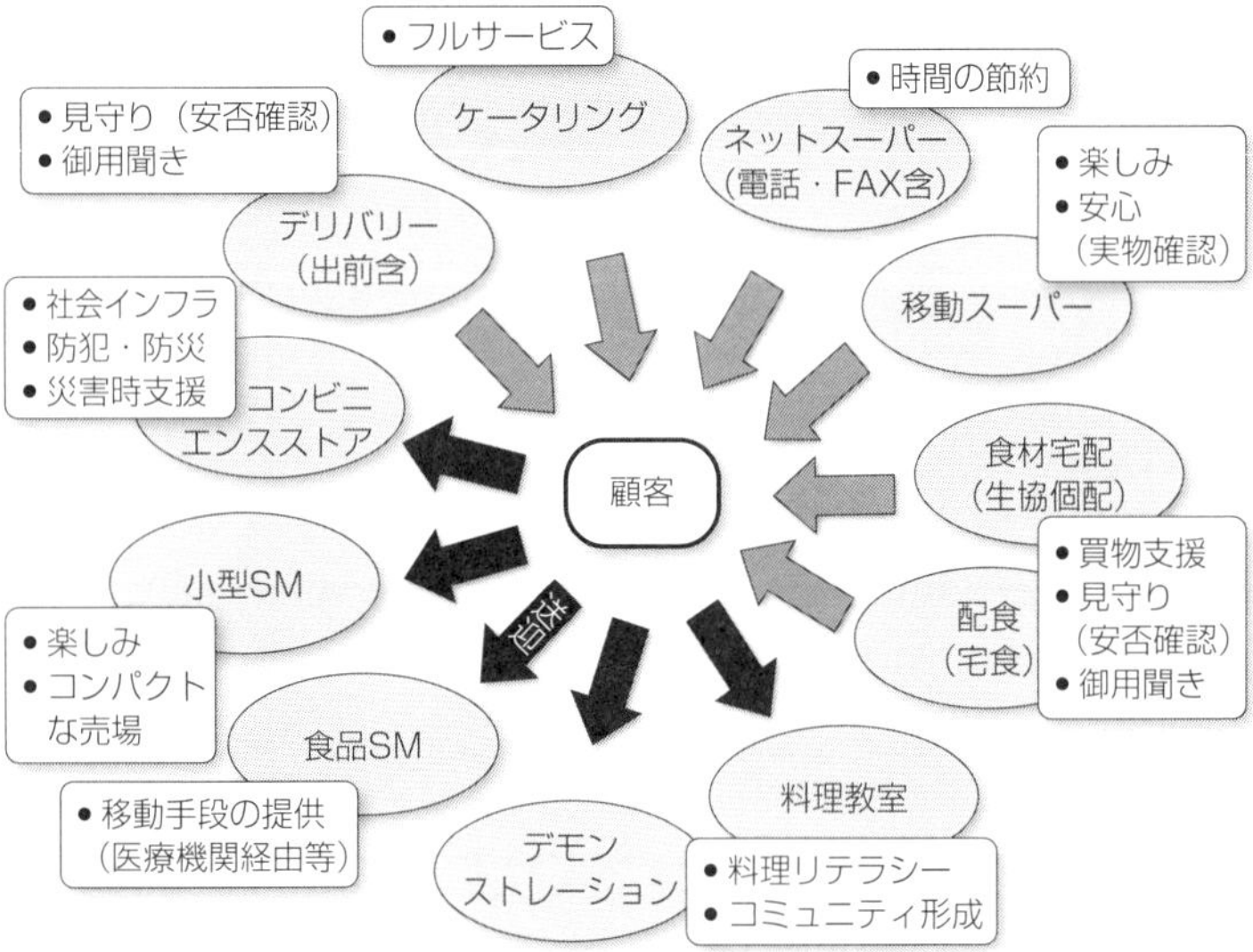

出所：2016年10月，熊倉雅仁作成。

を取り巻く環境を捉えても、チャネルの三百六十度パノラマ化の重要性が高まっている。コンビニエンス・ストア、小型食品SM、電話・FAX対応を含むネットスーパー、生協個配を中心とした食材宅配、配食（宅食）、出前を含むデリバリー、ケータリング、移動スーパー、料理教室、デモンストレーションなどのチャネルをシームレスに整備することが望まれる。

小括1　オムニチャネル・ビジネス・モデルの予見(13)

食は楽しいものである。味、香り、見た目など、五感を使って「美味しい」を楽しむものである。しかし、食は、顧客自身や家族が生きていくための購買に迫られる。自分と家族が生きる為に迫られる購買は、時として楽しくないものである。現代の女性は、働きながらの忙しい時間のやりくりの中で、食の購買をしなければならない。また、高齢者は、重い買物袋を持って長い距離を歩く購買行動を避けたいと思っている。このような顧客にも、楽しくない購買をさせず、楽しく、美味しい食を提供するには、移動スーパー、食材宅配（生協個配）、配食（宅食）、コンビニエンス・ストア、小型SM、出前、デリバリー、ケータリング、食品SM（送迎バス付）、ネットスーパー（電話、FAX含む）など、あらゆるチャネルを整備し、オムニによるチャネルの三百六十度パノラマ化によって、顧客が欲しい商品を、欲しいタイミングに、欲しいチャネルで提供することが必要である。また、家族の為、家計の為のシビアな状況でも、意識させずに安心、安全を確保し、買物を楽しめる環境を顧客に提供していくことが重要である。食という商品が、根源的に持つ生きていく為に必要とされる機能的な価値を情報発信し、野菜や精肉など、他社との違いをデータでわかりやすく顧客に見えるようにすることで、企業のブランド向上につながっていくものと考えられる。食品の持つ機能的な価値を顧客にきめ細かく説明して理解を促す取組みは、リアルの店舗で盛んに取り組まれているが、Ｗｅｂサイトを通じて、広くビジュアルに情報発信し、購買の方法から調理のプロセスに至るまでわかりやすく、かつ、楽しいコンテンツを充実させる取組みが展開されている。具体的な情報をしっかり伝えることにより、顧客がじっくりとＷｅｂサイトを見て検討するようになり、購買、調理を楽しんでもらいながら、働いていても主婦としての貢献や満足感を得て、食卓での家族のコミュニケーションをサポートすることにつなげることができる。さらに、顧客がＷｅｂサイトを通じて購入することで、誰が、いつ、どこで、何を買ったのかなど、ビッグデータを蓄積することができる。食は、鍋、カレーなどに分類して、蓄積されたビッグデータを分析することで、顧客の食事の嗜好や冷蔵庫の中が見えるようになり、顧客ニーズの一歩先をいく提案が実現できる。顧客の行動履歴、購買履歴を可視化することによる顧客インサイトの蓄積により、あらゆるチャネルを通じた、全てのコンタクトポイントで提供価値を最大化し、より優れた購買体験の演出が可能になる。アナログとデジタルテクノロジーの併用によって、最適な商品、サービスを、セグメントではなくパーソナライズによる「いま」、「ここで」、「あなただけに」をリアルタイムに提供していかなければならない。そして、これらはＩｏＴやＡＩが進化する中で、家庭内の家電と直結することで様々な生活ソリューションを生じさせている。

小括２　これからのオムニチャネル・ニュー・ビジネス・モデル

ＩＣＴ技術の進展やスマートフォン、ＳＮＳの普及による顧客の購買行動の変化、企業と顧客とのコンタクトポイントの多様化によって、企業の顧客とのコミュニケーション機会は格段に増えた。オンラインとオフラインでの顧客の行動履歴や購買情報を統合することにより、顧客ニーズをリアルタイムに把握し、いま、ここで、あなただけのコンセプトに基づいて、商品、サービスの提供が実現できるようになった。また、ＮＦＣ（非接触型通信）やBluetooth、ＮＦＲＣ（近距離無線通信）など、ＩＣＴ技術の進展は、従来のマーケティングの在り方を変えるだけでなく、マーケティングの進化の速度を加速させる。さらに、インターネット上の様々なサーバーに蓄積されるビッグデータやＷｅｂサイトのログデータを一元管理、分析するＤＭＰ（データ・マネジメント・プラットフォーム）などの技術革新はマーケティングに変革をもたらす。最適な情報、レコメンド配信などによってパーソナライズされた商品、サービスを最適なタイミングに最適なチャネルで提供するOne to Oneマーケティングを実現できる時代に突入した。実店舗だけの業態は変革を求められており、実店舗のみのシングルチャネルから脱却しなければならない。ビジネス・モデルをオムニチャネルへとパラダイムシフトする変革が必要であり、オムニチャネル戦略を実践しなければ淘汰される時代が到来している。ＥＣ（電子商取引）やネット通販を始め、複数のチャネルを構築するだけでは、マルチチャネル、クロスチャネルに留まってしまう。顧客情報や在庫管理など、全てのチャネルでシームレスに共有し、顧客の求める商品、サービスについて、いつでも、どこでも、リアルタイムに顧客のニーズの一歩先を行く提案を行い、最適な購買体験を提供することで、オムニチャネルを実現しなければならない。リアルとデジタルの融合を加速させ、商品の受取方法や決済アプリ、ＥＣ（電子商取引）のシステムなどを一新する、変革が求められている。店舗やＷｅｂサイトの垣根を取り除き、顧客がストレスを感じることなくショッピングができる環境を提供しなければならない。企業は、実店舗もネット店舗も関係なく、顧客がその企業でする買物とコトの時間消費を考えた状態を構築することが必要である。モバイルとインターネットの進化により、企業と顧客は、いつでも、どこでもつながることが可能であり、企業と顧客の関係はますます近づいている。顧客は、来店前にＷｅｂサイトで商品、サービスを閲覧して購入の決断を行う環境にある。Ｗｅｂサイトなどのオンライン上で、顧客に対して最大限の購買体験を提供していかなければならない。その為に、スマートフォンやタブレット端末に最適化されたＷｅｂサイトを準備し、スマートフォン、タブレット向けのアプリケーションを提供する必要がある。また、FacebookやTwitterなどのＳＮＳへも対応をする必要がある。顧客や在庫の情報の一元管理は必要最低限の対応であり、一元化された顧客の行動履歴データや購買履歴データを集約したＤＭＰによって、顧客にストレスのない購買体験を提供することがオムニチャネルの第一歩となる。あらゆるチャネルを通じて顧客に近づき、ＤＭＰを駆使して顧客を徹底的に理解し、顧客のライフスタイルや嗜好、関心・興味を把握して、いま、ここで、あなただけにをモットーに、オムニチャネルによってパーソナライズされた顧客ニーズの一歩先を行く提案を行い、顧客に感動を与えることが重要である。さらに、実店舗でなければ伝えることができない価値、つまり、感触やシズル感、香りなどを感性に訴えかけながら購入の意思決定を後押しするデモンストレーションによる臨場感の演出や質の高い接客への革新が求められる。顧客のライフスタイルや購買行動が絶えず大きく変化する中で、企業は顧客の声に耳を傾け、顧客の変化を先取りするかたちで常に変化を続ける必要がある。顧客の立場に立ち、あらゆるコンタクトポイントを駆使し、カスタマー・ジャーニー（ＣＪ）を設計してアプローチを行い、楽しさや驚きを与えることでカスタマー・エクスペリエンス（ＣＸ）を向上させ、カスタマー・エンゲージメント（ＣＥ）を獲得し、顧客の期待、つまり、カスタマー・サティスファクション（ＣＳ）を超えるカスタマー・ディライト（ＣＤ）を提供してカスタマー・ロイヤリティ（ＣＬ）を構築しなければならない。

オムニチャネルは、実店舗のシングルチャネルのみから、Ｗｅｂサイトやネット通販を立ち上げて複数のチャネルを構築し、顧客や在庫の情報をシームレスに一元化して終わりではない。チャネルを多く有し、顧客とのコンタクトポイントの拡大を目指すことは重要である。しかしながら、オムニチャネルは、企業が有するチャネルを通じて顧客とのコンタクトポイントにおいて、一貫性のある情報を発信し、パーソナライズされた購買体験を提供することに真価がある。実店舗などのオフラインからＷｅｂサイトなどのオフラインへの送客と、オフラインからオンラインへの送客の取組みを強化していくことが重要である。実店舗におけるコンサルティング向上やスマートフォンアプリにおける二十四時間三百六十五日対応など、オンラインチャネルとオフラインチャネルの強みを発揮し、有するチャネルを最大限に活かして、顧客のＯ２Ｏ（Online to Offline）により、相互に送客することがより重要性を増している。ＪＸＥＳＤＬプロセスモデルを活用し、Ｏ２Ｏ２Ｏ（Online to Offline to Online）の好循環を生み出し、回転を加速させる新しい仕組み作りが、オムニチャネル戦略に求められる。

オムニチャネル戦略時代を迎え、企業は全社をあげて、オムニチャネルマーケティングに取り組んでいかなければならない。

以上のように、第六章ではこれからのビジネス構造改革とビジネスチャレンジの方向性を左右する事項を述べてきたが、その他、①人材不足に伴う育成型人材雇用のアプローチ、②コト型業態開発のアプローチ、③日本型商品コンセプトとグローバルビジネス化、④メーカーの店頭アプローチの人的オペレーション改革、⑤農水産物の付加価値化と六次産業化、⑥新たな自己実現を超越する超自我社会の創造、⑦安心・安全な衣食に向けてのコト・ソリューションと製品システム化、⑧並行成長と企業組織構造改革、⑨オムニチャネルと物流システムの改革、等々の課題が山積する中、新たな産業構造の変革とビジネスイノベーションを具現化する未来と言えよう。

第7章

第四次産業革命と求められる人材適正と就業構造変革(14)

――IoT・AI社会の進化と人的資源の変革――

二〇一七年以降、日本国内の労働市場やその人口構造は、少子高齢化社会の進展の中でその環境が大きく変わりつつある。特に、就業労働人口の激変は産業構造の変革と第四次産業革命の時代に突入したことで、求める人材が過去のものとは大きく変革しようとしている。さらに、製品開発・生産構造のIoT化とAI化導入の必然性は、求める人材適正をこれまでとは大きく変容させるであろうと予測される。こうした人材市場構造の変化を人材育成及び最先端のシステム開発を主な業務とする「株式会社シーディア」の代表取締役 高松英樹氏の見解と事例を基に論述してみたい。

1 「株式会社シーディア」の事業構造

「㈱シーディア」は、事業内容にある半導体設計やソフトウェア設計を得意とした、ＩｏＴエンジニアリングや公共システムの設計開発を行っている。主なサービス形態としては、社内で設計依頼案件に取り組む場合と社員を顧客の開発現場に派遣して行う場合の二通りがある。同社は、設計開発会社でありながら、ＩＴ人材のサービス産業領域にも位置づけられている。

まず社内開発の場合は、いわゆるＱＤＣ（品質、コスト、納期）が重要になるが、社内ではなく顧客（人材派遣依頼企業）へ社員を派遣するサービスとなると、そのサービスには必ず人が存在する為、全て同質のサービスを提供するのは非常に難しく、さらに属人性が非常に強いと言える。人が関わるが故に、そのサービス、あるいは品質の標準化が難しくもある。

また、派遣の場合は、「シーディア」のエンジニア一人ひとりに一時間当たりいくらと値札が付き、その中で市場価値が高いのは、プロのエンジニアとしての〝価値が高い＝レートが高い〟という価値観を徹底して社内共有している。

ただ、市場価値や技術のトレンドは常に動いている。また、サービスを提供している主体が人といった特性から、質の高いサービスを提供するプロフェッショナルな集団を作っていくことが生産性を高める。即ち社員の成長の総和が会社の成長に直結している。企業としての生産性を高めていく為には、社員一人ひとりの成長を支援していくものとそれを実現していくもの、といった考え方でマネジメントを行っている。

ただし、昨今は少子化や学生の理系離れというのが言葉だけでなく、新規採用や新人育成の中で現実的な問題となってきており、設計者の絶対数が不足している。日本のＩＴ業界は、二〇二〇年には三十七万人、

SEEDEA Osaka Design Center

SEEDEA Osaka Design Center

二〇三〇年には七十九万人不足すると言われており、最悪のケース、近未来には産業が崩壊する恐れさえある。

そこで、この設計者不足に対して、小さいながらも他社との差別化含め取り組み始めている企業である。

まずは昨年、大阪拠点を移転し増床拡大した。日本国内で現在起きている地域ごとの仕事とキャリアのバランス、仕事はあるがそれに見合った経験のエンジニアがいない、あるキャリアのエンジニアは沢山いるが、その地域にはその仕事が無い等々の課題に対応する為である。

それまでは、仕事がある地域に、そのキャリア経験のあるエンジニアを他地域から転居を伴い呼び寄せて事業を成り立たせていたが、人材を移動するのではなく、仕事を他地域へ移転させ、場所にこだわらない働き方ができるよう事業スキームを転換した。いわゆるＩｏＴ・ＡＩ化を促進して人材ビジネスを転換しようとしている。百坪のスペースにできる限り、迎えるゲストの居心地が良く、社員も働きやすく自由に気分転換できる空間を設けている。

この業界において、国内で充足できないリソースを海外に求める場合、まず中国、ベトナム、マレーシア、最近ではミャンマーなどに進出する場合が多いが、昨年末、フィリピンに事業所を開設した。フィリピンのイメージは、東南アジアらしい雑多な町並み、あるいはセブ島のようなビーチ、そして最近メディアを賑わせているドゥテルテ大統領の政治動向などではないかと思われるが、そのような景色や政治色を確認できる場所や機会もあるにはあるが、それればかりではない、と高松氏は述べている。

フィリピンの経済成長率は二〇一〇年に七・六％を超え、以降平均六・二％以上で推移しており、現在、ＡＳＥＡＮ主要国の中でもトップクラスだ。また、出世率は三・〇八人と極めて高い数字を誇り、全国民の平均年齢は二十三歳、つまり生産年齢人口が圧倒的に多い国である。因みに、日本の生産人口の平均年齢は現在四五・二歳だ。

「シーディア」の取り扱っている設計業務では、過去には海外拠点やオフショアの走りは中国だったが、現在では既にコストが合わなくなってきている。さらに今後、世界的規模の少子高齢化社会の進展により、二〇五〇年にはタイ、ベトナム、マレーシアがそこに突入すると予測されている。

フィリピンは電子産業の生い立ちが一九七〇年代と以外に古く、輸出産業としてIT、R&D&D事業を国家で推進している。また、一九八〇年代からは米国の「インテル」や日本の「ローム」、「キャノン」などが半導体の設計拠点として進出している為、熟練の電気電子系設計エンジニアが豊富である。

また、貧富の差が激しいので、高学歴でグローバルな仕事ができる専門知識や職業への意欲が非常に高い。国民の八三%がキリスト教徒、ASEANで唯一のキリスト教国で助け合い精神が厚く、他人に優しい文化や公用語の英語が活かせる為、労働力としては非常に質が高いと言える。

そして、経済成長の基盤である交通網やインフラの未整備の問題を抱えている為、潜在的な失業率は決して低くはないが転職が難しく、その為に賃金上昇が抑えられる一方で、物価の上昇も鈍くなっている。「シーディア」としては、今後、多くのリソースの充実が見込まれる中、生産人口が他国と比べても優位である〝人口ボーナス〟と言われる経済成長期間が、今後も継続的に期待できそうな地域であると判断した結果、進出を決めた。二〇一八年末までには、二百名体制の設計リソースを計画して取り組んでいる。ただし、今後も労働力を求めて西へ西へ、果てはアフリカ、ということではない。

こうした「シーディア」の取組みは、今日急激に進化するIoTやAIによる産業構造変革の中で、新たな人材育成や人材確保のビジネスとして注目されてきている。「シーディア」の活動を例として列記したが、技術・生産革新を推進するのはヒトそのものであり、IoTやAI化はその手段に過ぎない。それを推進するのは、ヒトのアイデアと能力・取組みコンセプトである。一企業でこれをソリューションすることは、人材確保を含めて不可能な時代となりつつある。これらを協業サポートするニュービジネスチャレンジの時代となっていることを人材面から認識する必要があろう。以下、日本の雇用の現実を見極めたこれからの人的資源の在り方を列記してみよう。

2 雇用のパラダイムシフト

市場も働き方も変化していく中、あくまで未来予測として、これまでとこれからという区切りで論述したい。既に先進国では、経済も人口も右肩上がりの発展型パラダイムではない。企業としては、性別や雇用形態、勤務先の組織形態、年齢にかかわらず働く人全てが主役になり得る、発展型とは対極の成熟型パラダイムへのシフトが不可避である。

例えば、日本では経済が力強く成長している間は、夫婦のうち一人だけ働けば所得の増加が期待できた。これまでの〝男性が外で働いて、女性が家を守る〟という性別役割分業が維持できていた。しかもこのやり方は、男性が主な働き手である製造業中心の産業構造ともマッチしていた。ところが、こうした成長が維持できなくなると、男性一人の収入では家計を支えられなくなり、共働き家庭が多数を占めるようになる。サービス経済化の発展で、就業者に女性が多いサービス産業の比率が高まることもこの流れを促進している。また、人口減少が優秀な人材の確保を難しくしている為、女性の活用に積極的な企業が出てくる。

ただし、この成熟型パラダイムの内容は特に目新しい内容でもなく、一九九〇年代後半には既に指摘されてきたことであり二十年が経過している。実は、日本では過去にも何度かパラダイム転換に直面している。例えば、少し話は飛ぶが、徳川という一大名が支配する武家政治から、四民平等の君主政治へ移行した明治維新の象徴となった国会開設があった。実現したのは一八九〇年、維新から大分時間が経過した明治二十三年である。大政奉還という革命を伴う激烈なパラダイム転換だったはずだが、その総仕上げとなる国会開設が実現するまでには四半世紀に近い時間を要している。そういった意味からも、方向転換には多少の時間を要することも仕方のないことなのかもしれない。

そして次に、日本の労働人口の構造を見てみると、二〇〇五年当時の労働人口は六千六百八十九万人、そのうち雇用者は五千三百九十八万人だった。そして、二〇一五年は、労働人口は六千五百八十七万人に縮小する中、雇用者は五千五百九十五万人と増加している。続いて、二〇一六年には労働人口六千五百八十九万人に対して雇用者は五千六百三十二万人と推移している。

このように、労働力人口は年々目減りしつつあるが、雇

図表7-2-1　雇用のパラダイムシフト

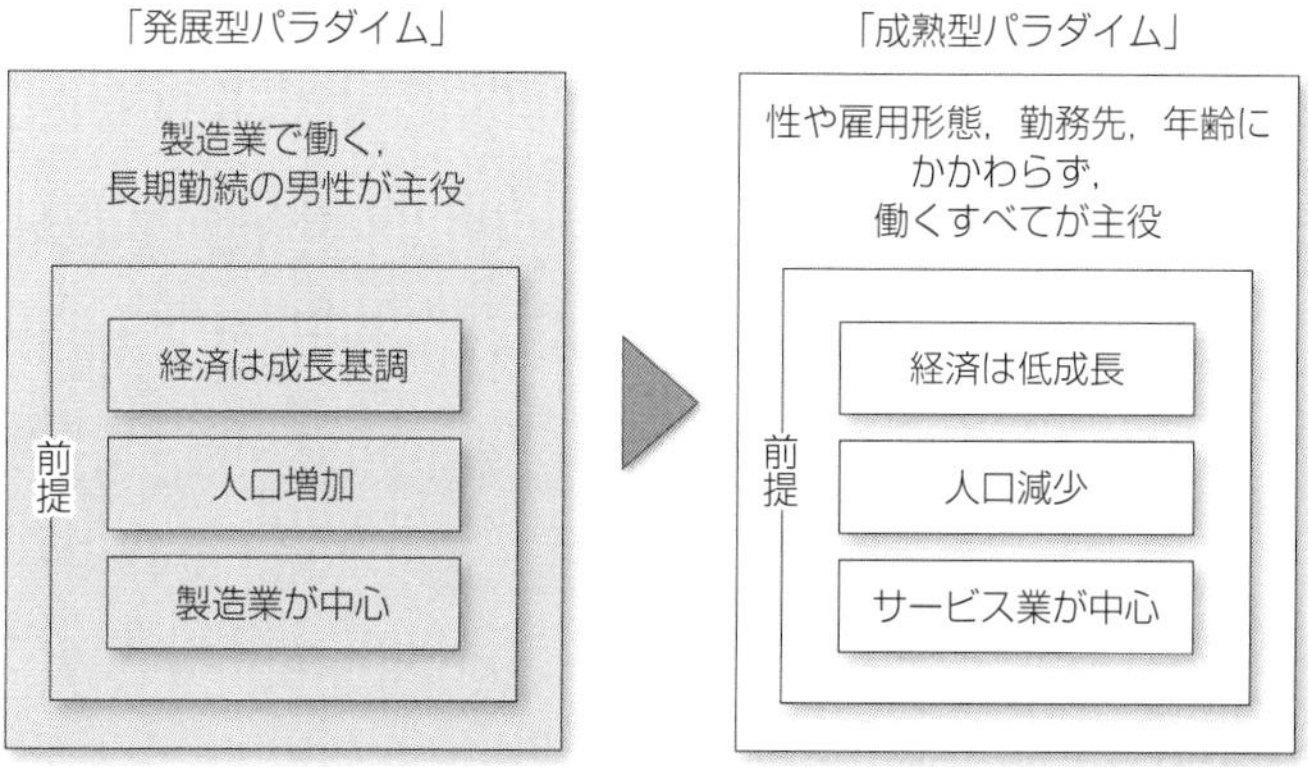

出所：㈱シーディア作成，2017年1月。

用者に関してはここ二年、景気の後押しもあり増加傾向にある。

ただし、総人口は、二〇六〇年には八千六百七十四万人、二一〇〇年には四千九百五十九万人と、今後フリーフォルのように急減すると予測されている。因みに、二〇六〇年に一番人口が多い年代は八十六歳、数学的な計算だが、西暦三〇〇〇年から三五〇〇年には日本人がいなくなる計算になる。

先ほどフィリピンの話の中で〝人口ボーナス〟と述べたが、これは今後も継続的に期待できる経済成長期間のことを指し、日本の場合は〝人口オーナス〟というのが当てはまるだろう。この〝オーナス〟とは「負担」を意味するが、生産人口が生み出した富のうち、かなりの部分が社会保障に向けられる、いわゆる投資に向けられる資金が少なくなることを表している。

ただし、ここ一～二年は様々な要因で景況の波は回復基調であり、業種別の雇用者数を見てみても、二〇一〇年と二〇一六年では二百七十七万人雇用が増えている。当然、成熟産業と成長産業での増減も理解でき、東京オリンピックに向けての建設業人口は増加し、成熟産業である製造業人口は減少、サービス産業化に伴い小売や飲食サービス業人口は大きく増加し、超高齢社会の影響で医療・福祉業人口が爆発的に増えていることがわかる。

続いて求人動向は、二〇一〇年と二〇一六年との対比では二・七倍に増加しているが、特に、インターネット求人での募集が著しい伸びを示している。また、各都道府県別においては、意外にも関東一極ではなく各地域で同じような比率で増加している。二〇一六年十二月末時点の求人倍率は二・九三倍となっており、仕事はあるが人がいないという状況が顕著になってきている。

図表7-2-2　2005→2016 人口構造

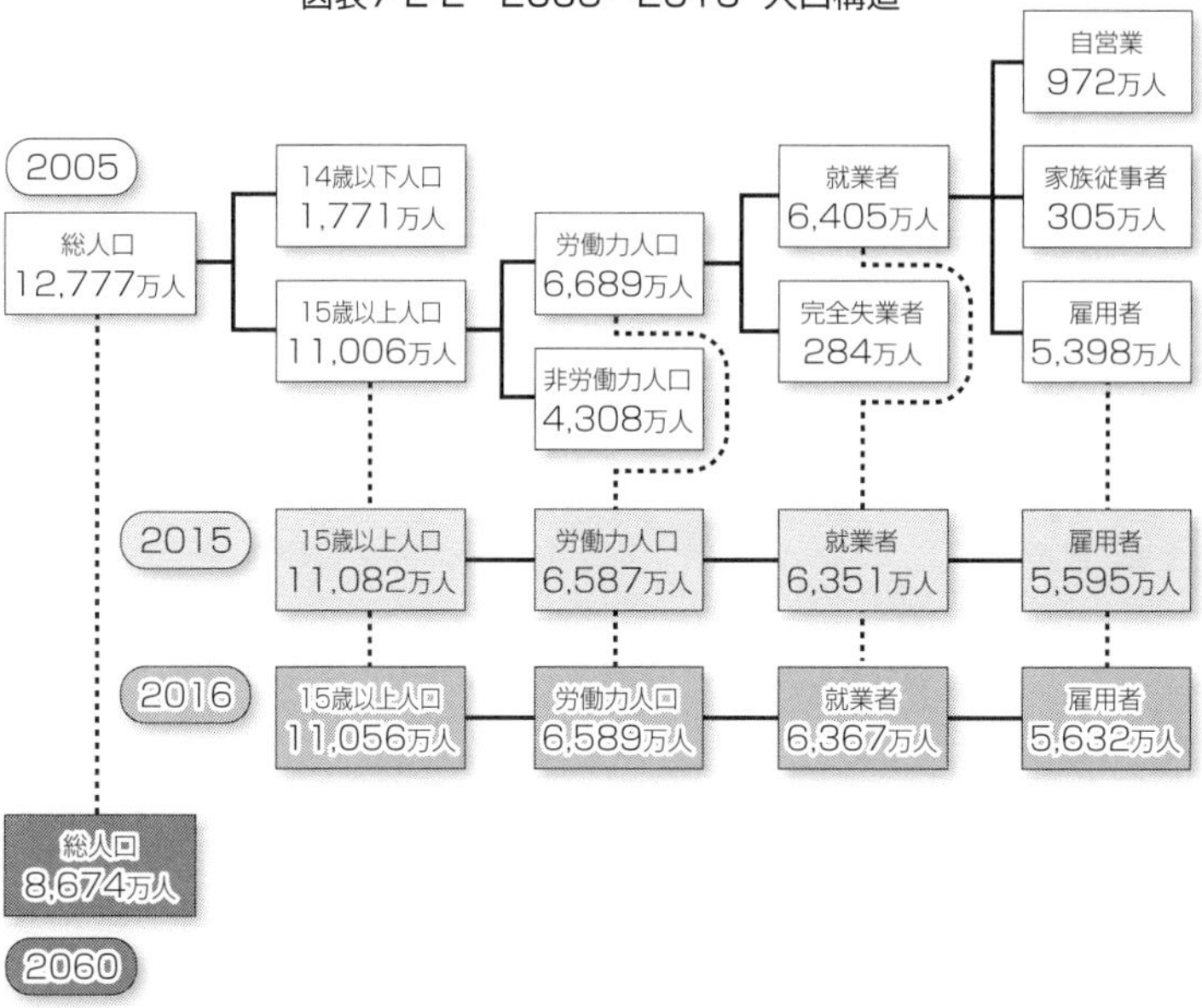

出所：総務省統計局，労働力調査年報。総務省統計局，労働力調査，時系列データ。

ただし、雇用者はここ一、二年で増加しているものの、やはりその中身は年々激変している。二〇〇〇年当時、千五百万人以上存在していた二十五歳から三十四歳の年齢層が、二〇一五年には三百万人以上激減している。一方、九百十九万人だった六十歳以上の労働者は二〇一五年には千三百万人弱と、三百七十七万人も増加している。二十五歳から三十四歳の年齢層は十年間で一二％、十五年間で二二％も減少しており、今後の雇用のあり方も企業側の変革が求められている、と言える。

図表7-2-3　業種別雇用者数（内閣府統計）

	2010年	2015年	2016年	2010-16対比
全産業	5,481（万人）	5,676（万人）	5,758（万人）	277（万人）
建設業	399	413	407	8
製造業	999	988	989	▲10
情報通信業	188	198	208	20
運輸業，郵便業	345	327	335	▲10
卸売・小売業	941	963	986	45
金融・保険業	149	148	154	5
不動産業	70	86	86	16
宿泊業・ 飲食サービス業	315	339	343	28
医療・福祉	628	763	760	132
教育， 学習支援業	272	277	288	16
サービス業 （他に分類されないもの）	412	360	362	▲50

図表7-2-4　求人動向

メディア別全国求人広告件数動向

	全体	有料求人情報誌	フリーペーパー	折込求人誌	求人サイト
2010年	511,370	52,909	154,373	90,510	213,578
2015年	1,181,068	46,403	373,965	87,597	673,103
2016年	1,387,036	45,997	445,352	98,403	797,284

地域別全国求人広告件数動向

	北海道・東北	関東・甲信越	中部・北陸	近畿	中国・四国	九州・沖縄
2010年	26,891	103,080	39,611	57,624	21,169	49,417
2015年	48,542	171,197	71,959	94,728	37,031	83,508
2016年	54,832	204,019	87,137	112,287	42,196	89,316

出所：全国求人情報協会「求人広告掲載件数集計結果C」。

図表7-2-5　1990→2015労働力人口構造

－年齢構成の激変－

1990年

労働力人口	6,384（万人）
15～24歳	834
25～34歳	1,225
35～44歳	1,615
45～59歳	1,978
60歳以上	732

2000年

労働力人口	6,766（万人）
15～24歳	761
25～34歳	1,508
35～44歳	1,296
45～59歳	2,283
60歳以上	919

2010年

労働力人口	6,632（万人）
15～24歳	543
25～34歳	1,328
35～44歳	1,543
45～59歳	2,028
60歳以上	1,189

2015年

労働力人口	6,588（万人）
15～24歳	525
25～34歳	1,182
35～44歳	1,547
45～59歳	2,047
60歳以上	1,296

出所：総務省「労働力調査」。

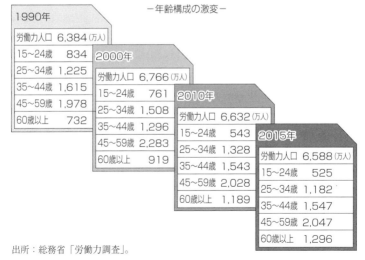

3　雇用環境激変の中での課題・トレンドの変移

こうした人口構造や労働市場の激変の中で、ここ数年間の雇用における課題やトレンドの変移を予見すると以下のようになろう。

●「正社員時代」の終わり　⇩⇩　正社員比率五〇％以下の時代
●進むサービス産業化　⇩⇩　雇用のミスマッチ
●転職三十五歳限界説の瓦解　⇩⇩　中堅・中年社員の転職当たり前時代
●転職意識の転換　⇩⇩　年功賃金廃止、成果主義への傾斜
●小売、サービス業への転職が七割　⇩⇩　転職マーケットの主役は非正規社員
●若手社員は希少価値　⇩⇩　優秀な大卒の争奪戦熾烈化
●六十歳以上の人材が二割を占める　⇩⇩　どの職場、どの職種でも増大、活躍

出所：高松英樹氏作成、二〇一七

いわゆる日本の二十世紀型パラダイムの終焉は、現実感が増してこよう。サービス産業化が進むことによって、上記のことは避けては通れないトレンドである。

働き方の多様化で人材は流動化していかざるを得ない、そして、多様な人材の能力発揮をどうしていくかについては、最近の雇用の中心課題となっている。

表層のダイバーシティ、つまり多様な人材を積極的に活用していこうという考え方は、深層のインクルージョン、つまり多様な人材が影響し合い、または異質な個々が力を発揮していくというようなステージに移りつつあると言える。

そして、これからのトレンドとしては、以下の事項が挙げられよう。

二〇二五▼「テクノロジーは脅威か」

●個人が働けない
・技術やグローバル化の発展 ⇩⇩ 技術での代替，海外移転
・非正規社員の離職 ⇩⇩ 働き続けたい仕事や処遇が実現できていない

●企業が雇い続けない
・企業は人を雇う必要が無くなる ⇩⇩ AIによる代替
・企業は人を雇い続けなくなる ⇩⇩ 国の助成金の縮小

●キャリア形成の仕組みが機能しない
・いままで通り働けない ⇩⇩ 成熟産業から成長産業への労働移動が困難

・国の失業対策が手厚くない　⇩⇩　支える仕組みが無い

出所：高松英樹氏作成、二〇一七

つまり、今後、テクノロジーの進歩によって代替できる仕事や、海外移転した方が企業の収益性が好転する業務などが増えることによって雇用が失われる。そして第二に、働き方に余裕を求める個人が増加している。医療・福祉や小売サービス業における離職率は非常に高く、サービス経済化で労働需要の増加が続いているサービス業を中心に、仕事はあっても働く人がいない、という問題は大変深刻化している。今後は、質だけでなく、量的な人材不足に直面する企業も増加していくと予想される中、魅力的な働き方を提示できない企業は、個人から選ばれずに淘汰されるようなことが十分に起こり得る。

・働きたいのに、働くことができない個人

・働くことが期待されているのに、働かない個人

前者は個人にとって、後者は企業にとって、極めて大きな問題であることは言うまでもない。

そして、人工知能（ＡＩ）の出現によって雇用が変わるかもしれない、という事実は思いの外、既に現実のこととなりつつある。

例えば、「富国生命保険」では、文脈や単語を解読する日本ＩＢＭのＡＩ〝ワトソン〟を導入、保険査定の業務の効率化を図り、査定部署の人員を三割三十四名削減しようとしている。これによって、人間で

は起こす可能性があった支払い漏れの予防も期待できると考えられている。

否応なく前進するテクノロジーが、将来的に働く人間にとっての脅威と捉える人も少なくない。身体的のみならず知的活動をも代替するテクノロジーは、人間から仕事を奪う脅威であって、テクノロジーへの移行の過程で生じてしまう所得低下やキャリアが奪われるといったリスクはもはや避けられない、と懸念する声も多く聞かれる。最近の技術の急速で劇的な進展を見ると、この先十数年で多分世界の有り様は激変することは間違いないと思われる。

4　テクノロジーによる世界の激変

第一に、モバイルやクラウドに代表されるテクノロジーだ。これは既に身近に感じられる物事で、十年前には無かったスマートフォンは登場以来爆発的に普及し、個人のライフスタイルを大きく変えた。今やスマートフォン一つで仕事の対応を可能とし、クラウドやインターネットの発達でどこからでもデータにアクセスできるので、より自由度の高い生活や働き方が創出されている。つまり、個人の持つ力を増幅させる役割を果たしていると言える。

そして、ＩｏＴやロボティクス、いわゆるモノのインターネットが挙げられる。今後、毎年一兆個規模の大量のセンサーでモノから情報を取り、データをクラウドで蓄積していく。そしてモノから得た情報を分析して、モノが作動しヒトに最適なフィードバックをする。実際、二〇一七年以降、「シーディア」は工場のスマート化など多くの依頼を受けて対応している。

次に、VR（仮想現実）やAR（拡張現実）については、まだ実験段階のものが多いが、医療、教育、商品説明、試着、設計イメージの共有などのビジネスの世界でも活用されつつある。

そして、AIはここ一年で急速に活用され始めている。旧来からある「Google」は、検索という技術を背景にインターネット上の広告と結びつけたビジネスを構築し、AI分野の技術でも世界を席巻している。今後、さらに産業や雇用、働き方など社会全体に大きな影響を及ぼすことになるであろう。

影響力の大きなテクノロジー

◆モバイル・クラウド
・どこにいてもデータにアクセスすることができ，より自由度の高い生活や働き方が可能

◆IoT・ロボティクス
・企業の各業務プロセスで生じるデータをインターネットに繋ぐことにより蓄積し，より高次かつ広範囲の段階で業務最適化を図り，外的環境適用に瞬時にプロセスを変更させることが可能

◆VR・AR・MR
・VR（仮想現実），AR（拡張現実）によってよりリアリティを感じることができ，飛行機のパイロットなど一部の職種でスキルトレーニングに活用
・MR（複合現実）の進化は会議のあり方を大きく変え，遠隔にいる同僚があたかも同じ会議室にいるようになり，テレワークの制約やリアルなコミュニケーションとの区別もつかなくなる

◆人工知能・ビックデータ
・ビックデータのように大量のデータが蓄積され，コンピュータの高速化により機械学習が進化し，より正確な予測が可能に
・IoTと相まって，より大量のデータが蓄積されるようになれば人工知能が活用される領域もさらに広がる

これらの技術が社会に与えるインパクトは、今後ますます大きなものとなることが予見され、米国「マッキンゼー・アンド・カンパニー」のレポートによると、こうした技術は二〇二五年には十五兆ドルの経済インパクトをもたらすと言われている。

5 働き方の岐路

そうした中で働き方の岐路について、「野村総合研究所」では日本の就業者のうち四九%が人工知能やロボットなどで代替が可能であると試算している。これらもほんの一部に過ぎないが、標準化された定型的な業務、センサーで情報認識できる業務など、労働集約型の労働力に対する依存度が高いものなどが挙げられる。

テクノロジーによって仕事が無くなるのではないか、といった脅威を語られることが多いが、本当の脅威は実は仕事が無くなることではなく、テクノロジーが進化しても仕事はあるが、テクノロジーが今後新しく生み出す仕事、あるいはテクノロジーの進化によって変化する仕事に、多くの人間が対応できないことが脅威なのであろう。

つまり、

◆現在の働き方では，
テクノロジーの進歩や企業寿命の短縮化といった環境変化に対応できない。

人工知能やロボット等による代替可能性が高い仕事の例

一般事務員	セメント生産オペレーター
駅務員	繊維製品検査工
学校事務員	測量士
マンション管理人	タクシー運転手
行政事務員	宅配便配達員
銀行窓口係	鍛造工
金属加工・製品検査工	通関士
警備員	データ入力係
経理事務員	電子計算機保守員
建設作業員	ビル施設管理技術者
自動車組立工	ビル清掃員
人事系事務員	ボイラーオペレーター
新聞配達員	保険事務員
生産現場事務員	メッキ工

出所：野村総合研究所，2015年推計。

日本の就業者のうち
49%が
人口知能やロボットなどで
代替可能

テクノロジーが進化しても仕事はあるが，
テクノロジーが生み出す仕事や，
テクノロジーの進化によって変化する仕事に人間が対応できない

AIの進化に伴って企業や個人の生み出す付加価値はそれにどう関わるか？

人の競争優位はどこか？
を考えねばならない。

専門性を要求される仕事であっても、それがある程度パターン化できるのであればAIによって自動化される可能性は極めて高い。その際に専門性を要する部分とそうではない部分に仕事の内容を分けて、個人の能力は専門性を要する部分に振り分けていくことが必要になってくる。産業構造の変革の中で、米国の株式市場の動向を表す代表的な株価指数〝S&P500〟から、平均的な企業寿命をグラフに表してみよう（図表7-5-1）。

ここから言えることは、テクノロジーの進化で生産性が高まり、人が従事していた

図表7-5-1　平均的な企業寿命

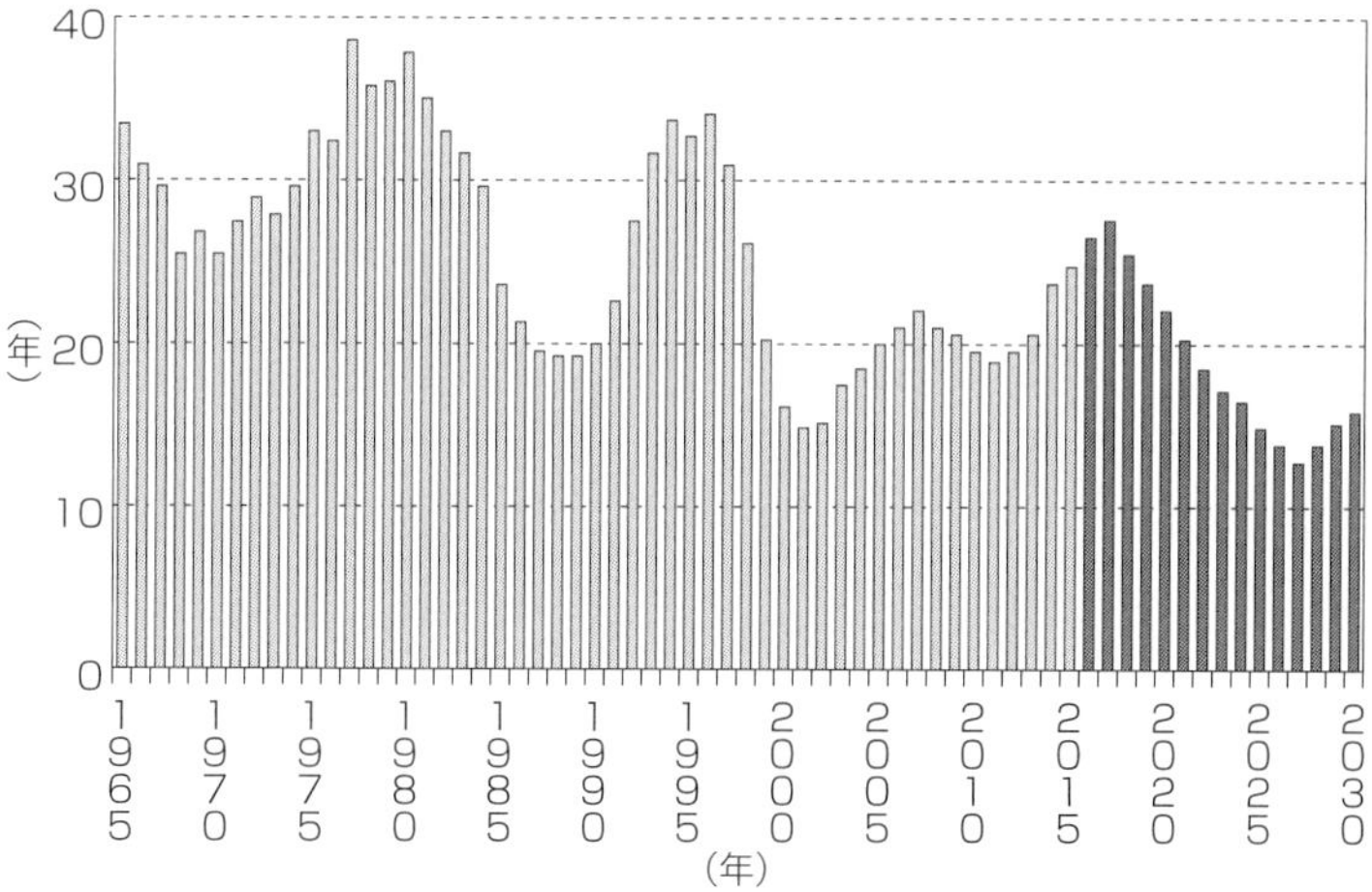

出所：Innosight, "Corporate Longevity : Turbulence Ahead for Large Organizations", Executive Briefing, 2016.

タスクや職務が無くなれば、ビジネスのスピードも加速する、といったことであろう。その結果、合理化やM&Aなど企業の合併や統廃合が拡大していく中で、長期的に平均企業寿命は短縮傾向にある。今後は、企業の平均寿命は二十年以下で推移していくと予想されており、こうした動きは日本でも同様で、日本の場合は二十三・五年に過ぎない。平均を二十五年と考えた場合、企業寿命を短縮させる環境要因は、今後もますます拡大することが懸念され、さらに企業寿命が短縮する可能性を秘めている。

一方、人間は長寿命化が進んでおり、平均寿命もさることながら健康寿命も男女共七十歳を超えている。現在、六十五歳まで雇用確保措置が取られているが、近い将来は七十歳まで働く時代が普通になると考えられる。と

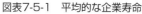

いうことは、引退するまでの職業寿命は五十年ということになり、職業寿命が企業寿命の二倍である。つまり、一社でキャリアを完結する、職業寿命を一社で全うすることはほぼ困難となる。このような環境の中では、もう今までの働き方やキャリア形成は通用せず、早急な変革が求められている。

また、テクノロジーの進展は、人工知能による知的業務の自動化もさらに進めていくと予見され、職務の一部が自動化されることによって、同じ仕事に従事する大多数の人の所得低下が懸念されている。同時に企業寿命の短縮で、一つの会社に勤め続けること、一つの職務に従事し続けることは一層困難になり、予期しない、意に沿わないキャリア転換が強いられる。キャリアのハシゴを外され上を目指せなければ、結果、職業寿命を全うできなくなる。また、人間の学習や試行錯誤のスピードをテクノロジーが上回れば、スキルの陳腐化やキャリアが崩壊するリスクも孕んでいる。過去の日本型終身雇用制度と年功序列制度は、既に崩壊していると言えよう。

そして、個人所得の減少は消費低迷を及ぼし、企業の業績にも悪影響を与える。こうした課題は、個人の働き方だけでなく、企業に

◆所得低下リスク，キャリア断絶リスク

・人工知能による知的業務の自動化とタスクの一部の自動化
　⇨⇨ 人の競争優位への脅威と所得低下
・企業寿命の短縮による，1つの会社，1つの職務従事継続の困難
　⇨⇨ 予期しない，意に沿わないキャリア転換，職業寿命を全うできない

◆企業への悪影響

・所得低下・キャリア断絶は個人の問題に留まらない
　⇨⇨ 個人消費低迷による企業業績への悪影響
　⇨⇨ キャリア断絶による，事業の担い手減少

出所：高松英樹氏作成, 2017年。

とっても悪影響を与えると言え、企業も自分のこととして捉え、こうした問題に向き合わなければならない。

さらに、日本人は元来、自分のキャリアに対する意識が低い。こうした要因には、海外と異なり、日本型雇用の下では個人ではなく、キャリアを一企業内に閉じて、企業側がキャリアを考える主体者になってきたことがあると言われている。配属先で決められた仕事を、個人はその指示に従ってこなしてさえいれば良かった。しかし、今後の働き方は、個人が自分のキャリアに向き合わざるを得なくなり、個人が主体的に考えていくことが求められる。

また、これまで個人のスキルや経験の評価は一企業内に閉じられていたため、転職においては個人の市場価値を評価するのは

図表7-5-2　キャリア形成変革の必要性

◆個人のキャリア自立をどのように醸成し，個人のスキルをどのように高めるか

	キャリアは自分で決める	キャリアは状況に応じて決まる
中国	67.6%	32.4%
インド	72.2%	27.8%
タイ	69.5%	30.4%
アメリカ	70.5%	29.5%
日本	45.4%	54.6%

◆キャリア移転・転換をどうスムーズに進めるか

	増えた	ほとんど変わらない	減った
中国	83.7%	12.7%	3.5%
インド	75.9%	19.6%	4.5%
タイ	59.9%	32.2%	7.8%
アメリカ	65.2%	25.6%	9.3%
日本	38.2%	27.0%	34.8%

出所：内閣府。

難しい状況にあった。また日本は転職すると年収が下がる人の割合が諸外国に比べて高い。逆に、そういった要因が転職の抑制につながってきたとも言える。

個人のキャリアについては、これまでも指摘されてきたが、世の中が変わっていく前にそろそろ向き合って手を打っていく必要があると思われる。

テクノロジーが進化して、職業寿命が企業寿命の二倍になる時代においては、懸念される所得低下やキャリアの断絶はどの程度かを、もし現実的になった場合を二〇三〇年までを予測すると、年収三百万円以下をピークに、三百万円以上の割合が大きく落ちる。これはまず非正規社員の所得の伸び悩み、離職して転職した人の所得が大きく落ちることが原因だ。また、所得の割合が七百〜八百万円で増えているのは、それまでそれ以上の所得層が離職後に再就職した結果、ここに集中したものである。

そして、二〇一五年、二〇三〇年ともに働いている人の中で、それぞれの平均所得が二八九・一万円と三百万円を割り込み、七二・一％が所得低下になると予測されている。所得低下やキャリア断絶のリスクがある者は、特に、現在の働き方を改革していかなければ相当暗い未来予想になる。

次に、二〇一六年、厚生労働省が「働き方の未来二〇三五」を発表した。これは、近未来のＡＩなどの技術が進化した二〇三五年を舞台に、働き方のシミュレーションを行った報告書に描かれる未来予想図である。この報告書では、ＡＩは人から仕事を奪うネガティブな存在としてではなく、様々な問題を解決するテクノロジーとしてポジティブに捉えられている。

その中で、まず人工知能の進展により、人の役割も変わっていく。大人のＡＩは合成知能と呼ばれるも厚生労働省発表「働き方の未来2035」

【2016年50歳→2035年69歳 女性】
・50歳過ぎまで，会社で経理
・その後経理業務はどんどんAIに代替
・15年ほど前に転職，地元の病院に勤めながらカウンセラーの資格取得
・今の仕事はAIを使った問診の手伝い
・「すぐ治りますよ」と声を掛けるだけで気持ちの支えになる，人間にしかできない仕事

【2016年36歳→2035年55歳 男性】
・自動車メーカーA社に勤務していた
・自動車運転技術が出始めたころ，職場の仲間数人と「自動運転の警備巡回マシンを作ろう」と本業の傍ら開発に打ち込む
・製品化して会社を立ち上げたが，収益化には時間がかかりそうなので，週の半分はA社勤務，残りの半分で自分たちの会社を経営
・3年ほど経ったころからビジネスが軌道に乗り，A社を退職して会社経営に専念
・世界各地に赴き営業し，今では50か国以上の警備会社で採用

出所：厚生労働省「働き方の未来2035」，2016年。

◆AIが得意な仕事
・大人のAI… 広告，マーケティング，教育，金融，医療，法律，人事などの定型的業務，それ以外は人間を支援する形で使われる
・子供のAI… 警備，防犯，農業，物流，建築，土木，調理，清掃などの認識を含めた作業全体を代替，大域的な判断を必要とする仕事や例外的な事象に対応する監督業務は人間が行う

◆人が得意な仕事
・人間の人間性に基づくような価値基準である「面白いかどうか，美しいかどうか，おいしいかどうか，善か悪か」等というものは工学的に再現できないため，人間が行う必然性が高い
・「ヒューマンタッチ」の仕事
・低価格での接客はロボットが対応，付加価値の高い業態においては人が対応

日本にとっての大変重要な変化と考えられるのが自動翻訳の技術であり，言葉の障壁が無くなったとすると，経済・社会に大きな影響をもたらし，人材の流動性が高まり，仕事や教育，医療においても優秀な人材は国を問わず最も評価されるところに移動することになる。

出所：厚生労働省「働き方の未来2035」，2016年。

ので、ビックデータを背景にしてＡＩを用いて産業的に応用できるものである。子供のＡＩは、いわゆる労働機械と言われるものだ。

ＡＩが得意な仕事は、専門的な知識は必要だが定型的な仕事、または認識や動作の習熟が必要とされるものの大域的な判断を必要としない仕事である。但し、例えばＡＩによって自動でコンテンツが製作できても、それが本当に面白いかを判定するのは人間にしかできない。だから、そこの部分は人間が行う必然性が高く、そうしたものが新しい仕事の形態になっていく。

さらに、日本人にとっては、自動翻訳の技術は大変重要なものになるだろうと思われる。従来から日本の英語教育はもちろん、英語能力は世界でも相当低くアジアでは最下位である。それが自動化されれば、日本人が海外に出ていくだけでなく、優秀な海外人材にとっては日本が魅力的な場所になるかと思われる。

また、「働き方の未来二〇三五」では、一人ひとりが輝く二〇三五年の働き方として、テクノロジーの進化が影響をもたらすポジティブなポイントを提示している。

①働く場所に関する物理的な制約が無くなる。つまり、多くの仕事がいつでもどこでもできるようになる点が挙げられる。物理的に同じ空間で同時刻に共同作業することが不可欠だった時代は、そこに実際いる〝時間〟が働く評価指標の中心だったが、今後は、これらにしばられなくても働ける為、時間だけで報酬を決めるのではなく成果による評価が一層重要になる。長時間労働が美徳などということは全て無くなる。

②自立した自由な働き方が増えることによって、企業もそうした働き方を包摂するような柔軟な組織体になることが求められ、また、成らざるを得なくなる。

③このように企業がプロジェクト型の組織になるにつれて、働く側も自分の希望とニーズに応じて自分が働くプロジェクトを選択することになる。結果、企業側もプロジェクトに最適な人を引き付ける努力をする必要性が生じる。働き方の選択が自由になることで、働く時間を全て一つのプロジェクトに使う必要は無くなるので、複数のプロジェクトに時間を割り振ることも可能となる。個人事業主と従業員との境がますます曖昧になってくる。

④働く人は仕事内容に応じて一日のうちに働く時間を自由に選択する為、フルタイムで働く人だけが正規の働き方という考え方は成立しなくなり、フルタイマーやパートタイマーという分類も意味が無いものとなる。

また、多様化が進む中で、一部の大企業はロイヤリティを有した組織運営を継続していくと思われるが、これまでのように企業規模が大きいことのみでは働く人のニーズを満たすことはできず、選ばれなくなる。

⑤働く場所に制約が無くなる為、地方でもクリエイティブな仕事ができるようになる。また、地方の中核都市や小さな町が、直接海外とつながっていくことがどんどん可能になり、地方の価値を海外に向けて提供していく時代になると考えられる。

⑥とは言っても、今後は人口減少で働く人も大幅に減少していくことから人手不足は一段と深刻になるが、

自動化やロボットの普及で、子育てや介護、家事などの負担から働く人が解放されることが期待できる。

⑦空間や時間の制約を受けない多様な働き方が一般的になると、性別や人種の壁、国境といった制約が急速に消滅する。ＡＩで多言語間のコミュニケーションのハードルが下がれば、仕事やサービスは簡単に国境を超え、ＶＲであたかも隣でサービスをしているように感じられても、実際にその人は地球の裏側にいるということも起こり得る。

そういった世の中の前提では、働き方の仕組みや制度だけでなく、外国人人材を含め全ての人を社会の一員として受け入れる仕組みが整備されていかなければならない。

以上の変革予見は産業構造だけでなく、働く生活の革新から社会構造そのものの変革を予見していると言えよう。

6 テクノロジーによる変革

テクノロジーの進化は、様々な分野で加速しながら私たちの日常に入り込んできている。例えば、これらを掛け合わせれば、人にしかできない仕事の価値は必然的に上がり、経験のないスキルを疑似体験できることもできるようになる。また今後、複数のテクノロジーが同時に進化すれば、新しいテクノロジーを

テクノロジーによる変革

◆テクノロジーの組み合わせの複合技術によってキャリアへの影響が拡大する

IoT×AI×ロボティクス

それぞれが収集したデータを効率的に使えるようになると，人の手で行ってきたタスクが自動化される

労働集約的な運送業や物流業における自動化は，人間にしかできない仕事の価値をさらに高める

VR・AR×ビックデータ

爆発的なデータ蓄積による正確な予測ができる為，「何を学べば良いかわからない」といった個人がデータによる予測によって何を学べば良いか把握できる

データを活用して熟練者のスキルを見える化するとともに，その経験を疑似体験できるようなVR・ARを活用することで，これまでは考えられないような速いスピードでスキルを獲得でき，他職種へのキャリアのハードルが大きく下がる

複数のテクノロジーが同時に進化することにより，新しい仕事が生まれる

▼ ▼ ▼

テクノロジーを支えたり，作ったりする人の需要が劇的に増える
テクノロジーのメンテナンスや技術運用に特化した人の需要が劇的に増える
対話やコミュニケーション，人との関係を維持する必要のある仕事はより価値を持つ

出所：厚生労働省「働き方の未来2035」，2016年。

作ったり支えたりする人の需要とメンテナンスや運用に特化した人の需要が劇的に増えることが予想される。

先日話題になったニュースの一つに、米国の通販大手「アマゾン」が二〇一八年までに国内で十万人を新たに雇用すると発表した。この雇用創出には、米国の政治的な要素も多分に含まれるが、配送センターでテクノロジーを使う人、技術者やソフトウエア開発者などのテクノロジーを作る人に他ならない。

また逆に、どうしてもテクノロジーでは対応できない、その人だからこそできるような仕事、例えば、創造性を発揮するような料理人やエンターテイナー、教師など、対話やコミュニケーション、パフォーマンスによってサービスを提供する仕事の価値、

またはカウンセラーやコンサルタントなど、人の相談を受ける、人との関係を維持する仕事はより価値が上がるとされている。

今後の働き方の新しい変革の可能性とは、テクノロジーとどう向き合い、どう活用していくかにある、ということを示唆している。当然、テクノロジーは企業の生産性を高め、テクノロジーが強化された働き方とは、個人の所得増加やキャリア継続を可能とする。そうすれば消費者層の維持や拡大や、企業内の人的資本の開発や蓄積となって、増収増益とさらなる生産性向上に寄与することが見込める。だから、個人と企業の双方にとって、テクノロジーの活用による働き方の変容は必然的な帰結だと思われる。

では、これからの働き方はどう進化していくのか、またどのように継続的に付加価値を生み出していかなければならないか、の方向性が求められる。

まず、何を強みとするか、が重要となろう。

職務の一部をマシンに委ねることによって、テクノロジーと補完的で人にしかできない、または人が楽しめる仕事の価値は高まる。そこでは、人やテクノロジーの持つ専門性を組み合わせて、最大限に活用していく能力が求められると同時に、人がテクノロジーに働きかけて、個別の専門領域を深く掘り下げることも大切となる。

人とテクノロジーの協働においては、専門性の活用と開発のどちらを強みにしていくのか、である。

個々人一人ひとりが選択する時代の到来と言える。

また、どこで稼ぐのか、も重要であろう。

国や企業、業態などあらゆる境界が曖昧になり、普遍的な価値を持つものを自分自身で生み出すことによって、国境や地域といった制約も乗り越えてあらゆる地域貢献が可能となる。どこの、誰に、どのような取り換え不可能な価値を個人が提供していきたいのか、が問われることになる。

さらに、今までは企業と雇用契約を結んで、企業が持っている資源を使って仕事をしてきたが、近未来では、どこでも誰とでも働くことができるようになろう。製品やサービスのパーソナライズが進み、一人ひとりのアイデアや個性がますます高まっていく中では、会社に雇われない働き方にも自然と目が向く。そうすれば、個の可能性をひらいて、よりバラエティに飛んだ人生を手に入れられるかもしれない。

例えば、大学でプログラミングとアルゴリズムを学んだAさんは、データサイエンティストとして人事部に配属され、そこで人事制度設計など実務を経験して、勘所を掴み、データアナリティクスに着手する。そして、社員の離職、パフォーマンス向上、データから生成される結果を使った人事と経営の意思決定に欠かせないマネージャーとなるが、並行して、外部の人事コミュニティに参加したり、ネットで情報発信したりして経験をシェアしたことが、本人のスキルの可視化と評判の形成につながって、複数のスタートアップ企業から人事制度整備の支援依頼が舞い込む。そして、より自由な立場で参画する為に、フリーランスの人事データサイエンティストに転じて大成功を収める。その後、かつての勤め先からその手腕が求められて、部長にキャリアアップして再就職し、大掛かりな人事制度改革に挑む。

一例を示すと以上のような事例が生じてこよう。

今後のキャリアモデルの特徴としては、雇用とフリーランスを自由に行き来することが往々にしてある。また、社外コミュニティへの貢献や、週末の副業、テクノロジーによって、ナレッジシェアやパーソナルな活動によって、副業、複業が当たり前になり、その多様性がさらに次のキャリアをひらいていく、といったことも可能となる。

重要なのは、専門性を活用する側と開発する側、実はこれは互いに欠かせない存在であるということを忘れてはならない。活用する側が生み出したコンセプトを、開発側が形にする。活用側の活躍の裏には、開発側の実現力があって、開発側の活躍の裏には活用側の構想力があるということである。

四つのプロフェッショナルと二つのステージによって実現される多様なキャリアパス、または、それぞれに強みを持った多様な働き手が、テクノロジーがもたらす就業・学習・所得増加の機会を活用して、自律的にキャリアを開いていきながら、活力あふれる社会の実現が可能となろう。

これらテクノロジーを活用した、ワークモデルが実現している社会では、どれだけ所得低下やキャリア断絶リスクを低減できるであろうか。

ＩｏＴやＡＩ、ロボティクスなどのテクノロジーが最大限活用される第四次産業革命が起これば、生産性は飛躍的に向上し、成長産業やビジネスの変化に対応した職業への円滑な人材移動が実現する。そうなれば、就業者は今より百万人以上も増え、無業者は七百万人以上減少する。

図表7-6-1　テクノロジーとともに進化する働き方

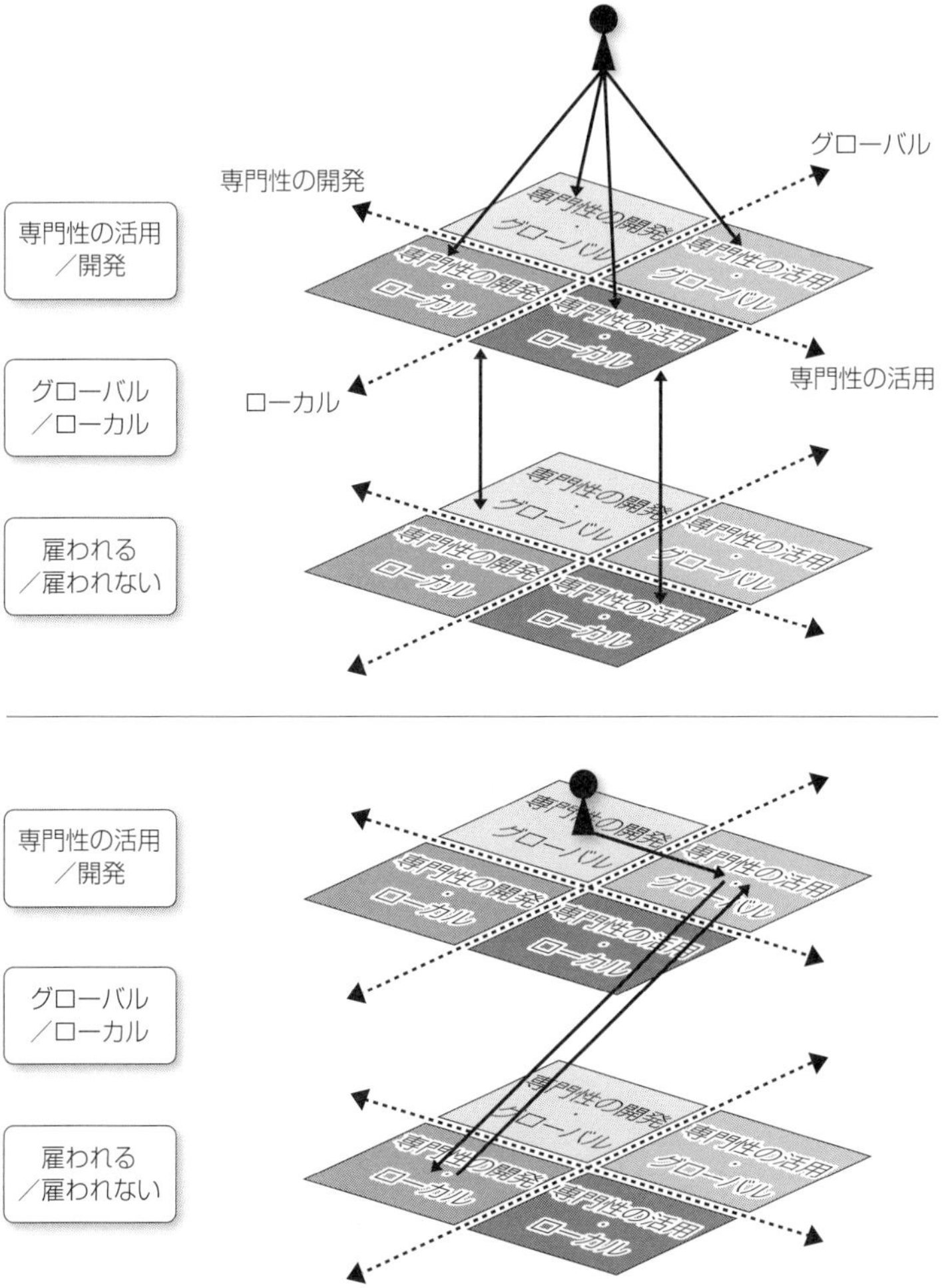

出所：「㈱シーディア」代表取締役 高松英樹氏作成，2017年1月。

二〇三〇年にはさらに高齢化が進み、労働市場から退出する人（今の五十代）が増えると予想されるが、年齢や性別、国籍を含め領域のキャリア移動がスムーズにいく姿が現れている。また、専業フリーランスも二倍以上になり、兼業のフリーランサーは六百万人弱まで増加する。

これらのことを前提に所得についてシミュレーションしてみると、二〇一五年と比べて三百万円以下の割合が大きく減少する一方で、三百万円以上の割合が大きく増加する。二〇一五年、二〇三〇年ともに、働いている人の八〇％弱の人の所得が増加することになる。

テクノロジーの進化によって生産性が上がり、新しいワークモデルが実現すると、テクノロジー関連で働く人の付加価値は高く、賃金交渉をめぐっては当然緊張感が高まると予測されている。それ故、企業側も魅力ある働き方を提示していかなければならないし、企業の生産性向上が個人にも所得という形で分配されなければならない。多くの人が年収の増加を背景に、将来に対して希望や成長実感を持つことができるようになろう。

小括

はじめは、テクノロジーは脅威かということに対して、所得低下とキャリア断絶のリスクを概観し、厚労省発表の資料を含め今後の働き方を提言した。しかし、テクノロジーは脅威ではなく多様な働き方を可能にするツールであって、武器と捉えるべきである。働く全ての人に大きな恩恵をもたらすだけでなく、企業や組織のあり方、労働政策にも今後変革をもたらすだろう。

図表7-6-2　テクノロジーが社会に好循環をもたらす

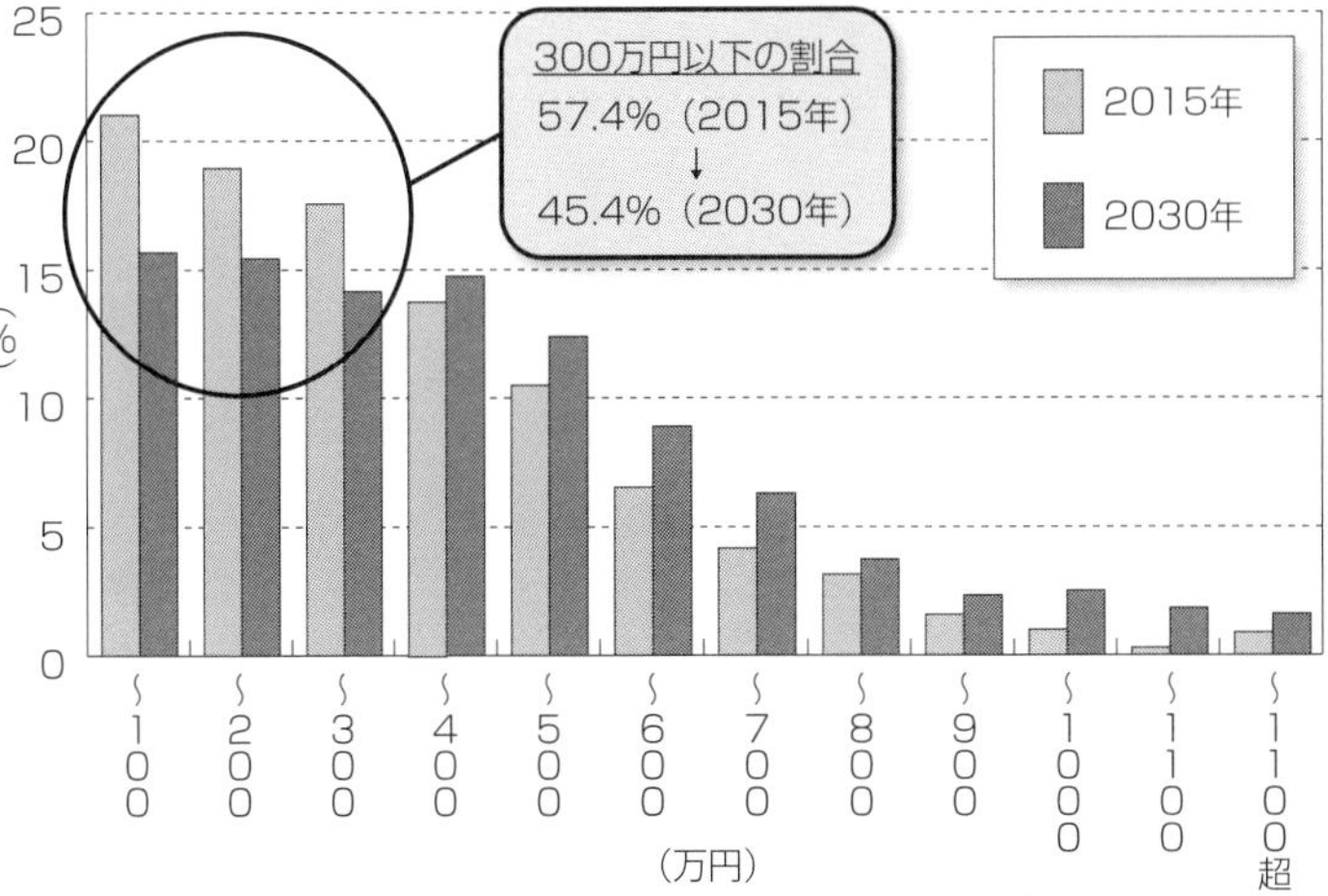

出所：厚生労働省「働き方の未来2035」，2016年。

新しい働き方を実現させる為の最大のアクセラレイターは、実はテクノロジーではなく人であり、人がテクノロジーがもたらすリスクをテクノロジーで解決するのである。そのテクノロジーを作り出す人、活かす人の存在や新しい働き方が機能して初めて、テクノロジーと共存共栄できる未来はやってくるのではないかと思われる。

現在、「シーディア」は冒頭に記した通り、人的リソースを確保する為、働く場所の充実や新しい拠点展開というハード面の投資を行っているが、今後は事業を進める為の〝拠点〟や〝国境〟といった概念も無くなっていくことから、リソース確保の為には人的資源企業として働き手の為のソフト面の充実による魅力ある働き方の提示をしていく必要があると考えている。

〝どんな会社に入るか〟ではなく、〝どんな仕事をするか〟〝どんな会社を創るか〟を人生の選択肢として考え行動し、変化に対応していかねばならない時代がやってくる。これからの十五年、二十年というのは長いようであっという間に過ぎる。今後の働き方を見直す、一歩を踏み出す、「シーディア」はそのキックオフを告げていると言える。

終章

筆者とマーケティング

私は、昭和二十三年（一九四八年）一月二日、山梨県中巨摩郡落合村の寒村の生まれである。一九四八年と言えば、戦後、戦地から多くの兵士が復員し、いわゆる戦後のベビーブーム世代が誕生した時代である。以後今日まで、この世代は団塊の世代と呼ばれ、経済的にまだ貧しい時代であり大半は中学・高校卒業後すぐに就職する者も多かったが、第一次高度経済成長期では重要な働き手として経済発展の礎となった世代である。また、第二次高度経済成長期に大学を卒業した団塊世代は集団就職組で成長した社会人共々、会社人間として新しい時代や日本経済を牽引し、日本の消費を支えてきた世代である。高度経済成長期から一九八〇年代の安定成長期を迎え、一九九〇年代の低成長時代を経て、そして二〇〇〇年代に大量定年退職を迎えた団塊世代は、今日の超高齢社会の中核となっている。

したがって、戦後経済と産業・技術の発展過程の中で、否応なく初期のマーケティングから今日の並行成長社会の端緒としてマーケティングの変革を実感・体感してきた世代と言えよう。

私が本書を記述する経緯は、日本の経済を牽引してきた団塊世代として、戦後の日本のマーケティングと二十一世紀のビジネスパラダイムの変革の中でのマーケティングの変革を実感・体感してきた当事者であるからだ。マーケティング戦略を俯瞰する場合、この実感・体感による共感性は重要であり、日本のマーケティングの進化を生活の中でも、ビジネスの中でも、体現者として記述できると判断した故である。以降、私の成長過程とマーケティングを、終章として列記していきたいと思う。

1 両親とマーケティング

私の父親は、大正七年山梨県の寒村で生まれ、農家の長男として小学校を卒業後、家業を手伝っていた。二十歳になって習志野の重砲連隊に召集され、昭和十七年伍長で除隊するまで、満州の亜城に駐屯していた。戦時中にもかかわらず除隊となった理由は、運良く日本にまだ勢いがあったからだろうが、その後帰郷し、関東配電（現在の東電）の発電所勤めに従事していた。二人で小さな水力発電所にいたそうだが、何かしっくりこなくて上京を決断、警視庁の巡査となった。戦時中でもあり、多くの人間が軍隊に召集されていった時期だが、昭和二十年初期まで特高警察を経て、昭和二十年四月に宮城警備に異動した。八月十四日深夜に起きた宮城事件では宮城警備を担当していたそうで、後の話だが、その一日の話は大変興味深いものだった。しかし、特高警察のままだったら、戦後追放されていたであろうが、これも運が良かったのだろう。

戦後、丸の内警察・警視庁捜査二課に異動した頃、一九四八年、芦田均内閣の崩壊をもたらした昭電贈収賄の捜査に関与、その後公安警察に異動し外事二課亜細亜課（中共・朝鮮担当）として、退職まで警視庁公安警察に勤務していた。公安警察の内容は現職から一九九七年に永眠するまで一切の事項は聞かされなかったが、その後貸金庫から自身が関わった職務の細部（私見が多分に入った）が見つかった。今でも明らかにできない事項が多く、戦後、日教組・革新政党の強い中で、公安警察の捜査はやり辛かったようだ。ただし、外事二課の中心は中共と朝鮮問題だったようで、在日朝鮮人の北朝鮮帰還の頃は新潟の信越線爆破計画を未遂に終わらせることに貢献した実績が残されている。

昭和四十年（一九六五年）以降、学生運動が激化し、過激派の学生による諸外国からの資金流入の有無の捜査に携わり、金大中事件の真相解明やヨド号ハイジャック事件、あさま山荘事件、成田闘争の過激派組織の背後関係、等の数々の捜査を担当した。退任まで多くの協力者を自費で抱えながら、五十五歳で退職するまで職務を全うする。退職後五年間「丸紅」に転職するが、丁度その頃ロッキード事件の後始末の時期と重なる。その後は、社会との関係を断ち切り、戦争体験を共有した仲間との戦友会での活動に関心を寄せ、こうした交流を楽しんでいた。戦後の経済発展の中で中野に居を構え、釣りを唯一の趣味として一生を終えた。

母親は、大正十三年に父と同じ山梨県中巨摩郡小笠原町（現アルプス市）で生まれた。町の商家の八人兄弟の次女として生まれ、父とは異なる町場の感性で育った人である。勉強が好きでたまらず、当時、商いがうまくいかなくなった中でも、長男の経済的援助を受け女学校に進学している。戦時中は教員として小学校に勤務、満州開拓に子供を見送ることが一番辛かった、と述懐している。その後、山梨師範学校に進級する英才であった。

戦後まもなく見合い結婚で父の勤務する東京に転居、中野区立小学校の教員として定年まで教鞭を取り続けた。小学校の教員として勤め上げた母の葬儀には、既に父になり、母なった大勢の教え子が参列してくれたことからも、その能力・人格・資質共に最高の教員であったと思える。二〇一三年八十九歳でその生涯を閉じるが、毎年、小学校の同窓会に招かれることを楽しみにしていた。

私の幼児期は母の務める小学校まで母乳をもらいに誰かに連れられなど、戦後の混乱期の中で共働きの大変さが窺える。こうした両親の下、育てられたが、米軍物資配給の時節柄、私自身は物心つくまで腹がへっていたたまれない思いが強く残っている。当時、中野の本郷通り（現、弥生町）からかなり遠方だったが、バラック建ての家屋が点在する中、走っている中央線の電車が見えた記憶がある。今となっては嘘のような話である。

物心ついて記憶に甦ったのは、朝鮮動乱の始まった一九五〇年頃からであろうが、両親が留守の間、家に帰ると近所のおばあさんが手伝いに来ていて、まるで鍵っ子のようなものであった。当時、同年代の子供たちは外で走り回っていたが、教員の母は六年生の漢字テストを一年生にもならない私に毎日一週間単位で義務づけていた。当然、遊びたい一心の私は前日に仕上げたテストを置いておくと、何故かバレてしまう。いまでもこれが不思議でならない。

小学生の頃、巨人ファンであった父親はラジオで実況を聞くのが楽しみで、当時流行ったソニーの小型のトランジスタラジオをそばに置き、熱中していた。その後、テレビの時代を迎えるが、白黒テレビが我が家にやって来るのはまだ先で、力道山のプロレス中継など、近所の家で見せてもらうことが楽しみであった。しかし、一九五八年（昭和三十三年）頃になるとさすがに、我が家にもテレビ・冷蔵庫・洗濯機が登場し、家庭内の近代化が始まることになる。両親がラジオCMや新聞広告を見ながら、購入を検討していたのが目に浮かぶ。また同時期、周辺では古いバラックから新築する家が多く、一九六〇年に我が家も現在の家を新築することになり、戦後間もない東京に在住してやっと新築家屋を手に入れた。両親は生涯この家に住み続けたが、主を失ったこの家も二〇一七年に解体を決断した。

団塊世代の数とはたいしたもので、私が通った中野区立桃園第一小学校では、一学年一クラス六十〜六十五人の編成で六クラスの児童数がいた。そうした膨大な児童数の中で、母は私の私立中学校への進学にこだわった。当時、留守を頼んでいたおばあさんも年齢的に無理があり、完全に鍵っ子になることを見通していたようだ。私立への進学は一クラス四〜五人程度だったが、母の願い通り私は早稲田中学への入学を果たすことになる。この時、現在でも公私ともに親交を続けている宮原保彦氏（東レ・デュポン副社長）、安孫子正氏（松竹専務取締役）、桂照男氏（松下通工常務取締役）と出会う。

経済成長期の中学から高校の僅かな期間で、家の新築に伴い家庭内の近代化は一気に促進された訳だが、文字通りそれは家電製品と共にあった。急速に普及した白黒テレビも修理が必要となれば近所の電気屋が対応するので、次の家電品購入につながる。これが第一次経済成長期の系列店サービス力に頼った生活の近代化である。

日教組の母親と公安警察の父親の夕食の会話は、各々の職場談義となることが多々あり、当然最後は喧嘩となる。居合わせる私と弟はトバッチリを受けることになるので、中学後半期からは学校帰りに近くの蕎麦屋で夕食を済ませていた。毎日同じ店に行くのは気が引けるので、二軒の蕎麦屋に日替わりで通っていた記憶がある。一軒の蕎麦屋には、宮城県から集団就職で上京し夜間高校に通う同世代の女性が働いていたが、私の学生服を見て良く声を掛けてくれた。この女性は、後に蕎麦屋のオヤジの支援を受けながら夜間高校卒業後は服飾専門学校に進学し、大手化粧品企業に就職している。一九七五年に偶然銀座で再会したが、既に結婚し百貨店の美容部員の教育担当に成長していた。同世代でも私と違い、努力と苦労の末の結果だと思う。

一九六四年十月の東京オリンピックの開幕日は良く記憶している。早稲田高校二年生の中間テスト最終日、日本晴れの天候の中、我が家の白黒テレビに映る開会式のセレモニーに興奮したものだ。当時のカラーテレビは高価で中々普及が進まなかったが、このオリンピックを契機に販売台数が増加した。

翌一九六五年、早稲田大学への進学を目指して受験勉強に取り組むも、勉強の仕方が理解できず英語に苦慮していた。ここで中学から勉学を共にし、後に米国「デュポン」社の役員を務め、「東レ・デュポン」の副社長を歴任した宮原保彦氏による厳しい指導を受け、英語の克服に成功した。だが、父親と同じ警察官を目指して法学部を希望するものの、商学部の補欠合格以外は全ての学部で不合格という結果に終わった。普通科の高校から商学部へ進んだため、この時は大学で何を学べば良いのか全く理解できなかった。

2　私とマーケティングの出会い

一九六六年当時、早稲田大学でも学費値上げをめぐり、学生運動が激化した時代である。現在では考えられないが、学生が本部を占拠したため入学式は学部単位で行うなど、閉鎖された校舎には入れぬまま、新入生は何をしに来たのか、何をするのかさえわからない時代であった。大学紛争は全国に拡大し、過激化していったが、早大商学部は日和見的で一番最初にストは解除されていた。入学から授業が再開されたのは六月からとなるが、教授有志による新入生への特別講義が五月から三日間行われた。私としては、大学での講義に飢えていたので、三時限／一日の講義全てを受講した。

その中で、後に指導教授となる原田俊夫先生の商業経済の講義を受けた。当時、マーケティング論という講座は無く、商業経済と称していた。今でも覚えているが、原田先生はこの時、マーケティングをメーカーと消費者間の製品の授受の構図として解説した。そしてその当時、生活者の生活変革をもたらした八ミリビデオカメラの広告事例や製品特性と市場浸透の話をされた。加えて、自動車の普及への販売戦略の概念（ディーラー政策）、菓子を事例とした流通の実態等々を興味深く拝聴した。商学部にこのような講義があるとは思いもしなかった私に、何に取り組むかを明確に信じさせた名講義であった、と改めて思う。以来、私のマーケティング視点は、大学生活と社会の見方を変えていくことになる。

時代は、東京オリンピック後の不況から立ち直る大量消費時代であり、広告万能の時代であり、さらにスーパーマーケットの登場による流通革命が芽生えた頃である。私は、原田先生が主催する大学の市場調査研究会に所属した。当時の市場調査は実態調査（面接質問紙法）が多く、実際に企業の委託を受けて実調を行い、集計・分析・レポート作成まで経験できた。大学二年の時、早稲田祭で資生堂より男性化粧品「M

G５」の調査を依頼され、この集計・分析に携わったことが、私の市場調査実務の最初である。当時の早稲田大学商学部は、流通革命の流れを受けて、通商産業省（現：経済産業省）の審議委員を務める宇野政雄先生、広告論の小林太三郎先生、その他物流論、貿易論等、マーケティングの顔ぶれは錚々たるお歴々が揃っていた。

当然、原田先生のゼミに参加して演習に取組みながら、一九六八年話題となったスーパーマーケットのチェーンストア理論と流通革命について、様々な講演を聞きに出かけていた。その際、マーケティングはターゲット論が命題となっており、市場細分化理論を進化させることが叫ばれていた。私もその分野に取り組んだ。そして、この当時大手調査会社の綜研（現：電通の関連会社に吸収）から朝日新聞との協同リサーチとして「民力」が発刊された。これは、エリア・マーケティング論を生んだデータベースであり、エリア・マーケティング論を四年次商学部の懸賞論文に寄稿、入賞させて頂いた。世の中は、流通革命が進展を見せてスーパーマーケットの台頭がメーカーとの力関係の逆転を生み出し始めた頃で、店舗オペレーションの新しい動きや急速に成長を遂げていたダイエーを始めとするＧＭＳは、日本のマーケティングを大きく変革するものと受け止められていた。まさに、スーパーの出店調査を市場調査研究会レベルで受注しながら、エリア特性の重要性と店舗運営の関係を実態調査の中で取り組む面白さを体験した。しかし、ＴＢＳの企業イメージ調査に関わる中で、公害を排出する企業はイメージを損なうことに気づき、企業の成長過程に社会的存在価値の重要性も知覚した。

そして、就職期を迎えた一九六九年はいざなぎ景気により、就職活動は商社・鉄道・流通業・メーカーを含め三月には面接のみで即採用が決定する売り手市場であった。こうした状況は第一次オイル・ショックまで続いた。私個人としては、もうしばらく市場調査の実態を見極めたい気持ちが強く、変革する流通革命の中でエリア・マーケティングを追求したかったので、大学院への推薦を受けることを決めた。原田先生の推薦を頂き、十一月に大学院修士課程の入学が決まった。大学院への進学は、特に父親が喜んでいたように思う。

このような経緯を述べていると、さも真面目に大学生活を送ってきたように見えるだろう。学内は学生運動の混乱期にあったが、講義にはきちんと出席する学生で、成績は悪くはなかった。しかし、母親の紹介で始めた三組の家庭教師による収入が中堅企業の初任給程度あり、当然、夜の飲む世界に埋没する結果となる。夜な夜な飲み歩いていても講義は休まず出席したと自負しているが、古き良き時代の夜の世界は、学生にとって非常に甘美なものであった。当時、大都市の繁華街を除く駅周辺の飲み屋街はサラリーマンや戦中派の労働者のたまり場であり、彼らと飲んで歌い騒ぎ、飲み屋のママやおやじとの会話は、世の中の縮図をみるようで楽しかった。

後に深い関わりを持つことになる一年先輩の座間平治氏と知り合う。彼は、先の「民力」を発刊した綜研に就職し、西友ストアのエリア・マーケティングの出店調査を担当していた関係で、私はその集計と分析の手伝いに駆り出された。毎週末、各出店予定地域の街頭調査の実施を任される程、当時のスーパーマーケットの成長は著しかった。思えば、一九六九年当時、一日一億円の売上を達成していたダイエーが三越を抜いた時代である。その対抗企業が西友ストアであった。ダイエーの創業者中内功氏は、売価マイナス方式（売価－利益＝コスト）を提唱し、売価は小売業が決めると主張し、コストの納価部分の工夫をメーカーに要求した人物である。私も、チェーンストア理論と流通革命論及びメーカーとストアとの立場の逆転が面白く、ましてや西友ストアの出店調査・分析を任されたこともあり、流通マーケティングとエリア・マーケティングの実践に強く惹かれた。学部四年次から大学院へ進学して一年、こうした実践から得る収入と家庭教師で得た収入は月五万円近くあったが、駒込にある瀟洒な焼き鳥屋「とりよし」の二階座敷に入り浸っていた先輩の座間平治氏に報告書作成の手伝いに呼びつけられ、仕事と称してそこに泊まり、飲んだくれて消えた。カラオケの無い時代であり、そこに集まるサラリーマンや労働者と従業員がアカペラで歌っていた。当時の酒場は戦中派が多く、歌あり、涙あり、笑いあり、そんな時代だった。

たまたまギターが弾け、歌が得意だったので、学部四年当時の学生服姿の私は、店のギターを借りてお客の歌をサポートした。そうすると酒をご馳走してくれる。ただで酒が飲める毎日は、楽しい日々の記憶である。報告書作成にも携わっていたが、どちらかと言えばそうした時間の方が多く、大学院に入ったばかりの私に、店のおやじは「大学院まで行って何するんだ。店をもう一軒作るから修業してそこを手伝え」、こうした甘い誘惑もあった。当時の駒込界隈は水商売の多い街で、夜遅くはこうしたお客を中心に夜の商売の裏社会の話が新鮮であり、毎日楽しくて仕方がなかった。この時代は女子大生が水商売に関わることもなく、ほとんどが戦後の苦労を経験したプロの女性であり、その話が新鮮であった。

大学院では、毎週語学（英語・独語経済学）を含めた発表があり、こんな生活の中で通用する訳がなく、大学院講義は休みがちとなった。そんな中で、一年先輩の座間平治氏は読売広告社に転職していた。彼は営業と直結した広告計画セクションに在籍し、当時、電通を始めとする広告代理店ではハワード・シェスによる購買プロセス理論のＡＩＤＭＡ原則をベースに広告効果システムの構築がブームとなっている時期であった。読売広告社も独自にＡＩＤＭＡ効果測定モデルの作成に取り掛かっていた。彼の「読売広告社でこの作成に来ないか」との誘いをいとも簡単に受け、まだ大学院修士一年の私は嘱託契約で携わることになった。当然、原田俊夫指導教授にも読売広告社の責任者（細野晃氏─この方には大変お世話になった）から断りを入れて頂き、卒業後は就職する約束でこの仕事に従事した。当時、セクションは資料調査課といった名称で、社内図書セクションも保有していた。週三日の勤務で当時の初任給程度の収入は魅力だったし、何と言っても図書資料が閲覧できることが楽しみだった。大学院卒業までの約一年間で読売広告社の広告効果測定モデルを完成させた。

３　読売広告社とマーケティング

読売広告社内の資料調査課とは重要なセクションではなく、一九七〇年修士課程修了前の一月に修士論文（エリア・マーケティング論）を提出した直後の二月一日付で正規社員として採用された。既にこの頃、広告効果システムのマニュアルは作成済みで、入社後の仕事の命題は特になく一日中ヒマを持て余していた。私生活では、出店調査やＴＢＳの調査のアルバイトにきていた青山学院の女性と知り合い、卒業前に結婚していた。そんな訳で、時間はあるが使えるお金は無いので、毎日国会図書館に入り浸っていた。そこで出会った書物が、日本の古代から現代までの食文化を網羅した「日本食物史」で、今でも参考になっている。例えば、平安時代のマツタケやタケノコの食べ方から寿司の起源まで、詳しく解説されており興味深く読んだ覚えがある。因みに、平安時代のマツタケは朴葉で包み、たき火の中で焼いて塩で食べていた。後年、この食べ方が韓国の慶州に残っていると聞き、わざわざ食べに行ったが大変美味しく感じた。

読売広告社に入社した一九七二年当時は団塊世代の結婚ブームもあり、郊外住宅やマンション、住宅公団による団地等、第一期近代住宅の市場ブームであった。また、経済成長率が年平均一〇％を超える好景気であり、収入もわずか数年で倍以上に昇給、勤務先が銀座一丁目だったこともあり、銀座界隈をツケで飲み歩いていた。当時のサラリーマンの所得が右肩上がりだったことで、溜まっていくツケの支払いを恐れていなかった。住宅ローンの返済も暴騰気味の給与水準で、一年の我慢で何の苦も感じなかった時代である。

当然、経済は発展し、企業収益も暴騰する。読売広告社は№４の総合広告代理店で、不動産関連のクライアント先が多かった。高騰するマンションや住宅の販売が立地によって円滑に進まない事案に、入社半年後も手持ち無沙汰の私は、ターゲットを明確にした新聞広告や案内販促の必要性を感じていた。当時、販売の苦戦が予想された三井不動産の物件に対しクライアントから市場調査を促され、営業から資料調査課の課長に相談が持ちかけられた。しかし、広告代理店には不動産市場の調査がわかる人材もおらず、また、一般定量アンケート調査は知っていても、市場調査の専門家は不在といった現状だった。そこで、学生時代に市場調査研究会に参加していたことが幸いし、新入社員の私にその話が回ってきた。不動産調査の場合、まずターゲットと思われる対象を選定し、一人ずつ個別に住宅の過去の歴史やニーズを探る為、一時間程度のインタビューによる定性調査法でないと分析結果が得られない。当然、インタビュアーにも特殊能力が必要とされ、そんなノウハウは誰も持ち得ていなかった。読売広告社にとって三井不動産は最大のクライアントの一つであり、重大な要望である。そして、定性調査による一サンプルのコストは高く、一定量のサンプルが求められる調査の費用は莫大であるが、さすが大手の三井不動産は全てを了解してくれた。早々に私と別の調査会社の知り合い二人で一か月の期間を掛けてインタビューに取り掛かるが、そもそもマンションと戸建てを希望する購入者のニーズは、間取りから設備まで全く異なる。そうした要素を踏まえた分析の結果であったかどうかは別として、高額で売りにくいと思われた物件が短期間で完売した。この事実は、会社にとっても、営業にとっても、調査で広告が取れるという神話を生み、以降続々と不動産調査の依頼が舞い込み、さらに他の食品メーカーの調査などが増え、資料調査課のスタッフは増員された。

こうした市場調査の専任としての業務は楽しかったが、当時マーケティングの中で注目されていたのは、エリア・マーケティングによる製品テストマーケティングとコンピュータによる情報分析アプリケーションの進化、そして、数量化理論を進化させたライフスタイル分析であった。また、広告代理店の世界にＡＩＤＭＡ広告効果測定モデルの他に、ＩＤ政策モデル（ＣＩ戦略モデル）が導入された初期である。また、ターゲットセグメンテーションによる広告メディアミックス理論と表現戦略のターゲット属性理論が導入されるようになり、その先駆者として会社の市場調査実務とマーケティングモデルを前面に打ち出す努力を続けた。

売上成長の時代でもあり、分析機器やアプリケーションシステム構築コストへの投資も簡単に稟議が下りた。

こうした中で、一九七四年、私に今日のマーケティングベースを作らせてくれた企業の存在があった。それがチョコレートや洋菓子で馴染の深い「メリーチョコレート」である。当時は百億円に満たない百貨店の老舗（のれん）として販売していた企業である。広告に若干の疑問を抱いていた当時の原専務から、総合企業戦略提言（CI戦略を含む）の企画書が了解された。この調査は、百貨店の売場フィールド設置モデル、製品戦略モデル、ターゲット戦略モデル、そして企業全体のCI戦略モデルと、多岐に渡った。今思い返しても、多額の予算を要する調査を二十代の若造の話を聞き入れ良く決断してくれたと思うが、実際、それらの結果を実務に活かしていただいた。そして、この時の調査結果は今日でも意義のあるものとして、大学院の講義にも長く活用してきた。

また、当時のメリーチョコレートの野望は、トップ企業のモロゾフを高級チョコレート市場で追い抜くことであった。専務は本場チョコのハンドメイドに自信を持っていたが、売り場でその件に言及すればする程、モロゾフのイメージアップにつながっていった。ところが当時、メリーチョコレートには自信商品の一つに真空パックに入った「マロングラッセ」があったが、温度帯別にフランス栗をブランデーに漬けるなど、一つ一つ手作りで手間のかかる製品は高級チョコレート以上の価格だった。そこで、ライフスタイル分析を導入し、ターゲットとなるモデルを設定、「大切な味だから」をキーワードに第一ステップで中核商品として贈答対応していった。店員は時間があると手書きの礼状を差し上げるなど、質の高い対応レベルであった。そうした店員の発案から生まれたのが、一個売りの販売である。当時の贈答品は送り手側が食べていないことが多く、手頃な価格で購入できる売り方で推奨していった。今でこそ「カジュアルギフト」や「自分へのご褒美」は、当たり前のマーケティング販売コンセプトになっているが、一九七〇年代にこうした展開を行っていった。このカジュアルギフトをハンドメイドチョコレートにまで拡大して顧客化を促進した。さらに、当時のチョコレートは明治・森永・ロッテのマスプロ製品が一般的であり、試食グループインタビューの結果は、本格ハンドメイドチョコレートはカカオの含有量が多く苦さばかりを感じるだけで、まずいといった評価だった。この結果にショックを受けた専務は、本格チョコレートにミルクを加味した「アメリカン」を開発、単価を下げた贈答品として販売した。専務のすごさは、めげないマーケッターであったことだと思う。当時はサントリーも「ブランデー、水で割ったらアメリカン」の感性訴求が大ヒットした時代である。もちろん、百貨店限定の販売だが、一般消費者に値ごろ感と数量ボリュームの割安感で大ヒット商品となった。

数年間に渡り、こうした様々なアプローチを提言しながらメリーチョコレートの成長に関与してきたが、一九八〇年前後に高級チョコレートの売上ではモロゾフを超えることができたと思う。今では、ゴディバを含め海外ブランドのチョコレートが幅を利かせているが、どこの百貨店にもメリーチョコレートの売り場はあり、マロングラッセも販売している。中国への手土産には必ずメリーチョコレートを持参するが、私を育ててくれた企業への思い入れが強く残っているからである。当時、最新の市場調査モデルとマーケティングモデルを実践させてくれた企業であり、私のマーケティング実務者としての成長を支えてくれた企業である。恩人でもある原専務は既に鬼籍入っているが、当時の工場のあった大森には足を向けて寝られない。

ところで、この頃出会った高千穂大学商学部教授の片山又一郎先生が、私の大学教員としての道を作ってくれた。宇野政雄先生の門下生として他の実務家や研究生共々、大学院の演習に参加していた片山先生は、その中でもマーケティングの新しい概念に取り組んでいた。とにかく飲むことと歌うことが好きで良く誘われた記憶がある。片山先生は高千穂大学の定年前に亡くなられたが、それまでに七十冊を超える専門書を出版している。今でもこれを超えるマーケティング学者は存在しないと思うが、一緒にお酒を飲むと必ずこれからのマーケティングに関する出版の話になるので、その一部の執筆を懇願すると快く了承してくれた。後に、先生の編集本には必ず執筆していた実績が認められ、大学教員へ進む道を開いてくれたことには、感謝の念に堪えない。

そうした中で、一九七八年に卸営業をテーマにした「国分対明治屋」を執筆することになるが、当時の卸流通に関して、世間的には良く理解しにくい巨大卸売業流通機構の再編成とその戦略を明らかにした。続いて、「富士写真フィルム対小西六写真工業」を執筆するが、一九八〇年に片山先生の推薦で高千穂商科大学（現：高千穂大学）商学部に転籍を決意、文字通り同大学の実務マーケティングを二人で牽引してきたと自負している。

4　高千穂大学と読売広告社とマーケティング

高千穂大学への赴任は一九八〇年四月を予定していたが、当時のマーケティング部長（資料調査課からマーケティング部へ名称変更）の細野晃氏から、読売広告社の六月の役員改選で、後に大恩人となる山元清朗常務のマーケティング担当役員の就任を待ったほうが良いとの示唆があり、赴任は九月まで延期されることになった。つまり、半年間、大学教員と読売広告社を兼任していたことになる。公には認められることではないが、細野部長と当時大学事務局長星埜先生（元：長銀専務）お二人のご助力のお蔭である。星埜先生は後に高千穂大学の学長を務められているが、以降、読売広告社とは良好な関係が保たれている。

一九八〇年当時の流通業の台頭は著しく、POSシステムの導入とデータ分析が注目された時代である。そこで、POSシステムのデータ分析に注目した私は、読売広告社と高千穂大学の星埜先生に相談を持ちかけ、産学連携でPOSプロジェクトを立ち上げることになった。大学側から三千万円、読売広告社からは一億円という多額のシステム開発費を提供して頂き、POSシステム研究は読売広告社のアドバイザー職を退職する一九九〇年九月まで続いた。このPOSシステムの研究結果により、読売広告社は流通マーケティング力を外部に示すことができた。また、これを支援した出版社がマーケティングの専門誌「ブレーン」と「国際商業」で、分析結果の毎月の寄稿を認めてくれた。

同時期、読広マーケティング会議を開設、読売広告社選別メンバーと若手研究者とのプロジェクトが始まった。座長は宇野政雄先生、副座長を片山又一郎先生に務めて頂いた。読広マーケティング会議は一九八六年までの六年間継続されたが、成熟社会における社会構造・生活構造の変化とマーケティングの変革を明らかにした実務的研究であり、私のマーケティング実務ノウハウを構築してくれたと言えよう。この会議では、年一冊のペースで研究成果を出版していたが、一年目の「成熟マーケティング戦略」は世の中に問いかけた書籍として大ヒットした。

また、読売広告社のマーケティング・アドバイザーとして兼任していた業務の中で、三井不動産販売の住宅仲介事業のフランチャイズ制度の確立（現：三井のリハウス）、バンダイの統合合併に伴う各種業務遂行マニュアルの作成やＣＩ戦略（現在でも使われている「楽しいトキを創る企業・夢クリエイションバンダイ」の企業理念標語）等々の取組みは、私のマーケティングノウハウと時代の進化を融合させてくれた。一方、高千穂大学では、個人として関わっていた全労済と産学共同で団体マーケティング研究プロジェクトを開設し、これも宇野先生を座長に据えて、企業以外の公共生活協同組合としてのマーケティング実務の提言を定着させる概念を構築した。

さらに、一九八八年には民営化した日本電信電話会社（一般呼称ＮＴＴ）との在宅聴講システム構築の産学共同研究に取り組み、当時の進藤社長より進藤賞を頂けるほど、画期的なものであった。通信高速の近代化に寄与したと自負しているが、星埜学長の躊躇ない取組み許可もあって進められた研究成果は、大学講義の在宅聴講モデルとしてＮＨＫや日経新聞にも取り上げられ、実務的マーケティングとして高い評価を得た。私としては、高千穂大学を世間に知らしめたい一心であったが、これら一連のプロジェクトは当時の教務課長千葉吉明氏のサポート無くしては推進できなかったであろう。彼は、新しい取組みを己の職務としてサポートしてくれた、大恩人の一人である。

ところで、ＰＯＳプロジェクトの推進業務の中で、忘れてはならない人物が宮原保彦氏である。一九八二年、早稲田大学システム科学研究科の夜間ビジネス講座の講師を務めている時、十数年ぶりに偶然再会を果たすことになるが、それまで全く会うことは無かった。彼は、日本テレビを退職後、世界のデュポンジャパンの人事課長の要職にあり、社員を研修に派遣する立場にあった。人事採用を、事業予見を含めた計画で行っており、人材確保にマネジリアル・マーケティングの概念の導入を図っていた。一九八三年、南カリフォルニア大学（ＵＳＣ：University of Southern California）へ視察で渡米する彼に、ＵＳＣのＰＯＳ研究の第一人者に会いたい私は同行をお願いし、いとも簡単に許してくれた。無事第一人者の教授に会うことができ参考となる部分もあったが、データ分析で、しかもフィールド・マーケティングのモデルでは、私の発想と日本の方が優れているように思えた。その後も宮原氏とは様々な形で親交を深めているが、一九九〇年後半、デュポン社が開発した高機能不織布のイオンとアスクルでのＰＢ化の推進に関わるなど、マーケティング実務の進化を共に行うことができた。

5　マーケティング総合研究所（ＭＵＩ）とマーケティング

一九八〇年代バブル期には、イトーヨーカ堂を中心とする日本型フィールド・マーケティングの進化とシステム化は著しく、広告代理店のスポンサーはメーカーが中心であった為、流通業のオペレーションシステムとフィールド・マーケティングのシステムを知れば知るほど、実務への関与を熱望するようになった。丁度、恩人である山元氏が急逝したこともあり、読売広告社との関与を終了させて頂き、一九九〇年にマーケティング総合研究所（ＭＵＩ）を設立した。バブル崩壊後の混乱の中、企業経営の革新が叫ばれる時期でもあり、さらに消費財メーカーとしてもスーパーや流通業への営業力強化とスーパーの五十二週

／一年の生活シーン提案が求められるようになっていた。そこで、提案型営業研修のMUIモデルを確立し、プラス、明治、紀文食品、UCC、オタフクソース等々、数々の営業研修を受託した。

同時に、国分とマルエツのデリカプロジェクトに参画、マルエツとのつながりの中で当時の商品部長高橋晋氏との出会いがあった。彼は、先進的な大物で後にNTTドコモのｉモードによる購買促進実験やICタグによる流通革新研究など、様々なプロジェクトを立ち上げ、流通の第一線の研究に深く関与させて頂いた恩人の一人である。さらに、イオンの高橋宣久氏との出会いは業革推進担当時代、後にトップバリュ開発の商品戦略室長やショッピングセンターの本部長を歴任されるが、その都度深い関係を築いてきた。特に、二〇〇〇年代のイオントップバリュの新コンセプトやショッピングセンターの商圏分析では、私として様々な実務ノウハウを得ることができた。この方も恩人の一人として現在でも様々な形でお付き合いを願っている。

一九九〇年のMUI設立と同時に、異業種間の交流を図る目的で「企業間ネットワーク研究会」を立ち上げた。この研究会は既に二十八期を迎えることができたが、ひとえに多くの企業の参画とご理解の賜物と感謝申し上げる次第である。毎回、その道の実務家の方々を講師に招き、時代ごとの進化と変化を実感したと感じている。年六回の開催ごとにNETWORK REPORTとして発刊しているが、書物として認められ現在では国立国会図書館に所蔵されている。

マーケティング総合研究所及び企業間ネットワーク研究会に多大な功績を残し、恩人と呼べる方々を紹介したい。

元、紀文食品の専務取締役、現在キッコーマンソイフーズの代表取締役会長の重山俊彦氏は、企業実務と経営の天才的な人物である。彼のマーケティングへの取組みは、私のマーケティングに多大な影響を与えた人物である。5W3Hで全ての事項に取り組む中で、するどい言及でよく問い詰められてきた。学者としての道を確立し、論理的思考が修得できたのも彼のお蔭である。個人的にも友人としてお付き合い願っている。

NTTドコモの高橋勉氏は、NTT本体の開発部長当時に研究会に参加、NTTドコモの通信アプリケーションの進化と実務に深く関与、SNS時代の進化を体得させて頂いた。また、プラスの江藤敏行氏には、代表取締役会長 今泉嘉久氏をご紹介頂き、関連企業からはアスクル（岩田彰一郎氏）、ジョインテックスカンパニー（淺野紀美夫氏、小池徳彦氏）、ファニチャーカンパニー（大野敏幸氏）など、多くの有能な人材を講師としてご紹介頂き、知り合うことができた。プラスの新規事業時代の先進性に触れ、今日まで続く深い実務知識を得るきっかけを授けて頂いた。

また、フラクリン・コヴィー・ジャパンのトレーナーであった上條富彦氏からは、七つの習慣を始めとする新しい人材育成のフォーマットについて、毎年違った形のフレキシブルな講義を拝聴してきた。かつてプラスで人材開発を担当してきた彼のノウハウは、さらに磨きがかかっていると感じる。

明治の執行役員営業企画本部営業企画部長中島聡氏は、一九九五年に旧明治乳業へ提案型営業研修を導入した逸材である。当時、係長であった彼は営業支援システムの策定や提案型営業システムを構築するなど、現在の明治の提案型営業力と人材開発に多大な功績を残した人物である。大学院及び当研究会へも毎年ご出講を願い、時代の変革の中でより進化させたお話は、様々な変遷を遂げている。また、栄養営業本部を所轄する常務執行役員森田勉氏はドラッグストア中心の営業体制を整え、代表取締役社長川村和夫氏は、本部長時代に提案型営業システムの推進やドラッグストア営業の在り方の構築や北京オリンピック女子バレーボールチーム出場に際しての「ＶＡＡＭ」飲料の提供による選手団の支援など、両氏には実務学者としてのノウハウを磨かせて頂いた恩人である。

オタフクホールディングスの代表取締役社長佐々木茂喜氏は、グループの中核企業オタフクソースの社長時代より度々ご登壇願い、ファミリービジネスについての経営方針を伺った。彼がまだ営業本部長時代、弊社の特技はデモ販しかないと言われていたが、それこそがオタフクソースの顧客創造の特徴であったと思う。〝ソースを売るのではなく、お好み焼文化を売る〟を命題に、今日のオタフクソースの基盤を築いた第二期の創業者ではないだろうか。そして、ＨＤの常務取締役佐々木孝富氏、国分から同社の顧問として就任した塩月隆義氏や専務取締役村嶋敏治氏など、提案型営業研修や戦略会議を通じて長くお付き合いさせて頂いている。

読売広告社財団のハイライフ研究所専務理事を務めていた高津春樹氏にお誘い頂き、研究機関として二年間、食育に関する研究に携わった。当時、まだ曖昧模糊としていた食育のマーケティング概念を構築する一助となったと考えている。また、講師としてマーケティング３・０、４・０の概念を再確認させて頂いた。この件に関しては、東急総合研究所のＱＰＲ（生活部ＰＯＳ）のデータベース設立をきっかけに知り合った、現在、自由学園で教鞭をとる水嶋敦教授が深く貢献することになる。彼は、ＱＰＲデータを活用した消費者行動など、専門的な分析でＭＵＩの研究活動に大きな功績を残してくれた。

そして、イオンやハイライフ研究所の研究実務では、行動科学研究所の宝寄浩一氏、丹野俊明氏の市場調査力の協力は無視できない。特に、宝寄氏は大学院時代からの恩師であり、私に市場調査と先進的分析の実務をご指導頂いた。

新日本スーパーマーケット協会の専務理事三浦正樹氏には高千穂大学の監事を務めて頂き、事務局長島原康浩氏には研究会の講師として大変有意義なお話を拝聴するなど、大学とＭＵＩ双方でお世話になっている。また、協会が主催する消費税研究会の座長を拝命、インテージデータからスーパー業界の在るべき方向性を予見したり毎年開催されるスーパーマーケットトレードショーで発表する機会を与えてくれた。そうした関係の中で、ヤオコーの元常務取締役・日本スーパーマーケット協会の元専務理事を務め、現在コーネル大学ＲＭＰジャパンプログラムディレクターの大塚明氏からは、スーパーマーケット実務のノウハウをご教示願い、今後の流通業態の進化と予見の放談は、私の流通実務研究の一助となっている。

長野県に本社を置くタカノの相談役堀井朝運氏とは、旧早稲田大学独立大学院アジア太平洋研究科の講師時代にマーケティングのケーススタディを講義する中で、大学院の一学生として知り合った。既にタカノの社長を退いていたが、新規福祉医療機器事業への顧問を求めにわざわざ茗荷谷の事務所まで足を運んで頂いた。堀井氏の新規事業開発への哲学は、同氏の著作物二冊に収められているが、個人的にも友人としてご教示願っている。

また、顧問を務める国分とは経営統括室西田邦生氏との関わりで、デリカプロジェクトから営業支援データベースの構築に携わり、国分関信越では既に退任された星崎信二・小松崎寿文両社長と現代表取締役社長大久保徳政氏との関わりの中で卸実務を勉強させて頂いている。そして、現在では国分グループ本社マーケティング部の千木良浩氏と営業支援データフォーマットの制作に携わり、花澤・近藤氏及び谷田貝女史を筆頭に多くの方々と共に卸流通営業支援の在り方を模索している。

二〇〇六年生協総合研究所との購買行動研究会の座長を務めた関係で、東都生活協同組合とは、理事長庭野吉也氏、専務理事風間与司治氏を始め、野地浩和本部長、福田亘良執行役員、宮田進マネージャーと共に、実務的な企画提案に関与する中で、多くの生協販売ノウハウに携わり、特に、福田氏による先進的アプローチへのノウハウでお世話になっている。

UCCとの長い関わりも提案型営業を含め、コーヒー市場と売り場や商品に関わるインセンティブを作ってくれたと感じる。また、ダンサイエンスの取締役会長大島一浩氏は、メーカー販促ノウハウの構築で大変お世話になった方である。

以上、一九九〇年代から今日に至るマーケティング総合研究所とマーケティングの関わりで、企業生き残りの実態とマネジリアル・マーケティングの在り方を含めて関与した方々をご紹介してきたが、他にも多くの実務者にお世話になってきた。全てをご紹介しきれないが、多くの企業実務家の方々のお蔭で本書が執筆できたと言える。

6　中国とマーケティング

高千穂大学には、共同研究による交流を通じてアジア諸国の発展に寄与する目的で、アジア研究交流センターが創設された。一九九七年より中国国家政府人事部（現厚生労働部）との人的資源開発、そして北京中央財経大学とは日中経営マーケティング比較研究が始まった。

国家政府人事部人事科学研究院との共同研究では、多くの日本企業の実務家の方々が訪中し、事例の発表を行った。特に、明治の中島氏、マルエツの高橋氏、松下電器産業の桂氏、デュポンの宮原氏、ピップの中地氏、行動科学研究所の宝寄氏、国分の西田氏、北九州産業振興局の古賀氏、ＮＡＡの小堀氏、等々多くの方々にご講演を賜った。こうした活動は、中国国有企業及び民営化企業の近代化に多大な功績を残したと思っている。

また、この件では、高千穂大学教授、成田空港共生執行委員長を務めた故山本雄二郎先生の協力なくしては実現できなかったと言える。生前の山本先生からは多くの示唆を賜り、マーケティング総合研究所の活動にもご尽力を頂いた。

北京中央財経大学との共同研究は継続されており、同大学副学長李先生、催先生との共同研究では様々な成果を上げてきた。特に、商学院教授の周衛中先生は明治大学博士号を取得されており、マーケティング研究や中国企業経営の実務では大きな示唆を頂いた。

これら共同研究では、鬼怒川グランドホテル社長波木恵美氏の存在を忘れてはならない。北京にオフィスを持ち、豊富な人脈を持つ波木社長による人事科学研究院や財経大学との中国交渉の在り方や中国企業実務に対するご教示は、両国関係の円滑化と成果に大きく寄与している。

そうした多くの協力の下、一九九九年には人民大会堂で共同発表や、また二〇一〇年、財経大学によるウイグルでの講演など、多大な成果をもたらした。

また、私的には、北京オリンピック開催時の明治による女子バレーボールチームへの支援のお手伝い、江蘇省エリアでのショッピングセンター開業に向けたコンサル、飲食事業のコンサル、大型エンタテイメント施設のコンサル、等々、数多くの中国ビジネスのコンサルティングに寄与してきた。そして、技術人材コンサルティング会社シーディアの高松英樹社長の支援によって設立した、社団法人日中未来産業推進協会の代表理事として活動を始めた。以降、高松社長にはこれからの日本の人材雇用の在り方や中国企業を含むグローバルな技術人材のコンサルティングノウハウをご教示頂いている。

年四～五回の訪中を通じて、私なりの対中ビジネスノウハウを構築できたのもこうした方々のご指導のお蔭である。ここでも高千穂大学の千葉吉明氏の協力、支援が得られなかったら、今日までの活動は継続していなかったであろう。グローバル化の中での日本企業の在り方を実務として、私なりのノウハウを構築できたのは、ここにご紹介した方々のご指導の賜物と深く感謝申し上げる次第である。

7　高千穂大学とマーケティング

一九八〇年に大学に赴任、直後に新津ゼミとしてマーケティングの演習を受け持ったが、マーケティングは人気ゼミだったため絶えず百名近いゼミ生を抱える大所帯ながらも、学生は私を兄貴のような存在として付き合ってくれた。また、当時のゼミ生は、学祭での物販やデモンストレーション、ゼミ発表会などで発揮する活動成果に意欲的であった。一期生のYPS山中社長、元ダイエーの芝生を始め、一九九〇年代の小林女史、三栖、〇〇年代の五頭、鈴木、そして女性人では鈴木・武内女史など、ゼミ生として多くの学生それぞれがマーケティングの進化と共に研究発表を継続してきてくれた。

大学教員三十七年間で、恐らく千五百人を超えるゼミ生を指導してきたが、時代の進化と共に学生の気質は変化してきていると感じる。多くの学生が私のやくざ的な扱いに堪え卒業していったが、新津ゼミ員としての誇りを持って学生生活を送り、実務界で活躍している。近年は時代と共に通信ネットワークが進む中、高齢者として過ごしているが、時代と若者文化の進化故のミスマッチを痛感している。今日まで私の関わる実務ノウハウを全て伝えてきたつもりだが、彼らはどう評価してくれるだろうか。

また、二〇〇〇年より大学院のマーケティング戦略講義を担当するようになった。高千穂大学の大学院は土日のみの通学でMBAを取得できるという特徴があり、開設当時から多くの実務家や外国人留学生が修学している。

二〇〇〇年当時の経営・マーケティング分野には中国からの留学生が多く、食うや食わずの中で演習活動には積極的に参加していた。多くの中国人留学生が大学院を卒業していったが、例えば、二〇〇一年卒業の台湾留学生黄氏（現：江野氏）は、タピオカスイーツのネットタワーを立ち上げ、日本国内に多数のパールレディ店舗を展開、成功を収めている。また、李暁岩女史は中国建設集団の総経理として活躍、大連では張氏がコクヨの代理店として成功している。

二〇〇六年卒業の黄永成氏は、日本でヘルスケアビジネス事業を経営、成功者となっている。また、NAAに就職した張立偉氏は帰国後、西安の事業家として活躍している。

これらの教え子達が、日本あるいは中国で事業家として各々が成功を収めている姿は大変頼もしく、感慨深いものがある。訪中時には帰国した教え子達が集まるが、ANA北京に勤務する那清女史は不慣れな空港内の手続きを取り計らうなど、スムーズな移動への配慮を心がけてくれる。さらに、卒業生の中で税理士として中国人留学生の事業を支援し、税理事務所を運営する石川克哉氏は、多数の顧問先の実務を支援している。この大学院の学生の中で、私の中国ビジネスをサポートした人物が学部を卒業してから、二〇〇一年には大学院を卒業した周凱鶯女史（MUI主任）である。彼女の実務通訳は一流であり、私のコンサル事業を含め対中関係をサポートしてくれた卒業生の一人である。さらに大学院博士課程では、坂田、阿部、鷲尾、熊倉の四名が課程博士号を取得している。

学部・大学院共に、大学教員として実りある活動をさせてもらってきている。

8　川越とマーケティング

一九七二年の入籍後、東京中野の自宅を出て、父親が土地を取得していた川越の郊外今成に新居を構えた。妻は京都の出身であり、いきなり埼玉の郊外での暮らしに慣れるには気苦労があったと思う。しかし、子供を媒介に近隣住民との融合はしやすい風土があり、幼稚園を核とした主婦同志のつながりは今日でもお世話になっている。

そして、この主婦同志の集まりの中から「川越蔵の会」との関係が生まれた。今では観光客七百万人を集客する川越だが、一九七〇年当時の有名な蔵づくり通り（現：一番街）は、第二次高度経済成長期の流通業態近代化の中でシャッター通り化した街であった。古い蔵づくりの街を潰す話も浮上する中、この「蔵の会」を推進していたのが共和木材の馬場弘社長（元：商工会議所副会頭）である。現在では、伝統的な様式の建造物（伝統的建造物）として伝建地区に指定され、厳しい街並み規範の下運用されているが、趣味人である馬場社長は川越に外部の知識人（ヨソ者）、寂れた町並みを再生することを生きがいとしている人（バカ者）、そして、それに連なる若者を結集する様々なイベントを開催するなど、蔵づくりの再生運動を推進した。私は若者の方に入っていたのであろうが、市当局と急がず、慌てず交渉を行った結果、見事、電線地中化を成し遂げ今日の蔵づくり通りを再生した。今の川越来街者はこれを目当てに訪れている。馬場氏は親しく、また苦言を持って私を叱咤し、やがてマーケティング専門家として川越商工会議所との関係構築に尽力頂いた。

一九八〇年代中頃、川越商工会議所の職員で中小企業診断士の藤倉正人氏から職員間の勉強会講師の要請を受け喜んで引き受けたが、会を重ねるごとに参加者が減っていく。そこで、彼は川越市内の若手経営者の勉強会に拡大していった。今日まで、約三十年以上継続して開催しているが、これは藤倉氏のサポートのお蔭である。毎回、変化する生活動向と商業・経営の在り方を講義しているが、二十名程の参加者と楽しく開催している。

こうした関係の中で、二〇〇二年、立原電機社長であり現会議所会頭の立原雅夫氏が、「ＲＤ研究会」

の座長に就任、川越産業推進体制の報告書をまとめた。この報告書は、川越の農・工・商・サービス・観光の各産業の連携体系を主張したもので、翌年には市行政の産業振興ビジョンに応用された。各部局が参加する進行過程をチェックする産業ビジョン推進会議の座長を務め、今日では商工業に集中されたが、その委員長として活動に携わっている。そして、二〇〇九年には内閣府所轄の川越中心市街地活性化協議会の会長に推挙され、今日までその活動は継続している。

川越は来街者の集客も順調に進んでいるが、川越の魅力を伝える中活協傘下の「㈱まちづくり川越」が二〇〇八年に創設にされ、観光案内、空き店舗利用促進、街中サイクル運営、起業実践支援、等々、多くの活動にまで進展している。これも「まちづくり川越」の代表大久保敏三氏、同役員を務める風間清司氏（前副市長）、事務局長の髙田泉氏等による具体的活動の成果であり、中心市街地の活性化は推進されている。

また、川越は中小工業・流通卸産業の街でもあり、前川越ケーブルテレビ社長の天野正徳氏によって、中小工業が有する特殊技術産業や卸産業の企業経営者を紹介する番組「夢追い人」が制作された。私はそのパーソナリティを務めさせてもらった関係から、その番組ビデオは大学院の講義にも活用させて頂いている。

川越の流通業の代表は「丸広百貨店」があるが、埼玉県を地盤とする地域食品スーパーチェーン「ヤオコー」の名誉会長川野幸夫氏は、「ヤオコー川越美術館」を開設、小江戸川越の新たな名所となっている。そして、長らく同社の常務取締役を務めた大塚明氏のサポートのお蔭で、街づくり会社運営の『小江戸蔵里（こえどくらり）』に一部テナントとして協力を賜った。

様々な形で、様々な人々と、川越とマーケティングでは関係を築いてきた。これからも川越に定住し、老いて逝く訳だが、今後も川越は私のマーケティングのライフワークという位置づけであり、川越市及び周辺エリアの活性化に寄与したく思っている。

9 マーケティングセオリー応用研究会とマーケティング

早稲田大学システム科学研究所が主催する夜間マーケティング講座の講義を担当してきたが、一九八〇年、有志の一人から一年の研修終了後も継続したいとの意向を受け「マーケティングセオリー応用研究会」を開設するに至った。その研究会のコーディネーターとして活動を始めたが、当時の参加者は三十代を中心とした二十名、これを推進したのが元三菱銀行経営相談所に勤務する鈴木喜六氏である。彼の存在無しには、この研究会の存続は無かったであろうが、以降約三十年に渡り継続されてきた。

この研究会は、月一回の開催を基本にメンバーが各々の業務から得たノウハウを発表する形式を採用、その内容は極めて実務的であり私のマーケティング実務ノウハウとして根付いていった。当時の参加者を見ると、住友セメントの馬崎氏は超微粉素材の市場戦略、岩崎通信の岩崎氏は計測器、カネカの國田氏は医療機器、松尾氏はアパレル産業業態、毛利氏はICチップの進化、黒田氏は住設、等、様々な業種による発表者が一同に会し、私にとっては実務の表裏を理解させてくれた内容であった。そして、イトーヨーカ堂の遠田氏は多くの人脈を作り、この研究会の継続とサポートに尽力、彼の北京勤務時代はちょうどオリンピックの開催時期でもあり、お世話になった。

その他多くのメンバーによる発表が参考となってきたが、参加者は大変熱心で、年一回の合宿研修の開催は文字通り鈴木氏と参加者の協力の下、二〇一〇年まで継続した。それ以降、多くのメンバーが転職・起業、そして高齢化を一因にとりあえず閉会したが、今日でも各々のメンバーが社会的にもポジションを築き、活躍している。おそらく生涯の付き合いとなろう。

10　終わりに

以上、本書をまとめるに当たり終章として、私の成長とマーケティング、そして研究者として実務に関わり出してからのマーケティングとの関わりを述べてきたが、社会構造も産業構造も進化し続ける。しかし、マーケティングの本質である生活との関わりと創造を見失わず、私自身が戦後の成長と同時に時代の経過を実感してきたからこそ、本書を発刊できたと思う。

終わりに、多くの方々の関与の中で私のマーケティング観が出来上がっており、生涯の中で両親、妻を含め、生活と実務研究に関与して頂いた方々に改めて感謝申し上げる。お名前を紹介できなかった方々には失礼と存じ上げるが、決して忘れている訳ではない。全ての方々に多謝である。

また、執筆に当たり私の文章をインプットした当研究所主任研究員江川恭子女史の多大なご苦労と、対中ビジネスを支援してくれた当研究所主任周凱瑛女史に感謝申し上げる。

注

1 「マーケティング戦略原理の変革」新津重幸著、二〇一六年ＭＵＩレポート№５。

2 「２０１５年メガトレンドの個別要因とビジネスチャレンジの課題」新津重幸著、二〇一四年三月アジア研究№15、高千穂大学アジア研究交流センター。

3 「企業環境激変下でのビジネスチャレンジの時代」新津重幸著、二〇一三年三月アジア研究№14、高千穂大学アジア研究交流センター。

4 「ＳＮＳ社会の変革とビジネス構造改革」新津重幸著、二〇一七年一月ＭＵＩレポート№５。

5、6 「隠れた４・０企業―志は流行に先んじる―」日経ビジネス二〇一五年十一月十六日号三一～三九頁。

7 「日本ものづくりワールド２０１５」基調講演／シーメンス・ジャパン㈱専務執行役員 ミヒャエル・トーマス氏の内容要約。

8 「Ｍ２Ｍ／ＩｏＴカンファレンス講演」三菱総合研究所、大川真史氏の内容要約、「㈱リックテレコム」主催、二〇一五年十月八日。

9 「人工知能（ＡＩ）ができる３つのこと」坪内宏典氏 二〇一五年十一月二十三日。
http://blog.btrax.com/jp/2015/11/23/ai-02/

10 「人工知能（ＡＩ）ができる３つのこと―消える職業と生まれる職業」坪内宏典氏 二〇一五年十一月二十三日。
http://blog.btrax.com/jp/2015/11/23/ai-02/

11 「変革するマーケティング：マーケティング3.0, 4.0」高津春樹作成、二〇一六年ＭＵＩレポート№２。

12 「ＳＩＰＳモデル、ＩＰＰＳモデル」電通 佐藤尚之氏、関西学院大学 鈴木謙介氏による。

13 「複合コミュニケーションモデル」新津重幸著、二〇一四年一月ＭＵＩレポート№５。

「オムニチャネルニュービジネスモデルの事例」熊倉雅仁著、二〇一七年三月高千穂大学博士論文。

①プラス株式会社ジョインテックスカンパニーWebサイト（二〇一六年）を参照。
②株式会社福島屋Webサイト（二〇一六年）を参照。
③熊倉雅仁著、二〇一七年三月高千穂大学博士論文より。
④株式会社キタムラWebサイト（二〇一六年）を参照。
⑤日本コカ・コーラ株式会社Webサイト（二〇一六年）を参照。
⑥株式会社資生堂Webサイト（二〇一六年）を参照。
⑦株式会社ココカラファインWebサイト（二〇一六年）を参照。
⑧株式会社パルコWebサイト（二〇一六年）を参照。
⑨経済産業省Webサイト「買物弱者対策支援について」（二〇一六年）を参照／農林水産省Webサイト「食料品アクセス（買物弱者等）問題の現状について」（二〇一六年）を参照。

14「ビジネス構造変革と人材適正の変革」㈱シーディア高松英樹氏、二〇一七年MUIレポートNo.5。

著者紹介

新津 重幸（にいつ　しげゆき）

一九四八年（昭和二十三年）一月二日生まれ
一九七〇年、早稲田大学商学部卒業
一九七二年、同大学大学院商学研究科修士課程修了
同年、株式会社読売広告社マーケティング部を経て、
一九八〇年、高千穂商科大学（現高千穂大学）専任講師に着任。
一九九〇年より同大学教授。
現在、高千穂大学理事・同大学院教授。（広告論・マーケティング論）
元早稲田大学アジア太平洋研究科講師
航空自衛隊幹部学校指揮幕僚課程講師
社団法人新日本スーパーマーケット協会・客員教授
埼玉県川越市中心市街地活性化協議会会長
一般社団法人日中未来産業推進協会代表理事
一九九〇年、生活者と企業活動を結ぶ研究・開発を目的として「マーケティング総合研究所」を設立。現在に至るＲＦＩＤ（ＩＣタグ）システム研究、商品開発・業態開発のプロジェクト等、広範囲に実践的マーケティング活動を展開。また、各社顧問として提案型営業の実務的指導を行っている。

【主な著書】
「国分対明治屋」（評言社）
「富士写真対小西六写真工業」（評言社）
「成熟社会と市場戦略」（産能大）
「企業とマーケティング」（産能大）
「商品力時代のニュー・マスマーケティング」（誠文堂新光社）
「提案型営業」（産業教育センター・監修）
「'90マーケティングインテリジェンス」（白桃書房）
その他多数

【主な共著】
「成熟マーケティング戦略」（ビジネス社）
「商品別フィールドマーケティング」（ビジネス社）
「マーケティング・ルネッサンス」（誠文堂新光社）
「人と組織のイノベーション」（同友館）
「ヨークベニマルの経営」（商業界）その他多数

■ 日本型《にほんがた》マーケティングの進化《しんか》と未来《みらい》
— ビジネスパラダイムの変革《へんかく》とマーケティングの戦略的変革《せんりゃくてきへんかく》 —

■ 発行日—— 2017 年 12 月 6 日　初版発行　〈検印省略〉

■ 著　者——新津《にいつ》 重幸《しげゆき》

■ 発行者——大矢栄一郎

■ 発行所——株式会社　白桃書房《はくとうしょぼう》

〒 101-0021　東京都千代田区外神田 5-1-15

☎ 03-3836-4781　Ⓕ 03-3836-9370　振替 00100-4-20192

http://www.hakutou.co.jp/

■ 印刷・製本——藤原印刷

 ISBN 978-4-561-66226-6 C3063